HISTOIRE

DE

MADAME DU BARRY

D'APRÈS SES PAPIERS PERSONNELS

ET LES DOCUMENTS DES ARCHIVES PUBLIQUES

PRÉCÉDÉE

D'UNE INTRODUCTION

SUR MADAME DE POMPADOUR, LE PARC-AUX-CERFS
ET MADEMOISELLE DE ROMANS

PAR

CHARLES VATEL

TOME PREMIER

VERSAILLES

L. BERNARD, LIBRAIRE-ÉDITEUR

9, RUE SATORY, 9

1883

HISTOIRE

DE

MADAME DU BARRY

IL A ÉTÉ TIRÉ

Cinquante exemplaires numérotés sur papier de Hollande.

OUVRAGES DU MÊME AUTEUR :

Dossiers du procès criminel de Charlotte de Corday.
Dossier historique de Charlotte de Corday.
Charlotte de Corday et les Girondins. — Plon, 3 vol. in-8 et album. 24 fr.
Recherches historiques sur les Girondins, Vergniaud, manuscrits, lettres, papiers, avec portraits originaux et fac-simile. — Dumoulin, 2 vol. in-8. 14 fr.

POUR PARAITRE PROCHAINEMENT :

Notice historique sur la Salle du Jeu de Paume de Versailles.
Hoche à Quiberon, d'après des documents inédits.
Hoche à Rennes. — Tentative d'assassinat sur sa personne. — Procès des assassins.
Expédition d'Irlande. — Les Compagnies noires.
Mort du général Hoche. — Etude sur ses causes.
Biographie et bibliographie. — Mélanges sur le général Hoche.

Paris. — Imp. E. CAPIOMONT et V. RENAULT, rue des Poitevins, 6.

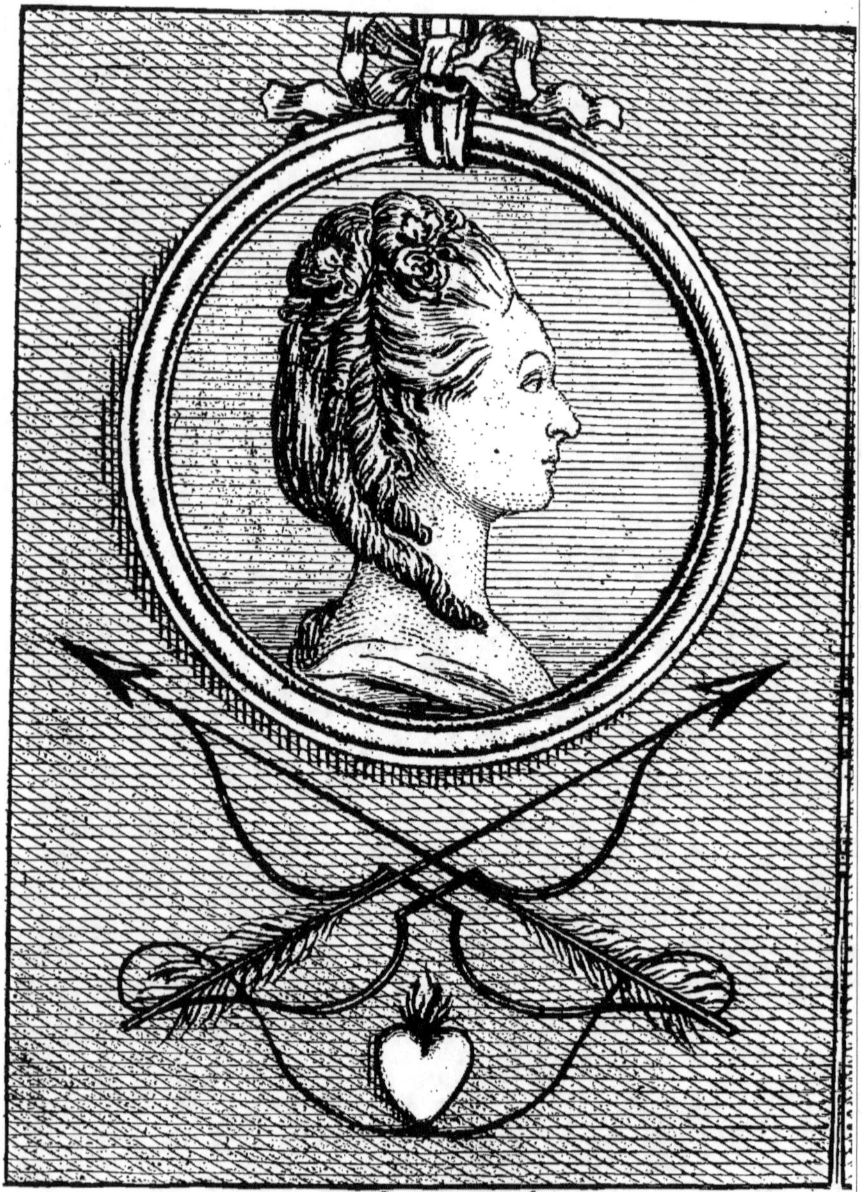

Douin inv. Chevallier fecit 1774

MADAME DU BARRY

HISTOIRE

DE

MADAME DU BARRY

D'APRÈS SES PAPIERS PERSONNELS
ET LES DOCUMENTS DES ARCHIVES PUBLIQUES

PRÉCÉDÉE

D'UNE INTRODUCTION

SUR MADAME DE POMPADOUR, LE PARC-AUX-CERFS
ET MADEMOISELLE DE ROMANS

PAR

CHARLES VATEL

TOME PREMIER

VERSAILLES

L. BERNARD, LIBRAIRE-ÉDITEUR

9, RUE SATORY, 9

1883

A M. ÉMILE CAMPARDON

Tout en recueillant avec soin et avec intérêt les documents qui se rattachent à l'existence de madame du Barry, je n'avais jamais eu la pensée d'écrire sa vie. C'est à vos conseils, à vos encouragements, et surtout aux pièces capitales que vous avez découvertes sur ce sujet, que j'ai dû le courage nécessaire pour terminer ce livre. Permettez-moi donc, mon cher ami, de le placer sous vos auspices. Ce n'est pas une dédicace que je vous offre, c'est une restitution que je vous fais.

Septembre 1882.

CHARLES VATEL.

Le dix-huitième siècle nous a légué sur madame du Barry une légende toute faite : origine, généalogie, mœurs, aventures, détails les plus secrets et les plus intimes, rien n'y manque... si ce n'est un peu de vérité. Au lieu du roman, il serait temps d'écouter le langage de l'histoire. Il ne s'agit pas seulement d'une personne privée : les noms les plus hauts, les événements les plus graves se trouvent mêlés à ces fables et entachés par des récits menteurs, d'autant plus perfides qu'ils sont revêtus de couleurs plus attrayantes. La chute du duc de Choiseul, l'exil du Parlement, le partage de la Pologne, Louis XV, M. le duc d'Aiguillon, M. de Maupeou, Terray lui-même ont été travestis et enveloppés dans une commune réprobation que couvre le nom de madame du Barry. Nos historiens n'en parlent que la rougeur sur le front ; il semblerait, à les entendre, que les cinq dernières années du règne de Louis XV n'aient été qu'une saturnale au-dessous de laquelle la France n'était jamais descendue. A Dieu ne plaise que nous voulions contester des faits notoires, encore moins les justifier ; mais si madame du Barry a été la dernière des hontes de Louis, elle n'a pas été la plus grande. Avant elle, il en avait épuisé la mesure.

Ses amours quasi incestueuses avec les trois sœurs de Nesles (madame de Mailly, madame de Vintimille, madame de La Tournelle).

Le règne de madame Lenormand d'Etiolles, règne de dix-neuf ans !

Le Trébuchet.

Le Parc-aux-Cerfs.

Tout cela du vivant de Marie Leczinska et des princesses ses filles, sous leurs yeux, avec leur participation forcée, puisque madame d'Etiolles, devenue marquise de Pompadour, finit par être dame du palais de la reine.

Tel est le véritable acte d'accusation contre Louis XV.

Le tort des Choiseul est d'avoir voulu faire croire que madame du Barry, qu'ils n'acceptaient pas, avait surpassé de beaucoup les turpitudes précédentes et d'avoir inventé des aggravations factices à l'appui de leurs thèses favorables à madame de Pompadour.

Les fautes de madame du Barry sont patentes, avérées, il n'est nul besoin d'en augmenter le nombre.

Le concubinage public de quatre années avec Jean du Barry, dit le Roué, l'amant d'abord, et ensuite le proxénète de Jeanne Vaubernier.

Le mariage avec Guillaume du Barry, frère du précédent, et le cortège d'actes faux qui entoure cet acte.

La présentation à la cour et toutes ses conséquences, le contact avec les filles du roi, avec ses petits-fils, avec la dauphine Marie-Antoinette.

La présence de la concubine à la Chapelle, aux revues, aux dîners de la famille royale.

Les prodigalités insensées au préjudice du Trésor appauvri.

Ce sont là des griefs bien suffisants pour porter contre madame du Barry un jugement sévère au nom de la morale outragée.

Nous n'y contredirons pas, loin de là. Nous aurons, au contraire, à y ajouter.

Mais faut-il joindre à des faits certains une foule d'anecdotes suspectes auxquelles on a donné une importance excessive? Nous ne le pensons pas; nous croyons même qu'il y a utilité à tarir la source de ces erreurs qui vont toujours en s'accroissant et qui finiraient par acquérir une sorte de consécration historique; de là il pourrait résulter une tache pour notre caractère, pour notre honneur national, que des nations rivales et jalouses nous reprocheraient sans vérité et sans justice. Ces attaques, qui se sont déjà produites plus d'une fois, seraient d'autant plus spécieuses qu'elles paraîtraient puisées dans nos propres écrivains. Lors donc qu'on aborde ces époques de nos annales, le premier soin doit être de jeter un coup d'œil d'ensemble sur l'état général de l'Europe contemporaine. Quelle était, au dix-huitième siècle, la valeur des autres souverains? Il suffit presque de les nommer pour les faire apprécier.

Pierre III de Russie est un grec raffiné de la décadence, une sorte d'Élagabale moscovite; Catherine II, une nouvelle Messaline, avec le régicide conjugal en plus; les princes de Montbéliard pratiquent publiquement l'inceste; la cour de Saxe se trahit dans le *Miroir de la Saxe galante*, livre resté au-dessous de la réalité; les bâtards d'Auguste ne se comptent pas, on en donne vingt-trois au roi d'Espagne. Le roi de Portugal vit publiquement avec l'abbesse d'un monastère; les débauches de Mathilde de Danemark finissent par révolter Christian VII et aboutissent au drame de Struensée; Ferdinand VI et ses fureurs aphrodisiaques; Ferdinand de Naples et son Parc-aux-Cerfs de San-Leuccio; les électeurs de Hanovre; enfin le plus grand, mais le plus cynique de tous, Frédérick de Prusse !

Louis, encore imprégné des souillures de la Régence, cette Priapée incessante de dix années, eut cependant les commencements les plus honnêtes. Fidèle pendant plus de douze ans (1725-1738) à Marie Leczinska, il eut d'elle onze enfants et demandait naïvement s'il était à la cour une femme plus belle que la reine. Elle aurait pu conserver son empire indéfiniment, si, par une maladresse inouïe, elle n'avait chassé elle-même le jeune roi de la couche nuptiale. La chute ne fut pas immédiate, elle n'en fut que plus profonde, hélas! De faiblesse en faiblesse, Louis XV atteignit le niveau de la corruption générale et il en est devenu le type, quoiqu'il n'en ait été, en réalité, que l'imitateur et le complice.

A côté des fautes de l'homme, il ne faut pas oublier l'influence de l'entourage, les mœurs de cette société qui l'environne peinte dans les œuvres qui en sont la révélation et l'image. Princesses et grandes dames, religieuses et bourgeoises, courtisanes et femmes de théâtre, toutes rivalisent de dégradation et de licence. Pour épuiser les noms qui se présentent en foule, il faudrait un catalogue. Il suffit de la notoriété des bibliothèques et des musées. Le culte des sens n'est-il pas, par excellence, celui du dix-huitième siècle?

Il semblerait qu'il n'était pas nécessaire de rappeler des faits si connus, si éclatants. Notre excuse est dans l'exagération de la légende qui à cours contre madame du Barry. On croirait en vérité qu'elle seule résume la décadence de l'époque, qu'elle en est la cause unique et que le dernier supplice n'a pas suffisamment lavé un tel crime dans son sang!

C'est ce qu'il s'agit d'examiner. Pour atteindre ce but, il faut élargir le cadre de notre récit, et, sans remonter aux premiers jours du règne de Louis XV, éclairer les événements et les personnes qui précèdent immédiatement l'entrée en scène de madame du Barry.

Madame de Pompadour a souvent été prise pour modèle par madame du Barry; la première nous servira plus d'une fois à expliquer la seconde.

Ce ne sera donc pas une digression inutile qu'une étude préalable sur les habitudes, les dépenses, le régime en général de madame de Pompadour.

Il est un point sur lequel le deux maîtresses de Louis XV se distinguent nettement. Nous voulons parler du Parc-aux-Cerfs.

Madame de Pompadour l'a ouvert : madame du Barry l'a fermé, disant probablement comme l'héroïne des *Liaisons dangereuses* à son amant : « Je puis être pour vous un sérail, mais je ne consentirai jamais à en faire partie. »

Quelques détails sur cette singulière institution, encore mal connue, ne seront donc pas ici un hors-d'œuvre.

Il en sera de même de l'histoire de mademoiselle Romans, qui, elle aussi, ne voulut pas mettre le pied dans ce harem, et donna ainsi l'exemple à madame du Barry. Le récit que nous publions a l'avantage d'émaner d'elle-même. C'est tout à la fois un autographe et une autobiographie.

Il nous reste à dire comment nous avons été amené à écrire une histoire pour laquelle nous n'avions aucune vocation, ne nous étant jamais occupé que de sujets tirés de la Révolution française.

Madame du Barry, née Jeanne Bécu, a eu pour héritières, mademoiselle Anne-Pauline Brisseau de La Neuville et mademoiselle de Graillet, cousine de la précé-

a.

dente. Ces deux très honorables personnes avaient fixé leur domicile à Versailles, ont vécu de longues années dans cette ville et y sont mortes, l'une et l'autre.

La succession de madame du Barry avait occasionné de longs procès qui durèrent depuis 1815 jusqu'en 1830. Les demanderesses avaient d'abord dû établir leurs qualités d'héritières, puis elles eurent à plaider contre une famille puissante pour recueillir un legs considérable fait à leur auteur; de là étaient nées d'étroites relations entre elles et la famille de celui qui écrit ces lignes. M. Vatel, son père avait été, pendant la Révolution, commis au district de Versailles, bureau des émigrés; tous les papiers de la confiscation du Barry avaient passé par ses mains, une partie des dossiers de cette affaire, encore existant à la préfecture de Seine-et-Oise, ont été rédigés et écrits par lui. Son beau-frère, né à Gondrecourt, près de Vaucouleurs, en Lorraine, avait dû connaître les Bécu, ses compatriotes. Il figurait comme témoin déclarant à l'acte mortuaire de Ranson, beau-père de madame du Barry, décédé à Versailles, le 25 octobre 1801. Ces faits et autres semblables amenaient fréquemment mademoiselle de La Neuville dans la maison paternelle; à mesure que l'âge développait en nous le goût de l'histoire et des documents qui s'y rattachent, elle se fit un plaisir de nous donner toutes les lettres de madame du Barry, qui étaient en sa possession, puis d'autres correspondances des personnes avec lesquelles cette dernière avait été en rapport. Ce sont ces papiers déjà assez considérables que nous avons communiqués à M. Le Roi et dont il publia quelques pièces dans les *Mémoires de la Société des sciences morales de Versailles* (1859, t. V, p. 88 à 98).

Le 25 décembre 1862, mademoiselle de la Neuville, après avoir survécu à mademoiselle de Graillet, décédait à Versailles. Elle instituait M. Charles Vatel, son légataire universel. Elle ne laissait rien. C'était donc un témoignage de souvenir purement honorifique. M. Vatel crut le reconnaître en déposant tous les papiers de la succession, au nombre de 1,200 à 1,500 pièces, à la Bibliothèque de Versailles. M. Le Roi vivait encore à cette époque. Il classa, fit cartonner ces papiers volumineux avec le plus grand soin et en dressa une table commode; il en publia même quelques-uns. (Voyez *Bulletin de la Bibliothèque de Versailles*, 1872.) C'est très certainement ce qui a paru de plus sérieux sur madame du Barry. Ces travaux cependant sont loin d'être définitifs; ils manquent souvent d'exactitude. M. Le Roi avait commencé par des études sur madame de Pompadour; il était resté sous le charme de cette première image; cette préoccupation l'a entraîné: il s'est montré souvent partial, injuste. Ses méprises sont d'autant plus fâcheuses, qu'elles semblent justifiées par la communication de documents authentiques qui percent dans son travail. De là nous est venue la pensée d'un examen rectificatif qui s'est ensuite étendu à plus d'un autre ouvrage sur le même sujet. Le caractère du nôtre est annoncé par notre titre: une *Étude critique et documentaire*. Nous entendons par là, la recherche et l'exposé de faits discutés et prouvés, l'élimination des anecdotes controuvées et apocryphes. Il serait difficile de définir à l'avance le mot *preuve*, tantôt elle résultera d'une seule autorité, tantôt il faudra le concours de plusieurs témoignages se contrôlant les uns par les autres, tout dépend en pareil cas des circonstances, des possibilités. De même et par contre, nous nous sommes attaché à savoir s'il n'y avait pas là une répétition d'*ana* antérieurs ayant déjà servi dans des cas analogues. C'est ce qui est arrivé plus d'une fois.

Il faut aussi tenir compte des publications relativement récentes qui ont changé la face de l'histoire : la *Correspondance secrète de Louis XV*, publiée par M. Boutaric, la *Correspondance de Marie-Thérèse, de Marie-Antoinette et de Mercy*; les *Mémoires de d'Argenson, de M. de Luynes*, les *Journaux de Barbier et de M. de Sartine*, sans parler des sources encore inédites ou inexplorées jusqu'ici, les *Loisirs de Hardy*, les *Mémoires de M. le duc de Choiseul*, ceux de *M. de Cheverny*, etc. (V. Bibliographie.)

Nous avons surtout cherché à nous éclairer par l'établissement des dates. La chronologie est le flambeau de l'histoire et l'antidote des anachronismes. L'absence de dates permet toutes les fraudes et autorise toutes les confusions. Nous espérons qu'on nous tiendra compte de ce labeur plus ardu que brillant. Plaire n'est pas notre espoir. Nous ne voulons que rectifier les erreurs de nos devanciers commises avec plus ou moins de bonne foi, en donnant le moyen de corriger celles que nous aurons pu commettre nous-même. Ce sera l'œuvre du temps, nous ne nous flattons pas de faire tomber en un jour des préjugés qui ont plus d'un siècle d'existence. Ce n'est que peu à peu qu'on reviendra à des idées plus justes, à une appréciation plus saine de personnages sur lesquels il semblait que le dernier mot avait été dit.

Mais, nous objectera-t-on, c'est donc une apologie que vous voulez tenter? Et pour qui? Pour une femme perdue ! Pour des hommes tarés ! C'est là une entreprise téméraire et condamnée d'avance.

Rien n'est plus éloigné de notre pensée, rien n'est plus contraire à notre but qu'une défense systématique, qu'une réhabilitation de parti pris. Nous faisons appel à l'impartialité. Ce n'est pas en montrant un esprit étroit et prévenu que nous pouvons nous faire entendre. Nous n'espérons y parvenir que par une discussion loyale et sincère. Nous n'avons pas pour mission de défendre la cause de madame du Barry, mais toute personne, quelle qu'elle soit, a droit à la vérité. Il en est de même, et à plus forte raison, de toute une époque qui a été calomniée et qui, on doit le dire, s'est calomniée elle-même. Telle est notre conviction. Puissions-nous la faire partager à nos lecteurs.

Au reste, la période pendant laquelle madame du Barry a paru jouer un rôle politique, n'est pas de longue durée. La controverse s'arrête naturellement à cette époque. Mais l'existence de l'ancienne favorite continue longtemps encore après la mort de Louis XV. Le champ reste donc ouvert aux recherches. Nous en avons profité. La possession des papiers de madame du Barry et le titre d'héritier bénéficiaire de mademoiselle de La Neuville, sa cousine, nous ont permis d'explorer des sources jusqu'à présent inaccessibles, par exemple, les minutes de Lepot d'Auteuil, son notaire, aujourd'hui représenté par l'honorable M. Martin Deslandes. Ces documents ont le double avantage d'être d'une authencité absolue et de révéler de nombreuses dates qui s'échelonnent d'une manière suivie de 1770 à 1793.

La politique n'est pas toute la biographie de madame du Barry. La littérature, les beaux-arts se rattachent indirectement à elle. Non pas que nous entendions dire qu'elle ait exercé la moindre influence sur ces hautes questions : elle n'a jamais élevé une telle prétention et nous n'y prétendons pas pour elle. Ce serait presque un blasphème. Mais elle a vécu dans la société de beaucoup d'hommes de lettres, elle a aimé avec passion la peinture, la sculpture, et elle possédait à sa mort une collection précieuse de chefs-d'œuvre de nos grands maîtres qui font aujourd'hui l'ornement de nos musées. Les modes elles-mêmes, les parures, les bijoux peuvent servir d'objets d'étude et de curiosité. Nous nous efforcerons de donner sur tous ces points les détails les plus circonstanciés. Bibliographie, iconographie, catalogues, comptes de fournisseurs et de domestiques, nous ferons part au public de tout ce que nous possédons en ce genre. Dussions-nous être traité de publicateur de pièces, qualité que nous ne déclinons nullement, nous ne craindrons pas de publier des mémoires de Roettiers, de Gouthières, voire même de mademoiselle Bertin, la souveraine du magasin du du Grand-Mongol.

Qu'on nous permette une dernière observation. Nous nous sommes appliqué à appeler les personnages que nous mettons en scène de leurs noms propres et par leurs titres.

Nous n'avons pas donné à madame du Barry le titre de comtesse. Il ne lui a jamais appartenu, son mari n'y ayant aucun droit. Nous avons donc fait justice de cette flagrante usurpation de qualité.

D'un autre côté, nous n'avons pas dit *la du Barry*[1]. Cette façon de parler est usitée en Italie, en Allemagne.

---

1. Sauf dans les cas de *citation*, nous copions les textes, nous ne les corrigeons pas.

Chez nous elle implique une idée de mépris hautain. C'est presque une flétrissure.

Jeanne Bécu l'a-t-elle encourue? Oui, si elle a été fille publique, mais l'a-t-elle été? C'est ce que le public décidera et jusqu'à ce que son arrêt ait été rendu, notre devoir était de nous abstenir et d'attendre.

C'est ce que nous avons fait.

Septembre 1880.

C. Vatel.

INTRODUCTION

MADAME DE POMPADOUR

Jeanne-Antoinette Poisson, née d'une femme galante, en avait reçu les instincts, l'éducation, les mœurs[1]. On a dit d'elle qu'elle savait chanter et danser avec plus de perfection qu'il ne convient à une femme honnête[2]. Elle possédait en outre, à un haut degré, l'art du théâtre ; grâce à ses talents et à sa jolie figure, elle sut se faire épouser par Charles-Guillaume Lenormand, sieur d'Estiolles[3], adjoint aux fermes. Elle vécut ainsi

---

1. Les jolis vers de Collé sont plus qu'une épigramme, ils sont écrits d'après nature...
        Une petite bourgeoise
        Élevée à la *grivoise*, etc., etc.

2. *Psallere et saltare elegantius quam necesse est probæ*, le mot appartient à Salluste, mais ce n'est pas à Fulvie qu'il a été par lui appliqué, c'est à une Sempronia, femme de Decimus Brutus, mère de celui qui frappa César. C.-G. Leroy n'était pas un érudit, il a pu commettre cette erreur. Seulement, M. Poulet-Malassis n'aurait pas dû la reproduire dans le livre qu'il a consacré à madame de Pompadour. Il faut dire qu'au moment où il s'occupait de cette publication, il était déjà gravement atteint de la maladie à laquelle il a succombé

3. Et sieur *d'Etieulle*, elle était l'ancienne orthographe du nom de ce bourg, sis en la capitainerie de Corbeil, élection de Paris. Aujourd'hui on écrit Etiolle sans *s*.

dans une société élégante, voluptueuse et riche, jusqu'au moment où elle quitta son mari pour la cour (1745). Son existence, à compter de cette époque, se divise en deux périodes distinctes, elle est d'abord maîtresse déclarée du roi, avec toutes les conséquences attachées à ce titre; elle donne des concerts, des fêtes, elle imagine le théâtre des Petits-Cabinets, où elle joue en personne les premiers rôles, les Vénus, l'Aurore, Uranie, etc.

Plus tard, elle cessa de pouvoir remplir ses fonctions intimes. Fausses couches, raison de santé ou autres, l'amour fit place à l'amitié et à l'ambition. Madame d'Etiolles, devenue la marquise de Pompadour, ne pouvant plus être la maîtresse du roi, voulut du moins présider à ses plaisirs et conserver indirectement son empire. De là naquit le *Parc-aux-Cerfs*.

On croit avoir touché le *nec plus ultra* de l'infamie, lorsqu'on a prononcé ce nom exécré. Il n'en est rien, la honte était descendue d'un degré encore plus bas.

Louis XV aimait les petites filles les plus jeunes, les plus neuves (d'Argenson, 20 avril 1756). Était-ce par dépravation de goût ou par calcul de prudence? Il n'importe. Ses préférences, une fois connues, on cherchait à les satisfaire: « son valet de chambre, Le Bel, les lui amenait dans sa chambre et cette chambre s'appelait le *Trébuchet*, parce qu'on y prenait de jeunes oiseaux [1]. »

Il est bien entendu que la chambre dont il s'agissait là était celle de Le Bel [2]. Il était concierge du château

---

[1]. On lit dans d'Argenson : Les cabinets du sieur Le Bel sont le réceptacle de ces mystères, plus que jamais. On y sacrifie à l'amour et au secret. Il y accourt des beautés de Paris...

[2]. Voir ci-dessus, p. 13, la note.

de Versailles, son logement était situé au rez-de-chaussée. On y avait accès par la cour de la Chapelle et par la cour de Marbre (V. Blondel). Ces deux entrées le rendaient propre à la destination secrète qu'il avait reçue. Les victimes pouvaient être introduites, sans qu'on les vît, dans cet affreux repaire, par la grille de la rue des Réservoirs, qui conduisait aussi dans les jardins du parc. Nous savons encore par d'Argenson que ces malheureuses étaient généralement prises parmi des enfants venant de faire leur première communion.

On espérait ainsi qu'elles seraient plus pures et moins dangereuses, car le roi craignait infiniment la contagion de certaines maladies dont il ne guérissait pas, comme des écrouelles, disait Le Bel qui s'avisait parfois d'avoir de l'esprit. Il arrivait donc que des jeunes filles étaient jetées dans ses bras avant qu'elles fussent en âge de devenir mères. La seule manière de définir et de flétrir cette incroyable profanation de tous les sentiments humains et religieux, c'est de l'appeler par son nom, le viol royal de l'impuberté !

Tel était l'état des choses avant l'intervention de madame de Pompadour. La responsabilité en appartenait évidemment à Louis XV et à Le Bel. La favorite ne pouvait tremper dans ces exécrables turpitudes, elle les tolérait, les côtoyait, c'était déjà trop. La première aventure du Parc-aux-Cerfs dans laquelle on la voit intervenir, est une affaire d'accouchement. Madame du Hausset doit y présider comme une déesse de la Fable. Madame de Pompadour règle tous les détails de l'opération en véritable matrone. Les couches auront lieu dans une maison de l'avenue de Saint-Cloud. Guimard, un des garçons bleus du château de Versailles assistera au baptême. Madame de Pompadour pousse la complaisance jusqu'à faire cadeau d'un aigrette en diamants à son obscure rivale. Le roi en pleure d'attendrissement, madame de Pompadour pleure aussi et, dit naïvement madame du Hausset : « Je me mis aussi à pleurer sans savoir pourquoi. » L'immixtion de madame de Pompadour, en cette circonstance, peut à la rigueur s'expliquer par la pitié naturelle à la femme pour une autre femme en mal d'enfant, quelle qu'elle puisse être. Mais il est d'autres cas où sa conduite ne peut avoir la même excuse. Citons un exemple: Madame de Coislin vient à exciter ses alarmes, et par les soins de la marquise, Le Bel fait venir au Parc-aux-Cerfs une petite sultane charmante qui occupe vivement le roi et le refroidit pour l'altière Vasty (*Mémoires de madame du Hausset*, p. 114). Madame du Hausset ne pousse pas la complaisance jusqu'à comparer sa maîtresse à une autre Esther, et elle cesse de vanter la supériorité du rôle qu'elle joue, tant il est vrai qu'il est des sentiments avec lesquels il ne faut pas transiger. Madame de Pompadour ne devait pas connaître celles qu'on appelle les sultanes du Parc-aux-Cerfs, elle devait à tout le moins paraître les ignorer. Elle a voulu les diriger et même se mêler de les choisir ; elle est devenue la surintendante de cette espèce de sérail; elle a encouru par là et mérité le nom qui lui a été infligé dans une des épitaphes vengeresses composées après sa mort :

> Ci-gît qui fut vingt-ans pucelle,
> Huit ans c.... et dix ans m...

On devine la rime...

Au reste, l'idée d'un sérail à l'orientale était dans

l'air, répandu par *le Sopha* de Crébillon et autres petits romans à la mode. Les membres du Parlement à Londres, les princes russes à Moscou avaient de ces harems privés qu'ils peuplaient de belles Circassiennes, achetées à grands frais, ou de filles de la Géorgie, rivales des précédentes [1]. (V. Pour la France, l'*Histoire d'Aïssé?*)

On entrevoit le goût de ces hommes blasés qui cherchent à réveiller leurs sens assoupis par des plaisirs raffinés et des voluptés nouvelles.

Madame de Pompadour ne répugnait pas à ces rôles de sultane. On la voit en prendre le costume dans les toiles de Vanloo, gravées par Beauvarlet. L'habit qu'elle a rendu célèbre sous le nom de déshabillé à la Pompadour n'était autre chose qu'une veste turque. (V. l'ouvrage de M. Poulet-Malassis.)

LE PARC-AUX-CERFS

Sous la direction de madame Pompadour, le Parc-aux-Cerfs devint presque une institution. Une dame Bertrand y commandait en chef. Elle avait été femme de charge chez Le Bel, et celui-ci était en réalité l'administrateur de l'établissement, il s'y faisait appeler *Monsieur Durand*. Le roi seul l'appelait Dominique, dit

---

1. On lit dans *l'observateur français* par Damiens de Gomicourt, vol. X, p. 179, 1770 : « Le lord B... a à Londres un serrail. Un vaisseau va tous les ans en Géorgie acheter des beautés pour

madame du Hausset, c'était effectivement l'un des prénoms de Le Bel, qui, dans son acte de baptême, est appelé Dominique-Guillaume. La dame Bertrand était sa confidentissime. Deux vieux domestiques, une fille moitié servante, moitié femme de chambre et une cuisinière complétaient la maison. Guimard, garçon du château, était encore un des affidés appelés dans les grands circonstances. Tel était sommairement le personnel des agents secrets des plaisirs du roi. Quel que fût le mystère dont on s'entourait, « cela était toujours su, dit Barbier, des personnes intéressées ou étant dans l'intimité du château. » On n'ignorait pas qu'une maison située dans le quartier du Parc-aux-Cerfs avait été *louée* et meublée pour les amusements clandestins du monarque. On en causait, on s'en occupait à Paris, la chose était donc déjà ébruitée. « On a voulu soutenir au garde général des meubles de la couronne, dit encore Barbier, que la maison avait été meublée par ses ordres... On rapporte même que l'aventure a été découverte à Versailles à l'occasion d'une belle pendule qu'un homme apportait au Parc-aux-Cerfs... C'est le courtisan, continue Barbier, ou un premier valet de chambre qui aura eu ordre de faire meubler cette maison. » Cette conjecture n'était pas éloignée de la vérité. Si l'on parlait de la maison du Parc-aux-Cerfs, on s'entretenait naturellement de celles qui devaient l'ha-

le meubler. Cela paraît tout simple et lord B... n'en est pas moins membre de la Chambre haute. »

Et madame Lebrun, qui par suite de l'émigration, avait séjourné longtemps en Russie, dit dans le même sens :

« La grande fortune du prince Kourakin lui permettait de tenir chez lui l'état d'un souverain. J'ai même entendu rapporter qu'il avait un serail dans son palais et qu'il n'était pas le seul à Moscou qui déployât ce luxe oriental. » Vol. II, 65, édit. Charp.

biter ; les historiettes ne tardèrent pas à circuler jusque dans la capitale. C'est ce que Barbier exprime par ces mots : « On fait des contes à Paris. » Malheureusement ces contes étaient de l'histoire. Ils ont trouvé un écho dans le *Journal de d'Argenson*, dans les *Mémoires du duc de Luynes*, dans ceux de madame du Hausset et de madame Campan, enfin dans les *Rapports de Sartine*, sans parler de beaucoup d'autres sources de moindre importance. L'ensemble de ces documents permet de dresser un catalogue d'une dizaine de noms que voici dans un ordre à peu près chronologique :

Mademoiselle Tiercelin.
— Morphise ou O'Murphy.
— Fouquet.
— Hénaut.
— Robert.
— David.
— Selin.
— Giambone.
— Varnier.
— Mimi.

Inconnues dont l'existence est cependant certaine.

Mademoiselle Tiercelin aurait été remarquée par Louis XV dès l'âge de neuf ans et élevée pour ses plaisirs. Cette partie de l'aventure a le tort de ressembler beaucoup à l'histoire de mademoiselle de Romans et de n'avoir pour garant que Soulavie, écrivain abject. Quelque défiance qu'on doive avoir contre de pareils récits, le fond de l'anecdote est vrai. Le nom de mademoiselle Tiercelin revient fréquemment dans les registres authentiques des dépêches du roi (Archives générales,

O¹ 454 à 702), il figure également dans les Archives du couvent de Sainte-Élisabeth, et, ce qui est plus encore, au Livre rouge, on y lit ces mentions, p. 156 :

N° 80. — Pour payer les dettes de mademoiselle Tiercelin, 210,000 livres.
N° 82. — Pour la même, en rentes viagères, 80,000 —

Mademoiselle Morphise, ou *Morfi*, ou *O'Murfi* [1]. Elle est peut-être la mieux connue des beautés passagères du Parc-aux-Cerfs. Barbier dit positivement, dès le 23 mars 1753, « qu'elle est logée dans le quartier, » et il répète encore, en avril, « qu'elle loge à Versailles au Parc-aux-Cerfs. » D'Argenson précise bien davantage ; il affirme « qu'elle a actuellement (1ᵉʳ avril 1753) une petite maison au Parc aux Cerfs, avec une gouvernante, une femme de chambre, une cuisinière et deux laquais. » Le roi lui ayant demandé si elle le connaissait, elle aurait répondu qu'il ressemblait à un écu de six livres, si tant est que ce ne soit pas un *ana* ayant eu cours à plusieurs reprises. Louis XV passait pour l'aimer ou du moins s'en amuser beaucoup. D'Argenson cite ce mot d'elle, qui est assez piquant : « Le roi allait faire un

---

[1] L'origine de mademoiselle Morfi a donné lieu à beaucoup de doutes. Les uns veulent qu'elle fût Grecque, comme Casanova qui prétend l'avoir connue ; d'autres en font une irlandaise, de ce nombre est d'Argenson.
Était-elle fille d'une revendeuse du Palais-Royal, d'un savetier ou d'un ancien militaire ? La seule chose que nous puissions affirmer, c'est que, dès 1707, le nom semble naturalisé en France ; ainsi, on trouve à la date du 6 septembre de cette année un acte de vente, devant Vatry, notaire à Paris, par Jacques Hutereau à Catherine Morfy. (*Archives nationales*, département de la Seine, Paris, quartier Saint-Marcel, A et Q, 1353).

voyage de trois jours à Choisy; elle soutint que pour elle il serait de cinq; que le jour du départ elle ne ferait que pleurer et que le jour du retour du roi elle mourrait de joie. » Cette saillie fit manquer le voyage. Elle avait une humeur folâtre. Le roi lui ayant donné une belle tabatière, elle se mit à sauter et à danser sur les chaises. (D'Argenson.)

Mademoiselle Morphise devint mère d'une fille en mai 1754 (de Luynes). Madame de Pompadour fidèle au rôle qu'elle s'était imposé, s'offrit au roi pour élever l'enfant et lui inspirer des sentiments dignes de sa naissance. Le 25 novembre 1755, la mère fut mariée à un pauvre gentilhomme d'Auvergne, Jacques de Beaufranchet d'Ayat, capitaine au régiment de Beauvoisis. Il reçut pour lui une somme de 50,000 livres comptant, outre une dot de 200,000 livres pour la demoiselle, un trousseau et beaucoup de diamants. Naturellement il fut chansonné! Nous avons trouvé dans le recueil de M. de Paulmy ce refrain ainsi annoté:

Sur l'air: *Cela ne me surprend pas.*

Qu'un Egrefin, pour avoir des ducats,
Du maistre épouse une maîtresse,
Cela ne me surprend pas.

La première note indique qu'il s'agit ici d'un capitaine aide-major au régiment de Beauvoisis. La seconde porte ces mots: « La demoiselle Moréfie (*sic*). » Cette chanson courait en 1756. M. Beaufranchet d'Ayat se vengea noblement: il se fit tuer à Rosbach le 5 novembre 1757.

S'il faut en croire Pidansat de Mayrobert dans ses *Anecdotes*, la fille de Morphise aurait épousé un neveu de l'abbé Terray (p. 73).

Le 9 novembre 1770, M. de Saint-Florentin écrivait au sieur Begon la lettre suivante [1] :

« L'assurance, monsieur, que vous m'avez donnée du besoin réel dans lequel se trouve la demoiselle Murphy et le témoignage que vous rendez de la pureté de ses mœurs et de sa conduite m'ont déterminé à proposer au roy de lui accorder une petite subsistance. J'aurais désiré que les circonstances eussent permis que la pension fût un peu plus forte.

« Je suis très aise d'avoir trouvé cette occasion de vous obliger et je saisirai toujours celle où je pourrai vous marquer, etc., etc. »

O[1] 412, p. 813, *Arch. nat.*

Une tradition versaillaise veut que le charmant profil qui se trouve dans le tableau de Boucher, de l'église Saint-Louis, saint Jean-Baptiste prêchant dans le désert, soit celui de Morphise. Nous ne pouvons que constater l'existence de ce bruit en notre qualité d'ancien habitant de Versailles. Nous ne pouvons pas en garantir l'exactitude.

Voici le portrait écrit que nous a laissé Casanova de Seingalt qui dit l'avoir connue de très près :

« Blanche comme un lis, Hélène avait tout ce que la nature et l'art des peintres peuvent réunir de plus beau, la beauté de ses traits avait quelque chose de suave... ses yeux bleus avaient tout le brillant des plus beaux yeux noirs.

« La jeune Morphy, car le roi l'appela toujours ainsi, plût au monarque par sa naïveté et sa gentillesse plus que

---

1. Intendant dans la marine à Dunkerque, il est souvent question de lui dans le *Journal de Sartine*. Il paraît avoir été fort répandu dans le monde des femmes galantes de Paris.

par sa rare beauté, la plus régulière que je me souvienne avoir vue. Il la mit dans un appartement de son Parc-aux-Cerfs, véritable harem de ce monarque voluptueux. »
(*Mémoires de Casanova*, IIe vol. chap. XIV. p. 234.)

Mademoiselle Morphy, mariée et éloignée de la cour, le roi, dit d'Argenson, a pris à son service sa jeune sœur qui a dix-sept ans. « C'est un goût de notre monarque d'aller ainsi de sœur en sœur. » Allusion évidente et mordante à l'histoire des demoiselles de Nesles.

A la petite Morphise succédèrent : mademoiselle Fouquet, fille d'une coiffeuse, et une demoiselle Hénaut ; voici ce qu'en dit d'Argenson :

« Madame la marquise de Pompadour est plus favorite que jamais, quoique le roi ait présentement un petit sérail secret dans ses cabinets, composé de trois grisettes, jeunes et jolies : mademoiselle Fouquet, fille d'une coiffeuse ; la demoiselle Hénaut, et une troisième de la même extraction (12 juin 1756). »

Barbier dit pareillement : « Il est connu de bien des gens et surtout de la Cour, qu'il y a actuellement deux jeunes et très jolies filles à Versailles que le roi voit ; on dit même que depuis quinze jours, il y en a une troisième. » (19 février 1756.)

Et le duc de Luynes :

« Les maîtresses passagères continuent...
« Des deux maîtresses que le roi a actuellement, il y en a une qui peint fort bien et qui a peint le roi ; celle là est grosse ; l'autre s'appelle *Robert*, c'est une fille extrêmement jolie qui a de l'esprit, qui est fort bien élevée. Il y

en a une qui demeure au Parc-aux-Cerfs, et l'autre dans le château.

« Il y a encore une autre maîtresse qu'on appelait Fouquet, on lui a donné dix mille écus et on l'a mariée, mais assez mal (14 février 1756). »

M. le duc de Luynes, MM. d'Argenson et Barbier écrivaient leur journal, chacun de leur côté, à l'insu l'un de l'autre. Cependant ils rapportent le même fait, à la même date, comme s'ils s'étaient concertés entre eux ! Le vide laissé par Morphise a été remplacé par un trio de jolies grisettes, qui demeurent au Parc-aux-Cerfs ou au château, probablement dans ces chambres situées du côté de la Chapelle, dont parle madame du Hausset.

Madame David. On lit dans le journal de M. de Sartine, sous la date du 8 janvier 1762 : « M. le prince de Rohan a fait une infidélité à la dame de Fleury, cy-devant demoiselle Dufresne, sa maîtresse, pour les beaux yeux de madame David, *connue pour avoir séjourné quelque temps à Versailles au Parc-aux-Cerfs.*

L'auteur des *Anecdotes* parle aussi de cette personne en faisant l'énumération des femmes qui ont été au Parc-aux-Cerfs, il dit d'elle : « Madame David, femme d'un commis avancé dans les vivres, p. 73. Edit. de 1776. »

Sous la même date :

« Le bruit a couru que la demoiselle Varnier est accouchée d'un fils et que le roi est si satisfait qu'il ne la quitte point, ce qui cause beaucoup d'inquiétude à madame de Pompadour. »

Cette demoiselle Varnier aurait été aussi l'une des sultanes du Parc-aux-Cerfs.

Il en est de même d'une demoiselle *Selin*, signalée

par Pidansat de Mayrobert dans les *Anecdotes*, p. 73. Celle-ci aurait été Bretonne, fille de condition, elle aurait mieux aimé rester dans un couvent que de se marier; on lui aurait fait un sort distingué.

INCONNUE

« Le sieur Lecomte, marchand de fourrages et propriétaire de la salle de la comédie de Versailles a, dimanche dernier, fait essayer à une *des dames* du Parc-aux-Cerfs, pour qui le roi a des bontés, un habit fait à la turque, appartenant à la demoiselle Desglands, actrice à la Comédie-Italienne. On assure que l'intention de cette dame est de surprendre Sa Majesté, dans un habillement pareil, qu'elle veut se faire faire et s'y faire peindre aussi. J'ignore le nom de cette dame, tout ce que je sais, c'est qu'elle est la plus ancienne et qu'elle a déjà fait plusieurs enfants. Je sais aussi qu'elle a monté samedi dernier au château et qu'elle y était encore mardi matin. »

(*Journal de Sartines*, p. 45, du 16 octobre 1761.)

« La demoiselle Mimi avait appartenu à M. le duc de Choiseul et même avait été au *Parc-aux-cerfs* à ce qu'on prétend. Le ministre l'avait ensuite mariée à un sieur Dupin, Américain. »

Le *Journal de Sartine* parle en ces termes de la demoiselle Mimi (8 juillet 1763) :

« La demoiselle Armory, dite Mimi, fille d'un danseur de l'Opéra, est âgée de 17 ans et est assez bien de figure (deux des conditions nécessaires pour être admises au Parc-aux-cerfs). Jusqu'à ce jour elle languissait et profitait des bontés de mademoiselle Allard, mais enfin elle va paraître sur le trottoir..., c'est-à-dire elle va être entretenue par un sieur Lecamus, entrepreneur à Rouen, qui lui permettra de paraître au premier rang dans le monde (p. 295). »

(10 août 1771. — Bachaumont, V, 334.)

Le même ouvrage parle aussi, à la date du 22 novembre 1774, d'une courtisane du *Vieux Sérail*, nommée mademoiselle de Beauvoisin, entretenue en dernier lieu par M. Baudard de Saint-James. Si les mots le Vieux Sérail indiquent le Parc-aux-Cerfs, cette demoiselle de Beauvoisin devrait être mise au nombre de celles qui en font partie.

Marie-Louise de Marny, connue pour avoir été au Parc-aux-Cerfs, avait obtenu une croupe sur la part du fermier général Rougeot (*Mém.* de Terray, vol. II, pièces justificatives). C'était une fort jolie personne, la figure mignonne, enfantine, son portrait au pastel a été conservé et existe encore dans une collection particulière, elle porte une rose dans les cheveux, un collier de grosses perles et une mante noire. On a ainsi un spécimen du genre de beauté qui plaisait à Louis XV. Marie-Louise de Marny devint mère. On lui fit épouser un banquier italien, Octave-Marie-Pie Giamboni. Nous aurons l'occasion de reparler plus d'une fois des époux Giamboni dans la suite de cet ouvrage. Ils demeuraient en 1780 rue de Bondy, n° 26, le mari prenait de plus le titre de secrétaire du roi.

Manuel a parlé de Giamboni dans sa *Police de Paris dévoilée*. « C'est, dit-il, un banquier génois. Il n'a pas à se repentir de s'être marié à une élève du Parc-aux-Cerfs, où l'on apprenait aux demoiselles que l'amour est un jeu comme le quadrille. On change d'amour à chaque coup. » (T. Ier, p. 228).

Les odalisques répudiées du Parc-aux-Cerfs étaient généralement mariées dans le fond de quelque province éloignée. Pidansat de Mayrobert cite comme une exception, mais une faveur particulière, madame Giamboni qui fut l'épouse d'un banquier à Paris. (*Anecdotes*, p. 74.)

Nous ne pouvons avoir la prétention de présenter une énumération complète des femmes du Parc-aux-Cerfs. Il en est qui l'ont certainement traversé et dont le nom est resté inconnu. Telle était celle qui avait servi de modèle à Boucher et à d'autres peintres (d'Argenson, 30 mars 1753). Le nombre de ces innomées, sans être aussi grand qu'on l'a dit, doit être assez considérable. On sait que Louis XV avait des goûts changeants et il était de l'intérêt de madame de Pompadour de ne pas laisser une rivale s'implanter dans les faveurs du roi. De là des mutations fréquentes dans le personnel de cette étrange maison. L'histoire anecdotique pourra seule clore la liste des royales amourettes que nous avons commencé à dresser ici.

Il reste une question de curiosité locale sur laquelle nous pouvons donner d'amples détails. C'est celle de savoir où était située la maison du Parc aux Cerfs. C'est une affaire d'archéologie versaillaise. Plusieurs systèmes se sont succédé, diverses interprétations ont été essayées. Voici ce qu'un long séjour à Versailles, notre ville natale, nous a appris de plus certain.

Le Parc aux Cerfs, rendu si fameux par Louis XV, était une création de son ancêtre, Louis XIII. On sait que Versailles doit son origine au plaisir que ce dernier roi trouvait à chasser dans ses environs; aussi, après avoir fait construire le château, qui n'était à vrai dire qu'un rendez-vous ou pied-à-terre de chasse, il établit dans l'emplacement actuel du quartier Saint-Louis un vaste enclos destiné à renfermer des cerfs. Cet enclos formé d'abord de palissades, appelées *parquets*, fut plus tard fermé de murs; il décrivait un quadrilatère irrégulier, dont on retrouve la configuration dans les anciennes gravures du temps, et surtout dans un plan manuscrit de Caron, conservé aux Archives du département de Seine-et-Oise.

Par ce plan qui paraît être de 1680, on voit quelles étaient exactement les limites du Parc aux Cerfs.

Il était borné au nord par l'avenue de Sceaux, alors appelée avenue *des Boys* ou de Meudon, et par la rue de l'Orangerie jusqu'aux Quatre-Bornes ;

Au couchant, par un mur qui le séparait du Potager et allait se terminer à l'emplacement de la grille Satory, au niveau de la tête de la pièce d'eau des Suisses, alors appelée Pièce des grands Cerfs ;

Au midi, le mur d'enceinte du Parc aux Cerfs avait précisément la même forme que le mur actuel de clôture, c'est-à-dire qu'après avoir suivi une ligne droite, il décrivait un angle rentrant, et allait aboutir au côté du levant.

Ce quatrième côté, de forme assez irrégulière, venait aboutir à l'extrémité de l'avenue de Sceaux et fermer ainsi ce qu'on appelait le Parc ou le Quarré du Parc aux Cerfs.

Cette représentation graphique est d'accord avec la description que l'on trouve dans les ouvrages du temps. « Le Potager, dit Coquard, qui est au midi de la ville de Versailles, est situé au pied de la côte de Satory, entre la pièce d'eau des *Suisses* et *le Parc aux Cerfs*. » Le cicerone de Versailles dit aussi, en parlant du premier potager du château : « Ce jardin fut abandonné lorsque La Quintinie eut créé un nouveau et superbe potager entre la pièce des Suisses et la rue Satory. »

Il ajoute :

« Alors un parc, destiné à élever des cerfs et autres bêtes fauves, occupait tout l'espace entre le Potager et la butte des étangs Gobert. Sur la fin du règne de Louis XIV, ce terrain fut destiné à un nouveau quartier qui conserva le nom de *Parc-aux-Cerfs*. Des rues nombreuses furent alignées. Le terrain donné à condition de clore et un emplacement assigné à la future paroisse Saint-Louis. »

Dans le plan de Caron, le Parc aux Cerfs n'est pas encore devenu un quartier de Versailles, il subsiste avec sa destination primitive. On y voit des bassins pour abreuver les cerfs, des bâtiments pour loger les gens de la vénerie. L'un de ces bâtiments occupe l'emplacement des constructions qui devinrent plus tard les *Escuries des Gardes du Corps*. L'autre paraît situé à l'endroit où est aujourd'hui la grande fontaine des Quatre-Bornes. Nous n'avons pu trouver dans aucune des gravures du temps le dessin visuel de ces bâtiments. C'est à peine si dans quelques-unes on distingue un carré fermé de murs qui paraissent être ceux du Parc aux Cerfs. Cette lacune s'explique sans doute par cette circonstance que le Parc aux Cerfs fut détruit de bonne heure avant que Versailles, parvenu à l'apogée de sa splendeur, eût commencé à exercer le burin des graveurs et des topographes. En effet, Louis XIV ayant fait démolir l'église de Saint-Julien en 1679, *parce qu'elle nuisait, par sa position, à la construction du Grand-Commun, destina aux paroissiens de Saint-Julien un terrain suffisant pour la paroisse, le presbytère et le cimetière, attenant le village, dans le Parc aux Cerfs.* L'intention du roi était qu'il y eût deux quartiers et deux paroisses dans la ville de Versailles, et dès l'année 1679 il avait arrêté le projet d'affecter le Parc aux Cerfs à l'un de ces quartiers futurs. Un plan gravé en 1693, par Naudin, prouve qu'à cette époque la pensée du roi était déjà réalisée. Dans ce plan le Parc aux Cerfs est devenu un quartier composé des rues et places qui, à peu d'exceptions près, existent encore aujourd'hui. Un autre plan manuscrit de la même époque nous représente « *la ville neuve Saint-Louis, dite le quartier du Parc aux Cerfs,* » divisé en 267 lots dont chacun porte un numéro d'ordre. En 1700, les plans commencent à donner les noms des rues ; en 1708, ces rues renferment déjà un grand nombre de constructions ; en 1730, Louis XV exécute la promesse faite par Louis XIV aux paroissiens de Saint-Julien : il autorise l'érection de la chapelle Saint-Louis en paroisse, attendu que Notre-Dame se trouve éloignée de plus d'une demi-lieue de divers quartiers du Parc-aux-Cerfs et qu'elle ne peut contenir que 2,500 personnes, quoiqu'il y ait parfois jusqu'à 40,000 communiants. En 1735, nouvelles lettres patentes du roi, portant établissement d'un marché en la grande place du Parc-aux-Cerfs. Dans un des considérants de ces lettres patentes, le roi rappelle *qu'il a été obligé* « d'établir une deuxième paroisse pour la commodité « des habitants du quartier du Vieux-Versailles et Parc-« aux-Cerfs, qui compose aujourd'hui la moitié de cette « ville, et un commissaire pour y établir la police. »

Voilà donc le Parc aux Cerfs érigé en un quartier important de Versailles formant la moitié de la ville, et ayant son église, son marché, sa police particulière.

De là le nom générique de Parc-aux-Cerfs appliqué à tout ce qui appartient ou confine à ce quartier ; ainsi, l'avenue de Meudon devient l'avenue du Parc-aux-Cerfs; les étangs Gobert, les réservoirs du Parc aux Cerfs, l'église, le marché, les lieux publics et privés subissent la dénomination commune. Cependant il importe de remarquer qu'indépendamment de cette appellation générale qui s'étendait à tout l'emplacement de l'ancien Parc aux Cerfs, il y eut toujours une portion de ce quartier qui conserva, d'une manière plus spéciale, le nom issu de son ancienne origine. Narbonne, qui a été pendant quarante ans le premier magistrat de police de Versailles et qui a laissé sur notre ville des manuscrits si précieux, nous apprend qu'alors Versailles était divisé en neuf quartiers.

Le neuvième, appelé proprement le Parc-aux-Cerfs, comprenait les rues :

>Des Tournelles,
>Saint-Honoré.
>Satory.
>D'Anjou.
>Tour de la Grande-Place.
>Bourdonnais.
>Saint-Louis.
>Saint-Antoine.
>Des Mauvaises-Paroles.
>Du Couvent.
>Royale.
>Saint-Médéric.
>Du Hasard.
>Des Mauvais-Garçons.

Cette délimitation essentielle et qui facilitera nos

recherches ultérieures explique ces mots des lettres patentes de Louis XV, que nous avons cités plus haut : attendu que les habitants de *divers quartiers* du Parc-aux-Cerfs sont éloignés de plus d'une demi-lieue de Notre-Dame.

Il y avait en effet *plusieurs* quartiers inclus dans l'emplacement de l'ancien Parc aux Cerfs.

Il y avait une partie du sixième quartier (comprenant la rue du Potager), le septième et le huitième composés des rues de l'Orangerie, Saint-Honoré, et l'avenue de Sceaux, et enfin le neuvième ou Parc-aux-Cerfs proprement dit. C'est sur celui-ci que doivent se concentrer nos recherches.

Suivant Narbonne, le meilleur guide qu'on puisse suivre en pareille matière, le Parc-aux-Cerfs proprement dit ne se composait guère que de jardins ; aussi le scrupuleux commissaire voulait-il que, pour l'éclairage, ce quartier ne fût taxé qu'à huit sous neuf deniers la toise au lieu de trente sous, prix des autres quartiers, « n'étant pas juste que des jardins payassent autant « que les maisons de la ville qui produisent de gros « revenus et où les lanternes sont en plus grand « nombre. »

Le Parc-aux-Cerfs était donc le moins éclairé, et aussi le moins habité et le plus lointain des quartiers de Versailles. Si l'on ajoute que cette partie de la ville était enceinte de deux côtés et dominée par les collines boisées de Satory, on comprendra qu'elle offrît un asile attrayant pour ceux qui ont besoin d'ombre et de mystère. Aussi vit-on s'y établir un grand nombre de ces petites maisons qui formaient alors l'annexe indispensable du train d'un grand seigneur. Plus d'une des habitations actuelles du quartier Saint-Louis porte encore la trace de cette destination primitive et peut-être est-ce à la même circonstance que l'on doit rapporter les noms équivoques de certaines rues du Parc-aux-Cerfs, telles que les rues des Mauvaises-Paroles, des Mauvais-Garçons, etc...

Tel était le Parc-aux-Cerfs, vers 1753, à l'époque où madame de Pompadour, atteinte de l'indisposition qui motiva le célèbre quatrain de Maurepas, voulut se trouver des suppléantes qui ne fussent pas des rivales et diriger une passion qu'elle ne pouvait plus satisfaire.
— Est-ce là l'origine du Parc-aux-Cerfs, ou bien est-ce à Louis XV lui-même ou à Le Bel, ministre de ses amours occultes, que revient la gloire de l'invention? C'est ce que nous examinerons plus tard. Constatons seulement qu'en 1753, la maîtresse en titre du roi, n'est plus qu'une amie ; il faut trouver pour Louis XV, un lieu discret, propre à cacher ses plaisirs sans trahir son incognito. Le quartier du Parc-aux-Cerfs s'offrait naturellement au choix du monarque, qui veut se faire passer pour un des seigneurs de la cour, et se déguise sous le nom d'un prince polonais, parent de la reine. Ce fut dans ce quartier que la débauche secrète du roi fit élection de domicile, et vint abriter les mystères de la vie privée de Louis XV, dans l'emplacement de ce même enclos, où Louis XIII, son aïeul, porté vers des plaisirs plus innocents, avait placé le quartier général de ses chasses.

« *Le Parc-aux-Cerfs*, dit un contemporain bien informé, était appelé ainsi d'un quartier de Versailles fort éloigné. Bien peu de gens connaissaient cette maison ; on n'en parlait que très vaguement sans rien spécifier. »

Un commissaire de la marine, nommé *Mercier*, qui

avait eu part à l'éducation de l'abbé de Bourbon, avait plus de connaissance qu'aucun autre sur cet établissement et voici ce qu'il a dit à un de ses amis :

« La maison était de peu d'apparence, il n'y avait en général qu'une seule jeune personne ; la femme d'un commis du bureau de la guerre lui tenait compagnie, jouait avec elle, ou travaillait en tapisserie ; cette dame disait que c'était sa nièce ; elle la menait pendant les voyages du roi à la campagne. »

« Quelquefois on a changé de maison et de quartier ; mais sans renoncer à l'ancienne maison. »

Mercier ajoutait : « Jamais commerce n'a eu moins de publicité et les particuliers n'ont-il pas de petites maisons où ils entretiennent publiquement des filles ? (*Mémoires du madame du Hausset.* — Édition de Baudouin, 1824, p. 65.) — Note du premier éditeur.

Ces lignes, écrites par Crawfurd, ont pour nous une double valeur et à cause des renseignements en eux-mêmes et à raison de l'autorité qui s'attache au témoignage de leur auteur, M. Crawfurd.

M. Crawfurd, amateur aussi passionné qu'éclairé de recherches historiques, placé à même de recueillir des souvenirs alors récents de la bouche même des témoins oculaires encore vivants à cette époque, a laissé des ouvrages qui portent l'empreinte d'un caractère sérieux et ami du vrai. On peut donc avoir toute confiance dans le document que nous venons de transcrire.

Quintin Crawfurd, né à Kilwinnick, dans le comté d'Air, en 1743, après une laborieuse et lucrative carrière, remplie dans les Indes, revint se fixer en France vers 1780 avec une fortune considérable. Ses collections étaient immenses. M. Crawfurd était au nombre des étrangers que la reine Marie-Antoinette recevait avec le plus de plaisir. De cette faveur étaient résultées pour lui de grandes facilités pour augmenter ses collections historiques en tableaux, statues, curiosités, manuscrits. C'est ainsi qu'il reçut des mains de Senac de Meilhan le journal de madame du Hausset, l'une des femmes de chambre de madame de Pompadour. Senac le tenait lui-même de M. de Marigny, le frère de la marquise.

Madame du Hausset a laissé les pages les plus instructives qui aient paru sur les habitudes intérieures du Parc-aux-Cerfs. Nous les avons déjà mises à profit. Mais elle n'a pas parlé de l'emplacement de cette maison et les autres auteurs qui ont écrit sur la question ont gardé le même silence. Voici notre réponse.

Il existait, il existe encore dans la rue d'Anjou, n° 78, en face de la caserne, un immeuble ayant cour et jardin. La cour donne sur la rue d'Anjou, le jardin a une porte sur la rue du Hasard.

La maison est à deux étages de sept croisées de façade, à toit recoupé.

Vers 1830 on voyait une pierre carrée de 50 centimètres de largeur sur 35 centimètres de hauteur portant cette inscription :

HÔTEL
DU
PARCQ
AUX
CERFS.

Cette pierre était placée dans le vestibule, et la rampe de l'escalier venait s'y implanter.

Une autre inscription sur une tablette en marbre en forme de trapèze, renferme les mêmes mots :

HÔTEL
DU
PARCQ
AUX
CERF

Dans les anciens titres, la maison est appelée par abréviation, sans doute, le Parc-aux-Cerfs.

Elle avait été achetée, suivant adjudication du 14 décembre 1750, par un sieur François Labaty, premier garçon de fourrière de la chambre de S. M. et par Élisabeth Thierry, sa femme, demeurant ensemble au Grand-Commun.

Labaty devait donc être placé sous les ordres de Le Bel, premier valet de chambre de Louis XV et à côté de Guimard, l'un des initiés que madame du Hausset nous a fait connaître. Le prix de la maison avait été de 18,000 livres et voici quelle en était la consistance en style de notaire :

« Par devant les notaires du roi au bailliage de Versailles, soussignés, furent présens Christophle Baudon, M⁰ Charpentier et Elisabeth Le Roi, sa femme, qu'il autorise à l'effet des présentes, lesquels ont vendu et abandonné pour toujours... et sont obligés... solidairement à garantir de tous troubles, hypothèques... au sieur Labaty premier garçon de fourrière de la chambre du Roi et Elisabeth

Thierry, sa femme, et à ces présens et acceptans, acquéreurs pour eux leurs hoirs et ayant-cause,

« Une maison, couverte d'ardoises consistant en quatre pièces au rez-de-chaussée, trois étages de chacun quatre chambres, dont le dernier est lambrissé, deux caves sous ladite maison, une cour, au devant une écurie pour cinq chevaux et une remise dans la cour à droite... un jardin clos de murs derrière ladite maison planté d'arbres fruitiers et garni de treillages dans lequel est un cellier, une salle avec grenier au-dessus, un puits au milieu et une porte qui donne dans la rue du Hasard, le tout situé à Versailles. »

Cette description coïncide en tous points avec l'idée qu'on pourrait se faire à l'avance d'une petite maison ou pour mieux dire d'un petit sérail, comme parlaient les contemporains. Douze chambres, quatre à chaque étage, des mansardes pour les domestiques, des dépendances pour les équipages des demoiselles du Parc aux Cerfs ou pour celui qui venait leur rendre visite, ou, en termes techniques, une écurie pouvant contenir cinq chevaux et des remises, par devant une cour, par derrière un jardin planté d'arbres donnant sur une ruelle reculée et déserte, la rue du Hasard.

On ne peut demander rien qui soit plus caractéristique, rien qui ressemble davantage à la description du commissaire Mercier. C'est une maison sans apparence, d'un extérieur bourgeois où la femme d'un commis pouvait habiter avec quelques jeunes personnes sans attirer la curiosité ni les regards du public.

Pourquoi d'ailleurs cette dénomination spéciale d'*Hôtel du Parcq aux Cerfs* ?

On comprendrait difficilement que par cela seul que la petite maison de Louis XV était située dans un quartier, on lui eût donné immédiatement le nom général de tout ce quartier; si, au contraire, elle portait déjà ce nom par elle-même et d'ancienne date, rien de plus simple que de la désigner ainsi et que de l'appeler le *Parc aux Cerfs*, encore bien que depuis un siècle il n'y eût plus ni parc ni cerfs en cet endroit.

Nous invoquerons donc en premier lieu l'acte de baptême de la maison résultant de l'inscription qu'elle porte. *Lapides loquuntur*. Les pierres parlent parfois et c'est ici le cas d'entendre leur langage.

Ce n'est pas tout, il y a aussi la tradition qui a son importance et dont nous avons recueilli le témoignage.

Lorsque les troupes de la Sainte-Alliance eurent envahi la France en 1815 et que la paix fut signée, le roi de Prusse vint visiter Versailles. On joua devant lui les grandes eaux, après quoi il demanda qu'on lui montrât, s'il était possible, la maison du Parc aux Cerfs.

On fit venir un ancien garçon du château qui passait pour connaître le mieux les chroniques du temps passé et, séance tenante, il conduisit le roi de Prusse à la rue d'Anjou, en face de la maison que nous avons décrite.

Ce fait nous a été souvent attesté par M. Hemery, ancien premier commis de la poste. M. Hemery[1] était un homme distingué qui joignait à une parole vive et élégante une mémoire imperturbable. Il nous a souvent raconté qu'il était présent lorsque la demande avait été faite par le roi de Prusse, et qu'il avait, lui, M. Hemery, suivi le cortège, du Tapis-Vert à la rue d'Anjou, vis-à-vis de la caserne. M. Hemery, ignorait l'existence de la plaque que nous avons décrite.

1. Magloire-Désiré Hemery, pensionnaire de l'État, décédé à Versailles le 21 mars 1851.

Nous avons communiqué ce récit en temps et lieu à M. Brinisholtz, un des gardiens du château, très au fait des antiquités de Versailles, s'en occupant et ayant pris de nombreuses notes sur ce sujet. M. Brinisholtz, qui malheureusement n'existe plus, admettait la possibilité de l'anecdote.

Telle est la tradition que nous avons pu recueillir ; elle est d'accord avec la vraisemblance et l'inscription lapidaire que nous avons rapportée ; le nom prouve la chose et la chose s'explique par la notoriété qui s'est attachée au nom.

M. Jeandel, auteur de recherches de premier ordre sur les antiquités et les curiosités de Versailles, a émis une autre conjecture qui doit être prise en considération. Il a signalé la maison nº 14 de la rue Saint-Louis comme pouvant être le siège du Parc aux Cerfs. Cette maison, signalée par la notoriété publique, est située entre trois rues sur lesquelles elle a des ouvertures. Elle a appartenu à Colin, l'homme d'affaires de madame de Pompadour et, circonstance étrange qu'a très bien démontrée M. Jeandel, elle n'a jamais été habitée par son propriétaire qui demeurait au château ou dans l'hôtel de madame de Pompadour, à ce point qu'aussitôt la mort de celle-ci, Colin a revendu la maison sans y avoir demeuré. L'entrée a lieu par une belle grande porte, point de fenêtres indiscrètes au dehors, au dedans une grande cour, des communs et dans les chambres tout le luxe d'alors, boiseries sculptées, corniches, glaces, etc. Ces ornements ont-il servi à Colin ? c'est douteux, mais nous trouvons un nom qui va être un trait de lumière. La personne qui a acheté de Colin est une veuve Robert et après elle, c'est sa fille, une demoiselle

Robert, qui est devenue propriétaire de cette délicieuse petite maison et nous savons déjà que l'une des plus jolies sultanes du Parc aux Cerfs portait ce nom (p. 25). L'auteur de ce renseignement est digne de foi, c'est M. le duc de Luynes.

Il ne faut jamais perdre de vue qu'il y a eu plusieurs maisons servant à cet usage. Les auteurs les plus autorisés le disent formellement et nous ne craindrons pas d'invoquer leur témoignage.

Quelquefois, dit Mercier, cité par Crawfurd, on a changé de maison et de quartier; mais sans renoncer à l'ancienne maison. (Notes sur madame du Hausset.)

Système de M. Le Roi sur le Parc aux Cerfs.

L'auteur de ces lignes a connu très particulièrement M. le docteur Le Roi.

M. Adrien Le Roi a été tour à tour son professeur (d'anatomie et de phrénologie), son médecin et son ami. S'occupant l'un et l'autre des antiquités de Versailles, un projet de collaboration s'était formé entre eux. Il s'agissait d'une histoire de la ville sous forme d'éphémérides. Chacun apportait naturellement pour contingent ses travaux personnels. M. Le Roi s'était beaucoup occupé des Eaux de Versailles, de la machine de Marly et aussi de la musique de la chapelle royale, de l'Opéra, etc. J'avais travaillé de mon côté à l'historique du Jeu de Paume, de l'Assemblée constituante, du massacre des prisonniers d'Orléans aux Quatre-Bornes, et, en général, des souvenirs de la Révolution à Versailles. A cette époque, M. de Molène, alors procureur du roi près notre tribunal, avait imposé comme condition d'admission des avocats au Palais de Justice, le rangement et le classement préalable des minutes du greffe, qui, ayant tour à tour été incendiées et inondées, étaient dans un désordre effroyable. Ce fut en me livrant à ce travail, qui ne dura pas moins de six mois, que je trouvai une liasse considérable de papiers in-folio intitulés : Rôle des boues et lanternes de Versailles de 1682 à 1790. La coutume était alors d'imposer les propriétés pour le balayage et l'éclairage en raison de la superficie qu'elles occupaient sur les rues et places publiques. On trouvait dans ces volumineux recueils des documents précieux pour notre histoire locale. On apprenait ainsi les noms des habitants, leurs professions et des plans auxquels se rapportaient ces rôles par des numéros correspondants. J'avais fait usage de ces renseignements qui avaient un certain intérêt et je les avais communiqués à la Société des sciences morales de Seine-et-Oise, notamment pour rechercher les hôtels du duc de Saint-Simon, de Bossuet et autres. Je n'avais nullement songé, je le déclare, à y chercher la désignation du Parc aux Cerfs, quoique j'eusse parlé à diverses fois de cette énigme toujours curieuse et obscure.

Un jour, au printemps de 1855, M. Le Roi vint me trouver chez moi, et, me montrant le passage suivant des *Mémoires* de madame Campan, me dit : — Si vous pouviez, à l'aide de vos rôles des boues et lanternes, retrouver la demeure du sieur Sévin, vous auriez un moyen de connaître l'emplacement de la maison du Parc aux Cerfs [1].

---

1. « Louis XV avait, comme on le sait, adopté le système bizarre de séparer Louis de Bourbon du roi de France. Comme

d.

Je trouvai l'idée excellente et je me mis immédiatement en devoir de donner satisfaction à mon futur collaborateur.

Je passai donc en revue toutes les rues du Parc aux Cerfs, car madame Campan n'avait pas désigné celle qu'habitait Sévin, et, arrivé à la rue Saint-Médéric, je trouvai son nom inscrit sous le n° 467.

C'était un premier jalon sur la piste ouverte. Mais il restait encore un pas plus difficile à franchir : il fallait trouver l'acte qui avait consommé la vente faite par Louis XV en personne. Déjà, à cette époque, j'avais opéré le dépouillement des anciens tabellionages de Versailles. Je connaissais l'étude qui avait eu jadis la clientèle de la couronne et qui avait conservé celle de la liste civile moderne. J'étais alors fort lié avec ce notaire, il facilita mes recherches avec la plus grande obligeance, et je pus mettre la main sur l'acte signé par Louis XV et passé au château de Versailles. La circonstance, signalée par madame Campan, était parfaitement exacte : le prix avait été stipulé payable en louis d'or. Je pris de cet acte une copie que je possède encore

---

homme privé, il avait sa fortune personnelle, ses intérêts de finance à part.

« Louis XV traitait comme particulier dans toutes les affaires où les marchés qu'il faisait : il avait acheté au Parc aux Cerfs à Versailles, où il logeait une de ses maîtresses obscures que l'indulgence ou la politique de madame de Pompadour avait tolérées pour ne pas perdre ses droits de maîtresse en titre.

Ayant réformé cet usage, le roi voulut vendre sa petite maison. Sévin, premier commis de la guerre, se présenta pour l'acheter : le notaire, qui était chargé de cette commission, en rendit compte au roi. Le contrat de vente fut passé entre Louis de Bourbon et Pierre Sévin, et le roi lui fit dire de lui apporter la somme en or. Le premier commis réunit les quarante mille francs en louis, et, introduit par le notaire dans les cabinets intérieurs du roi, il lui remit la valeur de ses maisons. »

avec le fac-similé de la signature de Louis XV. Je transmis le tout à M. Le Roi.

Il fut enchanté de sa découverte, car je ne lui en ai jamais contesté le mérite, et il la publia dans un journal de Versailles.

Ici nous nous divisâmes d'opinion :

M. Le Roi pensait avoir trouvé la maison du Parc aux Cerfs, c'est-à-dire celle où Louis XV tenait son harem royal.

Je soutenais, comme je le soutiens toujours, que madame Campan n'avait parlé que d'une des maisons affectées à une seule des maîtresses du roi et non à un usage collectif; les termes mêmes du passage de madame Campan en sont la preuve.

« Louis XV avait acheté au Parc aux Cerfs à Versailles une assez jolie petite maison où il logeait *une* de ses maîtresses obscures, etc. ». Dans cette conviction je continuai mes investigations et j'acquis la certitude que les constructions de la rue Saint-Médéric étaient de date récente. Le propriétaire actuel, l'honorable M. de La Taille l'aîné, m'affirma et me démontra que la surface de la maison avait été triplée depuis 1800. Encouragé par cette assurance, j'ai cherché dans les anciens titres un document qui vînt corroborer les affirmations de M. de La Taille. Je suis remonté jusqu'à l'acte du 25 novembre 1755 portant vente par Crœmer au roi, déguisé sous le nom de l'huissier Vallet, ledit acte reçu par Patu, notaire à Paris. Malheureusement les minutes anciennes manquent chez M. Ducroc, titulaire actuel de l'étude. M. de la Taille voulut bien alors nous remettre les expéditions qui étaient entre ses mains et qui remontaient jusqu'en 1740. Elles ne renfermaient aucune description de l'édifice, mais il avait bien plus : c'était un plan annexé à l'acte de 1755. La maison n'était, à vrai dire, qu'un pavillon ; il n'y avait qu'une chambre à chaque étage et ce pavillon donnait sur la rue. Au devant, nulle cour, aucun emplacement quelconque pour recevoir une voiture. La maison était dans les conditions les plus humbles, les plus étroites et ne pouvait contenir qu'une seule personne au plus ; elle ne pouvait avoir servi de sérail ni à Louis XV, ni à aucun autre. Aussi, M. Le Roi, pour maintenir son système, en est-il arrivé à nier l'existence du Parc aux Cerfs en tant que harem royal.

A quoi nous lui opposions le récit même de madame Campan. « *Depuis la mort de madame de Pompadour*, dit-elle, le roi n'avait pas de maîtresse en titre — il se contentait des plaisirs que lui offrait son petit *sérail* du Parc aux Cerfs. »

Et ailleurs : « Le Parc aux Cerfs était un *sérail* dont les beautés se renouvelaient souvent (p. 18). » Madame du Hausset est encore plus précise. Mais bientôt surgit une objection d'une autre nature et non moins pressante.

La maison de la rue Saint-Médéric a été achetée par Louis XV en novembre 1755, sous le nom de l'huissier Vallet.

Précédemment, elle était louée à un sieur Philippe Demarne, par bail devant Ducroc, notaire à Versailles.

Or, le Journal de Barbier parle des jeunes filles du Parc aux Cerfs dès mars 1753, et comme la notoriété d'un pareil fait suppose une incubation d'un certain temps, on peut faire remonter l'origine de cet immoral établissement au commencement de 1753 et même auparavant.

Il y aurait donc eu une maison autre que celle de Crœmer ayant servi aux débauches de Louis XV.

Invité à répondre à cette objection dans une séance de la Société des sciences de Versailles, M. Le Roi a gardé le silence; c'était peut-être ce qu'il pouvait faire de plus prudent.

En effet, toutes les publications qui ont suivi n'ont fait que de donner plus de force et de consistance à l'objection. Ainsi d'Argenson dit, à la date du 1ᵉʳ avril 1753, en parlant de mademoiselle Morfi : « La petite fille a de l'esprit et elle a plu beaucoup au monarque : elle a actuellement une jolie maison au Parc aux Cerfs, une gouvernante, une femme de chambre, une cuisinière et deux laquais. »

Comment songer à loger tout ce personnel dans la maison de la rue Saint-Médéric telle que nous la connaissons par la plus fidèle des descriptions, par un plan graphique?

Et ce n'est pas tout: d'Argenson dit, deux pages plus loin, en parlant d'une autre jeune fille : « Maison louée au Parc aux Cerfs », et cela dès le 15 avril 1753! — La maison de la rue Saint-Médéric n'était pas encore achetée, elle était louée par bail à Philippe Demarne.

Il faut donc convenir, de bonne foi, que l'acquisition faite en 1755 ne pouvait s'appliquer aux maisons de 1753.

L'autorité de d'Argenson en cette matière est très grande. Il s'était occupé du Parc aux Cerfs au point qu'on l'a accusé d'avoir écrit une brochure sur ce sujet.

Mais, dira-t-on, d'Argenson est passionné, suspect M. de Luynes ne l'est pas. Il n'y a pas d'écrivain plus vrai, plus impartial. (Voir les *Mémoires* du président Hénault, p. 193.)

Or, M. de Luynes tient exactement le même langage que d'Argenson. Il parle du Parc aux Cerfs et des jeunes filles qui y sont; il en gémit, mais il les nomme.

MADEMOISELLE DE ROMANS

On sait que mademoiselle de Romans ne voulut pas être traitée par Louis XV comme une maîtresse vulgaire. Elle évita, grâce à cette résolution, l'affront du Parc aux Cerfs; aussi lui avons-nous consacré un article à part. Nous aurons l'avantage de la laisser parler elle-même. C'est un fragment de son autobiographie adressée à son fils, le futur abbé de Bourbon. Le style est maniéré et manque de naturel, même de clarté, mais à travers les phrases déclamatoires du temps on trouve dans cette pièce quelques révélations intéressantes.

Voici d'abord le portrait de mademoiselle de Romans, d'après les Mémoires de Casanova, qui l'avait connue à Grenoble, ville natale de la favorite :

« Enfin la belle nièce arriva. Sa tante me la présenta sous le nom de Romans-Coupier, fille de sa sœur. Puis, se tournant vers elle, elle l'informa de l'ardent désir que j'avais de la connaître, depuis que je l'avais vue au concert.

« Cette jeune et belle personne avait alors dix-sept ans. Sa peau de satin était d'une blancheur éblouissante que relevait encore une magnifique chevelure noire. Les traits de son visage étaient d'une régularité parfaite, son teint était légèrement coloré; ses yeux noirs, bien fendus, avaient à la fois le plus vif éclat et la plus grande douceur; elle avait les sourcils bien arqués, la bouche petite, les dents régulières et bien placées avec un émail de perle et les lèvres d'un rose endre, sur lesquelles reposait le sourire de la grâce et de la pudeur.

« Je trouvai dans mademoiselle Romans un esprit sage, judicieux, sans fard, agréable sans brillant, et, ce qui valait mieux encore, sans aucune prétention. Elle avait de la gaieté, beaucoup d'égalité d'humeur et une finesse naturelle à faire semblant de ne pas comprendre un compliment trop flatteur ou un bon mot qu'elle n'aurait pu relever sans se montrer plus instruite qu'elle ne devait le paraître. Vêtue très proprement, elle n'avait sur elle rien de superflu, rien qui indique l'aisance; ni boucles d'oreilles, ni bagues, ni montre. On peut dire, à la rigueur, qu'elle n'était parée que de sa seule beauté, n'ayant qu'un collier de ruban noir auquel pendait une petite croix d'or. Sa gorge était bien formée et n'excédait en rien les belles proportions. » (*Casanova de Seingalt*, tom. VI.)

Madame Campan a raconté, en détail, les circonstances qui accompagnèrent la séduction de mademoiselle de Romans et auxquelles celle-ci fait ici de mystérieuses allusions. (vol. III, p. 29.)

« La manière dont mademoiselle de Romans, maîtresse de Louis XV et mère de l'abbé de Bourbon, lui fut présentée, mérite, je crois, d'être rapportée.

« Le roi s'étoit rendu en grand cortège à Paris, pour y tenir un lit de justice. Passant le long de la terrasse des Tuileries, il remarqua un chevalier de Saint-Louis, vêtu d'un habit de lustrine assez passé, et une femme d'une assez bonne tournure, tenant sur le parapet de la terrasse une jeune fille d'une beauté éclatante, très parée et ayant un fourreau de taffetas rose. Le roi fut involontairement frappé de l'affectation avec laquelle on le faisait remarquer à cette jeune personne. De retour à

Versailles, il appela Le Bel, ministre et confident de ses plaisirs secrets, et lui ordonna de chercher et de trouver dans Paris une jeune personne de douze à treize ans dont il lui donna le signalement de la manière que je viens de détailler. Le Bel l'assura qu'il ne voyoit nul espoir de succès dans une semblable commission. «Pardonnez-moi, lui dit Louis XV, cette famille doit habiter dans le quartier voisin des Tuileries, du côté du faubourg Saint-Honoré ou à l'entrée du faubourg Saint-Germain. Ces gens-là vont sûrement à pied, ils n'auront pas fait traverser Paris à la jeune fille dont ils paraissent très occupés. Ils sont pauvres, le vêtement de l'enfant étoit si frais que je le juge avoir été fait pour le jour même où je devais aller à Paris. Elle le portera tout l'été; les Tuileries doivent être leur promenade des dimanches et des jours de fête. Adressez-vous au limonadier de la terrasse des Feuillans; les enfants prennent des rafraîchissements; vous la découvrirez par ce moyen. Le Bel suivit les ordres du roi, et dans l'espace d'un mois il découvrit, par ses perquisitions, la demeure de la jeune fille : il sut que Louis XV ne s'étoit trompé en rien sur les intentions qu'il supposoit. Toutes les conditions furent aisément acceptées. Le roi contribua par des gratifications considérables pendant deux années à l'éducation de mademoiselle de Romans [1]. On lui laissa totalement ignorer sa destinée future; et lorsqu'elle eut quinze ans accomplis elle fut menée à Versailles sous simple prétexte de voir le palais [2]. Elle fut conduite

---

[1]. Nous possédons et nous reproduisons plus loin une lettre autographe de madame de Romans. L'orthographe en est bonne, ce qui devait attester une culture assez grande.

[2]. Suivant Barbier, la première connaissance se serait faite dans les jardins de Marly.

entre quatre ou cinq heures de l'après-midi dans la galerie des Glaces, moment où les grands appartements étaient toujours très solitaires. Le Bel qui les attendoit, ouvrit la porte de glace qui donnoit de la galerie dans le cabinet du roi, et invita mademoiselle de Romans à venir en admirer les beautés. Rassurée par la vue d'un homme qu'elle connoissoit et excitée par la curiosité bien pardonnable à son âge, elle accepta avec empressement, mais elle insistoit pour que Le Bel procurât le même plaisir à ses parens. Il l'assura que c'étoit impossible; qu'ils alloient l'attendre assis dans une des fenêtres de la galerie, et qu'après avoir parcouru les appartements intérieurs, il la reconduiroit vers eux. Elle accepta; la porte de glace se referma sur elle. Le Bel lui fit admirer la chambre, la salle du Conseil, lui parla avec enthousiasme du monarque possesseur de toutes les beautés dont elle étoit environnée, et la conduisit vers les petits appartements où mademoiselle de Romans trouva le roi lui-même, l'attendant avec toute l'impatience et tous les désirs d'un prince qui avoit préparé de plus de deux ans le moment où il devoit la posséder. »

Madame Campan ajoute avec raison: « Quelles réflexions affligeantes naissent de tant d'immoralité ! L'art avec lequel cette intrigue avoit été conduite, l'innocence réelle de la jeune de Romans... »

Barbier en parle assez longuement sous la rubrique du mois de décembre 1761.

Ce qui placerait en 1759 le premier coup d'œil du roi.

Il dit que mademoiselle de Romans sortait d'une bonne famille du Dauphiné, ayant ses parents dans le parlement de Grenoble.

Lorsque sa faveur eut cessé, elle épousa un gentilhomme nommé M. de Cavanach. Cette union ne fut pas heureuse. Une séparation s'ensuivit promptement. En 1770 on trouve le nom de madame de Cavanach sur les registres des religieuses de Sainte-Elisabeth, auprès du Temple ; quelquefois elle y est appelée marquise de Romance. Elle paie 50 livres de pension par mois pour son logement, ce qui prouve qu'elle était séparée de son mari et n'habitait plus avec lui. Son fils, devenu l'abbé de Bourbon, mourut de la petit vérole à Rome.

Nous revenons maintenant au texte des Mémoires commencés par mademoiselle de Romans.

Paris, 8 avril 1775.

(Fragment, p. 3.)

« J'étois bien jeune encore quand je devins la victime d'une séduction que mon inexpérience ne pouvoit ni prévoir ni m'éviter. On tendit à mon ingénuité un piège où me conduisit la bonté de mon cœur. Je n'avois contre l'autorité la plus imposante d'autres armes que les bienfaits de la nature ; mes larmes mêmes se tournèrent contre moi. Perdue, effrayée sur le bord d'un abîme que je ne connoissois pas, l'agitation de mon âme ne me fit éprouver que le sentiment du désespoir. Sans doute son moment le plus vif fut celui d'un triomphe que désavouoit mon cœur, il ne me resta plus que la force de le détester et l'on arracha de ma timide innocence un sacrifice qu'en vain l'obeïssance eût exigé de moi, s'il m'eût été possible de m'y soustraire. Oui, mon fils, je ne dois pas vous le cacher, le premier instant de votre existence est encore pour votre mère un souvenir de douleur et vous ne devez vous le rappeler vous-même qu'afin d'acquérir assez de mérite pour qu'on l'oublie. »

Page 4. — « Pendant tout le temps que je vous portai dans mon sein, je ne m'occupai que du projet de vous assûrer un sort distingué et du soin de le mériter par ma conduite. J'aurois pu profiter pour ma fortune de la confiance et de l'attachement du roi dont vous tenez le jour; je ne m'en servis que pour gagner son estime. Il m'en eût peu coûté d'établir mon ambition sur un empire qui le subjuguoit aisément; je n'en fis usage qu'en l'intéressant pour vous. J'aurois pu, sans oublier entièrement ma tendresse, lui préférer quelquefois le tumulte des plaisirs qui renaissent à la cour sous des formes si séduisantes, mais aucun ne pouvoit tourner à votre avantage, et j'en trouvai le sacrifice agréable parce que je prévoyois qu'il pourroit vous être utile. La solitude à laquelle je me consacrai, les pleurs que j'y répandois sans cesse, devoient (*sic*) être un spectacle étrange pour ceux dont les principes étoient bien différents des miens et qui se persuadoient que je devois m'enorgueillir de ce qui faisoit le sujet de ma tristesse.

« Cependant le terme approchoit et je manquois du nécessaire dans une circonstance où je pensois qu'on auroit dû prévenir mes demandes. J'eus recours aux instances et j'obtins la terre de Milly-Coulonge, avec le titre de baronne. Ce nom ne me donnoit pas plus d'aisance. J'eus la franchise de dire au roi avec cette ingénuité tranquille, qui souvent affecte plus qu'un reproche, que je manquerois d'argent pour faire mes couches. Il me fit emprunter de M. de Montmartel une somme dont je lui fis mon billet et que je remboursai moi-même. Si ce trait ne fait pas l'éloge de la généro sité de l'un, il est au moins à l'avantage de l'autre qui ne mit aucun intérêt à son bienfait. Les services de l'amitié ont toujours fait sur mon cœur une impression plus profonde que les intrigues de mes ennemis. J'en avois malgré moi-même et je ne m'en souvenois que pour dire à S. M. toutes sortes de biens de ceux qui me desservoient auprès d'elle. Il n'y a qu'à la cour où une pareille conduite est impuissante pour désarmer les méchants, mais elle n'en est pas moins satisfaisante pour une âme qui, dans toute autre vengeance, ne trouveroit que son supplice.

« Quelque flatteuse que soit pour moi cette vérité, je dois vous le dire, mon fils, c'est à ma façon de penser et d'agir toujours uniforme, toujours irréprochable, que je dus une grâce qui devoit être pour vous la source de votre bonheur et de votre fortune, et je crois pouvoir me dire que je méritois, avant de l'obtenir, la permission de vous présenter au baptême sous le nom de Bourbon, le roi m'envoya ses ordres à ce sujet, le 13 janvier 1762 [1].

« Voilà, mon fils, le seul événement qui ait pu rappeler le sourire sur mes lèvres après un intervalle si long que l'amertume avoit rempli, le seul qui ait pu me promettre un dédommagement à tant de chagrins, mais, hélas! il ne retint mes larmes que pour en aug-

---

1. Madame Campan dit, dans ses *Anecdotes* sur Louis XV : « Au moment d'accoucher, elle reçut un billet de la main du roi, conçu en ces mots : « M. le curé de Chaillot, en baptisant « l'enfant de mademoiselle de Romans, lui donnera les noms « suivants : « Louis N. de Bourbon, » et en effet l'acte de baptême portoit :

L'an 1762, le 14 janvier, a été baptisé, à Chaillot, Louis-Aimé, fils de Louis de Bourbon, né d'hier, et de demoiselle Anne Couppier de Romans, baronne de Milly-Coulonge.

menter la source et si mon cœur se livra à quelques mouvemens d'une innocente joie, c'étoit pour sentir plus vivement toutes les déchirures de la douleur qui devoit bientôt l'accabler.

« Combien d'autres, pour se conserver la bienveillance du roi, sacrifiant le vœu de la nature aux désirs de l'ambition... »

Là s'arrête notre manuscrit.

Mademoiselle de Romans à l'abbé Terray.

Ce 18 mai 1771.

« Je suis pénétrée, Monsieur, au-delà de toute expression des preuves de confiance que vous me donnez et j'irai au premier moment vous en faire de vive voix mes remerciements. Je prends trop de part à tout ce qui concerne M. le controlleur général pour ne pas sacriffier dans ce moment mes intérêts aux siens. Quoique mon embarras soit extrême dans ce moment, je vais user de toutes mes ressources et mettre tous mes amis à contribution pour attendre des circonstances plus heureuses : quand je serois assurée du succès, j'en ferois avec le plus grand plaisir le sacrifice pour ne pas compromettre l'abbé Terray, et je serois la première à m'opposer à sa bonne volonté si elle pouvoit lui être contraire. Ce sont ses sentiments qui m'on réduit à la triste situation d'être quelquefois importune, mais il font le bonheur de ma vie. Je vous prie d'être persuadé de toute ma reconnoissance et des sentiments d'attachement avec lesquels j'ai l'honneur d'être, Monsieur... »

On croirait, à entendre la demoiselle de Romans, que Louis XV n'avait rien fait pour elle et que par conséquent il y aurait eu un certain désintéressement de sa part. Voici cependant la liste des sommes qu'elle a incontestablement reçues. Le livre Rouge prouve qu'en 1767, il lui a été compté par ordre du roi, une première fois 250,000 livres, et une seconde, 243,000 livres, en totalité, près de 500,000 livres.

Mademoiselle de Romans avait en outre reçu une croupe du tiers dans la place de François Muiron, fermier général. Elle avait de plus droit à 24,000 francs à titre de préciput sur ce qui excédait 100,000 livres sur les bénéfices de la charge. Enfin, le roi lui avait abandonné les revenus immobiliers des domaines de Saint-Mihiel, s'élevant à plus de 40,000 livres. Nous voulons bien que ces libéralités fussent au fond l'apanage de l'abbé de Bourbon, considéré comme fils de France, mademoiselle de Romans n'en touchait pas moins en capitaux et rentes, une somme considérable.

Entre madame de Pompadour et madame du Barry (1764-1768), mademoiselle de Romans est la seule maîtresse connue de Louis XV. Sous ce rapport et plusieurs autres ; son histoire nous fournira plus d'un enseignement utile ; séduction préparée de longue main, scène du trébuchet, enlèvement de l'enfant, prodigalité d'argent, on trouve une réunion de scandales déplorables et authentiquement établis ; se sont-ils renouvelés sous la nouvelle maîtresse, c'est ce que nous avons à examiner sans plus tarder [1].

---

1. Peu d'années après, dit encore madame Campan, le roi, mécontent des prétentions que mademoiselle de Romans établissait sur le bonheur qu'elle avait eu donner le jour à un fils reconnu, et voyant, par les honneurs dont elle l'environnait, qu'elle se flattait de le faire légitimer, le fit enlever des mains de sa mère. Cette commission fut exécutée avec une grande sévérité le 3 juillet 1765.

HISTOIRE

DE

MADAME DU BARRY

MADAME DU BARRY

CHAPITRE PREMIER

NAISSANCE DE MADAME DU BARRY — SON ENFANCE, SA FAMILLE

(1743-1750)

Madame du Barry, née Jeanne Bécu, reçut le jour à Vaucouleurs, petite ville du Bassigny, pays dépendant alors du diocèse de Toul et aujourd'hui du département de la Meuse.

La manie de l'antithèse a fait dire à nombre d'écrivains et même à des historiens sérieux que Vaucouleurs était la patrie de Jeanne d'Arc [1].

Volontaire ou non, c'est une erreur matérielle de

---

[1]. Pidansat de Mayrobert, *Anecdotes*, etc., p. 2. Montigny, *les Illustres victimes vengées*, p. 41. Lacretelle, *Histoire de France pendant le dix-huitième siècle*, tome XIV, p. 572. Sismondi, vol. XXXIX, p. 401. Louis Lacour, *Mém. de Lauzun*, p. 233, à la note. Nous ne citerons qu'un passage des *Mémoires historiques de madame du Barry*, par de Favrolle; il suffit pour montrer à quelles déclamations ridicules cette erreur a pu conduire. « ... Et vous, Jeanne la Pucelle, vous naquîtes à Vaucouleurs !... » Comme Jeanne Lange devint l'amie d'un roi de France... toutes

géographie. Domrémy, où naquit Jeanne d'Arc, est un bourg du Barrois (Vosges), distant de cinq grandes lieues (vingt et quelques kilomètres) de Vaucouleurs. C'est bien, il est vrai, dans cette dernière ville, que Jeanne se rendit auprès du sire Robert de Baudricourt, pour lui révéler sa mission d'en haut, mais il n'y a là rien qui autorise un rapprochement quelconque entre celle qui fut, par sa pureté héroïque, l'honneur de notre histoire et la malheureuse femme qui en est devenue l'opprobre.

On n'est pas parvenu jusqu'ici à se mettre d'accord sur la manière d'écrire le nom de famille et les prénoms de madame du Barry ; le moyen le plus simple de les faire connaître est de donner le *fac-similé* de son acte de baptême[1].

(Voir à la page suivante le calque pris par nous sur la minute originale conservée à Vaucouleurs.)

deux furent célèbres par leur beauté, toutes deux périrent par un jugement atroce. Le bûcher et la hache détruisirent pour jamais des charmes qui eussent dû toucher leurs bourreaux. » (Tome Ier, p. 6.)

1. Le nom propre de l'enfant est écrit *Bécu* avec un accent aigu sur l'*e*. Les membres de la famille signent le plus souvent sans accent, quelquefois par deux *cc* ou un *q;* parfois aussi ils ajoutent un *s* et un tréma. Nous suivrons l'acte de baptême.

Le nom de la marraine, Jeanne Birabin, est incomplet, presque illisible. Mais on trouve sur le registre de Vaucouleurs d'autres signatures de la même personne, notamment le 23 septembre 1742, le 1er janvier 1744..., portant en grosses lettres parfaitement distinctes : Jeanne BIRABIN.

Je ne sais où M. Le Roi a vu que la marraine a signé Birabine, *suivant l'usage des femmes* de la campagne. Cette forme soi-disant rustique ne se trouve ni dans le corps de l'acte, ni dans la signature autographe.

Jeanne fille naturelle Jeanne Becu ditte guantigny
est née le Dixneuvienne aoust mil Sept cent
quarante trois a été baptisée le même jour
a eu pour parrain Joseph Demange et pour
marraine Jeanne birabin qui ont signé avec moy
L gaberue-le curé.

Joseph Demange   Jeanne birabin

31....
1743

1.er Janvier
1744   Jeanne birabin

Registre de Vaucouleurs
pendant l'année 1743.

Ainsi, Jeanne Bécu était enfant naturel. Le père n'est pas nommé dans l'acte; l'auteur de la faute a été soupçonné : il n'a jamais été positivement connu. Il ne serait peut-être pas impossible de découvrir le mystère de son nom. Notre ancienne législation obligeait, sous les peines les plus sévères, une fille qui devenait enceinte, hors mariage, à déclarer sa grossesse[1]. Un registre était tenu dans les bailliages pour recevoir ces déclarations[2]. Souvent on lit le nom du père, quoiqu'il n'y eût pas pour la fille-mère obligation de le révéler. Il suffirait donc de retrouver le registre des déclarations de grossesse, qui peut exister dans les archives de Chaumont, de Bar-le-Duc, Saint-Mihiel ou de tout autre bailliage des environs, pour trancher une question, qui a été une source de contestations interminables, historiques et judiciaires.

On attribue généralement la paternité de l'enfant, né le 19 août 1743, à un moine de l'ordre de Picpus qui aurait porté les noms de Jean-Jacques Gomard et en religion, celui d'Ange, assez commun dans les ordres mendiants, ce qui expliquerait le surnom donné plus tard à Jeanne Bécu.

Il y avait à Vaucouleurs un couvent de religieux pénitents du tiers ordre de Saint-François, dits Tiercelins ou Picpus. Ils étaient au nombre de huit. On

---

1. Il est facile, ont dit certains écrivains, de savoir quel était le père de Jeanne Bécu. Il suffit d'appliquer la maxime : *Pater is est quem nuptiæ demonstrant.* Le père est celui qui est indiqué par le mariage. C'est Pidansat de Mayrobert qui a proféré le premier cette énorme bévue (*Anecdotes*, p. 10), et Favrolle (*Madame Guénard*) se l'est appropriée en l'aggravant (tome Ier, p. 6).

2. Ordonnance de Henri II, de février 1556, et déclaration de Louis XIV, de février 1708.

voit encore, à Vaucouleurs, rue de la Chaussée, à l'angle formé par le confluent de la Meuse et de la Vayse, les vestiges reconnaissables des bâtiments qu'ils occupaient tels que les cellules, le réfectoire et à côté, la chapelle. Quelques rares papiers sont conservés dans les archives départementales de Bar-le-Duc. Il eût été intéressant d'y trouver une liste nominale de ces religieux. On aurait su si quelqu'un d'entre eux portait le nom d'Ange Gomard. Malheureusement ces listes n'ont pas survécu à la dispersion de l'Ordre au moment de la fermeture des cloîtres en 1790.

La tradition conservée dans le pays veut que la mère de madame du Barry, Anne Bécu allât travailler comme couturière dans ce couvent; là, elle aurait été séduite. Mais il faut dire que Vaucouleurs était une ville frontière entre la France et la Lorraine non encore réunie à notre territoire. Des régiments français et suisses, des corps d'infanterie et de cavalerie y tenaient garnison. Lauzun y avait passé[1]... à quelle milice appartenait le séducteur et comment fut-elle séduite? Disons d'abord ce qu'était la famille : les personnages que nous allons voir défiler sous nos yeux, sont fort peu dignes à coup sûr de l'Histoire, ils méritent cependant d'être connus parce qu'ils jouent un rôle dans l'existence de madame du Barry et qu'ils ont donné lieu à de nombreuses confusions, à de perpétuels malentendus.

---

1. « ... Je fus obligé de joindre mon régiment en quartier à Vaucouleurs, le lieu le plus triste de la Champagne, et par conséquent de tout l'Univers. » (*Mém. du duc de Lauzun*, édit. Lacour, p. 233.) Les soldats et cavaliers en garnison étaient reçus dans l'hospice du Saint-Esprit de Vaucouleurs; les états d'entrée et de sortie existent encore dans les archives municipales de la ville.

Fabien Bécu, fils de Jean Bécu, était serrurier ou rôtisseur à Paris en 1600... C'était, suivant la tradition, un des plus beaux hommes de son temps, circonstance à noter au point de vue de la transmission héréditaire du type. Il aurait eu le bonheur de plaire à une dame de Cantigny[1], comtesse de Montdidier, à ce point que celle-ci aurait consenti à l'épouser. Une fille naquit de ce mariage. Mais la ci-devant comtesse vint à mourir laissant des affaires fort dérangées.

Bécu fut obligé de reprendre l'état de son père, il devint cuisinier de la belle comtesse de Ludre (Marie-Isabelle) l'une des maîtresses de Louis XIV. On assure qu'elle était alors exilée au château de Vaucouleurs[2].

Elle avait à son service une jeune fille nommée Jeanne Husson. Fabien Bécu l'épousa.

Ces détails sont rapportés dans le *Journal de Paris* du 13 juin 1813. Il s'agirait de les vérifier.

1. Il nous a été impossible de retrouver les traces de la généalogie des de Cantigny, quoiqu'il y ait eu certainement une ancienne famille de ce nom (Voy. Dom Grenier, introduction à l'*Histoire générale de Picardie*). Il existe, en Picardie, un bourg de Cantigny, situé à 4 kilomètres de Montdidier. Le fief de Cantigny-lez-Routi relevait en partie de M. d'Hautefort comme seigneur de Pierrepont, et du chapitre de N.-D. de Paris comme seigneur d'Ayencourt (*Histoire de Montdidier*, par le P. d'Aire, 1765, p. 146).

2. La belle de Ludre fut successivement fille d'honneur de madame Henriette, de la reine et de la seconde duchesse d'Orléans (la Palatine). Madame de Sévigné en parle très souvent dans sa correspondance. Mademoiselle de Scudéry écrit à Bussy, le 28 septembre 1677 : « ... Vous avez raison de croire que de Ludre est exilée...; » et le 7 février 1678 : « On croit que lorsque de Ludre s'est mise dans les Sainte-Marie, ça été pour éviter un ordre de se retirer en Lorraine, qu'on l'avoit avertie qu'elle devoit recevoir... » Il est probable que son retour en Lorraine eut lieu en 1680. (V. à la Bib. nat. 13054 L. 27.)

Les registres curiaux de Vaucouleurs ne remontent pas au delà de 1690. Tout ce qui précède le second mariage de Fabien Bécu échappe donc à notre examen, mais nous avons retrouvé sur ces registres l'acte qui constate la célébration de ce second mariage lui-même, à la date du 22 décembre 1693[1].

Il résulte de cet acte que Fabien Bécu n'était plus au service de madame de Ludre au moment où il épousait Anne Husson. Il était officier de M. de Roreté, c'est-à-dire officier de bouche. Les Roreté ou Rorté étaient une des grandes familles du pays[2].

La première femme de Fabien Bécu est appelée *damoiselle Séverine Bonné*. Cette qualification et le prénom indiqueraient assez une personne noble. On comprend qu'on ne lui ait pas donné dans l'acte les titres de comtesse de Montdidier, dame de Cantigny, puisqu'elle avait perdu tous droits à ces dignités par son second mariage.

Les témoins paraissent appartenir à la petite bourgeoisie, l'un est *advocat* en Parlement, l'autre maître chirurgien, un troisième *huyssier* audiencier et le dernier un autre officier de M. de Roreté.

La future déclare ne *sçavoir signé* (sic). L'acte ne dit pas qu'elle fût encore au service de madame de Ludre.

Le récit que nous avons suivi n'est donc pas pleinement justifié ; il continue ainsi :

« Sept enfans naquirent du mariage, savoir : *Charles*

---

1. Voyez l'appendice.
2. Roreté ou Rhoretai, château considérable près du château de Vane, habité par Isabelle de Ludre et situé non loin de Domrémy. Ce voisinage expliquerait le changement de condition de Fabien Bécu et son second mariage, suivant une conjecture de M. Jennin, ancien maire de Vaucouleurs.

qui fut valet de chambre de Léopold et du roi Stanislas, deux autres fils et quatre filles ; parmi celles-ci l'une dite la belle Hélène, qui, en 1740, était au service de madame Bignon, épouse du prévost des marchands, et une autre nommée Anne, qui fut mère de madame du Barry. »

Tous ces faits sont exacts : et nous avons pu les contrôler.

Il résulte des actes de l'état civil de Lunéville que Charles Bécu était effectivement valet de pied du roi de Pologne ; il prenait le nom additionnel de *Cantigny* [1] et par altération, *Cantini*, auquel nous savons qu'il n'avait aucun droit puisque ce nom noble provenait de la première femme de son père.

Les deux autres fils de Fabien Bécu étaient Jean Baptiste et Nicolas.

Celle que le *Journal de Paris* appelle la *Belle Hélène*, était née le 15 avril 1708 [2], et enfin la mère de madame du Barry était inscrite sur les registres de Vaucouleurs de la manière suivante :

« Anne, fille légitime de Fabien Bécu, *cuisinier*, et d'Anne Hussou, son épouse, née et baptisée le 16 avril 1713, a eu pour parrein Antoine Carmouche, jeune homme, et pour marrene Anne Gaspar, jeune fille, qui se sont soubsignez avec moi : Huon, vicaire de Vaucouleurs. »

Anne Bécu, née en 1713, avait par conséquent trente ans accomplis en 1743. C'était, d'après les traditions de la famille, une fort belle personne, comme sa sœur Hélène, à en croire mademoiselle de la Neuville, elle aurait été *séduite*, elle serait devenue

1. V. l'appendice.
2. V. *Ibid.*

mère de la future madame du Barry, à Vaucouleurs, dans une maison de la rue du Paradis, n° 8. La propriétaire actuelle (1872) de cette maison, une dame Michelet, nous a déclaré tenir le fait de sa grand'mère. La maison est d'assez belle apparence : elle a deux étages, à l'intérieur, les appartements sont revêtus de boiseries sculptées ; les cheminées de grandes dimensions sont remarquables par leur ornementation bizarre et grandiose. Il n'y a rien qui sente une habitation de pauvres gens : l'édifice a dû être construit et occupé par des personnes qui appartenaient à la bourgeoisie. Notre grand historien, M. Michelet, attache, on le sait, une importance souvent excessive aux noms propres. Il dit que le nom carnavalesque de Bécu se trouve dans Rabelais ; il serait peut-être plus exact de généraliser et de reconnaître qu'il appartient à notre vieux langage. Dans les *Epithètes françoises* de M. de la Porte, Parisien de 1570, Beccu est donné comme une qualification propre au Perroquet, au Pélican, etc.[1], un autre auteur Roger de Collerye (celui qu'on a appelé Roger-Bontemps), dit aussi en quelque endroit « de femme sur le vin le nez rouge, et *beccu* » c'était originairement un terme d'oisellerie, d'oiseleur, plutôt que de carnaval. Qu'y a-t-il à en conclure ? Rien sans doute, le nom était porté dès Jean, père de Fabien ; conséquemment au commen-

---

1. Exemples donnés par J. de la Porte :
PARROQUET, Babillard, Siffleux, Indien, *Beccu*.
PÉLICAN — A Egyptian — Solitaire — *Beccu*.
Becu avait encore un autre sens : il signifiait brun ou noirâtre, de *bis Coctus*, comme dans la farce de l'*Avocat Pathelin* (V. 642).

    Les trois petits morceaux *becux*
    Les m'appelez vous Pilloueres.

(V. la savante note mise par M. Génin sur ce mot.)

cement du dix-septième siècle, pour trouver l'époque où il avait pu être un sobriquet et un signalement, il faudrait remonter à des temps encore plus reculés ; en 1713, il perdait toute signification.

Anne avait un don fatal dans cette famille, sa beauté amena sa chute, prélude de fautes plus graves peut-être ; à trente ans il ne faut plus parler de séduction.

Il y a d'ailleurs un fait, qui en est exclusif : quatre ans après la naissance du premier enfant, Anne Bécu, non mariée, devenait mère une seconde fois, ainsi que l'atteste le registre paroissial de Vaucouleurs :

« Claude, *fils naturel* d'Anne Bécu, est né le 14 fe- uier (*sic*) 1747. — Il a été baptisé le même jour : il a eu pour parrain Claude *Thierry*, maître boulanger, et pour marraine Anne Civalat, femme de Claude Jacquemart, qui ont signé avec moi. — Pierrot, curé, etc.

(Registre de la paroisse de Vaucouleurs, année 1747, folio 4.)

Anne Bécu avait alors trente-quatre ans. Cette récidive annonçait des habitudes persistantes d'immoralité, il est probable que, devant ce nouveau scandale, elle dut quitter Vaucouleurs ; elle se réfugia à Paris, l'asile commun de ces misères. Déjà sa sœur, la belle Hélène était depuis 1740, femme de chambre chez madame Bignon, épouse de Armand-Jérôme Bignon, bibliothécaire du roi, l'un des quarante de l'Académie française, etc., etc., demeurant dans les bâtiments de la Bibliothèque, rue Neuve-des-Petits-Champs. Anne allait y retrouver en outre la tribu des Bécu, originaires de cette ville, où ils vivaient en grand nombre : les uns artisans ou petits marchands, selliers, vinaigriers, marchands de balais, etc., les autres domestiques[1]. Les deux frères d'Anne, Jean-Baptiste et Nicolas étaient en service dans de grandes maisons : Jean-Baptiste chez le duc de Gramont, Nicolas chez la duchesse d'Antin. Il y en avait même qui avaient servi madame de Pompadour. Comme leurs maîtres, ils demeuraient alternativement à Paris et à Versailles, au milieu de gens de livrée : Suisses, Cent-Suisses, palefreniers, cochers, valets de pied, valets de chien, tel était leur entourage.

Dans ce monde, de laquais et de soubrettes, de frontins et de martons, les fautes semblables à celles qu'Anne Bécu avait commises, n'étaient que peccadilles et ne tiraient pas alors à grande conséquence. A peine fut-elle sortie de Vaucouleurs qu'elle ne tarda pas à se marier et naturellement avec un *domestique*, un sieur Nicolas RANÇON ; c'est la qualité qui lui est donnée expressément dans l'acte de célébration du mariage, qui est du 19 juillet 1749 [2]; on ne dit pas chez quel maître il servait.

La profession de la femme non plus n'est pas indiquée; à Vaucouleurs, elle était couturière; on a prétendu qu'à Paris elle aurait été cuisinière, peu importe ; la nécessité a pu la déterminer à prendre un état héréditaire dans sa famille. Ce que nous voulons

---

1. La longue nomenclature des Bécu se trouve :
1° A Versailles. dans les registres de la paroisse de Notre-Dame. Nous donnons à l'appendice le relevé de ces registres ;
2° A Paris, dans un procès-verbal d'inventaire dressé par M⁰ Mathieu Janot, notaire au Châtelet, le 23 juillet 1756, après le décès de Philippe Bécu, prêtre habitué de la paroisse Saint-Nicolas-des-Champs (V. à l'appendice).
2. V. à l'appendice.

constater, c'est que les deux époux ne paraissent avoir eu d'autres ressources que leur travail. Ils étaient donc obligés de se mettre en place chacun de son côté. Mais alors que devenait l'enfant à laquelle il nous faut revenir ?

Pidansat de Mayrobert, Grosley [1], on pourrait dire tous les biographes de madame du Barry ont prétendu qu'elle avait eu pour parrain, un M. Billard-DUMOUCEAUX, gros financier, intéressé dans la fourniture des armées; déjà, l'acte de baptême a fait justice de cette erreur [2], le parrain de Jeanne Bécu était un nommé *Demange*. Cependant quoique aucun document positif ne rattache ce Billard Dumouceaux (sic) [3] ni à la mère ni à la fille, il nous semble certain qu'elles ne lui ont point été étrangères, suivant une notoriété constante; quels ont été ces rapports ? Nous savons seulement par Montigny, dont l'autorité est, pour nous, une garantie que Jeanne Bécu avait été certainement, sinon la filleule, au moins la protégée de ce financier [4].

Roch-Claude Billard Dumouceaux était le troisième fils d'un sieur Jean-Louis Billard, *payeur des rentes de l'Hôtel de Ville de Paris*. C'était une famille de Payeurs des rentes; le frère aîné, Louis-Alexandre

---

1. Vie de M. Grosley par lui-même. Londres et Paris, 1787, Bibl. nat. L 27 — 183. R. Q.
2. V. ci-dessus, p. 3.
3. L'*Almanach Royal* écrit tantôt *Dumonceaux* et tantôt *Dumouceaux*. La véritable orthographe, d'après le procès-verbal notarié du 23 juillet 1756, est Dumouceaux, par un *u*, et non par un *n*.
4. « Jamais M. Billard-Dumouceaux ne perdit de vue sa charmante pupille. Elle m'en a toujours parlé avec les expressions d'une reconnaissance qui les honore l'un et l'autre. » (Lettre du 10 février 1782, dans les *Illustres victimes vengées*, p. 98.)

l'était, Roch-Claude aussi et il était de plus gendre d'un sieur Hector Bonnet, qui exerçait les mêmes fonctions. Il paraît que ces charges n'étaient pas incompatibles avec les entreprises de fournitures pour les armées. Billard-Dumouceaux était donc munitionnaire général [1], ses affaires l'appelaient naturellement à Vaucouleurs, ville de garnison. Il a pu connaître Anne Bécu, l'emmener à Paris, lorsqu'elle vint dans cette ville, la prendre à son service ou lui procurer une condition dans le cercle de ses connaissances. Une seule chose est certaine ; lorsqu'on passe en revue les personnes avec lesquelles Jeanne Bécu s'est trouvée en contact depuis son enfance, on voit qu'elles appartiennent toutes à un certain monde financier, vivant dans la même Société, habitant presque le même quartier.

Les Billard, Payeurs des rentes, rue de la Sourdière, paroisse Saint-Roch.

Les Dedelay de la Garde, fermiers généraux et *payeurs des rentes*, demeurant rue Sainte-Anne, même paroisse.

Les Radix (de Chevillon et de Sainte-Foy), aussi *payeurs de rentes*, rue Neuve-du-Luxembourg, même paroisse.

D'Arcambal, payeur des rentes, receveur des tailles — Saint-Roch.

Buffault, contrôleur des finances municipales.

Certain, payeur des rentes de l'Hôtel de Ville, rue Neuve-Saint-Eustache [2].

---

1. Grosley, p. 99.
2. Le grand-père de Colbert était payeur de rentes de la ville, à Reims.

Parfois ces familles s'allient entre elles ainsi Thérèse du Puit de la Garde, épouse Mathieu Radix de Chevillon, *payeur des rentes*, rue du Grand-Chantier, et meurt en 1762[1].

Tous ces noms reviennent et en premier ordre dans l'histoire de Jeanne Bécu ; nous les citons à l'avance et nous les groupons ici pour que l'on puisse apercevoir, par un coup d'œil d'ensemble, le milieu dans lequel elle va graviter. C'était une élite de gens riches, libéraux, amis des artistes, des hommes de lettres, là rien qui sente la misère, le « res angusta domi. » On s'explique alors un passage qui se trouve par deux fois dans les inventaires de Louveciennes et qui nous a toujours frappé « Portrait de madame du Barry, *enfant*. » Une cuisinière ne fait pas, et surtout ne faisait pas faire dans ce temps, le portrait de sa fille ! Il fallait en outre que la peinture de ce portrait eût un certain mérite ; sans quoi, il eût formé disparate au milieu des chefs-d'œuvre qui ornaient Louveciennes. Qu'on se représente Anne Bécu au service d'un opulent financier ; le maître remarque la beauté de l'enfant ; un artiste, ami du mécène de la maison en fait une étude ; il en laisse une copie à la mère, cette explication n'a rien que de plausible, elle deviendra plus acceptable encore, si l'on suppose Anne Bécu, chez M. Billard-Dumouceaux, « c'était, dit et répète Grosley qui l'avait connu, l'homme du commerce le plus *aimable ;* l'homme le plus *aimable* de Paris ; *il dessinoit parfaitement au pastel ;* il emportoit une boîte de crayon dans ses voyages[2]. » Serait-il par

---

1. V. affiches, annonces et avis divers à la date.
2. P. 100 et 107.

hasard l'auteur de ce portrait d'enfant qui ne peut s'expliquer dans une famille pauvre que par la beauté exceptionnelle du modèle et la bonté d'un maître généreux ? Évidemment nous n'émettons ces idées que comme de simples conjectures, ce qui subsiste et doit appeler l'attention, c'est qu'il a existé et qu'il existe peut-être encore des portraits de Jeanne Bécu, enfant. On l'appelait alors l'Ange [1], et ce surnom lui avait été donné avant même qu'elle quittât la Lorraine pour Paris. Nous avons constaté le fait à Bar-le-Duc, de la bouche d'une personne qui l'avait recueilli par tradition et qui nous avait été indiquée à Vaucouleurs. Était-ce à cause de sa jolie figure [2] ? Mais, née en 1743, elle ne pouvait avoir plus de quatre ou cinq ans avant 1749, et à cet âge tant de petites filles méritent cette gracieuse flatterie, qu'elle est sans conséquence et ne saurait passer pour une attribution sérieuse. Nous aimons mieux voir là une allusion naïve ou malicieuse au père *Ange Gomard*, on dit bien à un enfant ou d'un enfant : c'est un Ange ! Mais quand on s'exprime ainsi « la petite l'Ange, » ce n'est pas un compliment qu'on veut lui faire, c'est un nom ou un surnom qu'on lui donne.

Champfort nous a conservé le souvenir d'une autre anecdote qui se rapporte à l'enfance de Jeanne Bécu. « L'abbé Arnaud, dit-il, avait tenu sur ses genoux une petite fille qui devint madame du Barry [3]. » François Arnaud, abbé de Grand-Champ, un double de Diderot, qui plus tard entra à l'Académie française

---

1. Montigny, *les Illustres victimes vengées*, p. 66.
2. Il dit : « C'était son surnom d'enfant, par allusion à sa beauté. » (*Loc. cit.*)
3. *Caractères et Anecdotes*. Édition Hetzel, p. 164.

avec l'aide de madame du Barry et méritait d'y entrer quand il n'aurait prononcé que ce joli mot : On disait, devant lui, que Marmontel s'ennuyait. « C'est, répondit-il, qu'il s'écoute parler. » L'abbé Arnaud, sur lequel nous aurons à revenir, était connu par son enthousiasme pour les arts, en particulier pour la musique. Il pouvait donc très bien appartenir à cette société émérite de la finance dont nous avons parlé.

Un autre Arnaud, était secrétaire de M. Billard-Dumouceaux, avec Billard, un de ses neveux, le futur caissier des postes dont nous aurons à raconter la triste fin.

Était-il le parent ou l'homonyme de l'abbé Arnaud ? Nous l'ignorons. Grosley prétend avoir connu le mari de l'ancienne cuisinière de M. Billard-Dumouceaux, mère de Jeanne Bécu, ou en d'autres termes, Nicolas Rançon[1]. « C'était, dit-il, un homme pâle et gravé de petite vérole. M. Billard en aurait fait un garde-magasin à Albenga[2]. »

Nous ne suivrons pas cet auteur dans toutes les fables qu'il débite ; nous admettons cependant qu'il a pu connaître Rançon et nous en donner la silhouette ; nous admettons aussi que M. Billard se soit intéressé à Rançon et ait obtenu pour lui une petite place, dans ces emplois subalternes à la disposition des fermiers généraux, presque collègues des payeurs des rentes. Ainsi, en 1749, nous avons vu Nicolas Rançon prendre encore, dans son acte de mariage, la

---

1. Grosley, p. 101 et 112.
2. Albenga est une ville du Piémont. Rançon s'intitule lui-même garde-magasin en *l'île d'Écorce* (de Corse).

qualification de *domestique;* en 1752, il avait cessé de l'être, son existence s'était améliorée, il était *employé dans les fermes.* C'est le titre qu'on lui donne dans l'acte de baptême de l'un des cinq enfants de Nicolas Bécu, son beau-frère, baptême célébré dans l'église Notre-Dame de Versailles. Il y figure comme parrain avec Hélène Bécu, la marraine qui est déclarée tante de l'enfant, c'est celle que nous avons appelée *la belle Hélène* et qui était, comme nous le savons, la sœur de Nicolas Bécu, le domestique de la duchesse d'Antin. Il est intéressant de voir Rançon en relation avec Versailles, et les Bécu de Versailles, c'est ainsi que se préparent de loin les voies secrètes qui amèneront Jeanne Bécu au château et à la cour de Louis XV.

CHAPITRE II

LE COUVENT DE SAINTE-AURE

(1750-1759)

Jeanne Bécu avait été élevée dans une maison religieuse de Paris ; elle y était restée plusieurs années et y avait reçu une certaine instruction. Voici quelles sont sur ce point les assertions des autorités les plus sérieuses :

« Mademoiselle Beauvarnier (*sic*), dit Senac de
« Meilhan, était née dans la bassesse. Les circon-
« stances particulières et les agréments de sa figure
« engagèrent une personne qui eut occasion de la
« connoître à lui procurer quelque éducation et elle
« demeura *plusieurs années* dans un couvent[1]. »

Mademoiselle de la Neuville nous a dit, et nous avons écrit en quelque sorte sous sa dictée cette note : « Ma cousine (Jeanne Bécu) avait été bien élevée, elle avait passé les premières années de sa vie dans une communauté, » sans indiquer laquelle.

Montigny ajoute quelque chose de plus, il dit : « Madame du Barry fut élevée au couvent de Sainte-

1. *Caractères et portraits*, p. 23, édit. Dentu, 1813. Bibl. Nat., Z, 2284.

Aure. Voilà tout ce qu'on peut avancer de certain sur ses premières années[1]. »

Ce témoignage honorable nous permet d'écouter les voix impures, toujours suspectes de Pidansat de Mayrobert[2] et de Restif de la Bretonne. Ils s'accordent aussi pour désigner Sainte-Aure. On peut donc admettre ce point comme étant suffisamment établi. On ne sait au juste par quelle protection l'enfant fut admise dans ce monastère, les uns ont parlé de Billard, le neveu de M. Billard-Dumouceau, les autres de Gomard, le père présumé de Jeanne Bécu, qui serait devenu prêtre habitué de Saint-Eustache. A ces conjectures, nous n'aurions à ajouter que d'autres hypothèses, par exemple l'influence de l'abbé Arnaud ou celle de Philippe Bécu, prêtre à Saint-Nicolas-des-Champs dont nous avons déjà vu la parenté rapprochée et certaine avec la mère de Jeanne[3]. Beffroy de Reigny parle encore d'un autre Bécu, chanoine de Tournay, résidant à Paris[4].

Isolées ou réunies, ces protections ou d'autres encore n'ont pas manqué à la jolie enfant qui dut sa première éducation aux agréments de sa figure ou aux protecteurs de sa mère, suivant les expressions de Senac de Meilhan.

La communauté des filles de Sainte-Aure avait été autrefois, mais n'était plus une maison de refuge; si elle avait été fondée primitivement par le curé de Saint-Etienne-du-Mont « pour procurer un asile à plusieurs jeunes filles de sa paroisse que la misère

---

1. *Les Illustres victimes*, etc., p. 44.
2. *Anecdotes*, p. 2.
3. V. ci-dessus, p. 12, à la note.
4. *Dictionnaire néologique*.

avait plongées dans le libertinage », elle avait changé de destination depuis 1723. Son objet principal était devenu « l'éducation de la jeunesse qu'on y formait aux exercices de la piété chrétienne et aux ouvrages convenables à des femmes; » elle était située au faubourg Saint-Marcel, quartier de l'Estrapade, rue Neuve-Sainte-Geneviève. Les religieuses suivaient la règle de Saint-Augustin modifiée par des constitutions particulières, elles s'intitulaient *adoratrices du Sacré-Cœur* de Jésus[1]. Elles avaient d'abord été placées sous l'invocation de sainte Théodore; nom qui indiquait trop une maison de filles repenties; elles l'avaient échangé contre un titre plus conforme à leur nouvel institut. Elles se proposaient spécialement, non pas d'offrir un refuge aux égarements de la jeunesse, mais d'en prévenir les chutes, « c'étoit un azyle ouvert à toutes les jeunes personnes qui, nées d'une famille honnête, se trouvoient dans des circonstances où elles couroient risque de se perdre. Combien en effet n'y en a-t-il pas qui, douées de qualités extérieures si souvent fatales à la vertu, sont réduites à manquer du nécessaire. Où trouver un ange libérateur, qui les préserve de la gueule du lion, toujours ouverte pour saisir quelque proie[2]? »

Ces lignes semblent prophétiques; elles étaient écrites à l'avance pour Jeanne Bécu par une sorte de prédestination, qui malheureusement ne devait que trop se réaliser plus tard.

---

1. Acte capitulaire du 21 juillet 1768. Arch. nat. 44-1658, et Saint-Victor, vol. III, 2ᵉ partie, p. 439.
2. *Tableau de l'humanité et de la bienfaisance*, etc. M.D.CC.LXIX, par Alletz. Bibl. nat. R. C.

Les religieuses de Sainte-Aure étaient au nombre de cinquante-trois en 1769, dont dix converses; elles avaient une quarantaine de pensionnaires qui payaient de 250 à 300 livres par an outre les accessoires. Il y avait aussi des dames en retraite volontaire dont la pension était au principal de 500 livres, etc.[1]...

En général, la vie n'y était pas austère, mais la régularité claustrale y était exactement observée. « On se levait à cinq heures, la messe était dite à sept dans une église particulière construite pour le couvent. Le dîner avait lieu à onze heures, la nourriture était honnête et suffisante, à neuf heures on sonnait le coucher...

« Le costume était sévère et triste. — Sur la tête une cape noire d'étamine, un bandeau de toile grossière serré autour du front, une guimpe sans empois, une robe de serge d'Aumale, blanche et commune, des souliers de veau jaune, attachés avec deux cordons pareils... Les badineries, toute phrase plaisante, tout ton railleur, jusqu'aux petits airs délicats, jusqu'aux ris outrés étaient défendus et punis[2].

« L'existence des religieuses était consacrée en grande partie à l'éducation de leurs élèves... elles les élevaient avec grand soin, elles leur apprenaient leur religion, à savoir écrire et selon les règles de l'orthographe... Elles leur apprenaient aussi la musique, à travailler toutes sortes d'ouvrages particulièrement

---

[1]. Entre autres, Angélique-Marie Grimod, fille d'Antoine Grimod, banquier à Paris, enterrée à Saint-Etienne-du-Mont. — Affiches et annonces, etc.

[2]. MM. de Goncourt, d'après les constitutions des religieuses de Sainte-Aure, suivant la règle de Saint-Augustin. A Paris, de l'imprimerie de Simon, 1786.

la broderie et en toute sorte de linge ; enfin on les met en état de pouvoir tenir un ménage avec intelligence. »

D'après le plan de Turgot (Paris 1749), le couvent formait un triangle compris entre la rue Neuve-Sainte-Geneviève au levant, la rue des Postes au couchant et la rue du Puits-qui-parle, au sud. Ce plan étant fait à vol d'oiseau, on distingue les hautes maisons qui bordaient la rue Sainte-Geneviève, les cloîtres, les jardins, etc... Aujourd'hui les lieux sont occupés par les dames du Saint-Sacrement, ils n'ont pas changé d'aspect (1874). Il existe toujours des maisons très élevées du côté de la rue Sainte-Geneviève ; l'entrée est encore et a toujours été ouverte de ce côté.

C'est dans cette enceinte que Jeanne a vécu jusqu'à près de quinze ans, suivant une biographie anglaise[1]. Les papiers de la maison n'existent plus, on ne peut donc rien savoir sur elle, non plus que sur ses compagnes. On ignore quelle a été sa conduite dans ce séjour. Pidansat de Mayrobert avance et tous les écrivains de son espèce[2] ont répété, après lui, qu'elle annonçait prématurément ce qu'elle serait un jour, qu'elle introduisait de mauvais livres dans la maison et qu'elle s'en fit chasser pour ce motif. Tous ces récits n'étant appuyés sur aucune preuve ne méritent pas de confiance. Ce qu'on peut dire, c'est que devenue grande dame et quoique charitable et bonne

---

1. The english Cyclopædia, by Charles Knight, p. 551. London, 1856.
2. V. *Anecdotes*, p. 12; *Les Fastes de Louis XV*, vol. II, p. 220; *Restif de la Bretonne; L'Année des Dames nationales*, vol. XII, p. 484.

envers tous, elle ne paraît point avoir fait participer à ses largesses la maison qui avait abrité son enfance. Le registre des donations faites à l'établissement a été conservé[1]. On aurait aimé à y voir figurer son nom parmi les bienfaiteurs de Sainte-Aure. Il ne s'y trouve pas, soit qu'il y ait eu de sa part oubli ou remords, soit peut-être par crainte d'un refus ; tout au plus est-elle intervenue en faveur de l'abbé Grisel, directeur spirituel de la maison, vicaire perpétuel de Saint-Germain-l'Auxerrois, lorsqu'il fut compromis dans un grave procès criminel pendant qu'elle était en faveur.

On sait par l'acte capitulaire cité ci-dessus, qu'à une époque voisine, en 1768, la supérieure de Sainte-Aure était sœur de l'Esprit de Jésus, la sous-prieure sœur de l'aimable assistance (de Jésus), la dépositaire, sœur Cécile de Jésus, sœur Marie, sœur Anne de Jésus, sœur du Calvaire de Jésus, etc., etc.

Jeanne Bécu était donc une élève du Sacré-Cœur comme madame de Vintimille l'avait été de l'austère couvent de Port-Royal[2]. Qu'avait-elle retenu des leçons qui lui ont été données ?

On a dit qu'elle ne savait pas lire[3], qu'elle n'écrivait que péniblement, qu'elle ne mettait pas l'orthographe et commettait des fautes grossières. Toutes ces assertions sont erronées et démenties, par les pièces émanées d'elles en grand nombre, lettres, billets à ordre, quittances, pétitions, etc., etc.

Son écriture est fine et élégante ; elle ressemble à

---

1. Arch. nat. S. 4641.
2. De Luynes, mai 1739.
3. « Une Uranie qui ne savoit pas lire. » *Anecdotes*, p. 136, édit. 1776.

celle des religieuses de Sainte-Aure dont nous avons trouvé les manuscrits, registres, dans les papiers du couvent. Elle n'a pas la grosse coulée des femmes de cette époque qui écrivaient moins légèrement que les hommes [1], le défaut de son écriture, minutée à l'encre blanche, est au contraire de tourner à la patte de mouche. Nous entrons dans ces menus détails pour les amateurs d'autographes, parce qu'on a souvent confondu (l'isographie, par exemple) l'écriture de Jeanne Bécu, la prétendue comtesse du Barry, avec celle de sa belle-sœur, Françoise-Claire du Barry et même celle de Jean du Barry, dit le Roué, qui en diffèrent complètement.

On a beaucoup raillé l'orthographe de Jeanne Bécu ; cette orthographe est à coup sûr fort incorrecte et de nature à faire peu d'honneur aux dames de Sainte-Aure. Elle n'est pas cependant plus irrégulière, elle ne l'est pas autant que la cacographie des contemporaines. Les correspondantes du maréchal de Richelieu, les plus grandes dames de la cour écrivent à l'infidèle : « Vous ne mémé plu. » Madame de Pompadour qui avait reçu une éducation si artistique, si brillante, écrivait *haborer*, *éco*, *sirenne*, elle n'a jamais connu la différence entre le pronom possessif *se* et le pronom démonstratif *ce*. — Enfin elle faisait accorder les verbes à la troisième personne du pluriel [2]. Madame Geoffrin qui tenait un bureau d'esprit avait une orthographe des plus défectueuses [3]. Les fautes de Jeanne Bécu proviennent tantôt d'ignorance

---

1. Madame Roland, *Charlotte de Corday*.
2. V. son testament.
3. V. sa Correspondance avec le roi de Pologne.

et tantôt d'inattention, ainsi elle écrit constamment *il et* pour *il est*, *ils son* pour *ils sont*. Il est évident qu'elle ne connaît pas la conjugaison du verbe **être** à ses différents temps, il en est de même de l'accord des participes. Elle pèche là par défaut de savoir comme lorsqu'elle écrit, *argant, causionnement, consevoir*, etc... Mais elle n'ignore pas que le pluriel exige un *s* et cependant elle écrit mille livre, les différen*te* deman*de*, etc. Là il y a négligence. C'était au reste la mode du temps, il était reçu que l'on ne devait pas prendre souci de l'orthographe : il faut toujours se rappeler ce passage de Fontenelle : « ... La nation françoise est encore dans une barbarie telle qu'elle doute si les sciences poussées à un certain degré de perfection ne dérogent point et s'il n'est pas plus noble de ne rien sçavoir[1]. » Et cette observation du prince de Ligne : « les femmes, il y a vingt ans, ne savaient seulement pas mettre l'orthographe. »

Nous devons dire que, sous ce rapport, il y eut un progrès sensible entre les premières et les dernières années de madame du Barry. On voit par le catalogue des livres saisis au château de Louveciennes qu'elle avait, dans sa bibliothèque particulière, un traité de *l'orthographe*, une *grammaire de Wailly*, aussi les pièces adressées par elle au district de Versailles, au Comité de Sûreté générale, ou à Fouquier-Tinville sont presque irréprochables.

La rédaction des lettres de madame du Barry est meilleure que son orthographe. Elle écrit à peu près en français. Son style est simple et courant dans les

---

1. Fontenelle, *œuvres complètes*, t. V, p. 78.

affaires. L'*amateur d'autographes* parle d'une « jolie et spirituelle lettre » qu'elle aurait adressée à l'abbé Delille sur ses ouvrages et qui a passé à la vente Villenave, n° 154, en 1850. Nous ne la connaissons pas et nous avons peu de foi dans ce qui provient de cet amateur faussaire émérite[1], mais tel n'est pas le caractère habituel de la correspondance de madame du Barry. A l'exception des lettres adressées à sir Henry Seymour et qui ont été dictées par une ardente passion, son style est terne et comme elle dit elle-même, *terre à terre*. Ce qu'il faut retenir des lettres vérifiées comme étant d'elle, c'est qu'elle avait reçu et conservé une certaine culture intellectuelle ne pouvant provenir que de son séjour à Sainte-Aure. Nous la verrons exprimer une opinion sur *Néron* qu'elle défend du reproche exagéré de cruauté, sur Lovelace, etc... Elle avait dû lire Voltaire ou Linguet. Elle avait donc quelques notions d'histoire. Elle lit Cicéron, Démosthène, et a un véritable goût pour Shakespeare (traduit bien entendu, elle a déclaré elle-même ne pas connaître la langue anglaise).

Elle sait dessiner... déchue, oubliée, elle fonde des bourses gratuites pour des élèves à l'école de dessin, ouverte par M. de Sartine. Ce petit talent devait encore se rattacher à l'éducation du couvent.

Un des articles du programme des dames de Sainte-Aure était de mettre leurs élèves en état de tenir un ménage avec intelligence ; au milieu de ses plus grandes prodigalités, madame du Barry n'oubliera pas ces enseignements de l'enfance, elle jettera l'or à pleines mains, mais elle écrit chaque jour sa dépense,

---

1. V. la lettre de Marat fabriquée par lui.

elle discute pied à pied les mémoires de ses fournisseurs, elle s'occupe des détails de son intérieur comme une ménagère. Madame Guénard (de Favrolle), un bas bleu littéraire, il est vrai, et de haut style, lui reproche de trop s'occuper de ses confitures ; madame du Barry en parle une ou deux fois dans ses lettres à Denis Morin, son intendant, et certes elle ne mérite pas un mauvais point pour cette minutie. Au contraire on aime à la voir dans ce rôle de maîtresse de maison : encore une tradition de Sainte-Aure !

Faut-il aller plus loin ? Les traces de la première éducation religieuse sont ineffaçables. Il semble tout d'abord que ce soit un paradoxe que d'en parler ici. Cependant si l'on écarte les sottes inventions servant de remplissage aux pamphlets, on voit madame du Barry rester fidèle aux souvenirs de son enfance, alors même qu'elle s'écarte le plus des enseignements qu'elle avait reçus.

Sa manière de pratiquer la charité est méthodique et uniforme, elle est la même au Pont-aux-Dames, à Saint-Vrain, à Louveciennes. On dirait qu'elle a appris quelque part à pratiquer ce bel art de la bienfaisance.

Dès son avènement à la cour, elle place sa mère au couvent de Sainte-Élisabeth et elle y mettra plus tard une de ses nièces.

Elle fait instruire religieusement et baptiser Zamor (1772).

Elle-même, reléguée à l'abbaye du Pont-aux-Dames, après la mort de Louis XV, elle se concilie l'abbesse, madame de Fontenille, fortement prévenue contre elle, et elle se fait des religieuses autant d'amies, à ce point qu'on l'accusera d'avoir simulé la *dévotion par hypocrisie.*

Elle fait construire une chapelle particulière dans son hôtel de Versailles, elle en a une au château de Saint-Vrain, une à Louveciennes. Aline de la Neuville, sa nièce à la mode de Bretagne, née en 1779 à Saint-Brieuc et seulement ondoyée, est baptisée à Louveciennes en 1781. Le service religieux de chaque jour y est célébré par un Récollet qui vient de Saint-Germain et est payé par elle; on a les quittances jusqu'en 1789.

En 1792, au moment où s'élève la persécution contre les prêtres, elle donne asile, non sans danger pour elle-même, à de nombreux ecclésiastiques, l'abbé de Saint-Jorre, l'abbé de la Roche-Fontenille, neveu de madame l'abbesse de Pont-aux-Dames, l'abbé Billardi et beaucoup d'autres.

Elle avait enrichi l'église de Louveciennes de ses dons, flambeaux, tableaux, ornements de toute espèce[1].

Et pour clore cette énumération sur la fin de sa vie, elle achète le *Manuel du chrétien*[2], c'est une de ses dernières acquisitions. Enfin on trouve dans sa commode deux chapelets.

Faits extérieurs, dira-t-on, dehors dont on peut soupçonner la sincérité; mais dans les actes, dans le caractère de Jeanne Bécu et de madame du Barry, nous trouvons la trace d'une nature domptée, qui a subi la discipline du cloître. Nous citerons à l'appui de cette assertion :

1° Ses entretiens avec le duc du Châtelet, rappor-

---

1. Renseignement transmis par un ancien curé de la paroisse.
2. Facture de Blaisot, libraire. Archives de Seine-et-Oise.

3.

tés dans les mémoires du duc de Choiseul[1]. Son langage est bien plutôt celui d'une esclave docile que de la maîtresse altière d'un roi, d'une ennemie vaincue que d'une adversaire triomphante, comme elle l'était alors. Comparez son attitude avec le maintien de madame de Pompadour donnant une audience au président de Maynières[2].

2° La conduite de madame du Barry en présence de la lettre de cachet qui l'envoie au Pont-aux-Dames. Le duc de Deux-Ponts lui offrait un asile à sa cour, Jean du Barry lui donnait l'exemple de la fuite, elle avait la possibilité et le droit de se soustraire à une captivité humiliante, imméritée, elle l'accepta volontairement et se soumit aux ordres du roi, sans faire entendre une plainte.

3° Le passage d'une de ses lettres, « Mon cœur souffre... Mais avec beaucoup d'*attention* et de courage, je parviendrai à le dompter. L'ouvrage est pénible et douloureux ; mais il est nécessaire. C'est le dernier sacrifice qu'il me reste à lui faire. Mon cœur lui a fait tous les autres. C'est à ma raison de faire celui-cy. » On croirait ces lignes d'une La Vallière repentie si on ne savait qu'il s'agit d'un amour fort charnel. L'expression seule a conservé une teinte presque monastique.

Le séjour de Jeanne Bécu chez les dames Augustines de Sainte-Aure, n'est pas une période indifférente de sa vie. Elle y reçut une empreinte qui ne se perdit jamais entièrement et qui reparut aux moments où elle semblait le plus effacée.

---

1. Vol. II, p. 5 et suiv.
2. V. *Madame de Pompadour et la cour de Louis XV*, p. 236, par M. Campardon.

CHAPITRE III

JEANNE BÉCU ET LE COIFFEUR LAMETZ

(1758-1759)

Jusqu'ici, nous n'avons pu saisir la figure que nous cherchons à dépeindre, qu'à travers des inductions lointaines. Maintenant nous entrons dans le domaine des faits et de la réalité saisissable.

L'auteur des *Anecdotes* suppose qu'en sortant du couvent, Jeanne Bécu, fut placée par sa mère chez un sieur Labille, marchand de modes, vers 1760; après diverses aventures où figurent agréablement l'évêque d'Agen, monsieur de Bonnac, monsieur de Marcieu, le dame Gourdan et un sieur Duval, commis de la marine, Pidansat de Mayrobert arrive à la liaison de Jeanne avec un coiffeur, nommé *Lamet* (*sic*).

Il prétend que ce Lamet aurait offert le mariage à la jeune fille et que celle-ci aurait refusé, préférant vivre avec lui à l'état libre; à l'entendre, ils dépensent en trois mois, les trois mille livres d'économies que le coiffeur avait amassées, Lamet s'endette, ses meubles sont saisis, il est contraint de passer en Angleterre et Jeanne devient fille publique [1]. Tel est

1. V. *Anecdotes*, p. 48 à 52, édit. 1776.

le thème sur lequel ont brodé tous les faiseurs de chansons, romans, parades, etc.

Voici maintenant la vérité ! elle est établie par une pièce authentique que nous reproduisons dans son entier à l'appendice. Nous en donnons ici le résumé :

En 1759, Nicolas Rançon, qui dès 1752, était employé dans les Fermes, y occupait toujours un poste à Paris ; il demeurait rue Neuve-Saint-Étienne, paroisse de Notre-Dame de Bonne-Nouvelle, avec Anne Bécu, sa femme, et Jeanne, fille de celle-ci.

On dit qu'il était commis de barrière et que sa femme faisait des ménages, peut-être des dîners [1], gardait les malades, etc., etc. Le mari et la femme avaient donc un domicile et chacun possédait des moyens d'existence tels quels.

Le 18 avril de cette année 1759, Anne Bécu, assistée et autorisée de son mari, comparaît avec sa fille mineure devant le commissaire de police du quartier, un sieur Charpentier. Elle porte plainte, en son nom et au nom de sa fille, contre la dame veuve Lametz, marchande de modes, demeurant rue Neuve-des-Petits-Champs, vis-à-vis de la Compagnie des Indes [2], et elle expose ainsi l'objet de cette plainte :

En décembre 1758, la dame Rançon et sa fille fréquentaient la maison d'une dame Peugevin, qui demeurait rue Neuve-des-Petits-Champs, à l'hôtel de la Compagnie des Indes, la dame Peugevin avait pour femme de chambre, Hélène Bécu, sœur de la

---

1.   Quand *la Rançon* vendoit sa graisse
       Pour joindre à son morceau de lard.
           (Chanson satyrique du temps. *Anecdotes*, p. 337.)

2. Aujourd'hui la Bibliothèque nationale.

femme Rançon et tante de Jeanne, elle avait en même temps pour coiffeur, un jeune homme, nommé Lametz. Entre personnes de cette condition, les connaissances se forment promptement. Lametz proposa à la dame Rançon d'apprendre à sa fille l'art de friser ; celle-ci y consentit, les leçons commencèrent donc et se poursuivirent pendant cinq mois, Lametz se rendait chez son élève, et lorsqu'il venait aux heures du dîner, il prenait place à la table de la famille. Il est facile de comprendre que tant de zèle désintéressé, au moins en apparence, devait avoir un motif secret, aussi à un certain jour d'avril 1759, la veuve Lametz, mère et probablement tutrice de son fils, est informée de ses assiduités dans la rue Neuve-Saint-Étienne. Elle commence par prendre des informations dans le voisinage et elle s'assure que Lametz venait effectivement et publiquement chez les dames Rançon. Elle ne s'arrête pas là. Elle entre chez la dame Rançon, dont la fille était alors absente, et elle les accable toutes les deux de reproches et d'injures. Elle les accuse de faire dépenser à son fils tout son argent, de se laisser entretenir par lui, etc., etc.; à ces accusations déjà outrageantes par elles-mêmes, elle ajoute les mots les plus grossiers. La mère est une proxénète (elle ne se sert pas du mot grec), qui débauche les jeunes gens, la fille est une prostituée qui se livre à eux.

La demoiselle Rançon, dit la plainte que nous suivons, arrive sur ces entrefaites et ne sachant à qui en voulait cette furie et ne comprenant même pas le sens de ses injures, elle ne lui répond pas et monte chez elle.

Mais la dame Lametz n'est pas encore satisfaite, de

la rue elle apostrophe la mère, par la fenêtre, en reproduisant ses accusations infamantes, elle menace la fille de rédiger un placet qu'elle présentera à M. *le Curé de la paroisse* [1] et elle se retire, non sans répéter de boutique en boutique les outrages auxquels elle s'est livrée dans sa colère.

Le scandale avait été porté à son comble : le lendemain, les dames et demoiselle Rançon (Jeanne prenait le nom du mari de sa mère), se rendaient à l'hôtel du commissaire, rue Saint-Denis, et déposaient une plainte régulière entre ses mains, demandant une *réparation authentique* pour les injures dont elles avaient été publiquement victimes.

C'est cette plainte conservée dans les papiers des commissaires [2] qui a été retrouvée par M. Campardon, que nous avons analysée et que nous reproduisons littéralement aux pièces justificatives.

Malheureusement nous n'avons rien pu découvrir qui fût relatif à cette affaire et indiquât s'il y fut donné suite. Des recherches ont été dirigées, à notre demande, par M. Duclos [3], pour tâcher de savoir s'il

---

1. Nous empruntons à M. F. Ravaisson cette note sur la compétence des curés de Paris, en certaines matières : « Les curés et leurs vicaires faisoient alors la police de leurs paroisses ; ils en chassoient les femmes de mauvaise vie et les gens scandaleux. Il résulte même de plusieurs faits que, sur leur demande, l'autorité faisait mettre les coupables en prison. » (*Archives de la Bastille*, t. II, p. 437.)

2. Arch. nat. Liasse, 1758. Commissariat de Charpentier.

3. M. Duclos était un excellent employé des Archives. Nous l'avions connu lorsque le dépôt était encore à la Sainte-Chapelle (1847). Il connaissait merveilleusement les registres du Parlement et du Châtelet. Ce vétéran de la section judiciaire est mort regretté de tous ceux qui avaient pu l'apprécier.

M. Duclos avait été le secrétaire de M. Terrasse père, lequel était lui-même un ancien greffier du Parlement de Paris. M. Duil était intervenu un jugement du Châtelet : elles sont restées sans résultat. Réduite à elle-même, qu'est-ce que prouve la plainte de la dame Rançon et quelles inductions peut-on en tirer ? Il est toujours délicat de prononcer sans entendre les deux parties et c'est surtout en pareille matière qu'il faut se défier d'un récit qui n'est pas contradictoire. Sous ces réserves, voici notre appréciation.

Les déclarations de la dame Rançon nous paraissent sincères, la scène qu'elle raconte a un caractère de précision qui la rend vraisemblable par elle-même, elle avait eu trop de témoins pour être inventée à plaisir. Telle doit avoir été l'impression du commissaire, puisqu'il a reçu la plainte et l'a rédigée avec soin. C'est lui-même qui a tenu la plume. De là, il faut conclure que les accusations de la dame Lametz étaient calomnieuses ; si elles eussent été vraies, si la mère avait mérité la qualification de Proxénète, si la fille eût été une dévergondée de la rue, elles n'auraient pas osé comparaître devant le magistrat de police, ou bien celui-ci ne les aurait pas écoutées. On trouverait dans son procès-verbal une trace de son mépris pour des créatures de cette sorte, osant braver la notoriété publique et parler le langage de femmes honnêtes.

Il faut donc écarter des paroles de la dame Lametz tout ce qui n'est que grossièretés et injures ; elles ne doivent retomber que sur elle-même ; au lieu de finir en menaçant de se plaindre au curé de la paroisse,

---

clos était donc le dernier dépositaire des traditions parlementaires. Ses connaissances étaient précieuses et l'avaient mis à portée de rendre les plus grands services aux Archives et à ceux qui les fréquentent.

elle aurait mieux fait de commencer par là et de s'en tenir au *placet* qu'elle voulait rédiger. C'était une question de moralité ; elle aurait été portée devant son juge compétent et là, peut-être, l'avantage n'aurait-il pas été pour la dame Rançon.

En effet, à ne prendre que ce qu'elle nous dit elle-même, sa conduite n'est pas à l'abri de tout reproche. Elle s'était montrée d'une grande complaisance pour les fréquentations du jeune Lametz. Sans doute il faudrait savoir quel était exactement l'âge de ce dernier et s'il était maître de ses actions ; mais dans l'hypothèse la plus favorable, il ne pouvait que prétendre au mariage. La mère de famille, c'est-à-dire, madame Lametz devait donc être la première consultée et il n'apparaît point qu'il en ait été ainsi. La plainte de la dame Rançon ne le dit pas, ce qu'elle n'aurait pas manqué de faire, s'il avait été possible d'opposer cette réponse péremptoire aux clameurs de la dame Lametz.

La dame Rançon a bien eu conscience de cette position délicate : elle donne à sa fille quatorze ans et demi, elle ne pouvait ignorer qu'étant née le 19 août 1743, elle avait quinze ans et huit mois au 18 avril 1759. Elle se donne comme fréquentant la dame Peugevin : elle voyait tout au plus la femme de chambre de cette dame, laquelle n'était autre que sa propre sœur, Hélène Bécu, celle que nous connaissons sous le nom de la *belle Hélène*. C'était se rehausser un peu artificiellement. Elle dit encore que Jeanne n'a pas compris les injures très intelligibles, qui lui ont été adressées. N'était-ce pas aller trop loin et trop jouer à l'*Agnès* ? On ne saurait oublier quel avait été le passé d'Anne Bécu et ce qui va suivre n'autorise que trop à lui reprocher une grande facilité de mœurs.

Nous devons faire remarquer toutefois dans l'intérêt des plaignants qu'ils se bornent à réclamer une réparation d'honneur. Ils ne demandent pas d'argent et ne font pas de cette affaire une spéculation, ceci est à leur avantage et plaide en leur faveur.

Si la jeune fille a dû comprendre les propos cyniques et les menaces de madame Lametz, elle a eu le mérite de n'y répondre que par le silence ; toucher c'est frapper, elle n'a repoussé les voies de fait dont elle était l'objet qu'en s'échappant des mains qui l'avaient saisie, pour rentrer au plus vite chez sa mère. La douceur sera toujours le trait le plus saillant de son caractère. Elle ne se défendra jamais autrement, c'est la seule arme à son usage.

En dehors de ces appréciations, un fait subsiste : c'est la connaissance par Jeanne Bécu, d'un coiffeur nommé Lametz ; pendant cinq mois au moins, de décembre 1758 à avril 1759, elle a reçu des leçons de coiffure ou pour parler le langage du procès-verbal, elle a *appris à friser*[1]. Elle avait près de seize ans, et demeurait chez sa mère et son beau-père qui avaient un domicile établi depuis 1756 à notre connaissance. Voilà les éléments biographiques qui se dégagent de ce document.

On comprend maintenant les allusions des satires et des pièces de théâtre contemporaines, on représente toujours madame du Barry comme ayant pour amant *Frison* (la Bourbonnaise à la guinguette), ou

---

[1]. Comp. le procès-verbal dressé après la mort de Philippe Bécu.

Retappe (la belle Bourbonnaise de Beaunoir), ce sont les Figaros du temps ; de là aussi ces vers :

> Je sais qu'autrefois les laquais
> Ont fêté ses jeunes attraits,
> Que les cochers, les *perruquiers*
> L'aimoient, l'aimoient d'amour extrême ;
> Mais pas autant que je ne l'aime.
> Avez-vous vu, ma du Barry ?
> Elle a ravi mon âme, etc.

ces vers se trouvent partout : dans les *Lettres de madame du Deffant*, vol. II, p. 168. Dans le recueil de Paulmy à l'Arsenal, p. 166, etc. M. de Choiseul, raconte aussi d'après M. de Saint-Florentin « qu'elle avait été livrée à tous les perruquiers et les valets [1]. »

Les *Anecdotes* se bornent à dire « le coiffeur qui faisait la cour à mademoiselle Rançon se nommait Lamet » en cela il disait vrai, ce qui suit n'est que fables et amplifications, et telle est en général la dose d'exactitude que ce livre renferme, pour deux lignes de vérité, deux pages de mensonges ou tout au moins d'erreurs.

L'avantage de notre document est précisément de rectifier les fausses notions répandues sur la chronologie des premières années de Jeanne Bécu. On voit qu'en 1758-1759, elle est encore chez sa mère, elle y a un asile, elle n'est donc pas sur le pavé glissant de Paris, offrant de la menue mercerie comme la *mignonne* de Restif de la Bretonne [2].

Elle n'est pas davantage chez le marchand de modes Labille ; à entendre les *Anecdotes*, l'aventure

---

1. V. p. 110.
2. V. MM. de Goncourt, II, p. 138.

de Lametz serait arrivée pendant qu'elle était dans cette maison, après 1760¹, c'est le contraire seul qui est vrai ; en 1759, se place l'épisode de Lametz, avec les atténuations qu'il comporte, la présence des parents, etc., plus tard seulement, Jeanne Bécu entrera chez Labille. Il y avait donc interversion complète des faits.

Il n'est pas jusqu'au nom du coiffeur qui n'ait été estropié et auquel il faut rendre sa véritable orthographe, il s'appelait *Lametz*. Nous l'avons trouvé dans la plainte où il est écrit sans *Z* et dans les papiers des anciennes faillites, conservés au tribunal de commerce de la Seine. Le 15 janvier 1780, un sieur Charles Lametz, marchand de modes, rue Neuve-des-Petits-Champs, déposait son bilan², c'était bien le magasin de la dame Lametz qui demeurait aussi rue Neuve-des-Petits-Champs, vis-à-vis de la Compagnie des Indes³, un marchand de vin porte encore aujourd'hui le nom écrit de la même manière.

Nous étions curieux de savoir ce qu'était devenu Lametz. S'il eût été vendu dans ses meubles et obligé de fuir en Angleterre comme le dit Pidansat, il eût été déclaré en faillite. Tel était le prescrit de l'ordonnance de 1673. (Art. 1ᵉʳ.)

Les archives du tribunal de commerce, plus heureuses que celles de l'Hôtel de Ville et de la Préfecture de police, ont échappé aux incendiaires de 1871. Là, sont conservés les papiers des *anciennes* faillites jusqu'en 1750.

1. Comparez, p. 15 et 16 des *Anecdotes*.
2. Arch. du tribunal de commerce, n° 2536.
3. V. ci-dessus, p. 32.

Il ne s'est rien trouvé en 1759, ni années suivantes, mais ayant poussé jusqu'en 1780, nous avons vu qu'à la date du 15 janvier de cette année, Charles *Lametz* (sic), marchand de modes, rue des Petits-Champs, avait déposé son bilan, qui existe encore avec tous ses détails [1].

Ce Charles Lametz était probablement l'héritier de la dame veuve Lametz, contre qui la plainte de la dame Rançon était portée et qui était elle-même, *marchande* de modes dans la rue des Petits-Champs [2]. Mais Charles Lametz était-il l'ancien coiffeur devenu le successeur de sa mère, ou l'un de ses frères ? Les recherches faites dans le répertoire du successeur de Me Menjaud, n'ont donné aucun résultat [3].

---

1. V. dossier 2636.
2. V. la plainte à l'appendice.
3. C'était ce notaire qui avait reçu la procuration pour le dépôt du bilan.

CHAPITRE IV

JEANNE BÉCU ET LA FAMILLE DE LA GARDE

(1759-1760)

Les *Anecdotes* placent l'entrée de Jeanne Bécu chez un sieur Labille, marchand de modes en 1760[1]; mais Labille, comme nous le montrerons bientôt demeurait rue Neuve-des-Petits-Champs, près de la place des Victoires, non loin, par conséquent, de la dame Lametz et de son fils. Il y aurait donc eu une souveraine imprudence, de la part des époux Rançon, à livrer leur fille à elle-même et à la mettre sur le passage du jeune Lametz, porte à porte, avec lui. C'eût été s'exposer au reproche de connivence, même de provocation. Le fils Lametz pouvait recommencer ses poursuites, et la mère ses violences. Après l'éclat qui avait eu lieu, nous ne supposerons pas qu'ils aient commis une pareille faute, nous admettrons plutôt, sauf preuve contraire qu'ils cherchèrent une place et en même temps un refuge dans cette société de financiers où ils avaient une entrée et une protection acquise. Le projet de faire de Jeanne Bécu

---

1. *Anecdotes*, p. 16, édit. 1776.

une friseuse pour femme, sorte de profession alors usitée[1], avait échoué : mais les leçons de coiffure qu'elle avait prises pendant cinq mois, pouvaient très bien être utilisées pour une place de femme de chambre, cette condition était d'accord avec les précédents de la famille, les Bécu, les Rançon, tous domestiques. Jeanne entra au service de madame de la Garde, veuve d'un fermier général, les souvenirs de mademoiselle de la Neuville étaient très précis sur ce point : elle nous en a souvent parlé. Malheureusement elle ne nous a donné aucun autre détail. Comment la jeune fille fut-elle introduite dans cette opulente maison ? Pidansat de Mayrobert n'imagine rien de mieux qu'une fable obscène et ridicule[2], à la suite, il met en avant l'abbé Gomart (*sic*) qu'il métamorphose en oncle de Jeanne Bécu et qu'il donne pour le chapelain de la Cour-Neuve, villa de madame de la Garde[3] ; c'est ainsi qu'elle est présentée et admise chez sa nouvelle maîtresse.

Nous avons eu entre les mains tous les papiers de la famille de la Garde, nous possédons une correspondance assez considérable échangée entre M. d'Ormesson, maître des requêtes et un sieur Quetau, précepteur des enfants de la Garde, nous n'avons trouvé aucune trace de Gomard; on lit sous la cote 96, article 59 de l'inventaire qu'il a été payé 500 livres, au sieur Duchesne, prêtre aumônier de la feue dame de la Garde, le nom de Gomard ne figure nulle

---

1. « On dit même qu'elle était *coeffeuse*, qu'elle avait été dans une boutique contre le Palais. » (Barbier, janvier 1750, *Histoire singulière d'une jeune fille.*)
2. V. *Anecdotes*, de la page 63 à la page 66.
3. *Id.*, p. 62.

part. Les renseignements manquent sur lui et malheureusement aussi sur Jeanne Bécu. Nous pouvons seulement préciser quelques notions sur les membres de la famille de la Garde. Ce sera le moyen d'éclairer de vagues lueurs l'objet de nos recherches.

M. Pierre de Delay de la Garde était payeur honoraire des rentes de l'Hôtel de Ville, il avait été aussi trésorier-receveur général et enfin il était l'un des quarante fermiers généraux de Sa Majesté. Marié à Elisabeth Roussel, il avait eu d'elle deux fils.

Nicolas de Delay de la Garde, écuyer, secrétaire du roi, etc., et de ses finances, seigneur de Blanc-Mesnil et autres lieux, l'un des fermiers généraux de Sa Majesté intendant des maisons, finances et affaires de madame la Dauphine, demeurant à Paris, place Louis-le-Grand[1].

Et François-Pierre de Delay de la Garde, chevalier, conseiller du roi en ses conseils, maître des requêtes ordinaire de son hôtel, ancien président du grand conseil, baron d'Achères et autres lieux, demeurant rue Neuve-du-Luxembourg, les deux frères se marièrent le même jour, 3 juin 1751, à la même messe, à Saint-Roch ; l'aîné à mademoiselle de Ligniville, comtesse du Saint-Empire, et le cadet à mademoiselle Duval d'Epinoy.

Le premier était fermier général, adjoint à son père, et il avait spécialement dans son service, la Lorraine, les trois évêchés et l'Alsace[2].

Ces relations particulières avec la Lorraine, pour-

---

1. Place Vendôme actuelle.
2. V. Correspondance des fermiers généraux avec les provinces. — (*Almanach général du Roy.*)

raient expliquer le lien entre la famille de la Garde et les Bécu, qui, auraient été adressés au fermier général de leur province, et auraient sollicité sa protection.

Le second des fils de la Garde, devenu mari de mademoiselle Duval d'Epinoy, prit le nom de *Saint-Vrain*, domaine qui appartenait à sa femme. C'est sous ce titre qu'il figure à l'almanach royal de 1752[1] : « Dedelay de la Garde *de Saint-Vrain*, maître des requêtes en quartier aux requêtes de l'Hôtel. » Jeanne Bécu, devenue madame du Barry et enfermée au couvent du Pont-aux-Dames après la mort de Louis XV, eut à choisir une résidence, à plus de dix lieues de Paris; lorsque sa réclusion fut finie, elle jeta les yeux sur le château de Saint-Vrain, qui était à vendre, elle l'acheta, elle y séjourna près de deux années, elle porta même le titre de dame de Saint-Vrain. Ne serait-ce pas qu'ayant été conduite dans cette propriété, lorsqu'elle était chez madame de la Garde, elle en avait conservé un de ces souvenirs de jeunesse qui charment et qui attirent toujours?

Les *Anecdotes* traitent madame de la Garde « de vieille folle, très renommée dans Paris pour ses bizarreries et ses extravagances, » elles l'accusent de vices odieux et d'habitudes honteuses.

Il y a ici une confusion évidente entre deux personnes ayant porté le même nom et le même prénom.

Elisabeth Roussel avait perdu son mari, Pierre de Delay de la Garde, le chef de la famille, le 11 octobre

---

1. *Anecdotes*, p. 143.

en 1754[1]. Elle décéda le 30 août 1769, parfaitement saine d'esprit, ses testaments le prouvent[2].

Mais Elisabeth de Ligniville, comtesse du Saint-Empire, bru de la précédente, était veuve de Nicolas de Delay de la Garde, fils du fermier général.

C'est elle qui était devenue folle et avait été interdite par sentence du Châtelet du 27 février 1767, « pour égarement d'esprit, légèreté, inconduite et dissipation[3]. »

Bien plus elle avait été enfermée au couvent de Sainte-Elisabeth à Paris, dans cette même communauté où madame du Barry plaça sa mère en 1768, lorsque sa faveur commença.

Encore un rapprochement !

On voit qu'il y avait là deux veuves Elisabeth de la Garde, qui ont pu être prises l'une pour l'autre, surtout par un historiographe de la force de Pidansat de Mayrobert.

Sur quel pied Jeanne Bécu était-elle entrée chez madame veuve de la Garde ? Etait-elle considérée comme femme de chambre ou comme demoiselle de compagnie ? L'exemple de mademoiselle Delaunay, de madame du Hausset, prouve que la différence n'était pas grande entre ces deux nuances de domesticité. L'extrême jeunesse de Jeanne nous ferait pencher pour la première qualification. Cependant madame de la Garde avait lorsqu'elle mourut une demoiselle de compagnie, dénommée ainsi dans l'inventaire et qui s'appelait mademoiselle de Cypriani[4].

---

1. Affiches du 14 octobre, même année.
2. V. Minutes de Lepot d'Auteuil, le notaire futur de madame du Barry.
3. Préfecture de police, papiers aujourd'hui brûlés.
4. Cote 96, art. 58.

Enfin quand et pourquoi Jeanne Bécu est-elle sortie de chez madame de la Garde? On a dit, sur la foi des *Anecdotes* que les deux frères, étant jeunes, s'étaient épris également de la séduisante soubrette, que leur jalousie avait dégénéré en querelles et que pour y mettre un terme, madame veuve de la Garde, avait chassé Jeanne Bécu de chez elle [1].

Pour comprendre ce récit et pour qu'il fut admissible, il faudrait que les deux frères eussent été encore domiciliés dans la maison paternelle et que Jeanne Bécu fut assez grande pour exciter leurs passions rivales.

Or, nous savons déjà que dès le 3 juin 1751, MM. de la Garde avaient reçu la bénédiction nuptiale, le même jour à Saint-Roch.

Nous savons aussi que l'un demeurait place Louis-le-Grand, l'autre rue Neuve-du-Luxembourg, et qu'ils ne pouvaient être précisément tout jeunes, puisque l'aîné était surintendant de la maison de madame la Dauphine, et le cadet, ancien président du grand conseil?

Si maintenant on se rappelle l'acte de baptême de Jeanne Bécu, née en 1743, nous trouvons qu'elle avait en 1751, huit ans à peine.

Le roman tombe devant les dates, la vérité nous oblige de déclarer que nous ne savons rien des causes qui ont amené le départ de Jeanne. Mais il y eut là nécessairement pour elle une sorte de disgrâce. Nous ne pourrions dire si cette déchéance fut encourue par quelque intrigue amoureuse que madame de la Garde aurait découverte, si ses fils y jouaient un

---

1. V. *Anecdotes*, p. 55 et 56, et MM. de Goncourt, II, 139.

idole, ou quelques-uns de ces riches financiers qui devaient composer son entourage, Jeanne était douée de ces qualités extérieures, dont parle l'institut de Sainte-Aure, « qualités si souvent fatales à la vertu, autour de laquelle rôde le serpent tentateur et le lion avec sa gueule toujours ouverte pour saisir sa proie, » Jeanne Bécu en faisait peut-être déjà et allait en renouveler la triste expérience.

CHAPITRE V

LE MAGASIN DE LABILLE

(1760-1761)

De demoiselle de compagnie Jeanne Bécu devint demoiselle de boutique ; mademoiselle de La Neuville n'avouait pas le fait, elle ne le niait pas non plus, elle répétait seulement : « Je n'ai jamais entendu dire ni par ma cousine, ni chez elle, qu'elle eût été dans un magasin. » On comprend ce silence : c'était après 1780, madame du Barry s'était alors habituée à son titre de *comtesse ;* elle avait fini par y croire. Elle n'aimait pas à revenir sur son passé, par une faiblesse trop commune aux parvenus ! Certes, il eût mieux valu pour elle qu'elle ne rougît pas de son origine et qu'elle l'invoquât au besoin pour couvrir ses fautes en les rejetant sur ceux qui avaient abusé contre elle de sa jeunesse, de sa beauté, de sa misère... Elle n'était pas, elle n'a peut-être jamais été à la hauteur de tels sentiments, et même étaient-ils de son époque ?

Nous sommes donc en 1760 ou 1761. Jeanne a quitté sa position chez madme de la Garde. Elle est mise en apprentissage par ses parents chez un sieur Labille, marchand de modes à Paris. Madame Guyard, peintre célèbre en portraits, était fille de ce marchand[1]. Il s'est fait d'ailleurs autour de ce moment de sa vie, une notoriété incontestée, biographies, pamphlets, estampes s'accordent sur un point en quelque sorte acquis. Nous ne citerons qu'une pièce en vers : *Le brevet d'apprentissage d'une fille de mode à Amathonte*. Janvier 1769. Le contrat est passé entre une dame *Babille* et Agnès Pompon. L'allusion est manifeste d'un bout à l'autre. Le nom de Labille est reproduit presque littéralement. Nous nous bornons à le mentionner ici. Nous l'analyserons à sa date.

En dépouillant les *Petites affiches* du temps, ce répertoire inépuisable de documents curieux, sous la date du lundi 16 août 1751, on trouve la réclame suivante, ainsi figurée :

☞ Il est arrivé de très belles fleurs D'ITALIE au Sr Labille, Marchand de Modes, rue Neuve-des-Petits-Champs, près la place des Victoires. — A la Toilette.

— On trouve chez le même tout ce qui concerne les ajustemens de dames et toutes sortes de toiles, mousselines et broderies [2].

---

1. On lit dans les *Mémoires secrets*, sous la date du 14 juin 1783 : « Madame Guyard a été reçue avec madame Lebrun membre de l'Académie. Celle-ci est une demoiselle *la Bille*, fille du marchand de modes chez lequel madame du Barry a demeuré dans sa première jeunesse, ce qui forme un épisode curieux des *Anecdotes* de cette dame. » (Tome XVIII, p. 7.)

Le musée du Louvre possède un buste d'un sieur *Labile* (sic), père de la dame Guyard. Ne serait-ce pas notre homme? Chose remarquable, ce buste est de Pajou, qui était collègue de Guyard, premier mari de mademoiselle Labille.

Adélaïde Labille, fille de M. Labille des Vertus, née à Paris en 1749, morte en avril 1803. Mariée en premières noces au sculpteur Guyard, et en deuxièmes au peintre Vincent.

Il ne se trouve rien sur madame du Barry dans une notice biographique de L.-J. Lebreton sur madame Guyard-Vincent.

2. *Annonces, affiches et avis divers*, p. 219.

Le genre d'établissement du sieur Labille est clairement défini par cette annonce ; il était marchand de modes, et de ces articles légers que nous appelons aujourd'hui des *nouveautés*[1]. Il paraît qu'il ne dédaignait pas d'avoir recours à la publicité, pour écouler quelque article rare ou de difficile placement.

Nous avons déjà fait usage[2] de son adresse qui nous est donnée ici très exactement : nous aurons encore à l'utiliser lorsque nous aurons à raconter les derniers instants de madame du Barry.

Jeanne Bécu n'avait pas vingt ans lorsqu'elle entra dans cette maison. Chacun sait quels sont les dangers que peut y rencontrer une jeune fille. MM. de Goncourt ont tracé de cette existence un tableau plein de vérité et de finesse. Nous ne pouvons que le reproduire[3]. « L'histoire des demoiselles de modes au dix-huitième siècle n'est ni très longue ni très variée. Imaginez des magasins tout en vitres, où de charmants désœuvrés, de jolis seigneurs lorgnent du matin au soir... Des courses au dehors où la pimpante demoiselle de modes, telle que nous l'a dessinée Leclerc dans la suite des costumes d'Esnaut et Rappilly, trottine d'un air vainqueur, la tête couverte d'une grande calèche noire, qui laisse échapper les boucles de ses cheveux blonds, la taille serrée dans une polonoise de toile peinte garnie de mousseline ; les petits souliers garnis de talons et à boucles et dans la main un léger éventail qu'elle agite en marchant ; imaginez au bout de cela des conversations, des pro-

---

1. A cette époque, le même mot ne s'employait encore qu'en matière de librairie.
2. P. 41.
3. P. 140.

positions, etc... » Et là n'était pas tout le danger selon nous, il était aussi dans l'arrière-boutique, dans l'atelier surtout l'école mutuelle de la corruption[1].

« Quelques-uns, continuent MM. de Goncourt, ont voulu que Jeanne Bécu fût allée dans ce désordre jusqu'au servage de la débauche. Ils font intervenir, à ce moment, dans sa vie une des plus fameuses entremetteuses du siècle, c'est un point de controverse qu'il faut laisser au scandale... »

Nous ne saurions être de cet avis. Le scandale consiste à imaginer et à colporter ces turpitudes, à en faire trafic et étalage, non à examiner si elles sont vraies. Ce droit a une controverse sérieuse, nous le revendiquons, malgré le dégoût qu'inspirent de semblables recherches. Nous allons en faire usage sans plus tarder, si en effet Jeanne Bécu a été fille publique, ce ne pourrait être qu'entre l'époque où elle avait été demoiselle de boutique chez Labille et le moment où elle est entrée chez Jean du Barry.

Nous poserons donc résolument la question qui fera l'objet du subséquent chapitre.

---

1. V. la gravure représentant un dortoir de demoiselles de modes, d'après Fragonard, par Auvray ou par Lawrence.

CHAPITRE VI

JEANNE BÉCU A-T-ELLE ÉTÉ FILLE PUBLIQUE? A-T-ELLE ÉTÉ
DANS UNE MAISON DE PROSTITUTION? SPÉCIALEMENT, A-T-ELLE
ÉTÉ PENSIONNAIRE DE LA GOURDAN?

(1760-1763)

S'il est vrai qu'elle soit descendue au dernier degré de la prostitution, qu'elle ait été fille de joie, ou comme on disait alors : *Fille du monde annotée* habitant une maison de débauche, *en subissant le servage*... l'indignité de Louis XV sera sans excuse d'avoir associé une telle femme à son existence, de l'avoir imposée à sa cour, fait asseoir à sa table près de ses filles, et de sa petite-fille, Marie-Antoinette, la jeune dauphine de France ! Toutes les huées des satires et des pamphlets du temps, toutes les accusations des historiens seront légitimes. Le problème vaut donc la peine d'être posé, si ce n'est pour Jeanne Bécu, au moins pour l'honneur de la royauté et de l'histoire.

La question est fort heureusement aussi simple et aussi facile qu'elle est grave.

Tout se réduit à savoir, s'il existait dès 1750, un registre spécial de police sur lequel les filles publiques devaient être inscrites.

Or, voici ce que nous lisons dans les écrits du plus

compétent, du mieux informé des contemporains : le marquis d'Argenson, fils de l'ancien lieutenant général de police de Paris :

« La police inscrit les courtisanes [1] et il y en a plus de trente mille ainsi INSCRITES. »
(*Journal* du marquis d'Argenson du 21 décembre 1754, vol. VIII, p. 395.)

On connaît même le nom de l'employé qui tenait le bureau où avaient lieu ces inscriptions, il se nommait Vaugien [2].

Il y a là un moyen de contrôle certain : celle qui est sur la sellette va être confondue ou justifiée.

Écoutons d'abord les accusateurs :

Le recueil de M. de Paulmy, conservé à l'Arsenal, dit : « La demoiselle *Lange, fille publique* à Paris, etc… » Senac de Meilhan [3] : « Il fit (du Barry) connaissance avec une *fille* de la plus agréable figure. »

M. de Choiseul, dans ses *Mémoires inédits*, p. 9 : « J'appris que mademoiselle Vauvernier s'appeloit Lange de son sobriquet de fille, que c'étoit ce que les filles appellent entre elles une *fille du monde*, c'est-à-dire une fille publique ; » et plus loin « j'appris aussi de M. de Saint-Florentin qu'elle avoit été *raccrocheuse dans les rues* [4], etc., etc. » *Le gazetier cuirassé* accuse

---

[1]. L'inscription des courtisanes existait à Rome (*Musée secret*, t. VIII, p. 101). Chez nous, elle remontait à plus d'un siècle avant la Révolution, tout aussi bien que la visite sanitaire et la réclusion par voie administrative. (Voy. le livre de M. Lecour, chef de bureau à la Préfecture de police, sur la *Prostitution*. Paris et Londres, 1870, p. 28.)
[2]. *Le Portefeuille de la Gourdan*, p. 371. Paris, 1784.
[3]. *Portraits et caractères du dix-huitième siècle*, p. 336.
[4]. De Choiseul, *Mémoires inédits*, p. 10.

formellement madame du Barry d'avoir été *en carte*, sous le nom de mademoiselle *Lange*[1].

Ce que Pidansat de Mayrobert s'empresse de s'approprier et de répéter[2]. Il ajoute qu'un pamphlet intitulé : *Histoire de l'impératrice Théodora* avait été publié contre madame du Barry. Or, on sait que Théodora, femme de Justinien, avait été une prostituée de bas étage. L'injure abonde dans ces écrivains, mais les preuves manquent. L'un d'eux, nous l'avons vu, s'aventure jusqu'à dire que madame du Barry avait été *en carte;* ce qui suppose apparemment une inscription sur le registre de la police. Il se garde bien de la produire, en copie ou en extrait.

Le vice de cette argumentation n'a pas échappé à ceux qui ont écrit dans un autre sens

Montigny, réfutant Soulavie, lui oppose cette objection :

« Si elle a été femme publique, son nom aura été inscrit sur les registres de la police et comme vous ne prétendez pas au privilège d'être cru sans preuves, vous auriez dû produire celle-là, qu'il vous eût été facile de vous procurer. »

Ce que dit ici l'auteur des *Illustres victimes vengées*[3], est matériellement vrai : Il existe dans les archives de la Préfecture de police, d'anciens sommiers où l'on voit encore figurer les noms de la *Belle Rose, la Valloise, la Perrote, la Rémouleuse,* et *autres filles du monde*[4].

---

1. *Le Gazetier cuirassé*, p. 16.
2. *Anecdotes*, p. 217.
3. P. 38.
4. Ainsi qualifiées dans ces sommiers, vol. **XL**, année 1761-1763. Arch. de la Préf.

Il aurait donc été très facile à Soulavie, en 1800, à Pidansat de Mayrobert, en 1775, et plus encore à M. de Choiseul, en 1768, de trouver l'inscription de mademoiselle Lange, si elle eût existé. Ils ont fait la recherche comme nous le verrons tout à l'heure, ils ont échoué dans leur tentative, ils n'ont pas eu la bonne foi d'en convenir, parce qu'ils comprenaient bien quelle était la puissance de l'argument qui allait s'élever contre eux, aussi un connaisseur émérite dans la matière, l'auteur du *Pornographe*, Restif de la Bretonne, se prononce-il, d'une manière très affirmative : « Il est faux que madame du Barry ait été dans un mauvais-lieu *publiq* [1]. »

L'imputation tombe donc en ce qu'elle avait de plus grossier, de matériellement saisissable, et de véritablement infamant, madame du Barry n'a point été une autre Théodora ; elle n'est pas sortie de ce que l'on appelait au dix-huitième siècle « les égouts de Cythère et de Paphos [2]. »

Mais, dira-t-on, à côté de la prostitution publique, il y a eu de tout temps, la prostitution clandestine, sans avoir été régulièrement inscrite sur le registre officiel, une femme peut avoir fréquenté secrètement les maisons de débauche, avoir été *fille à partie* [3], allant chez les Courtières sous le manteau, c'est précisément ce qu'a prévu l'auteur des *Anecdotes*, dans son cynique ouvrage [4].

---

1. *Années des Dames nationales*, t. XII, p. 3814.
2. L'abbé Georgel.
3. Journal de Sartine.
4. V. p. 52 : « Il est dans ce pays (à Paris) des femmes qui, soit « à raison de leur âge ou de leur état, ou d'une sorte d'honnêteté « à laquelle elles n'ont pas renoncé, n'osent pas afficher le liberti-

Cette objection serait sans portée : L'auteur des *Représentations sur les courtisannes à la mode et les demoiselles du bon ton* [1], rapporte « qu'il existait un répertoire *général de la prostitution*, dans Paris, lequel était connu de tout le monde. » Ce livre des *Représentations* n'est point un ouvrage léger, c'est l'œuvre très sérieuse d'un moraliste austère. On pourrait donc l'en croire sur parole.

Mais ce répertoire existe ou plutôt existait à la bibliothèque de l'Hôtel de Ville, fonds de Chalabre, sous ce titre « Etat des femmes et filles galantes, qui ont paru à Paris, pendant l'année 1764, etc., in-4° G. 102. *Histoire de Paris*.

Il avait été publié en partie par M. Lorédan-Larchey. On y trouvait un millier de noms divers. Celui de Jeanne Vaubernier n'y figurait pas au nombre des prostituées.

Bien plus, cette espèce de catalogue avait été mis en vers satyriques par Mérard de Saint-Just, dans ses *Espiègleries*. Il ne prononce pas non plus le nom de Jeanne Vaubernier.

On a donc fait de Jeanne Bécu sans aucun fondement tantôt une habituée de la Pâris [2], tantôt une

---

« nage. Pressées cependant par l'indigence, ou pour se donner
« un peu plus d'aisance, elles profitent de l'obscurité de la nuit...
« Elles agacent les hommes impunément et jouissent de la plus
« entière liberté de l'incognito... D'un autre côté, il est des
« paillards honteux, des gens mariés, des débauchés d'un genre
« particulier, des ecclésiastiques timides, des moines attentifs à
« ménager leur robe qui recherchent ces bonnes fortunes et sont
« enchantés de pouvoir ainsi assouvir, dans l'ombre du mystère
« et dans le silence des bois, une passion qu'ils n'oseraient aller
« satisfaire aux lieux consacrés à cet effet. »

1. Paris, 1762.
2. M. Edouard Fournier, *Revue française*, n° de janvier, 1859, t. XV, p. 487.

pensionnaire de la Gourdan [1], deux des entremetteuses les plus connues au dix-huitième siècle. Mais grâce à leur notoriété même, on peut contrôler ces assertions et les réfuter par des dates, cette pierre de touche infaillible, de tous les faux essayés en l'histoire.

Justine Pâris, née à Corbeil, est morte le 28 mai 1750.

Jeanne Bécu avait alors six ans !

Toutefois l'avocat Barbier dit, dans son journal, sous la date du 7 février 1752, que la Pâris, cette fameuse proxénète, a vendu son fonds à une dame Carlier [2], Jeanne Bécu n'aurait eu à cette époque que neuf ans ; dans les deux cas l'impossibilité est manifeste.

Marguerite Stock, mariée à Didier-François Gourdan avait succédé médiatement ou non à Justine Pâris [3]. Elle exerçait son infâme métier, à une époque où Jeanne Bécu était, non pas majeure, mais au moins pubère ; aussi lorsque l'élévation de la nouvelle favorite, devint un événement, lorsqu'un parti puissant se ligua contre elle, des efforts furent tentés pour obtenir de la femme Gourdan des révélations qui pussent compromettre madame du Barry ; des sommes considérables lui furent offertes. Cette femme refusa de s'associer à un mensonge qui l'aurait enrichie.

Voici ce que dit à cet égard, madame Sarah

---

1. Pidansat, *Anecdotes*, p. 22.
2. V. aussi Favart, *Journal*, p. 272, édit. Didier. Paris, 1863.
3. *Journal de Favart*, p. 272, et les *Sérails de Paris*, t. II, p. 21.

Goudard, dans ses *Remarques sur les Anecdotes, concernant madame du Barry* [1].

« Cette anecdote qu'on lit sous le nom de madame Gourdan n'est pas d'elle. Comme ce verbiage a tout l'air d'un raisonnement sorti d'un tripot, un quelqu'un, après en avoir fait la lecture, se rendit chez cette femme pour s'assurer de la vérité. Est-ce vous, madame, lui dit-il, qui êtes l'auteur de l'anecdote qui court sous votre nom ?

« — Non, monsieur, répondit-elle, je ne suis pas si maladroite que de m'afficher ainsi [2]...

« Cette anecdote est fausse ; mais en voici une qui est vraie. (C'est toujours la Gourdan qui parle.) Dans le moment critique, dans le temps des Choiseul, des Terray, des d'Aiguillon, des Praslin, où il s'agissait de recevoir madame du Barry à la cour ou de la renvoyer, un homme inconnu vint m'offrir une somme considérable pour que j'attestasse dans le monde comme madame du Barry avait été pensionnaire chez moi, et qu'elle y avait vu beaucoup d'hommes à raison de six francs par visite.

« Je ne voulus point publier ce mensonge. Voilà une anecdote qui est exacte. »

La dame Gourdan, naturellement suspecte, pouvait produire une preuve convaincante à l'appui de son dire.

C'était le registre qu'elle tenait et qui à propos d'une autre affaire fut saisi en 1776 [3].

---

1. Voy. sur Sarah Goudard et son mari, Casanova, *Mém.*, vol. VI, c. XIV, p. 294.
2. Sarah Goudard, *Remarques sur les Anecdotes*, p. 12.
3. V. *Mémoires secrets de Bachaumont*, 1776, 22 août. — En 1768, une dame d'Oppy, femme du grand bailly d'épée de Douay, fut trouvée chez la dame Gourdan. Elle fut arrêtée, enfermée à Sainte-Pélagie, et un long procès s'ensuivit avec force mémoires. La dame Gourdan, comme entremetteuse, fut condamnée par

Ici il faut remarquer deux choses.

Les *Anecdotes*, n'ont été publiées qu'en 1775 après la mort de Louis XV, alors que madame du Barry était encore exilée de Paris et que, par conséquent, on pouvait l'attaquer impunément.

La femme Gourdan devait être d'autant plus portée à parler contre madame du Barry, que d'après l'auteur même des *Anecdotes* [1], c'était à cause de la favorite qu'on avait expulsé de Fontainebleau toutes les filles publiques, depuis l'équipée du duc de Lauraguais, avec celle qu'il avait surnommée la *Comtesse du Tonneau*.

Elle pouvait satisfaire son ressentiment sans crainte, elle a gardé le silence.

Autre remarque, Madeleine Stock, autrement dit, la Gourdan, n'est morte que le 28 mars 1783 [2].

contumace à être promenée sur un âne, le visage tourné vers la queue, suivant le supplice ordinaire en pareil cas. Ses biens furent saisis, *annotés*; elle se décida alors à se constituer prisonnière, et voici comment l'affaire se termina, au rapport des Mémoires de Bachaumont :

« 12 août 1776 : la dame Gourdan a été élargie et mise hors cour le 19 de ce mois. SON LIVRE A ÉTÉ JUGÉ TRÈS EN RÈGLE ; C'EST UN CATALOGUE DE TOUS CEUX QUI ALLOIENT CHEZ ELLE, AVEC DES NOTES Y RELATIVES. Le président de la Tournelle, M. de Gourgues, l'a trouvé si curieux, qu'il se l'est approprié*. »
L'existence d'un répertoire régulier chez madame Gourdan est ainsi prouvée d'une manière certaine. Si Jeanne Bécu y eût été inscrite, elle était alors en pleine défaveur, en exil à Saint-Vrain, elle eût été accablée. Elle n'a pu échapper que parce que son nom n'était pas porté sur ces pages infamantes.

On voit avec quelle rigueur la police du temps veillait sur les maisons de ce genre.

1. P. 166, 167.
2. Voy. le procès-verbal des scellés à cette date. *Arch. nat.*, 13115.

* Voy. les nouvelles à la main de la *Mazarine*, 16 août 1776, conformes.

Elle a donc pu connaître la publication de Sarah Goudar et le langage qu'on lui faisait tenir dans cet ouvrage. Elle n'a pas protesté, elle n'a pas fait démentir ce qui lui était attribué : elle a dès lors accepté et confirmé tacitement les passages décisifs que nous avons cités.

Ainsi, Jeanne Bécu n'a pas été chez la Gourdan plus qu'elle n'a été chez la Pâris, ce sont des inventions de gazetier à la main, de libellistes à gages, d'ennemis acharnés et pour tout dire en un mot du parti Choiseul. L'histoire ne doit en parler que pour les démentir et flétrir les auteurs de ces odieuses calomnies.

Nous ferons cependant une dernière observation.

Le sieur Gourdan, mari de Marguerite Stock, avait été capitaine général des fermes ; Rançon, nous le savons, avait fait partie de l'espèce de milice que cette administration entretenait dans Paris. Il pourrait avoir servi sous les ordres de Gourdan, ainsi, se seraient établis entre eux des rapports hiérarchiques, des fréquentations qui expliqueraient comment une confusion a pu s'introduire dans les esprits, on aurait attribué à la belle fille Jeanne Bécu, ce qui était vrai seulement de son beau-père, Nicolas Rançon.

Cette possibilité ne détruit pas du reste, notre démonstration et la conclusion à laquelle nous avons abouti. Jeanne Bécu n'a appartenu ni à la prostitution publique, ni même à la prostitution clandestine.

CHAPITRE VII

MADEMOISELLE BEAUVERNIER OU BEAUVARNIER

(1761-1763)

Nous croyons avoir démontré que Jeanne Bécu n'a point été une prostituée au sens technique du mot, qu'elle n'a pas subi la flétrissure de ce qu'on a justement appelé le Bagne de l'amour. Si ensuite on veut parler, par métaphore, comme madame de Boufflers disant de madame de Pompadour « ce n'est après tout que la première *fille* de France, » nous nous inclinons et ne discutons plus : seulement il faut se rappeler la piquante réponse que madame de Boufflers s'attira de la part de la maréchale de Mirepoix : « ne me forcez pas, madame, de compter jusqu'à trois[1]. » madame de Boufflers, celle *que chacun avait à son tour*, madame d'Etiolles elle-même ne tombait pas assurément sous cette qualification : l'une et l'autre étaient des femmes galantes. Jeanne Bécu n'a pas été autre chose sauf le rang et la qualité. Il y a des degrés et des nuances en ces délicates

---

1. *Mémoires du prince de Ligne*, vol. III, p. 306, éd. Bohné, 1860.

matières. Nous laissons à d'autres le soin d'en dresser la casuistique. On ne pourra jamais empêcher à la malignité de méconnaître les classifications que l'on tenterait de tracer sur cette carte ambiguë, c'est précisément le châtiment de celles qui oublient les devoirs de l'honnêteté, sans avoir l'excuse de la passion ; elles risquent et méritent d'être confondues avec les prêtresses de l'amour vénal.

Nous avons défendu énergiquement madame du Barry contre l'imputation d'avoir été fille publique, nous l'avons fait avec la conscience de rendre hommage à la vérité, par le même sentiment, nous reconnaissons qu'elle a été une femme entretenue dans l'acception la plus étendue de ces mots. Singulière distinction, dira-t-on peut-être, dans laquelle ne peut entrer la morale ; soit, mais cette morale était celle des contemporains, témoin, l'aveu échappé à d'Argenson. « Il n'y a pas de difficulté à rechercher et à détruire les mauvais lieux, mais les filles entretenues, cela est respectable[1]. » C'était aller beaucoup plus loin que nous n'osons le faire et que nous n'en avons besoin. Nous n'écrivons pas une apologie, nous voulons seulement réunir les éléments d'une biographie, l'existence de Jeanne Bécu au moment de ses phases les plus obscures, s'éclaire par l'histoire éternelle que l'abbé Prévost a embellie dans sa *Manon*, que Chevrier a racontée avec un réalisme saisissant dans son *Colporteur*, et qu'a chantée gaiement l'auteur inconnu de la première *Bourbonnaise*.

Nous l'avons laissée ouvrière en boutique, chez Labille, le marchand de modes. Nous nous la figu-

---

1. *Pensées*, n° 767.

rons alors[1], comme une grisette « jolie, friponne, éveillée et qui ne demandoit pas mieux... » Il est aisé d'imaginer les aventures ultérieures dont la liste se déroule. Un abbé de Bonnac ou un colonel de Marcieu, un M. Duval, commis de la marine ou un financier, M. de la Vauvenardière ne serait-ce pas aussi Buffault, le gros marchand de soieries, qui aurait succédé à Labille et exercé les droits du seigneur, sur la jeune apprentie de modes? Faut-il choisir ou les admettre tous ensemble? Il n'importe; elle dut payer le tribut au minotaure, le symbole toujours vrai de l'inexpérience aux prises avec la difformité du vice. Il n'y a pas, dans notre travail, de point plus obscur et plus clair, tout à la fois sur Jeanne Bécu. La petite Lange, la belle fille à Rançon, se transforment un beau jour en mademoiselle *Beauvarnier*, ce changement de nom raconte à lui seul une série de faits restés inconnus, mais trop faciles à comprendre.

Beauvarnier, dit le journal des inspecteurs de police, la plus authentique de toutes les sources, et Senac de Meilhan, répétera plus tard Bauvarnier[2], Guillaume Imbert[3], dit aussi Beauvarnier. Il n'y a là ni erreur ni doute possible. C'est évidemment un nom de fantaisie et d'emprunt, qui n'a pas d'étymologie, pas d'orthographe. Ce n'est pas il est vrai, sous ce nom que madame du Barry sera connue plus tard, elle en a encore changé, cette nouvelle variante marque une modification correspondante dans son exis-

---

1. Suivant le langage naïf d'un vieil auteur.
2. *Caractères et portraits*, p. 23, édit. Dentu, 1813.
3. *La Chronique scandaleuse*, édit. de 1771, vol. V, p. 91.

tence. Mais il nous faut clore ici ce chapitre, qui ne marque dans notre travail biographique, qu'une case vide de faits, quoique pleine de sous-entendus fort intelligibles. Nous ne pouvons sur ce point que nous en rapporter à l'imagination de nos lecteurs.

CHAPITRE VIII

JEAN DU BARRY ET MADEMOISELLE BEAUVARNIER, PUIS DE VAUBERNIER

(1763-1768)

Nous touchons à un moment décisif de l'existence de Jeanne Bécu ; elle va connaître Jean du Barry, c'est un pas fatal vers ses destinées mêlées de fortunes diverses, faveur royale d'abord, disgrâce ensuite, et pour issue commune à elle et à son complice, l'échafaud révolutionnaire.

Comment Jeanne Bécu a-t-elle été mise en rapport avec Jean du Barry et a-t-elle été amenée à partager son existence ? et d'abord quel était-il, quelle était sa famille ?

Il y a deux historiques de ce personnage, l'un dans la généalogie qui se trouve à la fin des *Anecdotes*, l'autre que Jean du Barry a tracée lui-même dans une lettre adressée en 1775 à M. de Malesherbes.

Pidansat de Mayrobert donne à Jean du Barry, pour père, un garde-vigne, et pour oncle, un boucher de village.

Jean du Barry s'arroge, lui, la couronne de comte

et s'intitule gouverneur de Lévignac, Vidame de Chaalons, etc., etc.

La vérité n'est ni d'un côté ni de l'autre, faisons justice de ces exagérations.

Il existait, il existe encore une famille de haute et ancienne noblesse, de ce nom. « Elle datait de 1400, a dit madame Campan; » et elle ne se trompait pas. On lit en effet dans les pièces justificatives de l'histoire de Languedoc, vol. III, p. 110. « En l'an mille *quatre cents* ont prêté foi et hommage à notre Seigneur, le roi des Français, 1° le Sire Jean du Barry, chevalier, pour son château et sa terre de Gourville [1]. » Dom Vaissette l'auteur de cet ouvrage, avait publié son livre dès 1730-1745. Il était mort en 1756. Il n'y avait donc pas de supercherie, pas de complaisances possibles pour la favorite.

Le nom des du Barry reparaît plus d'une fois dans nos annales. La Renaudie, l'un des auteurs de la conspiration d'Amboise était un du Barry, Constance Cezelli, l'une des héroïnes les plus vaillantes de notre histoire était mariée à un du Barry. L'un d'eux avait été mis à la Bastille sous Louis XIV, qui en parle dans ses mémoires [2]; un autre avait inscrit son nom sur les murs de la Bastille, à la date de 1721 [3], compromis sans doute dans l'affaire de Cellamare.

---

1. Chronique tirée d'un manuscrit de MM. de Sabbathier, de la bourgade Toulouse, anno. MCCCC. Juraverunt fidem francorum regi Joannes du Barry, miles pro castro suo et terra de Gourvilla, etc. — Dom Vaissette, *Histoire de Languedoc*, vol. III; *Preuves*, p. 110.

2. Juin 1663, juillet 1666. Voir l'ouvrage de M. Ravaisson sur les papiers de cette prison d'État. On trouve aussi fréquemment des abbesses de ce nom dans la *Gallia Christiana*. Anna du Barry. Comitissa Adela du Barry.

3. V. Prudhomme, I, p. 36.

L'antiquité, la noblesse d'une maison du Barry sont certaines : mais était-ce celle d'où sortait Jean du Barry, dont nous avons à nous occuper?

Disons d'abord que Jean du Barry n'était pas fils d'un garde messier du Languedoc. Nous avons sous les yeux son acte de naissance et de baptême. Il était né du mariage légitime entre Antoine du Barry, capitaine au régiment de l'Isle de France et dame Martine de La Caze [1].

Ici nous suivons un autre document d'une authenticité absolue : L'état de service conservé au ministère de la guerre.

« Noble Antoine du Barry, entré au service en 1702, — en était sorti en 1731, — avec la décoration de chevalier de Saint-Louis. » Il l'avait gagnée sur les champs de bataille les plus sanglants de la fin de Louis XIV. Hochstedt (1704). Le siège de Lille, Malplaquet, Denain (1712), etc.[2]

Antoine du Barry était donc de noblesse militaire, la plus glorieuse de toutes.

Il avait eu trois fils et deux filles [3]. Son troisième fils Nicolas, dit Élie, fut admis à l'École militaire en 1754, et pour y entrer il fallait justifier de sa noblesse pendant quatre générations du côté du père au moins [4].

Il y avait donc eu nécessairement des preuves faites et de la nature la plus sérieuse.

Ajoutons par anticipation que le fils de Jean, dit

---

1. V. à l'appendice.
2. Voy. *Histoire de l'infanterie*, par Suzanne.
3. Peut-être *trois*; nous n'avons pas de certitude à cet égard, et le fait importe peu.
4. Journal de Barbier, V, 12.

Adolphe du Barry, avait été page de la chambre du roi, avant 1765, pour avoir droit à ce titre, des preuves étaient également nécessaires [1], tout cela, longues années avant la faveur de madame du Barry et par conséquent sans qu'elle pût exercer aucune influence sur ces admissions.

De là, cette conclusion que les du Barry, auxquels Jeanne Bécu va s'allier, étaient de la grande famille historique, remontant à 1400 et au delà [2].

Les armoiries étaient les mêmes. D'or ou d'argent à trois jumelles, c'est-à-dire à barres redoublées, il y avait là presque des armes parlantes : un écu barré.

Nous aurons au reste à revenir plusieurs fois et à divers point de vue sur la noblesse des du Barry.

Nous devons dire toutefois et dès maintenant que les du Barry, quoique nobles anciens, n'étaient pas titrés, on verra bientôt les conséquences que nous aurons à tirer de cette constatation.

Jean du Barry, le fils aîné de la famille, était né à Lévignac le 2 septembre 1723. Il ne porta pas les armes et se destina à la carrière diplomatique, c'était

---

1. Ordonnance de 1777. — Conditions pour l'instruction des cadets établis dans l'École militaire, etc. — *Gazette de France*, 1778, p. 73.

2. De Londres, le 13 août 1773. — Les nouvelles d'Irlande portent que Richard Barry, comte de Barry-More, vicomte Beutevant, baron Barry de Barry's-Court, Olethan, Hawne, Capitaine du 9ᵉ régiment de dragons, est mort d'une fièvre violente à la maison de campagne de lord Willers... Il était né au mois d'octobre 1745. Il avait succédé à son père James, le cinquième comte de ce nom, en décembre 1751. Le 16 avril 1767, il avait épousé lady Amélie Stanhope, troisième fille de Guillaume, comte de Harrington. (*Gazette de France* du 30 août 1773.)

un homme de moyens remarquables, il était fort spirituel au témoignage du prince de Ligne, bon garant en pareille matière. Il avait épousé le 8 décembre 1748, par conséquent à l'âge de 25 ans, Catherine Ursule Dalmas de Vernongrèse, belle et honnête personne qui ne trempa jamais dans les hontes de son mari. En 1750, Jean quitta sa femme avec laquelle il n'avait demeuré que bien peu de temps à Toulouse et il vint à Paris. Ses mobiles auraient été l'attrait du plaisir et l'étude des beaux arts. Il aurait été introduit, toujours suivant lui, auprès des princes et dans la meilleure Compagnie, par une dame de Malause[1]. Peut-être même le besoin d'améliorer sa fortune et son goût naturel lui inspirèrent l'idée d'entrer dans la diplomatie il le dit lui-même. L'auteur des *Anecdotes* était donc bien informé quand il le représente, affectant de s'attacher à la politique, d'étudier les intérêts des princes du nord et d'être au fait de ce qu'on appelle les affaires étrangères[2].

Quatre années s'écoulent, il a su se concilier la protection du duc de Duras, qui le recommande à M. Rouillé, alors secrétaire d'État au département des affaires étrangères. Celui-ci l'envoie voyager dans les cours d'Allemagne. Il allait être employé dans les cercles de Franconie, lorsque M. Rouillé fut remplacé au ministère par l'abbé de Bernis[3]. Ce galant prélat aurait

---

1. Il y avait une branche de Bourbons qui portait ce nom. (V. Dussieux, *Généalogie de Bourbon*, p. 69.) Ces Bourbons prennent le titre de comte, de marquis de La Caze, et Jean avait pour mère une de La Caze? Y avait-il alliance? Il n'en dit rien.
2. *Anecdotes*, p. 200.
3. 2 février 1757.

accueilli favorablement le solliciteur qui devait lui aussi parcourir la carrière de la diplomatie d'alcôve, il lui fit concevoir beaucoup d'espérances ; mais il tombait du ministère avant d'avoir pu les réaliser, et il avait pour successeur le duc de Choiseul [1]. Le duc allait donc se trouver une première fois en face de Jean du Barry. M. de Besenval nous apprend que le duc de Choiseul, portait dans ses refus de la sécheresse et de la dureté, c'est ce qui eut lieu ici : il déclara sans détour à Jean du Barry qu'il avait plusieurs personnes à placer avant lui et celui-ci, comprenant ce langage, se retira. Il eut recours alors à d'autres expédients. M. Berryer, ministre de la marine, M. de Belle-Isle, ministre de la guerre, lui donnèrent accès dans les fournitures des flottes et des armées, sa fortune ébranlée par plusieurs années de séjour à Paris, se releva ; à la paix, en 1762-1763, elle était considérable, s'il faut l'en croire. Elle s'accrut encore par l'intérêt qu'il obtint dans les vivres de Corse, probablement par la protection de M. le duc de Duras, premier gentilhomme de la chambre, connu par sa serviabilité excessive [2].

Voici le portrait de Jean du Barry, tracé de la main d'un adversaire qui paraît l'avoir bien connu : « Ses qualités distinctives pour se pousser dans le monde, étoient une physionomie fine, un accent gascon, et des reparties heureuses; talents auxquels il joignoit le plumet blanc et les talons rouges. Il faisoit d'assez mauvais vers ; mais si sa verve n'était pas féconde, il avait en revanche une imagination vive pour cette

1. 1er novembre 1758.
2. Besenval, *Mémoires*, t. Ier, p. 258.

sorte d'intrigue où la duplicité supplée au génie[1]. »

Ce portrait est bien saisi et plus instructif que toutes les caricatures grossières, injurieuses des libellistes. On voit ici du Barry représenté au naturel, il a des dehors séduisants, la mise d'un seigneur, la physionomie fine, la repartie vive et heureuse[2]. Il fait au besoin des vers, probablement des bouquets à Chloris plus ou moins fades suivant la mode du temps, mais où il excelle, c'est dans l'intrigue, c'est à se pousser par la duplicité, les faux-semblant. Ce sont là ses voies, ses qualités distinctives, son génie plus ou moins pervers, si tant est qu'on puisse prononcer ce mot en pareil cas.

Quelque ressemblante que soit cette peinture, elle n'est pas complète, elle laisse dans l'ombre un côté intéressant du modèle, un des attributs qui lui ont valu un surnom auquel il doit la flétrissure de l'immortalité.

On lit dans les Mémoires de madame du Hausset

---

1. Procès avec la comtesse de Tournon. Amsterdam, 1781, p. 4.
2. On cite un mot de lui qui pourrait donner une idée de son genre d'esprit. Un jour qu'aux eaux de Spa, ce lieu que Rivarol nomma plus tard le Café de l'Europe, du Barry tenait la banque et veillait de fort près à n'être point dupe, comme c'est l'usage dans ces lieux publics, où il se glisse beaucoup de fripons, il parut témoigner quelque défiance à madame l'électrice douairière de Saxe, qui se trouvait au nombre des joueurs. Cette princesse en témoigna sa surprise : « Mille pardons, madame, s'écria le comte, mes soupçons ne peuvent porter sur vous; vous autres, souverains, vous ne trichez que pour des couronnes. » (Anecdotes, 1776, p. 235.)
Ici nous n'avons d'autre caution que l'auteur des Anecdotes, qui nous est toujours suspect. Il trouve cette réponse très insolente. Ce que nous ne comprenons pas, comme lui, il n'y avait pas là d'insolence. Andrieux dira plus tard. « On respecte un moulin, on vole une province. » Mais du Barry a-t-il parlé sur ce ton à une princesse? Il était plutôt plat valet que hardi frondeur.

un passage fort curieux, s'il n'a pas été ajouté après coup. Il est parlé de du Barry dès le temps de madame de Pompadour.

« J'avois été un jour, dit madame du Hausset, à la comédie de la ville de Compiègne, et Madame ayant fait des questions sur la pièce, me demanda s'il y avoit beaucoup de monde et si je n'avois pas vu une belle demoiselle. Je lui répondis qu'effectivement dans la loge, près de la mienne, il y avoit une jeune personne qui étoit entourée de tous les jeunes gens de la cour. Elle sourit et me dit : « C'est mademoiselle Dorothée; elle a été ce soir au souper du Roi[1] et ira demain à la chasse. Vous êtes étonnée de me voir si instruite, et j'en sais encore plus. Elle a été amenée ici par un Gascon qu'on appelle du Barré ou du Barri, qui est le plus mauvais sujet qu'il y ait en France. Il fonde ses espérances sur les charmes de mademoiselle Dorothée, auxquels il ne croit pas que puisse résister le Roi. Elle est effectivement très belle. On me l'a fait voir dans mon jardin, où on l'avoit fait venir sous prétexte de se promener. C'est la fille d'un porteur d'eau de Strasbourg, et son cher amant pour début *demande à être ministre à Cologne...* »

Madame du Hausset a écrit, comme elle a dit elle-même, *sans ordre ni date*[2]. Cependant nous croyons pouvoir rapporter le passage à 1757. Il nous paraît certainement antérieur au crime de Damiens, et contemporain de l'entrée de M. de Bernis au ministère. Du Barry avait trente-six ans.

Madame de Pompadour qui ne connaissait pas Jean du Barry et ignorait qu'il eût fait ses premières

---

1. *Mémoires de Madame du Hausset*, p. 119.
2. *Id.*, p. 119.

armes dans les *cercles de Franconie*, s'étonnait qu'il pût aspirer de prime saut à être ministre d'un grand électorat. Mais nous qui savons les ambitions primitives du gentilhomme de Lévignac, nous retrouvons bien notre homme, mêlant à ses spéculations galantes des visées diplomatiques.

Nous allons le voir figurer dans les rapports de police sur les femmes galantes, 1759-1760, et à côté des noms les plus infamants.

P. 441. — La Gourdan a envoyé, à huit heures du soir, la demoiselle Martin chez M. le comte du Barry, qui l'a présentée à M. le maréchal de Richelieu, et il les a laissés ensemble dans sa chambre. M. du Barry lui a dit : « Toutes les fois que vous aurez besoin de 50 louis, vous pouvez les envoyer prendre chez moi ou chez M. le Maréchal. » M. le Maréchal lui a promis d'aller lui rendre des visites fréquentes. — (Tiré de la collection de M. Bouilly[1].)

Du Barry nous apparaît ici en compagnie de la Gourdan. Il est le complaisant du maréchal de Richelieu ; il lui prête son appartement et se met généreusement pour l'avenir à la disposition de la demoiselle Martin en lui permettant de tirer à vue sur lui. Celle-ci aurait été ou serait devenue figurante dans les ballets de l'Opéra[2].

Si nous ne nous trompons, ce passage a un sens plus ironique que sérieux. Il veut dire que du Barry a trompé le maréchal de Richelieu et l'a joué en lui faisant accepter une pensionnaire de la Gourdan pour une primeur digne du plus haut prix. Il est sous-

---

1. V. *Revue rétrospective*, 2ᵉ série, juillet-septembre 1835.
2. *Journal de Sartine*, 1ᵉʳ janvier 1762.

entendu que le maréchal n'a pas su d'où sortait la demoiselle Martin : sans cela il ne l'aurait pas payée cinquante louis (deux mille quatre cents francs) pour chaque visite et ne lui aurait pas ouvert un crédit illimité, dont Jean du Barry devait être remboursé avec usure s'il faisait les avances. Du Barry aurait donc joué un rôle doublement honteux, d'abord en ce qu'il aurait servi d'intermédiaire auprès du maréchal, ensuite en ce qu'il aurait trompé M. de Richelieu sur la nature de la personne vendue. Telle est notre interprétation, elle suppose que la demoiselle Martin n'est pas encore entrée à l'Opéra. Si déjà elle y eût été connue, le maréchal n'aurait pas eu besoin des bons offices de du Barry, encore moins de la Gourdan pour se mettre en communication avec une fille de théâtre. Le sens vrai de cette nouvelle recueillie par Marais ou l'un de ses collaborateurs, serait donc que le maréchal aurait été dupé en ce qu'il aurait cru devoir une conquête difficile à du Barry, tandis qu'il n'avait triomphé en réalité que d'une vertu mercenaire.

L'anecdote du rapport de police nous montre du Barry se poussant auprès du maréchal de Richelieu et cherchant à gagner sa faveur à tout prix.

Elle nous le fait voir en outre en rapport de complicité avec la Gourdan et tramant de concert une sorte d'escroquerie. Il la connaissait donc bien et elle ne pouvait le tromper, comment croire qu'elle lui eût présenté mademoiselle Beauvarnier comme une novice, si elle n'avait été qu'une prostituée vulgaire inscrite depuis longtemps sur ses livres de police. C'est un argument à ajouter à ceux que nous avons précédemment énumérés en faveur de cette thèse.

Le 25 septembre 1761, le journal de M. de Sartine nous parle encore de M. du Barry, à propos de mademoiselle Beauvoisin, « jeune personne très aimable demeurant rue Saint-Honoré, bureau des Coches-Saint-Germain. » Un sieur Collet fils, dit-il, intéressé dans les fourrages de l'armée, vient de s'embarquer (sic) avec elle. Précédemment, elle avait été *chambrée*[1] et entretenue par le sieur du Barry. Le sieur Collet n'a qu'à se bien tenir, car comme elle voit toujours secrètement du Barry, les conseils ne lui manqueront pas pour le faire aller grand train du côté de la monnaie.

Chambrer, mot qui n'est plus usité aujourd'hui, impliquait une idée de violence ou de séduction. Du Barry ne prenait pas les gens de force, mais il avait l'art de les circonvenir par adresse. C'est probablement ce que veulent dire les rédacteurs du journal de M. de Sartine, qui emploient assez volontiers ce mot digne de leur vocabulaire et l'appliquent notamment à du Barry[2]. Il s'entend donc à séduire par artifice : c'est là une de ses spécialités. Il a un autre talent encore moins honorable et qui va se dessiner de plus en plus. Dans ce premier tableau il ne joue encore que le rôle de conseiller. C'est déjà trop ; car on entrevoit par derrière une tendance à un fort vilain métier.

En 1762, nous le savons, du Barry rebuté par M. de Choiseul ne rêve plus aux ambassades. Il devient

---

1. On dit chambrer quelqu'un pour dire « le tenir enfermé par une sorte de violence ou de séduction... » Chambrer devient alors un verbe actif. Il n'est plus usité de nos jours. On le trouve dans les *Lettres d'une jeune veuve*.
2. Voy. *infrà*, p. 77.

fournisseur de la marine et de la guerre, mais les affaires sont menées de front avec les plaisirs. Il hante la petite maison où le marquis de Duras vit enterré auprès de la demoiselle Montansier. Du Barry y conduit sa maîtresse, la demoiselle Beauvoisin, avec laquelle il est encore, il s'y rassemble des hommes de la meilleure société ; on joue et la surveillance de la police s'éveille [1].

Bientôt il passe à une nouvelle conquête ou plutôt à de nouvelles intrigues, qui appellent l'attention des inspecteurs de police et lui valent l'honneur de figurer longuement dans leurs rapports.

« En septembre 1762, il donne des meubles à une demoiselle Sophie Tricot, âgée de dix-huit ans, et *fille de boutique* chez une dame Maillet, marchande de modes, rue Saint-Honoré, près celle de Grenelle. Il a confié le soin et la garde de cette demoiselle à la nommée Pilet, ci-devant prêteuse sur gages et marchande à la toilette, demeurant rue Montmartre, au *Cadran bleu*, à qui il paie pension pour elle. Cette femme assure que le comte lui a fait entendre que cette demoiselle est sa fille adultérine, que ses père et mère sont morts, et que devant incessamment recevoir une somme considérable, il l'établira. Il a refusé, dit-il, de la donner à un jeune avocat, habitué chez madame Maillet, qui la recherchait en mariage.

« Il y a lieu de croire qu'avec ses beaux propos il *chambre* la Pilet, qui, par elle-même, est une bavarde dont il se sert pour l'instant. C'est une jolie maîtresse de plus et qu'il produira sans doute par la suite à quelques seigneurs, comme il a fait des précédentes. »

On voit ici le caractère de du Barry s'accentuer :

---

1. Voy. *Journal de Sartine*, à la date du 1er janvier 1762, p. 85.

on voit aussi se dérouler toutes ses menées, toutes ses trames auprès de la Pilet ; il se fait passer pour un tendre père qui veut racheter une faute passée et doter richement sa fille adultérine. Mais il *chambre* la prêteuse sur gages, c'est-à-dire il la trompe, et cette prétendue fille qu'il lui donne à garder n'est qu'une maîtresse de plus à porter sur la liste de ses victimes !

Voici maintenant ce qu'il y a de grave dans le fond de l'aventure. Ce n'est pas seulement la séduction d'une jeune fille mineure, c'est bien plutôt le parti qu'il se propose d'en tirer. Il veut en trafiquer avec quelques seigneurs, comme il *a fait des précédentes*, c'est là qu'est, suivant nous, le comble de l'infamie.

Plus tard, il séduira encore une autre jeune fille, Thérèse Banti, en lui promettant le mariage. Mais il est marié déjà ? Qu'à cela ne tienne, il promet le mariage *à célébrer après la mort avenant de sa* femme, et il en donne à la jeune fille un acte en bonne forme [1].

Tel est Jean du Barry, non pas en caricature, non sur des phrases ou des allégations de pamphlétaires, mais peint à vif par les révélations de pièces authentiques, portant sur des faits certains, réitérés, s'expliquant l'un par l'autre et justifiant ce surnom de *roué* qui lui fut donné par la notoriété publique. De son temps, il n'y avait plus de *roués* depuis la régence [2] ; ce qui lui valut la résurrection de cette locu-

---

1. *Arch. nat.* Papiers des commissaires au Châtelet.
2.   LE ROUÉ.
  Avant tout le lecteur saura
  Qu'en mil sept cent, et cœtera,

tion surannée, ce sont probablement ces finesses cauteleuses, ces déguisements sous des titres respectables de ce qui n'était au fond que des actes de débauche et même de proxénétisme.

Du Barry, n'était pas, comme le disent ses ennemis, un entremetteur vulgaire, un libertin cynique, un escroc grossier, c'est un séducteur de profession qui a de la naissance, des amitiés recommandables, des habitudes de diplomatie, et qui excelle à décorer d'apparences trompeuses les machinations les moins avouables, à sauver à l'aide d'un esprit plein de ressources les situations les plus compromettantes.

Si l'on veut le connaître encore plus à fond, il faut lire ses lettres, on en possède beaucoup [1], on croirait entendre le langage quintessencié des héros de Crébillon le jeune. Suivant les maximes du maître, « il prend les femmes comme il faut qu'elles soient attaquées pour qu'elles se rendent. »

> Ce terme échappé de la Grève,
> Dans le beau monde se montra.
> Le Tribunal de l'Opéra,
> D'où la langue aujourd'hui relève,
> S'assembla
> Et jugea
> Ce mot-là
> Digne d'être
> Un synonyme à petit-maître.
>
> Or, les Roués communément
> Ont tous un cœur de diamant.
> Qui dit Roué ne dit, je pense,
> Ni bon ami, ni tendre amant.
> . . . .
>
> De Piis.
> (*Étrennes lyriques*, 1781, p. 59.)

[1]. V. à l'appendice.

Il manie avec dextérité, tour à tour la flatterie et le langage de l'intérêt. Son style fait penser au chasseur qui sait attirer et fasciner les oisillons des champs avant de les prendre dans son lacet. Sa parole ne devait pas avoir moins de mirages.

Ainsi chacun de nos acteurs est connu et prêt à entrer en scène, comment s'est liée l'intrigue de la pièce ?

D'après le livre des *Anecdotes*, la rencontre aurait eu lieu chez une prétendue marquise Duquesnoy, qui tenait une Académie et avait soin de s'entourer de jeunes et jolies femmes pour attirer des joueurs. Nous n'avons sur ce point d'autre preuve que la vraisemblance du fait qui n'a par lui-même rien d'inadmissible.

Jeanne Bécu avait dès lors quitté son nom de famille pour prendre un nom de contrebande, elle appartenait donc déjà au demi-monde du temps, rien de plus naturel que de la rencontrer, quoique encore inconnue, dans ces salons suspects.

Ceci reste toutefois dans le domaine de la conjecture, mais ici commence l'histoire avec une pièce authentique.

Interrogée judiciairement, la dame Rançon[1], a répondu « qu'en 1763, le comte du Barry, demeurant alors rue Neuve-Saint-Eustache, a fait faire à elle et son mari, des fournitures de meubles, que ce mobilier a été payé par le dit comte et la dame sa fille, et qu'il garnit encore la majeure partie de son logement[2]. »

---

1. Mère de madame du Barry.
2. V. à l'appendice.

Rançon fait des déclarations conformes : Il en résulte clairement qu'un marché honteux a été passé entre les parents de Jeanne et le sieur du Barry ; ils abdiquent leur indépendance et vont vivre pêle-mêle avec l'homme qui entretient publiquement leur fille : ils reçoivent le prix du déshonneur de leur propre enfant : *pretium stupri :* rien n'est plus cynique, plus affligeant que ce spectacle.

Voyons comment du Barry s'y prendra pour masquer une pareille situation.

Il parle d'abord de la santé chancelante de son fils, de la nécessité de se renfermer dans un cercle étroit de connaissances pour veiller à son éducation, puis il ajoute ; « ce fut alors que je priai madame Rançon et sa fille, mademoiselle de Vaubernier, de veiller sur la tenue de ma maison et d'en faire les honneurs, ce qu'elles firent pendant plusieurs années, avec attention et intelligence [1]. »

On voit par quels habiles détours du Barry en arrive à ses fins ; la dame Rançon devient une dame de compagnie, chargée *de faire les honneurs de la maison* de M. le comte, quels honneurs, quoi de plus honnête et d'apparence plus décente ? et mademoiselle Vaubernier… elle est sans doute l'institutrice de son fils qui sortait des pages et dont la santé chancelante avait besoin d'être surveillée de près. Il ne pouvait être en meilleures mains pour se rétablir. Quant à Rançon, il est envoyé à point, *receveur* des gabelles à Fresnay [2], dans le *Maine*.

Il semble que tout soit au mieux dans cet intérieur.

---

1. Lettre à M. de Malesherbes, à l'appendice.
2. V. aussi à l'appendice son Interrogatoire et Lettre.

Cependant l'œil vigilant des inspecteurs de police ne s'y trompe pas : et dans le journal qu'ils rédigent pour M. de Sartine, ils signalent à la date du 14 décembre 1764, l'apparition au théâtre, « D'UNE JEUNE PERSONNE DE DIX-NEUF ANS, GRANDE, BIEN FAITE, L'AIR NOBLE ET DE LA PLUS JOLIE FIGURE, c'est, disent-il, LA DEMOISELLE BEAUVARNIER (sic), la MAITRESSE DE DU BARRY, *qui la produit en loge aux Italiens* [1], » on jouait alors *Ulysse dans l'île de Circé*, ballet sérieux et héroïque, par le sieur Pitrot, l'aîné [2]; ainsi, Jeanne Bécu est déjà connue pour être la maîtresse de du Barry, malgré toutes les fourberies de cet honnête personnage. Dès lors, quel est le rôle de la mère, qui assiste de si près au déshonneur de sa fille ? Nous rougirions de prononcer le mot et, pour Jeanne elle-même, est-ce une excuse ou une aggravation de honte ? Nous laissons au lecteur le soin de décider la question. Déjà aussi Jeanne Bécu porte un nom qui n'est pas le sien, c'est ce qui nous a autorisé à écrire notre chapitre VII, qui n'est composé que de ce seul nom [3], ce nom se trouve dans le journal de Sartine, dans Senac de Meilhan et dans la *Chronique scandaleuse* d'Imbert, il est donc certain, et pourtant il changera de forme avant de recevoir sa perfection définitive.

Le croquis tracé en deux coups de plume est tout un portrait de Jeanne Beauvarnier, d'autant plus précieux qu'il est le premier que nous connaissons, il date d'une époque où nulle controverse ne s'était

---

1. Le théâtre de l'Opéra-Comique du temps.
2. Les *Spectacles de Paris*, 1765.
3. V. ci-dessus, p. 61.

élevée sur une femme encore inconnue, par conséquent il est impartial et sincère.

Marais ou celui de ses acolytes qui l'a remplacé, sort de la monotonie habituelle de son style. Il se surpasse sans le vouloir, et l'on sent que l'impression qu'il a reçue a été vive, il la traduit de manière à donner une idée exacte de l'image qu'il veut rendre. On voit Jeanne Beauvarnier, telle que nous l'admirons dans le portrait du prince de Ligne, fin comme une miniature[1], et telle que nous la retrouverons dans l'excellente esquisse de l'abbé Georgel, dans la grande peinture de Mirabeau, un chef-d'œuvre[2] : Belle de corps et de la plus jolie figure.

Nous demandons la permission de relever encore ces expressions.

« Une jeune personne de dix-neuf ans, L'AIR NOBLE, etc. »

Est-ce là le langage qu'emploierait un agent de police pour parler d'une fille publique qui aurait traîné dans les rues sur le *haut trottoir*, et sortirait de chez la Gourdan ? c'est pourtant ce qu'il faudrait admettre si l'on en croyait M. de Choiseul, qui la représente comme une *raccrocheuse* avérée, tel est le terme ignoble dont il se sert et qu'il répète à satiété. Certes ce n'est pas par l'urbanité que brillent les rédacteurs du journal de M. de Sartine, et s'ils avaient eu à décrire une prostituée couverte de la

---

1. « Elle est grande, bien faite, blonde à ravir, front dégagé, beaux yeux, sourcils à l'avenant, visage ovale avec de petits signes sur les joues pour le rendre piquant comme pas d'autres, nez aquilin, bouche au rire leste, peau fine, poitrine à contrarier la mode, en conseillant à beaucoup de gorges de se mettre à l'abri d'une comparaison. »

2. Vid. *infrà*.

fange du ruisseau, ils n'auraient pas été assez maladroits pour parler de son air noble ni de ses dix-neuf ans.

La fin de notre passage prouve qu'ils n'abusaient pas de l'éloge et qu'ils retombaient bien vite dans les habitudes de leur vocabulaire de mauvais goût.

« Certainement, disent-ils, le sieur du Barry cherche à la *brocanter* avantageusement, quand il a commencé à se lasser d'une femme, il en a toujours usé de même, mais aussi il faut convenir qu'il est connaisseur et que sa marchandise est toujours de débit. »

Certes il est impossible de trouver des termes plus crus, plus avilissants. Ceux qui s'exprimaient ainsi n'auraient pas félicité du Barry sur sa *marchandise*, si elle avait été frelatée et empruntée au lupanar le plus connu de la capitale. Ils l'auraient au contraire raillé, vilipendé, traité enfin comme il méritait de l'être. « Le sieur du Barry est tombé bien bas, auraient-ils dit; lui, qui avait produit de si jolies femmes, la Dorothée, la Beauvoisin, etc... est allé chercher une vestale de la Gourdan, il se montre en loge et vit avec elle, bien plus il veut la brocanter... et prétend faire prendre pour une nouveauté sa marchandise de rebut. » Loin de là ! Ils ne décernent à du Barry que des éloges sur le bonheur de ses découvertes. Leurs compliments au Roué sont pour Jeanne, non-pas un brevet d'innocence, mais un certificat de non inscription au grand-livre des filles publiques.

Nous avons ainsi des notions aussi précises que certaines sur les commencements de la liaison qui s'établit entre les deux acteurs principaux de notre drame.

En 1763, ils vivent ensemble rue Neuve-Saint-Eustache dans l'hôtel du financier Certain, et ensuite rue de la Jussienne. Certain demeurait au n° 28, on voit encore les restes de l'édifice.

Jean du Barry avait la réputation d'être libéral envers les femmes « qui toutes étaient déclarées pour lui [1]. » Grand amateur de peinture, il traitait ses maîtresses comme ses tableaux et les « couvroit d'or et de diamans [2]. » C'était là précisément le faible de mademoiselle Jeanne Bécu : elle a toujours poussé l'amour des pierreries jusqu'à la passion, jusqu'au *pica*.

Pendant qu'elle était honorée de la faveur royale, elle avait rassemblé un immense trésor de bijoux de toute espèce. Quand les mauvais jours seront venus, elle mourra plutôt que de renoncer à une partie de ses richesses qu'on lui avait volées. Elle eut donc des parures, des toilettes brillantes, un équipage [3]. Elle prenait publiquement le nom, les armes, le titre de comtesse du Barry. Elle modifia aussi pour la troisième fois son propre nom. Beauvarnier sentait trop la fille de théâtre et l'arrangement de convention. Elle signa Jeanne de Vaubernier, nom très réel d'une famille honorable de la province de X... Mademoiselle Jeanne Bécu prend le nom de Vaubernier existant encore aux environs de N... Cette rectification était-

---

1. *La Police dévoilée*, tome Ier, p. 231.
2. Comme c'était déjà la mode alors.
« La mode veut aujourd'hui que les courtisanes soient payées plus cher, qu'elles représentent, qu'elles soient chargées de diamants, qu'elles aient de beaux carrosses et des maisons décentes et bien meublées. » (D'Argenson, 1754, tome VIII, p. 378.)
3. M. de Choiseul dit aussi que du Barry lui avait fait prendre son nom, un équipage brillant et des laquais galonnés. (*Mém. inéd.*, p. 10 du M.)

elle due aux conseils de Jean du Barry? Il était capable de tout, même d'érudition, pour parer son existence véreuse de beaux dehors héraldiques. Nous verrons bientôt comparoir dans un acte public et authentique « dame Jeanne de Vaubernier[1], épouse de messire Jean comte du Barry. » Elle a voiture. Une comtesse ne pouvait pas décemment mettre le pied dans la rue ; aussi, a dit une personne qui la connaissait intimement, elle ne sortait jamais qu'en voiture, « toujours accompagnée de deux enfans qui n'étoient pas les siens et qu'elle tenoit dans la plus grande décence au témoignage de tous les fournisseurs où elle alloit[2]. » Si ces enfants n'étaient pas ceux de Jeanne Vaubernier, ils n'appartenaient pas davantage à Jean du Barry, lequel n'avait qu'un fils âgé alors de quinze ans. On pourrait voir dans cette habitude un moyen de se donner une contenance ou un porte-respect ; mais nous verrons que Jeanne Vaubernier, qui ne paraît pas avoir eu d'enfants elle-même, aimait beaucoup ceux des autres et en était toujours entourée. C'est un trait de son caractère dont il faut prendre note.

1. A Vaucouleurs, les anciens du pays se mettaient en colère quand ils entendaient appeler madame du Barry mademoiselle de Vaubernier. Ils disaient que ce nom ne lui avait jamais appartenu, qu'elle s'appelait *Cantigny*. (Tradition locale).
2. *Les Illustres victimes*, p. 38.

CHAPITRE IX

AMITIÉS CONNUES DE MADEMOISELLE BEAUVARNIER. — LA SOI-DISANT COMTESSE LA RENA. — LORD MARCH, DUC DE QUEENS-BERRY. — MADEMOISELLE LEGRAND.

(1763-1768)

La connaissance du monde au milieu duquel Jeanne Vaubernier a vécu à cette époque offre un grand intérêt pour nous, en ce qu'il nous permet de tracer indirectement sa biographie psychologique. Nous avons donc recueilli, avec un soin tout particulier, les documents qu'il nous a été possible de trouver en ce genre. La continuation du journal de M. de Sartine, encore inédite au moment de l'incendie de l'Hôtel de Ville et aujourd'hui brûlée, nous avait fourni un renseignement curieux, que nous nous estimons heureux d'avoir soustrait aux flammes.

En voici le texte :

« A l'hôtel du Pérou, rue Jacob, demeure une Italienne, qui se fait appeler madame la comtesse La Rena. Elle est en effet mariée soy-disant avec un homme de condition, qui ne vit pas avec elle, mais elle ne peut être considérée que comme une femme galante. Elle jouit d'environ 25,000 livres de rente que ses galanteries luy ont procurées et notamment avec milord Marche (sic) qui avoit conçu pour elle une si forte passion qu'il avoit vécu avec elle sept ans en Angleterre...

« *Elle est liée à Paris très particulièrement* avec la demoiselle Beauvernier, maîtresse du sieur du Barry[1]... »

Lord March, dont le nom est ici mal orthographié, est un personnage connu dans les annales galantes de l'Angleterre au dix-huitième siècle ; on le retrouve souvent dans les correspondances publiées d'Horace Walpole et de George Selwyn[2]. Il en est de même de la comtesse La Rena qui figure aussi fréquemment dans ces lettres. En les étudiant attentivement nous avons eu la satisfaction d'y rencontrer le nom de du Barry, ce qui a confirmé l'exactitude du document à nous transmis par les annales des inspecteurs de police.

Il y avait à la même époque plusieurs comtes de March. Charles Gordon Lennox, duc de Richmond et ministre plénipotentiaire auprès de la cour de France en 1765, portait le titre de *Earl of March*, mais ce n'était pas le nôtre. L'ambassadeur était de la famille des Marches d'Angleterre, *of the English Marches*, tandis qu'il y avait un autre titre écossais porté par celui qui va nous occuper[3]. Il s'appelait William

---

1. Bibliothèque de l'Hôtel de Ville. *État des femmes et filles galantes*, Fond de Chalabre.

2. George Selwyn and his Contemporaries by John Henedge Jesse. London, 1843.

3. William, 3ᵈ Earl of March as 4th Duke, his grace was created an English Peer, 21 August. 1786 by the Title of baron Douglas of Amesbury and installed a Knight of the Thistle. 60 He d. in 1810 aged 85, when the English barony conferred

Douglas, né en 1730, il était troisième comte de March, il devint plus tard duc de Queensberry (1778). Il avait été un des gentilshommes les plus raffinés de son temps. C'était un roi de la mode, à la manière des Yarmouth et des Brummel, ses successeurs médiats. Passionné pour toutes les élégances de la vie, les courses, le jeu, les femmes formaient son occupation constante. Ses équipages et sa toilette servaient de modèles à une foule d'admirateurs empressés à le suivre. Sportsman accompli il ne trouvait pas d'égal parmi les jockeys et montait toujours ses propres chevaux. On pense bien qu'un tel homme, connaisseur en toutes choses et dédaigneux de ce qui n'était pas le suprême bon ton, ne devait pas se contenter pour maîtresses, des premières venues. Parmi ses nombreuses conquêtes, chanteuses, danseuses, femmes de théâtre, une Italienne, belle et spirituelle, sut le captiver plus longtemps et plus fortement que les autres. Il en est souvent question dans les correspondances dont nous avons parlé. « J'ai pour elle, écrit-il, une amitié, une affection véritables, je lui ai toujours donné et lui donnerai toujours des témoignages de considération et de respect[1]. Pour rien au monde, je ne voudrais lui causer la moindre mortifi-

---

upon himself and the Scottisly Earldom expired. The earldom of March and inferior dignity passed to the Earl of Westminster, etc., B. Burke.

1. Novembre 1766. — Le 7 décembre 1764, le comte d'Hertford écrit de Paris à Horace Walpole : « Je n'ai jamais entendu dire que milord March ait eu l'intention de se marier. On m'a bien conté qu'il a eu une liaison comme il faut (a genteel passion) ici... Il n'y a aucun danger qu'il s'attache d'une manière compromettante à cette dame, car elle est femme mariée. »

cation, car en vérité je l'aime beaucoup[1], » c'est ce que le comte de Hertford appelait, a genteel passion, une liaison de bon goût[2]. Il ajoutait : « il n'y a aucun danger que lord March s'attache d'une manière compromettante à cette dame, car elle est femme mariée. » Ce passage s'accorde donc en tous points avec le journal de Sartine.

Ces deux sources d'information, d'origines si diverses, se rencontrent encore sur une autre circonstance. « Jeanne Vaubernier, dit le *Journal des inspecteurs*, était particulièrement liée avec la comtesse La Rena. »

Nous en trouvons la contre-preuve dans la correspondance de milord March avec son ami Selwyn. Il lui écrit le 3 décembre 1766 : J'ai reçu une lettre de la Jondina[3], elle me dit qu'elle n'a jamais si bien passé son temps à Paris, qu'à présent, « *M. du Barry est un homme charmant et nous donne des bals avec des princesses.* »

Voici donc le nom de du Barry prononcé de l'autre côté du détroit alors qu'il est à peine connu en France, et, chose étrange, il est prononcé à Londres comme à Paris, c'est-à-dire d'une manière favorable, il est vrai que c'est par les femmes et quelles femmes, dira-t-on, des princesses du monde galant ! Mais ne sont-elles pas aussi, en pareil cas, les juges les plus sévères ? quelquefois même les appréciateurs les plus compétents.

Jeanne Vaubernier n'est pas encore mentionnée.

---

1. Autre lettre de la même date.
2. Lettre du 7 décembre 1764, ci-dessus.
3. Surnom de madame La Rena.

Cependant nous savons par le *Journal des inspecteurs* qu'elle est connue « pour être particulièrement liée avec la comtesse La Rena. » Cela aurait suffi pour permettre d'en conclure que Jeanne avait dû vivre dans la société intime de lord March. Mais nous n'avons pas seulement une induction. Nous trouvons de nombreuses preuves directes dans la correspondance d'Horace Walpole.

Plus tard, en 1791, H. Walpole raconte une réception à Queensberry-House. Madame la comtesse Amélie de Boufflers joue de la harpe, la princesse Castel-Cicala danse un pas de caractère avec son mari, il ajoute : « *madame du Barry y assistoit aussi*, j'eus une très longue conversation avec elle sur le feu duc de Choiseul, etc., etc... Or le duc de Queensberry était le même personnage que le comte de March de 1760, on l'appelait alors *old Duke even green*, le vieux duc toujours vert. » Plus tard, le vieux Queensberry présente madame du Barry au roi d'Angleterre sur la terrasse de Windsor. Nous verrons ce qu'il en advint. M. de Brissac parle dans sa correspondance de milord Queensberry. Nous ne voulons quant à présent que constater l'identité existant entre les deux personnages.

Cette correspondance nous permet d'apprécier la comtesse La Rena, du *Journal de Sartine*. C'est une femme galante, sans doute, mais il en est de tant de sortes ! Celle-là ne soulève pas l'indignation ni le dégoût du comte d'Hertford, un grand seigneur anglais; au contraire, la liaison avec cette femme est qualifiée d'une manière indulgente : *a genteel passion;* c'est, il est vrai, une liaison sans importance, mais aussi de nature à ne pas compromettre lord March. Les conséquences qui s'en déduisent en faveur de Jeanne Vaubernier, sont faciles à comprendre. Ni lord March, ni la fausse comtesse La Rena elle-même, n'auraient fréquenté une femme grossière en parole et de mauvais ton, comme celle qu'il était convenu de représenter dans Jeanne Vaubernier. En pareil cas, les femmes les plus vulnérables pour elles-mêmes, sont peut-être les plus intolérantes pour les autres.

Madame la comtesse La Rena, honorée des bontés d'un roi de la mode, à Londres, se serait-elle affichée avec une fille de Paris, vulgaire dans ses propos et abjecte dans ses mœurs?

Une autre amitié que l'on connaît à Jeanne Vaubernier pendant cette période de sa vie est celle d'une demoiselle Legrand, que Du Mouriez, dans ses Mémoires, ne craint pas de comparer à *Ninon de l'Enclos*. « Elle réunissait chez elle, dit-il, une société de gens de lettres très estimables, Crébillon (fils) et Collé, Favier et Guibert.

« Elle était amie et *compagne* de la *future madame du Barry*, et si elle ne fit pas une si grande fortune qu'elle, c'est parce qu'elle avait trop d'esprit pour Versailles[1]. »

La future madame du Barry, ces mots sont une date. Ils prouvent que les rapports intimes entre la demoiselle Legrand et Jeanne, étaient antérieurs à la faveur de celle-ci auprès du roi.

Manuel atteste aussi le fait de cette liaison entre les deux femmes ; il rapporte un mot assez fin, de mademoiselle Legrand, qui expliquerait les éloges

---

[1]. *La Vie du général Du Mouriez*, tome Ier, c. VII, p. 170, Hamburg et Londres.

que lui a prodigués Du Mouriez ; elle disait quelquefois à son frère, en faisant allusion à la faveur inespérée de son amie : « Il ne faut à un homme qu'une jolie sœur pour devenir le beau-frère du roi[1]. » Elle devait effectivement être douée d'une certaine supériorité intellectuelle pour grouper dans son salon des hommes aussi distingués que les causeurs d'élite énumérés plus haut. On peut imaginer quelle a dû être leur influence sur une jeune femme qui n'avait pas encore l'expérience du monde. Ce n'était pas à coup sûr une école de morale ; bien au contraire ! Mais il y avait là un milieu poli, élégant, littéraire, il était difficile d'échapper à ce contact, de là cette initiation aux manières de la bonne compagnie qu'on remarque chez Jeanne Vaubernier[2], ce langage qui n'est pas celui des dames de la halle et qui ressemblerait plutôt à un marivaudage enfantin jusqu'à l'affectation.

Crébillon le jeune, et Collé, étaient des esprits trop délicats, Guibert, Favier, Du Mouriez, des hommes trop éminents pour qu'on pût les approcher sans se ressentir plus ou moins de leur exemple, de leurs leçons. Marmontel, dans ses intéressants mémoires, le meilleur peut-être et dans tous les cas le moins ennuyeux de ses ouvrages, nous a laissé une peinture vivante de cette société, qui était la sienne.

« Les têtes les plus folles, dit-il, étoient Collé et Crébillon le fils. C'étoit entre eux un assaut continuel d'excellente plaisanterie et se mêloit au combat qui vouloit. Collé y étoit brillant au delà de toute expression, et Crébillon, son adversaire avoit surtout le

---

1. *La Police dévoilée*, p. 116.
2. V. à cet égard les *Anecdotes* elles-mêmes, *passim*.

talent de l'animer en l'agaçant. Jamais la verve de la gaieté ne fut d'une chaleur si continue et si féconde. » Passons rapidement en revue les membres connus de ces réunions habituelles [1].

1. Livre VI, p. 357, 1er vol.

CHAPITRE X

PERSONNAGES DANS LA SOCIÉTÉ DESQUELS JEANNE VAUBERNIER VÉCUT : COLLÉ, CRÉBILLON LE JEUNE, GUIBERT, DU MOURIEZ, FAVIER, ETC., ETC.

Collé, l'auteur de tant de jolies chansons et de pièces toujours jeunes, on se l'imagine chantant lui-même ses gais refrains :

> Chantons le dieu de la vendange [1],
> Que sous ses lois l'amant se range,
> Puisque le plus souvent Vénus
> Doit ses conquêtes à Bacchus.
> On rend la vie aimable
> En passant tour à tour
> Des plaisirs de la table
> Aux plaisirs de l'amour!

Et cet autre couplet, que nous ne pouvons nous empêcher de citer, tant il rentre dans notre sujet :

> Entre deux ou quatre convives,
> Le vin rend les scènes plus vives.
> Un petit souper libertin
> Vaut cent fois mieux qu'un grand festin.
> On rend, etc.

1. *Les Vendanges de la folie*, etc., etc.

« CRÉBILLON, le fils, ne ressembloit guere à ses écrits, a dit Grimm, les Collé, les Monticourt [1], ses plus anciens amis, lui ont fait souvent la guerre sur l'extrême réserve et sur le grand air de décence et de dignité qui ne le quittoit pas dans les plus folles orgies, on sait qu'on l'a appelé le *Philosophe des femmes* [2], et sa manière est en effet non moins sentencieuse que licentieuse. »

Le comte de GUIBERT, tacticien célèbre, écrivain, poète, futur académicien, et plus illustre encore peut-être par l'amour qu'il sut inspirer à mademoiselle de Lespinasse. Lui aussi se rattachait à la conquête de la Corse, où il avait été chargé de former une légion indigène : trait commun à tous les membres de cette société, ils sont affiliés en quelque sorte par les affaires de Corse.

DU MOURIEZ, bien jeune et déjà couvert d'honorables blessures, décoré à vingt-quatre ans de la croix de Saint-Louis, et mêlé aux affaires de Corse, on connaît la verve de cet esprit mordant, et l'on devine qu'il devait être aussi brillant dans les salons que sur les champs de bataille.

Enfin FAVIER, un grand homme presque inconnu, il faut lire sur lui tout le chapitre que Senac de Meilhan a consacré à sa biographie, dans sa galerie de portraits.

Nous ne citerons que ces lignes : « Favier joignait à l'esprit, à la mémoire, à l'instruction, une belle figure, une taille élevée et une force de corps très rare ; il

---

1. Auteur de *Poésies badines*, etc.
2.   Celui qui le mieux peignit l'âme
    Du Petit Maître et de la femme.
          (*Recueil* de Laplace, t. III, L 5-37.)

avait pour le plaisir un goût effréné et partageait son temps entre la table, les femmes et l'étude. Dans ses moments d'abondance, les affaires étaient abandonnées et tout son temps était consacré à des maîtresses, à la dissipation, et à de longues orgies à table. » Favier faisait des vers excellents, semait à pleines mains les plaisanteries les plus originales et les plus amusantes. Senac cite plusieurs exemples de ses poésies et de ses bons mots, on imagine facilement quels pouvaient être les succès, l'influence d'un pareil viveur dans des Sociétés de jeunes femmes libres [1].

Favier était né à Toulouse, son père était secrétaire général des États de Languedoc; il lui avait succédé et avait exercé lui-même ces fonctions jusqu'au moment où il entra dans les ambassades, par toutes ces raisons il devait connaître personnellement Jean du Barry, Languedocien, aspirant diplomate, bel esprit aimant le plaisir et les femmes à la mode, c'est peut-être ainsi que notre roué était entré chez mademoiselle Legrand, qui serait devenue l'amie et la camarade de mademoiselle Jeanne Vaubernier, Favier ouvrirait donc la liste des personnages connus, avec lesquels Jeanne aurait été en rapport avant son avènement à la Cour.

Au nombre des personnes que fréquentait Jean du Barry, on peut encore citer le prince de Ligne, dont le nom seul est un emblème de l'esprit en ce qu'il a de plus délicat. Le Roué avait su capter la confiance du prince, jeune alors, il lui faisait les honneurs du monde où il vivait et le guidait dans les sentiers

---

1. Ses armes étaient d'azur à un chevron d'or chargé de trois lions affrontés de gueules et accompagnés de trois molettes d'or.

glissants de la galanterie. Il avait détourné le jeune étranger de la passion qu'il avait conçue pour madame de Mazarin encore belle, mais déjà ridicule ; il lui avait présenté cette Dorothée qu'il aurait destinée d'abord au roi, le prince de Ligne a donc connu d'ancienne date, Jean du Barry, il signale l'accent caractéristique qu'il avait gardé de sa province ; il en parle avec un dédain de grand seigneur qui n'est pas exclusif de certains éloges [1]. On ne pouvait être en relation avec du Barry sans voir la femme qui vivait maritalement auprès de lui, aussi le prince de Ligne entre, sur madame du Barry, dans de longs détails prouvant qu'il l'a bien connue.

A cette liste, il faut joindre M. le duc de Duras, qui admettait Jean du Barry dans ses particuliers les plus intimes, ce qui impliquait la compagnie du duc de Nivernais, son alter ego. Enfin la fine fleur de l'élégance, le duc de Richelieu, l'Alcibiade du dix-huitième siècle ne doit pas être omis ; il n'y a, à cet égard, aucun doute possible, car le témoin c'est Louis XV en personne ; il écrit à M. de Choiseul en parlant de madame du Barry. « Elle n'a connu que le maréchal de Richelieu. »

Tels ont été les maîtres de Jeanne Vaubernier, tels sont les modèles qu'elle a eus sous les yeux pendant quatre années consécutives ; elle a vécu avec eux, de leur vie, de leurs mœurs, elle s'est imprégnée de leur esprit, elle a bu à la source de leurs conversations journalières, l'éducation qu'elle avait commencée dans les riches salons de la finance a donc pu s'ache-

---

1. V. *Mémoires inédits du prince de Ligne*, publiés par la *Revue nouvelle*.

ver et se perfectionner dans le monde de la galanterie et des lettres[1]. Ses amitiés déposent en sa faveur aussi bien que celles de du Barry.

[1]. C'est dans cette société qu'on avait donné à M. de Choiseul le surnom de *Ptolémée*. Suivant Du Mouriez, le ministre n'aurait fait qu'en rire. Cette plaisanterie érudite indiquerait qu'il y avait là une certaine tendance au bel esprit sérieux, ce qui se comprend très bien, lorsqu'on songe au nombre des littérateurs qui faisaient partie du cercle de mademoiselle Legrand. (*Mém.*, c. VII, p. 187.)

Ptolémée II, surnommé *Philadelphe* par dérision, parce qu'il avait fait périr ses deux frères, était au contraire épris de sa sœur Arsinoé, au point qu'il l'avait épousée publiquement. De la une allusion visible à madame de Gramont qu'on disait aimée par le duc de Choiseul, son propre frère.

CHAPITRE XI

VIE INTÉRIEURE DE JEANNE VAUBERNIER ET DU ROUÉ

Du Barry avait pu en user cavalièrement avec la belle Dorothée et la Beauvoisin qu'il avait traitées en filles vulgaires. Mais ici il obéit à d'autres sentiments, puisqu'il resta fidèle à Jeanne pendant quatre années et qu'il n'en fut séparé qu'involontairement et par le fait du prince.

Il déclare dans une de ses lettres, avoir été satisfait de l'*attention* et de l'intelligence que mademoiselle Jeanne de Vaubernier avait montrée dans la tenue de la maison, il avoue même en être fort reconnaissant. Nous savons que les services qu'elle avait pu lui rendre étaient d'une tout autre nature, aussi poussait-il la gratitude jusqu'à confier à cette jolie gouvernante, les droits et le titre de l'épouse légitime. Nous allons en trouver la preuve dans un acte authentique, auquel nous avons déjà fait allusion. En 1767, une discussion s'élève entre Jeanne Vaubernier et une dame Étienne, sa couturière en linge. Cette dernière, qui avait reçu une pièce de mousseline des Indes, et une autre de bazin, pour confectionner des habillements de femme, ne voulait ni les terminer ni les rendre, Jeanne Vaubernier en avait besoin pour aller à la *campagne*. Elle dut insister et même recourir à l'intervention d'Adolphe du Barry, le fils du Roué, pour l'aider à se faire rendre justice. Il était alors lieutenant dans le régiment du Roi-Infanterie, sa médiation fut repoussée par les époux Etienne, et ceux-ci ajoutèrent à leurs premiers torts des injures et des menaces de la nature la plus grave. D'où nécessité de porter plainte pour avoir réparation d'un double grief contre les époux Etienne, rétention indue des effets confiés, injures et menaces de mort [1].

Ce petit épisode, insignifiant par lui-même, nous révèle plusieurs détails intéressants du *modus vivendi* des deux du Barry, le père donnait à sa maîtresse le nom honorable qui lui appartenait par sa naissance, et le titre usurpé qu'il s'arrogeait le droit de porter.

Il avait même rectifié celui de Beauvarnier et l'avait changé en Vaubernier, forme définitive adoptée par elle dans les suites de sa vie, Adolphe du Barry vivait avec la maîtresse de son père, comme Anne Bécu avec l'amant adultère de sa fille. Il y avait là une sorte de mélange assurément fort peu moral.

Le siège de ce ménage interlope était alors rue de la Jussienne. C'est là que la prétendue comtesse du Barry déclare demeurer et du Barry y fait allusion dans une de ses lettres [2].

A entendre Pidansat de Mayrobert, le ménage du Barry avait été souvent troublé par des altercations violentes dues au caractère impérieux du Roué [3]. La vie de la jeune femme aurait même été menacée et

---

1. Voy. à l'appendice le texte de la plainte.
2. « Également au-dessus de ce que vous m'avez vu dans la rue de la Jussienne… »
3. *Anecdotes*, p. 70.

réduite au désespoir, elle aurait été sur le point de se jeter par la fenêtre (*ibid*). Pidansat de Mayrobert ne savait pas que Jeanne avait sa mère auprès d'elle et au besoin son beau-père Rançon, pour la protéger contre de pareilles scènes. Du Barry d'ailleurs n'était ni grossier ni méchant ; ses vices étaient d'une tout autre nature. Il a pu rendre des femmes malheureuses par ses perfidies, non par ses brutalités. Si Jeanne Vaubernier avait été maltraitée, pourquoi aurait-elle demeuré quatre ans dans cette maison, qu'est-ce qui l'y retenait? Les *Anecdotes* énumèrent didactiquement les raisons qui pourraient expliquer sa persistance à rester avec du Barry et, n'en trouvant point de bonnes, l'auteur prend le parti de se contredire.

« La vie *douce et agréable* qu'elle menoit, vivant dans la plus grande aisance, nageant dans les plaisirs et surtout pouvant satisfaire cette magnificence des habillemens (*sic*), le goût de la parure qui la dominoit si fort. »

Le tableau change en quelque sorte à vue : le calme succède aux tempêtes, à l'enfer le paradis. L'auteur des *Anecdotes* est coutumier de ces contradictions qui ne le gênent en aucune manière. Il faut prendre raisonnablement une moyenne. Ces unions portaient alors un nom : on les appelait « des mariages à la détrempe, » les orages à coup sûr n'en étaient pas bannis et sous des apparences décentes, il pouvait se cacher bien des désordres, des infidélités réciproques, d'aventureux romans. Jeanne Vaubernier aimait follement la dépense, elle faisait des dettes, des billets, on en a d'elle signés pendant cette période de sa vie où nous sommes (Etat *F*). Elle fréquentait le théâtre, les bals masqués de l'Opéra[1]. Elle a pu, elle a dû avoir des intrigues, les unes par caprice, les autres intéressées[2]. Une de ses parentes lui a reproché « d'avoir inspiré souvent des passions et de n'avoir ressenti que rarement le plaisir du retour[3]. » C'était une hétaïre du dix-huitième siècle, que ses ennemis traitèrent de Laïs et ses amis d'Elmire, qui n'était ni une Phryné par la débauche ni une Aspasie par l'esprit et qui se confondait dans la grande famille des femmes galantes. On lui a donné notamment comme amants, Radix de Sainte-Foy, d'Arcambal, le duc de Fitz-James, etc.

Il ne faut pas confondre ce *Sainte-Foy* avec le littérateur Poullain de *Sainte-Foix*, qui vivait aussi au dix-huitième siècle et mourut en 1774. Claude-Pierre-Maximilien Radix de Sainte-Foy était né à Paris en 1737. « Il était, dit Grimod de la Reynière, fils d'un bourgeois enrichi[4]. » On voit en effet, par les almanachs royaux, qu'un sieur *Radix* figure parmi les payeurs des rentes de l'Hôtel de Ville, depuis 1727, époque de sa réception.

En 1765, Augustin de Saint-Aubin gravait, d'après un dessin de C. N. Cochin, les portraits de Claude-Mathieu Radix, écuyer, seigneur de la châtellenie de la Ferté-Loupière et prévôté de Chevillon et de Marie-Elisabeth DENIS, sa femme[5]. Claude Radix devait être le père ou l'oncle et peut-être le parrain de notre Claude Radix qui portait le même prénom.

1. Lauzun.
2. Senac de Meilhan, p. 33.
3. Madame de la Neuville, *Lettre de* 1789.
4. V. *Lorgnette philosophique*.
5. *Bibl. nat.*, département des Estampes, coll. de l'histoire de France.

Ce dernier occupe une certaine place dans les annales galantes de son temps et dans les premiers événements de la Révolution. Le *Journal des inspecteurs* de M. de Sartine en parle sous la date du 2 septembre 1763, p. 313, il le qualifie d'*employé aux affaires étrangères*. Il le représente comme aveuglément attaché à une demoiselle Courcy qu'il meuble et entretient dans une maison de la rue Pavée-Saint-Sauveur. Il va jusqu'à permettre à cette fille de porter son nom. En effet elle est indiquée dans le journal comme Courcy et comme Sainte-Foy : « c'est, ajoutent les rédacteurs du journal, pour un *homme d'esprit*, témoigner bien de la faiblesse. »

Sainte-Foy est très bien défini en ces simples lignes. Madame Geoffrin, juge compétent et difficile, écrit de lui au roi de Pologne : « ce M. de Sainte-Foy est aimable : il a de l'esprit et est obligeant. » 7 août 1765 [1]. Elle disait encore : « Il est premier commis des affaires étrangères et le favori du ministre. » Ce ministre était alors M. de Choiseul ; pour remplir les fonctions importantes d'un premier commis, et s'en tirer à la satisfaction de M. de Choiseul, il fallait un certain mérite. Il était en outre amateur de tableaux et possédait une collection précieuse de maîtres hollandais. On citait ses Wouwermans, ses Paul Potter. Son hôtel, construit par Brongniart, architecte du roi, rue Basse-du-Rempart, était un des plus remarquables de Paris [2]. Sa maîtresse la demoiselle Courcy était, au rapport des rédacteurs du journal de Sar-

---

[1]. Voy. aussi *Lettres du 24 juin*, etc.
[2]. *Almanach du voyageur à Paris*. Paris et Versailles, 1783, p. 242.

tine, une des « *plus jolies créatures du monde*[1], » et plusieurs fois ils emploient ces expressions admiratives qui ne leur sont pas ordinaires. Sainte-Foy avait donc tout en partage : à une capacité sérieuse dans les affaires il joignait les autres avantages que peut ambitionner un homme. Il était aimable, spirituel, d'un heureux caractère, il était riche, jeune encore, il n'avait pas plus de trente-six ans. Nous aurions voulu donner son image pour compléter son portrait physique et moral. Il nous semble difficile que ce portrait n'ait pas été gravé ou tout au moins exécuté d'une manière ou d'une autre, en peinture ou sculpture. Peut-être le trouvera-t-on quelque jour. Il serait intéressant à connaître.

Quatre années s'écoulent. Sainte-Foy est devenu trésorier général de la marine. Le journal de M. de Sartine reprend la parole et il inscrit sur ses tablettes ce qui suit à la date du 29 *janvier* 1768 :

« ... La demoiselle Beauvarnier, maîtresse ou plutôt vache à lait du sieur du Barry. C'est M. de Sainte-Foy, trésorier de la marine, que cette dernière est occupée aujourd'hui à sous tirer sous le bon plaisir du sieur du Barry[2]. »

Déjà la notoriété désignait Sainte-Foy comme ayant été l'amant, certains même disaient le premier amant, de Jeanne Vaubernier. Le journal de M. de Sartine confirme expressément cette opinion, en termes flétrissants pour les trois complices qui ne sont pas mieux traités l'un que l'autre. Nous ne méconnais-

---

1. P. 96.
2. *État des femmes et filles galantes*, etc., p. 244. Manuscrit de l'Hôtel de Ville, aujourd'hui brûlé.

sons pas l'autorité extrêmement grave de ce témoignage inattendu. Il semble cependant résulter d'une épigramme grossière que nous avons trouvée à la bibliothèque de l'Arsenal[1], que Sainte-Foy ne reconnaissait pas la vérité de l'imputation. Voici cette épigramme, nous demandons qu'on oublie l'obscénité de la forme, pour s'attacher au fond des choses :

Janvier 1771 (p. 138).

Fille du ciel, ô vérité sacrée,
Sans l'intérêt tu serois adorée.
L'amy Perrot[2] m'en a bien convaincu
Quand au b..., cent fois pour un écu,
Manon du Buc, Lange, la Chambrière,
Naïvement luy montra son derrière.
L'amy Perrot convenoit de cela ;
Mais à l'instant où le grand roy de pique
Honnêtement la Guenippe adora,
Fit la Pallas de la p... publique,
Et du Cerdeau[3] la transmit au gala.
Perrot comme un sot recula ;
J'entendis lors toute une autre musique.
 Perrot me nia ces culs-là,
 Per omnia sæcula.

Perrot, c'est Radix de Sainte-Foy, le manuscrit a pris la précaution de nous le faire savoir dans une

---

1. Recueils mss. de Paulmy.
2. Radix de Sainte-Foy, trésorier de la marine, qui avait entretenu mademoiselle Lange, à présent madame du Barry, maîtresse du roi.
3. Le cerdeau, c'est-à-dire la desserte des tables du château de Versailles, qui se vendait dans des baraques existant près du grand Commun, alors les cuisines royales, aujourd'hui l'hospice militaire.

note formelle. Radix se défendait donc d'avoir connu Jeanne Vaubernier avant le roi. L'auteur incrimine par insinuation ce changement de langage. Il laisse entendre, que si Sainte-Foy recule devant la notoriété de sa bonne fortune, c'est par intérêt et pour laisser à la favorite la réputation d'une Pallas accomplie. L'observation peut être juste, mais il est deux considérations dont il faut tenir compte :

Les Radix faisaient partie de ce monde financier qui paraît avoir été le berceau de Jeanne Bécu, à Paris.

Ils étaient spécialement de cette pléiade de payeurs des rentes de l'Hôtel de Ville à laquelle appartenait M. Billard du Mouceaux. Sainte-Foy aurait donc pu connaître Jeanne dans son enfance, et avoir avec elle de ces rapports qui prennent si vite une apparence de galanterie entre une jolie femme et un homme à bonnes fortunes.

Jeanne Vaubernier émancipée et associée à la vie de désordre du Roué, a certes bien pu le tromper, pour un rival plus jeune et plus aimable. Nous l'admettons sans difficulté. Mais ce que nous ne croyons pas de même, c'est que Sainte-Foy se soit laissé exploiter aussi niaisement que les inspecteurs de police veulent bien le dire. A les entendre, il aurait été en première ligne la *vache à lait* de Jeanne Vaubernier, qui aurait elle-même été soutirée, en second ordre, par du Barry. Ce langage d'argousin convient mal à un raffiné honoré de l'amitié de madame Geoffrin, de la faveur de M. de Choiseul. Les choses n'ont pas dû se passer ainsi : la fausse noblesse oblige parfois autant que la véritable. Moins Jeanne Bécu avait de droits au nom de Vaubernier, au titre de comtesse, plus elle devait observer de décorum extérieur. On le devinerait alors même que ses contemporains ne l'affirmeraient pas[1].

Il ne nous paraît donc pas vrai que Jeanne Vaubernier se soit fait entretenir avec cynisme par Sainte-Foy, tandis qu'elle visait au rôle de femme titrée et légitime de du Barry. Le rédacteur du journal de Sartine en 1767 n'est plus le même que l'écrivain de 1763. Sa main est moins légère, ses tableaux sont sans doute moins véridiques, nous préférons ceux de l'auteur des *Illustres victimes*.

Une intrigue avec mystère ne nous paraîtrait ni impossible ni improbable, une communauté maladroitement affichée ne serait dans les mœurs d'aucun des personnages en scène.

Un M. d'*Arcambal* est signalé comme ayant été l'amant de Jeanne Vaubernier avant qu'elle ne fût connue de Louis XV. Le premier, et même le seul qui en parle est l'abbé Georgel, écrivain dans lequel nous verrons qu'on ne peut avoir une grande confiance. On trouve des traces fréquentes de relations ayant existé entre madame du Barry et un marquis d'Arcambal[2]; mais de quelle nature sont ces relations? Elles sont publiques, elles n'ont rien de secret, de clandestin. — Une fois, pendant sa faveur, elle lui fait payer une somme de dix-huit mille livres pour

---

1. *Les Illustres victimes*.
2. « Le marquis d'Arcambal envoye à M. Boileau les intentions de madame la comtesse du Barry, pour l'achat de douze tableaux indiqués dans le mémoire ci-joint, où elle a marqué et spécifié la somme totale qu'elle veut y mettre. C'est à sa prudence à le guider dans l'employ qu'il en fera, et, à ce titre, de mériter la confiance et la protection qu'il doit en attendre.

« A Versailles, le 5 avril 1772. » — Tome Ier des *Comptes*, n° 22

acquisition de tableaux. M. d'Arcambal était grand amateur et avait une collection célèbre en divers genres. Un autre jour elle adresse une lettre de recommandation pressante à M. de Choiseul, en faveur du même M. d'Arcambal. Si elle avait eu à craindre des indiscrétions ou des révélations sur ses rapports avec son ancien amant, se serait-elle adressée à son plus mortel ennemi ? et M. de Choiseul aurait-il manqué une si belle occasion de l'attaquer et de la perdre ?

Les d'Arcambal étaient eux aussi des financiers et de la classe de ceux que nous avons déjà fait connaître : des payeurs de l'Hôtel de Ville.

M. d'Arcambal, comme Radix de Sainte-Foy, pourrait avoir connu Jeanne enfant, l'avoir suivie dans sa haute fortune et être devenu un amant en apparence, lorsqu'il n'était en réalité qu'un ancien ami.

Le silence de M. de Choiseul confirme cette conjecture. Animé comme il l'était, ardent à la vengeance, il n'aurait pas négligé une pareille arme. Il ne parle, d'après ouï-dire, que de Sainte-Foy et de M. de Fitz-James, en quelque sorte concurremment.

Lauzun, dans ses mémoires, dit aussi que M. de Fitz-James fut l'heureux possesseur de Jeanne Vaubernier. L'autorité de sa parole n'ajoute rien à l'assertion de M. de Choiseul, leurs témoignages se valent, ils étaient d'ailleurs proches parents et amis.

Jean-Charles, comte de Fitz-James, né le 26 novembre 1743, marié à mademoiselle de Thiard, était un des plus brillants seigneurs de la cour de Louis XV. Descendant des rois d'Angleterre par l'illustre maréchal de Berwick ; jeune, beau, aimable, il pouvait plaire et, comme on le disait, sortir facilement *vain-*

queur d'une affaire avec une femme. Il n'y aurait ni à s'en étonner ni à s'en défendre outre mesure, pour une femme à la mode de ce monde que nous avons décrit. On parlait beaucoup de la beauté de Jeanne Vaubernier ; nous le savons par Senac de Meilhan, et il ajoute cette phrase qui est si bien de l'époque, « on s'empressait de souper *au moins* avec elle. » Nous voulons rester sur ce dernier coup de pinceau que nous ne pourrions qu'affaiblir.

CHAPITRE XII

ORIGINE DE LA LIAISON ENTRE LOUIS XV ET JEANNE BÉCU

(1768)

Comment Louis XV a-t-il connu Jeanne Bécu ? L'opinion générale veut que ce soit par l'intermédiaire de Le Bel, son premier valet de chambre, le pourvoyeur du Parc-aux-Cerfs.

Mais les uns prétendent que ce serait Jean du Barry qui aurait présenté sa maîtresse à Le Bel, lequel était en quête de beautés nouvelles pour son maître et se désolait de n'avoir rien trouvé dans ses courses qui fût digne de lui être offert [1]. D'autres ont raconté que Sainte-Foy soupant chez Le Bel avec Jeanne Bécu, qu'il entretenait alors, le roi aurait voulu être le spectateur de cette partie fine et y aurait assisté par une communication secrète pratiquée dans le mur de la salle à manger. Frappé des charmes de la jeune femme, il aurait exigé qu'on la lui présentât dès le lendemain ou, selon d'autres versions, le soir même [2].

---

1. *Anecdotes*, p. 75.
2. Dutens, *Mémoires d'un voyageur qui se repose*, tome II, p. 33.

MM. de Goncourt ont adopté cette hypothèse ; les deux récits sont aussi peu vraisemblables, l'un que l'autre.

Devenir la maîtresse du roi, était un tel appât que certes Le Bel et ses pareils devaient être embarrassés bien plus par le nombre que par la rareté des postulantes. D'Argenson dit positivement que « les beautés de Paris accouraient de tous côtés dans les cabinets du sieur Le Bel, pour prendre part aux mystères du grand sérail [1]. »

Quant au souper de Sainte-Foy, au château de Versailles, il suffit de dire que Sainte-Foy s'est toujours défendu d'avoir été l'amant de madame du Barry et que le conte bleu de la lucarne ne repose sur aucun témoignage, il est même formellement contredit par l'ouvrage de Blondel [2].

Un auteur, qui a raconté l'événement d'une manière beaucoup plus simple, nous paraît tout autrement digne de foi.

Il dit :

« La première époque de la liaison de madame du Barry tire sa source d'un cas fortuit.

« Il en fut de cet événement comme de la plupart des choses de ce monde, que le hasard commence, et qu'ensuite la prudence, la politique ou l'intrigue finissent.

« Le roi avait jeté *par accident* un coup d'œil sur elle dans la foule, et ensuite l'avait perdue de vue ; comme ce

---

[1]. Tome VIII, p, 358, *Mémoires*.
[2]. V. le *Plan de Blondel* (vol. IV, p. 117.) Le Bel était non seulement valet de chambre du roi, mais concierge du château de Versailles. Son logement était dans l'aile droite, entre la cour du château et la cour de la chapelle.

premier coup d'œil avoit fait impression sur lui, il chargea Le Bel de la trouver.

« Ainsi, si cette première circonstance, *que je tiens de bonne part, est vraie*, madame du Barri n'a dû son élévation qu'à elle-même. Sans sa beauté, qui affecta le monarque, il n'eût jamais été question d'elle à Versailles ; il fallait cette première impression pour faire faire des recherches [1]. »

Un auteur qui écrit en 1802, présente les faits de la même manière.

« Sa beauté, dit-il, ayant frappé Louis XV de tout son éclat, le monarque chargea Le Bel, son valet de chambre, de savoir qui elle étoit. L'événement ne fut pas autrement préparé [2]. »

Montigny, auteur de ces lignes, est un contemporain ; il parlait, d'après des personnes qui avaient connu madame du Barry, qui étaient attachées à la cour [3]. Il pouvait donc être exactement renseigné. A l'en croire, Louis XV a vu Jeanne Vaubernier, sans savoir qui elle était, il charge Le Bel de s'en informer, c'est donc une rencontre fortuite et non une combinaison préparée à l'avance, qui les a mis en contact.

1. Remarques sur les *Anecdotes* de madame la comtesse du Barry, par madame Sarah Goudar. Londres, 1777, p. 75.
2. *Les Illustres victimes vengées*, p. 50.
3. Lettre à l'auteur de la *Réfutation*, 10 février 1782, du château de N..., près Fontainebleau : « Je n'avois point attendu, monsieur, votre invitation pour lire les *Mémoires historiques et politiques du règne de Louis XV*. Je devois penser que j'y rencontrerois un grand nombre de personnages illustres que mes rapports avec la cour me mettoient à portée de connoître. Vous me demandez mon avis sur ce qui est personnel à madame du Barri, avec laquelle j'ai vécu dans l'intimité. Tout en est faux, Monsieur, tout en est faux ou dénaturé ou singulièrement exagéré !... » (*Les Illustres victimes vengées*, p. 98.)

Ce récit de Montigny, dégagé de tout arrangement romanesque, serait déjà croyable par lui-même, mais il a été confirmé d'une manière très inattendue par un document qui n'a été publié qu'en 1836, et qui dès lors ne pouvait être connu ni de Sarah Goudar ni de l'auteur des *Illustres victimes vengées*. C'est le témoignage de celui qui a le mieux su ce qui s'est passé en cette circonstance, de Jean du Barry, le Roué, parlant en personne.

Dans un mémoire détaillé, présenté par lui le 4 novembre 1775, à M. de Malesherbes, alors ministre de la maison du roi, il s'exprime en ces termes :

« Je cédai à madame Rançon et à mademoiselle de Vaubernier, sa fille, l'intérêt que j'avais dans les vivres de Corse, dont elles jouirent pendant quelques mois.

« Les nouvelles dispositions de M. de Choiseul venant à les en priver, elles en sollicitèrent la maintenue auprès de lui ; et ce fut dans les divers voyages qu'il les engagea à faire à Versailles [1], *que mademoiselle Vaubernier fixa les regards du Roi.* M. Le Bel fut chargé de ses ordres, et ce dernier, avec lequel ni elle ni moi n'avions de liaison, en poursuivit l'exécution auprès d'elle seule. »

Le langage du Roué ordinairement embarrassé, artificieux, digne en un mot de son surnom, devient ici très clair et très ferme, son récit présente une singulière coïncidence avec l'opinion de madame Sarah Goudar et de Montigny. C'est un hasard qui a amené l'événement et non pas un calcul. Seulement du Barry sait une chose que les deux autres ignoraient et ne

---

1. « Depuis que la France avait fait l'acquisition de la Corse, on avait établi *à Versailles* un bureau pour toutes les affaires de cette Isle » (*Mémoires de Goldoni*, tome III, p. 9).

pouvaient connaître, c'est la cause de cette rencontre entre le roi et mademoiselle Vaubernier. Il l'indique, et son assertion qui n'avait déjà rien d'invraisemblable par elle-même, est pleinement confirmée aujourd'hui par les Mémoires encore inédits du duc de Choiseul.

Il s'agissait d'intérêts à obtenir dans la fourniture des vivres pour l'armée d'occupation envoyée en Corse. Il fallait solliciter et s'adresser au département de la guerre, c'est-à-dire à M. de Choiseul qui en était le chef. Du Barry avait une double raison pour éviter de se présenter en personne. Il était mal vu du ministre qui l'avait déjà éconduit comme étant une créature de M. de Richelieu et il espérait sans doute des charmes de mademoiselle Vaubernier plus que de sa propre éloquence. Il l'envoie donc auprès du duc de Choiseul, munie de lettres de recommandation. Ce dernier a raconté l'entrevue à sa manière.

« Mademoiselle Vaubernier ne lui paraît que médiocrement jolie, sa contenance gênée, sa mauvaise grâce lui font croire qu'elle était une femme de province[1], et pour se débarrasser de ses insistances, il lui conseille de s'adresser à M. Foulon, chargé du détail des vivres[2]. » Les bureaux de la guerre et autres dépendances du même ministère étaient à Versailles, nous l'avons déjà vu ci-dessus, c'était donc y en-

---

1. Notons cette expression qui rappelle le célèbre passage du Dante :
« Non donna di Provincie, ma Bordello, »
« la tenue d'une dame de province n'a jamais été celle d'une prostituée. » M. de Choiseul, un ennemi acharné et peu scrupuleux, n'aurait pas manqué de dire que madame du Barry avait un air de fille publique. C'est le contraire qu'il écrit

2. P. 6. *Mém. inédits* de M. de Choiseul.

voyer Jeanne Vaubernier; la seule jolie femme que M. de Choiseul eût brusquée de sa vie fut mademoiselle Langes[1]. Le Roué ne dit pas autre chose. « Ce fut dans les divers voyages que M. de Choiseul les engagea à faire à Versailles, que mademoiselle Vaubernier fixa les regards du roi. »

La voilà donc qui se rend à Versailles et court les ministères, puis par occasion le château, le parc. La famille royale vivait en quelque sorte en public : il était aisé de l'approcher aux grands couverts, dans les jardins, à la chapelle, ou lorsque le roi se rendait à la chasse et en revenait, Jeanne Vaubernier jouissait de ces facilités et ses relations de parenté lui ouvraient plus qu'à toute autre l'accès du château par la domesticité[2]. Telle est la première entrevue : on imagine Jeanne faisant haie avec la foule : le roi passe : il l'aperçoit et veut savoir quelle est cette belle personne, Le Bel entre alors en scène ; il reçoit les ordres de son maître et il en poursuit l'exécution avec l'inconnue seule. Le Roué est mis de côté, malgré son importance gasconne, Le Bel ne le connaissait pas, et il n'a pas besoin de lui pour remplir sa mission, il

---

[1]. Rochambeau, *Mémoires*, I, p. 217.

[2]. Madame Roland a tracé, dans ses *Mémoires*, un tableau curieux, qui nous fait bien comprendre ce qui a dû se passer pour mademoiselle Vaubernier.

« Nous fîmes un voyage à Versailles. Ce voyage n'avait d'autre but que de me montrer la cour, le lieu qu'elle habitait, et de s'amuser de ce spectacle. Nous logeâmes dans le château. Madame Legrand, femme de la dauphine, nous prêta son appartement.

Les petits et les grands couverts de toute la famille séparée ou réunie, les messes, les promenades, le jeu, les présentations, nous eurent pour spectateurs durant huit jours. Les connaissances de madame Legrand nous procuraient des facilités. » (2ᵉ partie, 1ᵉʳ vol. Édit. Berville et Barrière, p. 87.)

traite directement avec la demoiselle Vaubernier qu'il ne connaissait pas davantage.

Ce récit est entièrement conforme à ce que l'on sait des habitudes et des mœurs de Louis XV. « Le roi, dit d'Argenson [1], donne dans les passades ; il jette le mouchoir à de jeunes filles ou femmes qu'il aperçoit à la messe ou au grand couvert. Bachelier, son vieux premier ministre, les lui administre ensuite, puis il cite, il nomme même mademoiselle Niquet, la fille d'un président de Montpellier, qui vient de *sauter le pas* (sic) et est encore à Versailles, visant à être *maîtresse déclarée* [2]. C'est ainsi que Louis XV avait *jeté le mouchoir* à la bouchère de Versailles [3], à la jardinière de Choisy [4]. Il n'avait pas procédé autrement pour mademoiselle Tiercelin qu'il rencontra dans les Tuileries, et madame d'Étioles, elle-même, n'avait été remarquée qu'au moment où elle était venue à Versailles, solliciter une place de fermier général [5], pour un de ses parents.

---

1. D'Argenson, 13 février 1753. — « Le roi donne dans les passades : il jette le mouchoir à de jeunes filles ou femmes qu'il aperçoit à la messe ou au grand couvert. Bachelier, son vieux premier ministre, les lui administre. Une jeune beauté de Montpellier, fille de la présidente Nicquet, que je connois, vient de sauter le pas et est encore à Versailles : elle vise à être *maîtresse déclarée* (c'était alors un titre connu et défini) *.

2. 13 février 1753.
3. Barbier, janvier 1738.
4. Barbier et d'Argenson, 1752.
5. (*Mémoires du duc de Luynes*, 22 avril 1745.) Les discours que

* Cette assertion est confirmée par les registres des Bons du roi. On y trouve souvent des allocations au président Nicquet. Le 14 octobre 1770, il demande une gratification annuelle de 10,000 livres ; elle lui est accordée. Peu de temps après, il demande encore 20,000 livres pour se meubler, et il les obtient. Il est facile de comprendre quelle était la cause de ces libéralités.

Ces précédents fortifient les déclarations de Jean du Barry qui se trouvent fortuitement d'accord avec la version de madame Sarah Goudar, laquelle parlait, disait-elle, de *bonne part*. Ces mots ne désigneraient-ils pas madame du Barry elle-même, qui a certainement inspiré l'auteur de la réfutation des *Anecdotes*[1] ? On aurait ainsi les autorités les plus certaines et les mieux concordantes sur un point qui paraissait aussi obscur que peu susceptible d'être éclairci, Jeanne Vaubernier, Jean du Barry et M. de Choiseul, en l'absence des mémoires de Le Bel, qui n'a pas écrit, on ne peut exiger davantage.

Le Bel n'a donc point eu en cette circonstance, l'initiative que lui ont attribuée les écrivains modernes; bien plus, d'après un récit que M. de Choiseul a attribué à M. de Saint-Florentin, Le Bel avait soumis des représentations au roi pour l'empêcher de faire venir madame du Barry à Versailles et à Compiègne. Il ajoute en son nom que bientôt après, Le Bel étant mort subitement dans cette dernière ville (17 août 1768), il courut quelques soupçons, selon lui

---

l'on tient sur madame d'Étioles, parente de Binet et son amie, pourroient faire juger que Binet auroit un crédit assez considérable; il prétend que ces discours sont bien injustes. Il disoit, il y a environ un mois, à madame de Luynes, que les calomnies répandues sur madame d'Etioles étoient affreuses et qu'elles n'avoient pas le plus léger fondement; il ajoute pour preuve que madame d'Etioles, qui n'étoit venue ici que *pour solliciter une place de fermier général*, et qui l'a obtenue, ne reparaîtrait plus à la cour. Il est cependant très certain qu'elle a reparu depuis à la Comédie »

1. Remarques sur les *Anecdotes*, etc. Londres, MDCLXXVII, c. I, p. 4. Ceux qui connaissent personnellement cette belle dame m'ont assuré qu'outre la figure la plus charmante, elle a des qualités qui la rendent estimable.

assez bien fondés, sur ce décès, parce qu'on savait que Le Bel s'était opposé à l'ensorcellement du roi par cette fille [1]. »

C'est évidemment l'exagération de la haine qui parle ici. Mais il nous paraît fort possible que Le Bel ne fût pas très porté pour Jeanne Vaubernier. On sait par les *Mémoires de madame de Hausset* à quel point il était l'homme, disons mieux, le complice de madame de Pompadour et conséquemment de M. de Choiseul ; fidèle à ce premier *patronage*, Le Bel a très bien pu regarder la nouvelle venue d'un mauvais œil et même lui devenir ouvertement hostile lorsque son crédit sembla s'affermir ; ce qui n'aurait pas eu lieu s'il avait été l'auteur primitif et principal de la bonne fortune de la favorite. Le seul rôle qu'il ait joué en cette circonstance est celui d'un agent subalterne et soumis à la volonté souveraine de son maître [2].

---

1. P. 11 et 12.
2. Quant aux propos qui avaient couru sur la mort de Le Bel, et que le noble duc trouve *assez bien fondés (sic)*, il n'y a qu'un chiffre à leur opposer : c'est l'âge de Le Bel, il avait 72 ans. On peut mourir naturellement plus jeune! Louis XV est mort à 64 ans, et M. de Choiseul à 66 ans (né le 28 juin 1719, mort en août 1785); M. d'Aiguillon à 68 ans.

Extrait du registre de la paroisse Saint-Jacques de Compiègne, pour l'année 1768.

L'an 1768, le 17 d'août, le corps de messire Dominique Guillaume Le Bel, écuïer, premier valet de chambre du Roy, gouverneur du Louvre, et concierge du château de Versailles, décédé hier, âgé d'environ 74 ans, a été inhumé en cette église, vis-à-vis la chapelle de Saint-Jean, par moi, prêtre curé soussigné, en présence de messire Guillaume-Michel Béranger, prêtre chapelain du Roy;

De messire Pierre de la Roche, écuïer, valet de garde-robe du

Louis XV a donc été l'artisan de sa propre faiblesse et de sa dernière chute. Il a aperçu dans son palais mademoiselle Vaubernier, venue en solliciteuse. « Sa taille, sa fraîcheur, sa physionomie radieuse, son air de vierge, l'ensemble de ses charmes l'ont séduit [1], » il veut qu'on la retrouve et malheureusement il n'est que trop obéi. Quelle est la date de ce jour néfaste? qui doit les conduire, lui et elle, à une mort différente mais également affreuse ? L'auteur des *Anecdotes* in-

---

Roy, chevalier de l'Ordre militaire de Saint-Louis, concierge de la Ménagerie de Versailles, ses neveux et autres, qui ont signé.

BERRANGER,
DE LA ROCHE,
PHILIBERT DE FOUCAUT,
DE BOUCHEMOY,
BOULANGER, *curé*.

Registre des baptêmes, mariages et sépultures, qui seront faits en la paroisse de Versailles, pendant l'année 1696, DU HUITIÈME *de septembre mil six cent quatre-vingt-seze.*

Dominique-Guillaume, fils de Michel Le Bel, concierge du chasteau et valet de chambre du Roy, et de Catherine Dumoulin, sa femme, né du jour d'hier, a été baptizé aujourd'hui par moy, soubsigné prebstre de la Congrégation de la Mission faisant fonctions curiales en cette parroisse, le parrein a esté Dominique Turoly, garde général des meubles de la couronne, et la marreine, Catherine Le Bel, femme de Denis Renault, concierge et garde-meuble du chasteau de Trianon, qui ont signé.

D. TUROLY,
C. LE BEL (*illisible*).

(Archives de l'état civil de Versailles, 3ᵉ registre de 1696, f° 56.)

D'après d'Hozier, Michel Le Bel, écuyer, valet de chambre ordinaire du roi, concierge du château de Versailles, portait :
« De gueulle, au lévrier courant, sans oreilles, d'argent, au chef d'azur, chargé d'un soleil et de deux estoilles d'or. » — 1697. Armorial du bureau de Versailles. Bibl. nat.; département des mss., vol. 34, p. 402, et vol. 437, p. 78.

1. L'abbé Georgel. (*Mémoires*, t. Iᵉʳ, p. 174.

dique le printemps de 1768, sans doute sur la foi de la notoriété d'alors; des documents écrits prouvent qu'ici la voix publique ne se trompait pas. Les mémoires de fournisseurs conservés à la bibliothèque nationale au département des manuscrits montrent un changement subit dans la position de Jeanne Vaubernier.

Le 3 mars 1768, l'abbé Gomard et le sieur Rançon, sont habillés à ses frais de pied en cap, ce qui prouverait que l'abbé Gomard touchait de près à Jeanne Bécu et qu'il était très probablement son père naturel comme Rançon était son beau-père légal. En même temps le roi emprunte par l'entremise de son notaire une somme de douze mille livres sous des noms supposés[1].

Cependant rien n'apparaît encore au dehors ; il est facile d'en comprendre le motif : des deuils continus se succèdent cette année à la cour. Le 8 mai, le prince de Lamballe expire, à Louveciennes, d'une maladie cruelle. L'agonie de la reine Marie Leczzinska commence : elle succombe le 24 juin, les services funèbres se suivent, le roi quitte Versailles pour Marly, puis Marly pour Compiègne. Produire une nouvelle maîtresse dans de pareilles circonstances eût été d'une suprême inconvenance. Il y eut quelques instants de mystère et de pudeur qui ne durèrent que trop peu, plusieurs mois à peine, mais cet intervalle dut être pour Jeanne une épreuve pleine de périls. Louis XV était d'humeur changeante, il était blasé, environné de séductions de toutes sortes ; provoquer chez lui un

---

1. Constitution viagère du 19 avril 1768. Minutes de Lepot d'Auteuil. — Voy. à l'appendice.

caprice pouvait être facile, le prolonger et le transformer en une liaison durable, était tâche beaucoup plus ardue.

Il y avait à craindre la satiété qui suit toujours une passion satisfaite, les rivalités occultes, les révélations perfides. Par quel prestige la faveur de Jeanne Bécu a-t-elle échappé à ces nombreux écueils? Les explications n'ont pas manqué aux pamphlétaires, les uns ont dit que l'enchanteresse avait le secret de certaines lotions balsamiques, d'autres qu'elle possédait tout l'art de sa profession à un degré inconnu d'un roi, on a répété aussi une plaisanterie du duc d'Ayen, qui avait le monopole des mots à effet. Nous ne croyons pas plus aux philtres de Jeanne qu'à l'inexpérience de Louis, c'est ailleurs qu'il faut chercher la solution du problème; un exemple abrégera la démonstration.

Mademoiselle de Romans, qui avait précédé mademoiselle Vaubernier, n'avait pas moins d'attraits qu'elle et elle était d'une honnêteté, d'une pureté qui manquaient à l'héroïne de Vaucouleurs[1]; cependant, si elle évita le Parc-aux-Cerfs, elle ne put franchir les grilles du château de Versailles. Ses exigences, ses hauteurs, ses remords et souvent ses pleurs lui aliénèrent bientôt l'esprit d'un amant mélancolique.

Jeanne Bécu avait, au contraire, un caractère soumis, une douce patience, une humeur libre et enjouée, elle n'en était plus d'ailleurs à pleurer sur sa vertu. Elle avait en outre un fond de bon sens naturel qui apparaîtra dans sa conduite aussi bien que dans ses

---

1. Inutile d'avertir que le mot *héroïne* est pris ici ironiquement.

paroles et ses lettres, plus tard dans ses interrogatoires, ce qui fait dire à Louis XV, non pas « j'en suis épris », mais « j'en suis content. » A ces heureuses qualités, il faut joindre le cercle des perfections physiques si bien décrites par Mirabeau.

« Elmire avait reçu de la nature un assortiment de beautés dans tous les genres, qui presque jamais ne se trouvent réunies dans le même individu, depuis ses superbes cheveux, si richement fournis et teints d'une si belle couleur, jusqu'aux pieds modelés de la main des Grâces... Ses formes si naturellement soutenues, une taille si agréablement dessinée, des bras si parfaitement arrondis, terminés par des mains si voluptueuses[1]... »

Ces lignes font bien comprendre l'enthousiasme de Louis XV. Les charmes qu'il n'avait pu analyser au premier coup d'œil, il les avait pressentis, il avait deviné juste. C'était pour lui la joie de l'amateur qui tombe en arrêt devant un chef-d'œuvre inespéré et ne doit qu'à lui-même une découverte sans prix. Il s'attacha d'autant plus à cette conquête, qu'elle était la sienne propre et qu'il ne la devait pas à la complaisance de ses proxénètes officiels. Peut-être est-ce là le secret de cette fascination, contre laquelle les Choiseul se liguèrent en vain, et virent échouer leurs efforts. Une passion sénile contrariée grandit par l'effet même de la contradiction. Ce stimulant ne manqua pas au vieux roi, grâce à la maladresse insigne de ceux qui se mêlaient d'intervenir dans ses amours; ils rendirent le mal incurable en voulant le guérir trop

---

1. Galerie des Dames nationalest portrait de *Elmire* (Madame du Barry).

vite, et avivèrent le feu au lieu de le laisser tomber et s'éteindre.

Louis XV, on le sait, avait été dans sa jeunesse d'une beauté plastique remarquable ; les portraits de Van-Loo l'attestent. Vieux, il avait encore conservé un grand air de dignité [1]. En 1772, un touriste anglais, qui avait eu occasion de l'approcher, et qui a écrit sur lui une page satirique, disait cependant « he has a manly countenance, a penetrating eye and fine feature, rather corpulent [2]... » « Il a une contenance mâle, un œil pénétrant, de beaux traits, un peu d'embonpoint, etc [1]... »

Au rapport de mademoiselle de la Neuville, madame du Barry prétendait avoir aimé Louis XV, d'amour tendre sans doute. Telle était aussi la prétention de madame de Pompadour [3]. Aimé ! le mot

---

1. V. le passage si curieux de Casanova :
« Louis XV avait la plus belle tête qu'il soit possible de voir, et il la portait avec autant de grâce que de majesté. Jamais habile peintre n'est parvenu à rendre l'expression de cette magnifique tête, quand le monarque la tournait avec bienveillance pour regarder quelqu'un. Sa beauté et sa grâce forçaient l'amour de prime abord...

« Je ne doute pas que la marquise de Pompadour fût amoureuse de cette belle physionomie. » (Vol. II, c. IX.)

A cette description, qui a déjà son prix par elle-même, il faut joindre celle de Pigalle, qui, à nos yeux, a une autorité bien plus grande encore :

« Les deux têtes de monarques qui m'aient paru les plus remarquables sont celles de Louis XV et de Frédéric II. Le premier avait une beauté plastique souveraine ; le second, une expression de finesse extraordinaire. » (*Courrier de l'Europe*, 1786-1787).

2. The tour of Holland, etc. and part of France — Kearshley, Compte rendu dans le *New Monthly Review*, 1772, vol. 47.

Voyage en Hollande, Allemagne et partie de la France, en 1772, par Kearshley. (*New Monthly Review*, vol. 47 de 1772.

3. *Mémoires de madame du Hausset*, p. 104.

est bien fort et nous n'y croyons guère chez ces dames si richement dotées, appointées. On peut dire seulement que le roi, malgré son âge, n'avait rien qui dût inspirer de la répulsion. Voir au musée de Versailles toute la série de portraits par les Van-Loo[1]. Si d'ailleurs une duchesse n'a jamais que trente ans pour un bourgeois, cela est vrai surtout d'un puissant monarque dans ses relations avec une favorite.

A en croire le Roué, Jeanne n'aurait reçu d'abord aucune grâce pécuniaire et il aurait dû faire toutes les avances sur ses ressources personnelles. C'est un point que nous examinerons plus loin. Sans pouvoir préciser au juste à quelle époque Jeanne Vaubernier reçut une pension fixe, il est certain qu'il dut y avoir des cadeaux donnés et même de l'argent comptant, ne serait-ce que pour l'acte important dont nous avons à nous occuper et qui est la première date apparente dans l'histoire de ces royales amours. Nous voulons parler de l'alliance contractée entre Jeanne Vaubernier et un du Barry, qui est non pas le Roué mais son frère. Et tout d'abord la première question est celle de savoir qui a voulu ce mariage?

On a dit que le roi, sentant sa passion grandir et redoutant sa propre faiblesse, aurait exigé que sa maîtresse fût promptement mariée, pour qu'on ne revît pas, sous son règne, une nouvelle madame de Maintenon[2]. D'autres pensent qu'on avait présenté mademoiselle Vaubernier à Louis XV comme une

---

1. V. au musée de Versailles la suite des portraits de Louis XV, par tous les Van-Loo. On le voit s'avancer vers la décrépitude, sans cesser d'être beau.
2. Lettre au duc de Choiseul. — *Revue de Paris*, 1829, tome IV.

femme mariée et titrée, et qu'il fallut se hâter de régulariser la situation avant que la fraude ne fût découverte.

Pour nous, le motif déterminant aurait été plutôt une raison d'étiquette, ce qui équivalait alors à une raison d'État. L'intrigue avait pu rester secrète au milieu d'une grande ville, comme Paris ou Versailles, mais le moment du voyage de Compiègne arriva. Là il était difficile de se cacher. Louis XV n'était pas homme à se passer de sa nouvelle conquête et, pour l'avouer, il fallait au moins qu'elle portât un titre. « Alors, dit Jean du Barry, AVANT de conduire mademoiselle de Vaubernier à Compiègne, Le Bel voulut qu'elle n'y parût que comme l'épouse de *mon frère*, ce à quoi je me prêtai ainsi que lui sans autre motif que la loi d'une aveugle et respectueuse obéissance[1]. »

On s'est demandé souvent pourquoi Jean du Barry n'avait pas épousé lui-même mademoiselle Vaubernier. Il y aurait eu d'abord la crainte de soulever contre lui une répugnance très légitime, puisqu'il avait vécu publiquement avec cette femme; mais il existait un empêchement bien autrement péremptoire : il était marié et sa femme vivait encore. Elle ne mourut que vers 1775. C'est ainsi qu'il fut amené à songer à son frère pour que cette turpitude ne sortît pas de la famille.

Antoine du Barry, le père commun, était décédé depuis 1744, sa veuve existait toujours à Toulouse. On ne la fit pas venir à Paris, on se contenta d'obte-

---

[1]. V. lettre à M. de Malesherbes.

nir d'elle, à la date du 15 juillet 1768, une procuration par laquelle elle conférait à un sieur Gruel, le pouvoir de consentir au mariage projeté, pourvu qu'il fût revêtu de la bénédiction nuptiale, suivant les règles canoniques. Ce Gruel était un marchand de soieries demeurant à Paris, rue du Roule. Il avait l'honneur de fournir mademoiselle Vaubernier, celle-ci lui souscrivait des billets, il y avait échange de gracieusetés et Gruel n'avait rien à refuser à une pareille cliente. Il servit donc de patron au mariage.

Le contrat civil fut dressé par Me Garnier Deschênes, notaire à Paris, le 23 juillet 1768.

Le futur qui, dans la procuration de Toulouse ne portait que les titres modestes auxquels il avait droit de prétendre, devint haut et puissant seigneur, messire Guillaume comte du Barry, capitaine des troupes détachées de la marine... Il se donne comme fils majeur de défunt messire Antoine comte du Barry et de dame Lacaze, sa veuve, comtesse du Barry.

Pareille transformation s'opère dans les qualités de la future, elle s'intitule non plus Bécu, Rançon ni Beauvernier, mais Jeanne *Gomard* de Vaubergnier, fille *mineure*. L'acte ajoute qu'elle est née d'un premier mariage entre la dame Anne Bécu, sa mère et Jean-Jacques Gomard de Vaubergnier, intéressé dans les affaires du roi. Ainsi le nom est renversé, au lieu de Beauvernier, qui est bien le nom donné par les contemporains les mieux informés[1]. Ce nom a pris

---

1. Le *Journal de Sartine*, Senac de Meilhan. — *La Correspondance secrète d'Imbert*

Pour ennoblir Jeanne, il aurait suffi de la faire descendre d'une ancienne famille de Champagne, les de Bécu, seigneurs de Flaucourt, qui portaient *d'argent à trois corbeaux de sable*. Mais

une physionomie plus noble, par la particule et par l'interversion des syllabes qui dissimule la notoriété gênante de la première dénomination, le tout est relevé par le nom de Gomard, qui appartenait au père naturel, présumé de Jeanne Bécu.

Quant au *Roué*, il prend les qualifications les plus sonores, il se fait appeler haut et puissant seigneur, messire Jean, comte du Barry Cérès, gouverneur de Lévignac, frère aîné du seigneur futur époux.

Lévignac, d'où la famille était originaire, comptait, d'après Expilly, neuf feux et quelques *bellugues* (fractions de feux)! Telle est la place forte dont Jean du Barry était le gouverneur!!

Cérès ou Cers était le nom d'une terre qui appartenait à un oncle des du Barry. A côté de ces travestissements ridicules, il y a dans le contrat deux dispositions sérieuses et significatives.

Les époux se marient sans communauté, par dérogation expresse à l'article 1er de la coutume de Paris, et demeureront séparés de biens ; il aurait fallu dire, séparés de corps. Telle était la clause sous-entendue ; mais pour masquer la comédie qui se jouait, le contrat portait « que la future épouse seroit chargée de la conduite et de toutes les dépenses du ménage, nourriture, loyers, gages de domestiques, linge de table, entretien d'équipages, nourriture de chevaux, *éducation des enfants à naître du mariage* à la charge par le futur époux de payer six mille livres de pension annuelle pour la moitié desdites dépenses. »

---

ces gens-là étaient aussi ignares qu'impudents; ils ne connaissaient pas le nobiliaire de Champagne, ni le d'Hozier. (Mss. de la Bibl. nat.)

On ne pouvait pousser plus loin la dérision, l'impudence ! le soin d'enfants qui ne devaient naître que de l'adultère, convenu à l'avance est le *nec plus ultra* de l'immoralité.

Un état annexé à l'acte révèle le goût de Jeanne pour les bijoux et les parures. Il constate qu'elle possédait déjà, à elle, pour 16,000 livres de diamants fins (collier, aigrette, boucles d'oreille, etc., etc.), des dentelles d'Angleterre, des Valenciennes, du point d'Argentan pour 6000 livres, trente robes de soie or et argent, linge, corsets au nombre de 24, etc..., évalués 5000 livres, le tout provenant de ses gains et économies (dit naïvement le contrat), c'est-à-dire de sa vie de femme galante avec les du Barry, de Sainte-Foy, de Fitz-James et autres, ou, et avant tout, des libéralités du roi.

Ce contrat n'était encore qu'un projet, monument de vanité au dehors, de honte au fond, mais qui devait conduire à un acte plus grave et définitif... la célébration du mariage religieux.

Elle eut lieu à l'église de Saint-Laurent de Paris, le 1er septembre (1768), *summo manè* comme on disait alors ; à cinq heures du matin, répète Hardy, il fait à peine jour en cette saison. On comprend qu'on craignît la lumière et qu'on redoutât la publicité.

Le sacrement ne suivit donc pas immédiatement le contrat et près de six semaines s'écoulèrent entre eux. Pourquoi ? Peut-être, tout simplement à cause de la mort de Le Bel qui eut lieu précisément le 17 août 1768 et de la maladie qui a pu précéder sa fin ? Cette conjecture, sans être prouvée, n'a rien d'invraisemblable.

Jean-Jacques Gomard, le père présumé de Jeanne

Bécu, figurait à l'acte comme revêtu de la procuration du beau-père de l'épouse (Rançon) et de sa mère. Seulement il avait pris les prénoms de Jean-Baptiste, qui n'ont jamais été les siens et il s'intitulait, prêtre aumônier du roi, qualité qu'il n'avait pas.

Les énonciations fabuleuses du contrat civil n'étaient encore que de simples mensonges sans réalité pratique, mais par la célébration du mariage elles allaient devenir des faux, et ce, de deux manières, par l'acte inscrit sur les registres publics et par les extraits annexés à cet acte.

Jeanne Bécu, on se le rappelle, était née le 19 juillet 1743, elle était fille naturelle et n'avait point été légitimée ni même reconnue par son père resté anonyme. Tel était son état civil qui lui donnait, en 1768, vingt-cinq ans bien comptés.

On voulait : 1° la rajeunir et la faire passer pour mineure ; 2° lui attribuer la condition d'enfant légitime ; 3° remplacer le nom mal sonnant de Bécu par ceux de Gomard de Vaubernier.

On imagina de fabriquer deux actes entièrement supposés : par le premier on la faisait naître à Vaucouleurs, le 19 août 1746, du mariage d'Anne Bécu dite Quantiny et de Jean-Jacques Gomard de Vaubernier, ce qui lui donnait vingt-deux ans. Par le second, on faisait mourir Jean-Jacques de Vaubernier, son prétendu père, aussi à Vaucouleurs, le 14 septembre 1749. Par là on était dispensé de justifier de l'absence du père de famille et de rapporter son consentement au mariage de sa fille soi-disant mineure.

Il y avait là deux faux matériels, sans importance dira-t-on, et ne pouvant nuire à personne ; car il importait peu que l'épouse eût vingt-cinq ans au lieu de vingt-deux, et qu'elle s'appelât Bécu au lieu de Gomard, et la création d'un père postiche n'avait pas plus de portée que son décès imaginaire.

Sans doute et en bonne justice, il faut reconnaître qu'il n'y avait pas de *dol criminel*, comme on disait alors, ou d'intention coupable, comme nous dirions aujourd'hui. Ce qui n'aurait pas empêché qu'à cette époque on se fût exposé à être pendu pour se permettre de pareilles falsifications en écriture publique et en matière royale.

Mais pour donner créance à la farce qui se jouait, on avait été plus loin. On ne s'était pas borné à rapporter le texte des actes prétendus, on avait encore simulé les signatures du curé qui aurait célébré le mariage du prétendu Gomard, de celui qui aurait délivré les extraits, des magistrats qui auraient certifié ces signatures[1], puis les falsificateurs maladroits s'étaient pris au piège de leurs propres artifices ; ils avaient fait assister Fabien Bécu, au décès de son soi-disant gendre en 1749, et Fabien Bécu était mort dès 1745 ! Ils avaient fait certifier l'écriture du curé de Vaucouleurs, L. P. Dubois, par M. d'Arbamon[2], président, prévôt du siège de cette ville, et à cette époque ce magistrat n'était plus en fonctions ; il était remplacé par un M. de Joui. Enfin les signatures n'étaient évidemment pas de la main de l'abbé Dubois, curé de Vaucouleurs, dont l'écriture avait été mal imitée. Il y avait donc tout à la fois, faux par supposition de personnes, par fabrication de pièces authen-

---

1. V. ces pièces à l'appendice.
2. M. François d'Arbamon, conseiller du roi, président, prévôt de la ville de Vaucouleurs. — V. le d'Hozier.

tiques et par contrefaçon d'écriture. La loi rigoureuse de ces temps punissait ces faits de la peine capitale[1]. La législation avait été adoucie[2], mais quand il s'agissait du roi le cas revêtait un caractère de lèse-majesté et on encourait très facilement la peine de mort[3]. Nul

1. Edit. du 20 mars 1680.
2. Cependant elle était encore très sévère : on en jugera par l'exemple suivant que nous empruntons aux *Rémissions*. (Voy. Archives générales, V[1] 648, registre criminel, années 1737-1755.)
« 29 janvier 1753. — Commutation de peine demandée par Louis-François Godin, Jean Rique, Denis Baudry, Vatard et Pierre-Julien Quenion, condamnés à faire amende honorable et *aux galères à temps* pour avoir, dans le mariage du sieur Rateau, certifié un faux domicile, et par Henri Macel, condamné au bannissement. Ainsi, pour une faute qui paraîtrait aussi légère, six personnes avaient été condamnées au bannissement, à l'amende honorable, aux galères, peine alors fort cruelle, puisqu'elle emportait la marque, l'exposition au carcan, la mise à la chaîne, etc. Il ne s'agissait cependant que de la certification d'un faux domicile, mais elle avait été commise dans un mariage, c'est-à-dire dans un acte solennel consacré par la religion, etc. De là l'élévation de la peine. Combien le crime ou les crimes auraient paru plus énormes dans notre affaire, où des actes entiers avaient été fabriqués de toutes pièces, d'autres altérés, etc., et surtout pour tromper le Roy !
« C'est ainsi que s'explique la condamnation de l'infortuné du Truche de la Chaux. Il n'avait commis qu'une peccadille ridicule qui, de nos jours, serait à peine considérée comme une tentative d'escroquerie. Mais, dit la sentence, il s'était rendu coupable d'imposture, capable d'alarmer le Roy, soupant à son grand couvert (V. la sentence à l'appendice). Pour réparation d'un tel forfait, il fut condamné à la roue, à la confiscation de ses biens, à l'amende honorable devant N.-D., les Thuilleries et les portes de l'Hôtel-de-Ville, après avoir été appliqué à la question ordinaire et extraordinaire. Le Parlement réforma la sentence, et à la roue substitua la potence; mais la question subsista, et la Chaux subit cet horrible supplice sans que le roi fît grâce, comme on l'avait espéré. » (Barbier, janvier 1762. — V. à l'appendice les pièces de cette procédure).
3. V. affaire Royer-Dubourg. M. d'Argenson écrit à MM. de la Mazurie, président de l'élection d'Avranches, et Badier, sub-

doute que si les auteurs de ces agissements eussent été déférés à la justice ordinaire, ils n'eussent été condamnés à la corde avec addition de la question préalable pour avoir révélation des complices. Quels étaient les auteurs de ces falsifications audacieuses ? M. Le Roi désigne Gomard, nous ne savons pourquoi. Il n'y avait nul intérêt. Un contemporain accuse l'immoralité de Jean et son caractère artificieux avec beaucoup plus de vraisemblance, selon nous. Jeanne Bécu n'était certainement pas la plus coupable, cependant on ne pourrait l'innocenter entièrement : elle était d'âge et d'intelligence à comprendre ce qui se faisait ; elle l'a accepté ; elle s'est inoculée à ce point ce faux nom et ce faux titre de comtesse, qu'elle les a portés jusqu'à la fin alors qu'ils étaient un danger mortel, en sorte que par un juste retour du destin, sa faute est devenue le premier pas vers l'expiation excessive qu'elle a subie plus tard.

Ces usurpations de titre devaient avoir d'autres conséquences ; pour soutenir la dignité de comte, il fallait des armoiries, pour avoir des armoiries on eut recours au même procédé de falsification éhontée, de fabrication grossière qu'on avait déjà employé. Il y avait alors en Angleterre une famille du Barry datant de la conquête normande, possédant un siège au parlement d'Irlande, et surnommée depuis plusieurs

---

délégué, chargés de l'instruction de cette affaire : « Si le prisonnier ne répondoit pas clairement, je ne craindrois pas de lui dire qu'il s'expose à une *question inévitable*, parce que tout ce qui est *crime d'État* se règle par des maximes différentes du droit commun. » (Documents sur la *Captivité et la mort de Dubourg dans la cage de fer du mont Saint-Michel*, par M. E. de Beaurepaire. Caen, Hardel, 1861.)

siècles Barry-More ou Barry le Grand à cause de l'importance de ses domaines, de l'éclat de ses services, de la valeur de ses représentants. Cette famille portait : « *D'argent à trois barres jumelles de gueules, pour cimier une couronne surmontée d'un château d'argent et issant d'icelle une tête de loup de sable.* — Supports : *deux loups de sable colletés d'une couronne ducale et enchaînés d'or* avec cette devise en vieux français : Bouttez en avant. On ne sait trop si c'était un cri de guerre ou le nom de la ville de *Buttevant* dont les Barry étaient devenus vicomtes sous le règne de Richard II (1366-1400). Cette puissante maison était encore représentée au milieu du dix-huitième siècle par « James Barry, Earl of Barry-More, viscount Buttevant, baron Barry of Barry's court, Olethan and Hawne[1]. »

Les du Barry d'Angleterre étaient-ils parents de ceux de France ? Nous n'avons aucune certitude sur ce point. Cependant de fortes présomptions portent à le penser. Il y a d'abord identité entre les écus comme entre les noms des deux familles. D'après l'armorial de d'Hozier datant de 1698, Urbain du Barry de Saint-Puy portait *barré* d'or et de sable[2]. D'après l'ouvrage de Riestap, les du Barry portent d'argent à trois *barres* d'azur au chef cousu d'or. C'est aussi le blason que M. de Bastard dont la maison s'était alliée le 15 août 1758 aux du Barry d'Armagnac, donne à cette branche « d'or aux trois barres de gueules, » ou « d'argent à trois barres d'azur au

---

1. Lodge, 1754. V. v. 63.
2. *Armorial manuscrit de la généralité de Toulouse.* Bibl. nat. Départ. des mss.

chef d'or. » Il y a là en réalité des armes parlantes des deux côtés. L'auteur du *Royalisme, etc.*, de Limayrac, atteste aussi que les du Barry de France provenaient d'une branche des du Barry d'Irlande qui étaient venus s'établir chez nous pour fuir les persécutions religieuses des protestants. Quoique que fort ennuyeux, cet ouvrage est assez exact, et l'on peut s'y fier parce qu'il a été écrit d'après les meilleures sources. Enfin les généalogistes, Lodge, Bourque, etc., font remonter l'existence de cette maison jusqu'au onzième siècle. Il paraît donc très vraisemblable sans être absolument démontré que toutes ces tiges aboutissaient à une souche commune. Cependant nous devons dire qu'on ne voit pas apparaître en tout ceci la couronne, les loups ni le *cri* des Barry-More, honorable pour une race guerrière et qui allait prêter à une allusion cynique par une mésalliance avec une femme galante. N'importe, nos du Barry, Jean et Guillaume, s'emparent sans façon de ces nobles armoiries, sauf à en faire litière et à les transformer en enseigne de bas étage. Puis à l'écu de l'époux, il faut accoler celui de l'épouse et il se trouve un héraldiste pour prêter son ministère à cette parodie. Son nom n'est pas cité : il serait curieux de le découvrir. On saurait si c'est par un excès de bassesse ou par imbécillité qu'il a imaginé les armes fantastiques qui se blasonnent ainsi :

« D'azur au chevron d'or, portant en cime un geai
« surmonté de la lettre G[1] et de deux roses en pointe,

---

1. L'emploi de lettres dans le blason n'est pas sans exemple. On en voit dans les armoiries des villes. Limoges porte un M en souvenir de saint Martial, son patron. Mais ce ne sont pas des

« d'une main dextre en pal, aussi d'argent. » Les roses, une main, pouvaient être les emblèmes parlants d'une coquette. Mais, était-il possible de provoquer d'une manière plus directe le souvenir d'une fable célèbre qui recevait ici une application justement méritée ? — Le geai paré des plumes du paon ! La présence de ce G majuscule a toutefois une importance. C'est un certificat d'origine, un indice que *Gomard* était bien le père de Jeanne Bécu, qu'elle en prenait publiquement l'initiale dans une pièce où le nom n'était pas nécessaire. Ce qui indique d'autant plus qu'elle y croyait et se considérait comme fille de ce personnage énigmatique.

Madame du Barry devenant comtesse, le nom de sa mère était un embarras. Bécu ou Rançon sonnaient mal, il fallait changer ces désinences incongrues. On y substitua donc sans plus de façon le titre de *M. et madame de Montrabe*, d'où et pourquoi cette dénomination retentissante qui jurait avec le passé de l'ancien commis de barrières et de sa femme ? On n'a jamais su d'où il provenait, ni par conséquent comment on devait l'orthographier, Montrabe, Montrable, Montrave, Monrapt, etc... Nous émettons à ce sujet une conjecture. Il y avait en Languedoc, à onze lieues N.-E. de Toulouse, une paroisse appelée *Montrabé*, et c'est encore aujourd'hui une commune[1]. Il serait donc possible que Jean du Barry, qui s'était érigé en gouverneur de Lévignac, ait en même temps décerné aux époux Rançon la seigneurie de Montrabé. C'est ainsi

---

pièces fort honorables (M. Garnier). M. Guigar attribue la confection de ces armoiries à d'Hozier.

1. V. *Dictionnaire des postes*.

que le nom se trouve écrit dans des mémoires que Rançon adressait à l'administration du district de Versailles, en l'an III[1].

Madame du Barry allait donc paraître à la cour sous les plus fâcheux auspices, un passé compromettant, une complicité quasi criminelle avec des faussaires, une usurpation de titre flagrante et l'affiliation à une famille aussi avide qu'avilie, qui ne se séparerait plus d'elle et ne fut pas une des moindres causes de la vive répulsion qu'elle rencontra.

A la tête du parti qui se forme contre elle se trouve le duc de Choiseul. Cette lutte va être toute l'histoire de madame du Barry jusqu'en 1774, et quoiqu'elle n'ait pas été la cause déterminante de la chute de ce ministre, il faut présenter un tableau exact des phases de cette guerre, en commençant par le principal personnage qui y prit part.

M. de Choiseul se faisait de ses capacités l'idée la plus avantageuse : il se posait en homme de génie. Nous ne voulons ni contester ni confirmer cette réputation qui s'était établie autour de lui, et dont le culte était professé par ses partisans avec fanatisme comme une religion. Il nous suffit de dire qu'il avait incontestablement de grands côtés dans le caractère et qu'il a laissé des actes méritoires.

Il portait haut le nom de la France. Forcé de signer le désastreux traité de 1763 après une guerre qui n'était pas son œuvre, il prépare sans perdre de temps la restauration de la marine, trop négligée par le cardinal Fleury, et c'est grâce à sa prévoyance que nous fûmes en mesure, quinze ans plus tard,

---

1. Archives du département de Seine-et-Oise, carton Q, n° 256.

d'aider les colonies d'Amérique à secouer le joug de l'Angleterre.

Il reconstitue l'armée ;

Il fait d'importantes économies dans le budget ;

Il conquiert ou acquiert l'île de Corse, Avignon et le Comtat ;

Il signe les traités de la quadruple alliance ;

Il met un terme à la longue et oppressive domination des Jésuites.

En présence de tels résultats, il serait puéril de mettre ses torts en balance avec ses services. Il faut constater toutefois qu'en 1768 il était parvenu à l'apogée de sa puissance et aussi, malheureusement, de l'orgueil précurseur d'une chute.

Il cumulait à lui seul trois ministères : les affaires étrangères, la guerre et la marine[1].

Il aspirait en outre à être contrôleur général des finances[2].

Il avait la surintendance des postes[3], et le secret de la poste, ce qui mettait entre ses mains un pouvoir occulte redoutable.

Il était en outre colonel général des Suisses : commandement qui valait 100,000 livres par an et n'était accordé qu'aux princes du sang.

Il était gouverneur des Invalides, etc... gouver-

---

1. Son cousin, M. de Praslin, n'étant que son prête-nom. (V. *Inf.*, p.   .)

2. *Nouvelles à la main*, du 19 septembre 1768.

On parle beaucoup de changement dans le ministère des finances. On dit que M. de Choiseul sera surintendant ayant quatre directeurs généraux des finances qui seront choisis parmi les intendants, et que M. de Laverdy restera au Conseil pour les Rapports (*Nouvelles à la main de la Mazarine*).

3. Place qui valait de soixante à cent mille livres par an.

neur de Touraine, grand bailli de Haguenau. Barbier évalue à un million le revenu total de ses places[1], Senac à 700,000 livres, et cette somme ne suffisait pas à ses prodigieuses dépenses en tous genres[2].

Louis XV aimait sa personne, son travail, son es-

1. Du Hausset, p 269.
2. Barbier, octobre 1761.

ALMANACH ROYAL DES SECRÉTAIRES D'ÉTAT.

M. LE DUC DE CHOISEUL, pair de France, rue de Richelieu :
Les Affaires étrangères, la Guerre, le Taillon (imposition pour subvenir aux dépenses des armées), les Maréchaussées, l'Artillerie, le Génie, les Fortifications de terre et de mer; tous les États-majors, à l'exception des Gouverneurs généraux, des Lieutenants généraux et des Lieutenants de Roy des provinces qui ne sont pas de son Département; la Surintendance générale des Postes; les dons, brevets, pensions et expéditions qui dépendent de ces Départements.

Provinces et généralités.

Les trois Évêchés de Metz, Toul et Verdun; la Lorraine et le Barrois, l'Artois, la Flandre, le Haynault, l'Alsace, la Franche-Comté, le Roussillon, le Dauphiné, la ville de Sedan et dépendances.

M. LE DUC DE PRASLIN, pair de France, rue de Bourbon, faubourg Saint-Germain :
La Marine, les Galères, toutes les Colonies françaises, y compris les Isles de France et de Bourbon; la Compagnie des Indes, en ce qui concerne son commerce extérieur maritime et ses établissements dans les Indes orientales; les Pêches de la morue, du hareng, de la baleine, et autres; les Consulats, la Chambre de commerce de Marseille, le Commerce maritime.

Les Pensions, Dons, Brevets, Expéditions qui dépendent de ces Départements.

Provinces et généralités.

La Ville et la généralité de Paris, etc.

M. BERTIN, rue Neuve-des-Capucines :
Les Manufactures.

M. SABATIER DE CABRE, ministre plénipotentiaire à Liège et chargé des Affaires de S. M. près de l'Impératrice de Russie.

prit[1]. Toutes les dignités honorifiques qu'il pouvait désirer lui avaient été accordées, brevet de Duc[2], collier de la Toison d'or, titre de cousin du roi, etc., etc.

Son ambition n'était pas encore assouvie : il aspirait au bâton de maréchal de France[3].

C'en était trop, la tête tourne à ce degré d'élévation et l'aveuglement arrive. M. de Choiseul raconte lui-même dans des mémoires imprimés sous ses yeux à Chanteloup, que le Dauphin ayant remis au Roi un mémoire à son insu, il en conçut une telle colère qu'il lui adressa ce mot resté célèbre : « je puis avoir le malheur d'être un jour votre sujet, mais je ne serai jamais votre serviteur[4]. » — Parole à peine croyable

1. V. ses *Lettres autographes* à lui adressées.
2. Les Choiseul n'étaient que marquis. Voici leurs titres et leur blason, d'après d'Hozier :
Maximilien de Choiseul, marquis de Meuze, porte : d'azur à une croix d'or, cantonnée de dix-huit billettes du même, posées cinq à chaque canton du chef et quatre à chaque canton de la pointe. — Province de Lorraine. Mss. de la Bibl. nat.
3. V. *Gazette de Hollande*, du 6 novembre 1769. « On dit que le duc de Choiseul sera élevé à la dignité de maréchal de France. » *Mémoires de Rochambeau*, vol. 1er, p. 217.
4. M. de Choiseul a-t-il prononcé cette phrase ? L'excès même de l'outrage qu'elle renferme en a fait douter. M. Boutaric m'a dit ne pas y croire, lui qui connaissait si bien l'histoire de ce temps. Et dans un article de M. Paul Mesnard, publié sur l'ouvrage de M. Em. de Broglie : *Le fils de Louis XV, Louis, dauphin de France*, 1 vol. in-8, Plon, 1877 (V. *Débats* du 11 mai 1877), on lit :
« On a prêté, sans vraisemblance peut-être, au duc de Choiseul cette insolente parole qu'il aurait eu la hardiesse d'adresser au Dauphin : « Je puis, monseigneur, avoir le malheur d'être votre « sujet, mais je ne serai jamais votre serviteur. »
On n'a rien prêté à M. de Choiseul, c'est lui-même qui s'est attribué le mot et qui s'en est vanté dans les *Mémoires* qu'il fit imprimer sous ses yeux, à Chanteloup. Ces Mémoires ne sont pas contestés, ils ont été reconnus implicitement par la famille, qui a déclaré que la publication avait été faite malgré elle. D'ail-

dans les idées alors reçues, et suivie de cette autre ligne qu'on ne cite pas et qui nous paraît plus extraordinaire, s'il est possible : « J'imaginois que plus foible encore que son père, M. le Dauphin me demanderoit *pardon* [1]. »

Il n'y a pas de commentaire possible pour une telle phrase. Celui qui l'écrivait était évidemment arrivé à l'infatuation de son crédit, la chute du *Roi* Choiseul, comme on l'appelait, *du Maire du palais* suivant d'autres, était prochaine, marquée.

Un des faibles de M. de Choiseul était de vouloir intervenir dans les amours du monarque. Parvenu par madame de Pompadour, il prétendait comme elle et avec elle régenter les maîtresses du Roi. La preuve s'en trouve dans sa conduite envers sa propre cousine madame de Choiseul (Romanet), envers madame de Séran, et madame d'Esparbès, de là son mécontentement contre la nouvelle favorite à laquelle le souverain s'était permis de jeter le mouchoir à l'insu et sans l'agrément préalable de son grand vizir !

Son irritation était d'autant plus grande qu'il croyait voir derrière elle Richelieu, d'Aiguillon, La Vauguyon, ses ennemis [2]. A ces craintes politiques venait se joindre la répugnance ou la sourde jalousie

---

leurs, ils sont signés à chaque page du style si reconnaissable de M. de Choiseul.

La phrase est donc bien de l'ancien ministre ; mais on peut se demander s'il l'a réellement prononcée. Nous en doutons comme M. Boutaric, comme M. P. Mesnard. Il aurait été un fanfaron d'insolence et se serait vanté de ce qu'il n'a pas dit. C'est ce que ses *Mémoires inédits* autorisent à croire. »

1. Vol. Ier, p. 34. — Textuel.

2. *Mémoires de Du Mouriez.* — *Lettre de Louis XV à M. de Choiseul.* — *Mémoires de Choiseul*, inédits ; pp. 22 et suiv. jusqu'à p. 29.

de la duchesse de Gramont, de madame de Beauveau, de madame de Boufflers et généralement de tout le parti de Choiseul qui était aussi nombreux que puissant. Les du Barry encore sans consistance étaient prêts à toutes les concessions pour éviter d'entrer en lutte avec un adversaire aussi formidable que le ministre régnant. M. de Choiseul repoussa les avances qui lui furent faites et la guerre commença, comme c'était l'usage alors, par des épigrammes, des chansons, des pièces de théâtre [1]. La liberté de la presse n'existant pas, rien ne pouvait paraître sans l'autorisation préalable de la censure. Les permissions ont été données par M. de Sartine. Elles ont été publiées et on en possède encore la teneur. Elles sont revêtues de la signature du lieutenant de police. L'attaque venait donc de haut.

Depuis plusieurs années, on chantait, dans les rues, sur un air populaire, une chanson intitulée *la Bourbonnoise*. C'était à l'origine une sorte de complainte bouffonne inspirée par la mort d'une courtisane, qui était censée avoir péri d'accident ou de maladie [2], son nom lui était venu de cette circonstance que la personne en question, s'était donnée comme une dame du Bourbonnois. L'allusion à Louis de Bourbon était facile à saisir. On mit l'histoire de madame du Barry sur l'air de la chanson et cette application de la Bour-

---

1. On lit dans Marais :
« Le lieutenant de police, M. Héraut, n'a pas osé murmurer; il n'auroit pas manqué d'être chansonné. » — Telle était l'intimidation des chansons sur les autorités.

2. On la trouve dans les *Recueils*, dès 1762, sur cet air : *Pleurez, filles de Paris*, etc. — V. le *Recueil manuscrit de Paulmy* à l'Arsenal.

bonnoise « fit, dit Grimm, une si prodigieuse fortune parmi le peuple qu'il n'y a point de rue ni de coin dans Paris où l'on ne l'entende chanter. » Grimm émettait à ce sujet un vœu, « c'était de voir une histoire de France en chansons, c'est-à-dire un Recueil de ces chansons du jour qui racontent un fait avéré d'une manière aussi simple que naïve...; » puis il disait l'origine de *la Bourbonnoise* [1], ce serait à coup sûr une entreprise fort intéressante : malheureusement en général les éléments d'un pareil travail font défaut. Voici ce que nous avons pu réunir sur la chanson qui concerne madame du Barry. On connait plusieurs Bourbonnoises. La première est la plus décente : elle commence ainsi :

>La Bourbonnoise }
>Arrivant à Paris, } *bis*.
>A gagné des *Louis*,
>La Bourbonnoise
>A gagné des *Louis*
>Chez un marquis.

De paysanne, elle devient Dame, une grande Dame à équipage et enfin elle s'élève jusqu'à Versailles :

>Elle est allée }
>Se faire voir en cour, } *bis*.
>Se faire voir en cour,
>Elle est allée.
>On dit qu'elle a, ma foi,
>Plu même au Roi !

Cette chanson fut imprimée et courut les rues sous

---

1. Janvier 1769, VI, p. 245.

forme de *canard*. M. de Sartine, ne craignit pas d'y donner son approbation, chose à peine croyable. Pidansat de Mayrobert cite la date qui serait celle du 16 juin 1768. — L'auteur des *Anecdotes* en conclut que « mademoiselle Lange venait d'être produite au Roi à la sourdine[1] », nous en conclurions au contraire que la connaissance de J. Bécu par le roi devait être antérieure et que la nouvelle en était déjà éventée, sans quoi on ne comprendrait pas qu'on commençât si vite à chansonner une historiette qui appartenait encore à la chronique secrète des petits cabinets. La notoriété suppose un certain temps d'incubation.

La seconde *Bourbonnoise* qui soit connue, ne s'en tient pas à des épigrammes, à des allusions, elle nomme la maîtresse en face, elle apostrophe le Roi lui-même et le met en scène d'une manière cynique. On ne peut en citer que les deux couplets suivants :

    Quelle nouvelle !
Une fille de rien, } *bis.*
Une fille de rien,
    Quelle merveille !
Donne au Roi de l'amour,
  Est à la Cour !

    Elle est gentille,
Elle a les yeux frippons, } *bis.*
    Elle est gentille,
Elle excite avec art
Un vieux Paillard, etc...

Les couplets de la fin nomment *mademoiselle Lange*

---

[1]. P. 94.

en toutes lettres ; mais ils sont trop obscènes pour être rapportés ici.

Aux chansons populaires succèdent bientôt les pièces de théâtre.

La première en date parait être *la* BOURBONNOISE A LA GUINGUETTE, farce-vaudeville représentée à Paris pour la première fois chez Gaudon[1], le 30 octobre 1768. C'est une parade grossière dont la scène se passe au *Cadran bleu*, cabaret renommé du faubourg des Porcherons. — Il n'y a ni sel ni esprit dans cet ouvrage : ces deux qualités sont remplacées par les coups de poing et les coups de pied que les acteurs échangent comme sur les tréteaux de la foire. La pièce n'est, bien entendu, qu'une perpétuelle allusion aux aventures vraies ou supposées de Jeanne Bécu, une cuisinière qui fait danser l'anse du panier, un perruquier qui couvre un charbonnier de farine, tandis que de son côté celui-ci le barbouille de poussière noire, des commis de bureau qui jouent aux grands seigneurs, et des seigneurs qui tiennent des académies de jeu, enfin la Bourbonnoise coiffée ridiculement et affublée de falbalas, donnant le bras à Frison coiffeur pour dames, tels sont les principaux personnages mis en évidence.

La Bourbonnoise parle le vocabulaire des tripots, elle fait de grosses fautes de français, des liaisons choquantes et boit de grands verres de vin, des rasades d'eau-de-vie. Si l'on veut avoir une idée du dialogue, en voici un échantillon.

---

1. Gaudon (Claude-Pierre Gourliez, dit), né en 1733, se fit entrepreneur de spectacles forains. En 1770, il avait encore un spectacle à la foire Saint-Ovide. (V. le grand ouvrage de M. Campazon, *les Spectacles de la Foire*, vol. 1er, p. 365.)

GENEVIÈVE, bouquetière.

C'est peut-être là cette fameuse Bourbonnoise?... Ah! je voudrois ben savoir ça!

LA BOURBONNOISE, à ses deux hommes.

Eh! mon Dieu! faites-la donc taire. Vous n'entendez pas que ces créatures me nomment et que me voilà déshonorée!

MARIE-JEANNE, marchande de fruits.

Eh! regardez donc comme ça vous parle d'honneur! Ne dirait-on pas qu'elle en a à revendre?

GENEVIÈVE.

En tout cas, ça ne vaudroit pu ren, ça ne seroit que du réchauffé [1].

A travers ces grossiers lazzis on reconnaît une certaine vérité attestant que les auteurs étaient des gens bien informés comme pouvaient l'être des contemporains. Sous les traits de la cuisinière, on devine Anne Bécu, Lametz sous le masque de Frison le coiffeur, du Barry dans les damoiseaux à plumet tenant académie de jeu, Sainte-Foy dans le commis de bureau; le passé de Jeanne Bécu n'est pas ménagé; cependant, chose digne de remarque, elle n'est pas dépeinte comme sortant d'un lupanar, ce que n'auraient pas manqué de faire des libellistes à gage en quête de tous les scandales, si le fait eût été avéré. La pièce se termine par un tableau d'ensemble qui montre la Bourbonnoise portée en triomphe sur les épaules des *Ribotteurs*. On danse, on chante, on se bouscule autour d'elle et le poète *Parnasse* compose le vaudeville final, répété en chœur par toute l'assistance:

> On voit à Paris maintes belles,
> En *falbalas*, en dentelles,

---

1. P. 22.

> Mettre à profit leurs appas,
> Et qui seroient mal à l'aise
> Sans avoir sauté le pas,
> Comme a fait la Bourbonnoise.

Les falbalas, *les dentelles* étaient encore un des traits signalétiques de madame du Barry, parce qu'elle en avait la passion. Les mémoires de ses fournisseurs de modes pourraient servir de pièces justificatives à l'appui de ce passage.

La beauté, alors fort appréciée de la gorge, était un des avantages de Jeanne, aussi le vaudevilliste n'a-t-il pas manqué de la représenter déposant une fausse gorge énorme au moment où elle se délace.

Avoir sauté le pas est une expression triviale, qui équivaut à *manquer à un certain devoir* ; elle était à la mode à cette époque et elle a été souvent appliquée à la favorite [1].

La pièce jouée, dès le mois d'octobre, était imprimée avant le fin de l'année et paraissait chez le libraire Robustel, quai de Gèvres à la Victoire, Paris MDCCLXVIII (1768).

On voit par un avertissement mis à la dernière page, que les airs, la chanson de table, l'ariette, le chœur et le vaudeville final avaient été notés et se vendaient séparément chez le même libraire ; indice qu'on voulait faire de la publicité, qu'on cherchait à répandre cette production par la musique comme par le théâtre et qu'on ne redoutait pas l'autorité.

L'auteur toutefois n'était pas nommé, mais il a été

---

1. V. Morande, etc. — Les *Mémoires d'un talon rouge* rapportent qu'on disait d'elle qu'elle était la plus grande *sauteuse de Paris*, parce qu'elle avait sauté du Pont-Neuf dans le lit du roi, etc.

connu : c'est Barret de Villeaucourt, un des fournisseurs habituels des petits théâtres[1].

La seconde pièce de la *Bourbonnoise* suivit de près la première ; elle fut représentée le 3 novembre 1768 sur le théâtre de Nicolet[2]. Elle est de Robineau, dit de Beaunoir[3]. C'est presque une opérette. Il y a autant de chants que de dialogues en prose ; elle est très supérieure à la pièce précédente, il y a de la gaîté, de l'entrain, il s'y trouve des mots heureux, des couplets bien tournés. On pourrait encore aujourd'hui la voir jouer avec plaisir. Il est facile de reconnaître Jeanne Bécu dans la Bourbonnoise, l'exposition roule sur ses amours avec un coiffeur de dames, nommé *Retappe*. Elle veut, elle va l'épouser, une voisine l'en détourne et lui conseille d'exploiter hardiment sa jeunesse, sa beauté. La Bourbonnoise, Retappe se consultent, ils hésitent à écouter ces mauvais conseils, mais ils finissent par les suivre et ils organisent ensemble, d'accord avec la voisine, mademoiselle *des Usages*, les moyens de faire fortune, c'est-à-dire de faire des dupes. On voit alors l'intérieur d'un tripot tel que pouvait être la petite maison de du Barry. *Retappe* amène des amoureux pour faire leur cour à la Bourbonnoise : ils jouent aux cartes avec elle, les conjurés trichent en se faisant des signes et les pigeons sont plumés. Arrive alors une revendeuse, elle offre sa marchandise et la Bourbonnoise se fait payer force bijoux par les pontes candides. Bientôt c'est le tour de créanciers qui obtiennent le payement de leurs

---

1. *Dictionnaire universel du Théâtre*, etc., par Goizet.
2. Voy. Registre de la librairie, départ. des mss. F. Fr.
3. Voy. les preuves à l'appendice.

billets, du propriétaire pour son terme, du restaurateur pour le souper. La Bourbonnoise trouve moyen de soutirer toutes ces sommes à ses adorateurs, après quoi on simule une querelle : un duel s'ensuit, entre *Retappe* et ses compères, la garde arrive, les galants s'esquivent pour ne pas être arrêtés. Enfin tous en chœur entonnent la Bourbonnoise.

Ici, madame du Barry n'est pas représentée en virago comme dans la *Bourbonnoise à la guinguette.* Cependant, si la satire est plus fine elle n'en est pas moins mordante. La période critique de sa vie est mise à nu avec exagération sans doute, mais avec un fond de vérité. La pièce devait porter coup. Aussi dès le 20 septembre les précautions sont prises pour se mettre en règle avec la censure. Le manuscrit est soumis au sieur Marin[1]. Il est lu et approuvé par le censeur, et le 3 novembre M. de Sartine donne le permis d'imprimer. C'est ce qui résulte du *Journal de la librairie* et de l'intitulé de la pièce. Le visa et la signature de M. de Sartine sont relatés au verso de la page[2].

Rien n'était plus concluant ; le lieutenant de police ne pouvait avoir autorisé cette pièce qu'autant qu'elle aurait l'approbation du ministre, aussi personne ne s'y est trompé. Tous ont dit que M. de Choiseul avait fait chansonner et jouer son ennemie publiquement et on trouve en effet des pièces, des chansons sans nombre, des satires entières, des caricatures revêtues de l'autorisation ministérielle, et par conséquent im-

1. La victime future des *Mémoires de Beaumarchais.*
2. V. *Bibl. nat.*, mss. Y. 5728. La pièce porte au frontispice ces mots : « A Paris, chez Claude Hérissant, imprimeur-libraire, MDCCLXVIII, AVEC APPROBATION ET PERMISSION. »

putables à celui qui tenait tous les ministères dans sa main. Au même moment parut une pièce en vers sous ce titre : *les Sultanes nocturnes et ambulantes*, etc.[1].

Le mouvement une fois lancé ne s'arrêta plus.

Le 4 décembre 1768, le censeur Marin approuvait LE BOURBONNOIS OU L'ESCROC DUPE DE LUI-MÊME : farce bouffonne mêlée de vaudevilles. La pièce était destinée au théâtre de Nicolet. Le manuscrit revêtu des approbations officielles a été vendu à la Bibliothèque nationale avec les papiers provenant de la succession du sieur Nicolet.

C'est la *Bourbonnoise* retournée ; un homme vit au détriment des femmes comme la Bourbonnoise aux dépens des hommes.

Puis viennent encore, toujours en 1768 : Le SAVETIER AMOUREUX DE LA BOURBONNOISE, un acte en prose mêlé de vaudevilles. Et enfin tout un poème. Ce morceau est trop long pour que nous puissions le rapporter en entier, nous renvoyons nos lecteurs à la Bibliothèque nationale[2]. Citons seulement quelques vers, qui ne permettent point de douter que les traits les plus mordants ne s'appliquassent à la favorite.

Les sultanes nocturnes s'adressent à Cythérée, reine de l'empire amoureux. Elles disent :

> De ta cour ce sont les suivantes,
> Rieuses et bonnes vivantes

---

1. On lit dans le *Journal de la librairie*, sous la date du 15 septembre 1768 :

« *Les Sultanes nocturnes et ambulantes de la ville de Paris contre les reverbères*. 16 p. in-12, vers.

« Imprimé pour le compte de l'auteur et distribué par les colporteurs avec permission tacite. »

2. Y. Z-D. Egl.

> En simple *juste*, en *falbala*,
> A la grecque, ou moins que cela,
> Dans le crépuscule ambulantes.
>
> Vénus, dans ton aimable code,
> Défends-tu, par aucune loi,
> Ces mots, petit cœur, *petit Roi*,
> Qui sont des termes de l'école ?

Les falbalas indiquent déjà madame du Barry, et le roi est nommé en toutes lettres. Mais voici qui devient encore plus clair :

> On dit que Minerve, Uranie,
> Gens que nous n'avons vus jamais [1].

Et enfin :

> Tantôt c'est en cabriolet
> Qu'une de nos sœurs bien coeffée,
> L'autre en *Bourbonnoise* attifée,
> Commise du sieur Nicolet
> Et Muse du sieur Taconnet.

Taconnet passait pour l'auteur de la Bourbonnoise. Grimm le croyait.

La satire était donc hardie et sanglante.

A ces pasquinades il faut joindre les bons mots lancés par les Choiseul et recueillis plus tard par Pidansat de Mayrobert [1] et pour couronner le tout une satire assez longue intitulée : L'APOTHÉOSE DU ROI PÉTAUD.

---

1. *Minerve, Uranie*, surnoms habituels de la favorite.
2. P. 97, édit. 1776.

Il y a des traits qui s'appliquent indubitablement à Louis XV et à la favorite, comme ceux-ci :

> Il vous souvient encor de cette *tour de Nesle,*
> *Mivintille, Lymail, Roux château Papomdour;*
> Mais dans la foule enfin, de peut-être cent Belles,
>   Qu'il honora de son amour,
> Vous distinguez, je crois, celle qu'à notre Cour
> On soutenoit n'avoir jamais été cruelle.
>   La bonne pâte de femelle!
> Combien d'heureux fit-elle dans ses bras!
> Qui, dans Paris, ne connut ses appas?
> Du laquais au marquis chacun se souvient d'elle.

Ces vers heureux et d'une tournure assez leste ont fait croire qu'ils étaient de Voltaire. Il n'y a que ce passage qui soit digne de lui : le surplus est lourd et insipide, ce qui suffirait déjà pour détruire cette paternité prétendue, mais il y a des vers comme celui-ci :

> Connois ce *qu'est* écrit au Livre du Destin.

Voltaire n'a jamais écrit de ce style, jamais il n'a eu cette prosodie grossière et incorrecte.

Quel fut le résultat de cette campagne? Le roi logea madame du Barry à Versailles ce qu'il n'avait pas encore osé faire!

C'était le résultat de ces attaques frivoles et maladroites qui remontaient jusqu'à la personne du roi et piquaient son amour propre « Le dechaînement est affreux, écrit Louis XV à M. de Choiseul, et à tort pour la plus grande partie... » en même temps il prévenait les du Barry qu'il était prêt à les défendre, ce qui n'eût pas eu lieu, si l'on n'avait pas exagéré contre eux les accusations outre mesure. Madame de

Gramont partage avec son frère la responsabilité de cette faute, on dit même qu'elle en serait la première coupable, il y a eu à coup sûr des querelles de femmes en tout ceci, madame de Gramont peut avoir poussé son frère à ne pas céder, mais nous croyons que c'est surtout par des raisons d'état, de rivalité ministérielle, de stratégie politique qu'il faut expliquer la conduite du duc de Choiseul. Quoi qu'il en soit son but fut manqué complètement : l'année 1768 se termina sans qu'il eut renversé la favorite, bien plus il n'avait fait que consolider son crédit. Le mémoire suivant en offre la preuve.

Extrait d'un mémoire de fournitures faites à madame la comtesse du Barry, par Poirier, marchand bijoutier, rue Saint-Honoré.

1768. — 18 nov. Une table à gradins en porcelaine de France, fond vert et cartouches à fleurs, très richement ornée de bronzes dorés d'or moulu, le dessus du tiroir couvert d'un velours vert et les pièces d'écritoires dorées...............	1,440 fr.
1768. — 18 nov. Une pendule à vase et serpent en bronze doré, moulu, le cadran tournant, le pied d'estale (sic), garni de trois morceaux de porcelaine de France, fond bleu, avec les surfaces en miniature, le dard du serpent fait en marcassite.......	912 fr.
1769. — 4 oct. Une pendule dorée, d'or de Germain ; elle représente les trois Grâces qui supportent un vase	

dans lequel est un cadran tournant, et dessous est un Amour qui, avec sa flèche, indique l'heure; le tout élevé sur un pied d'estale très bien ciselé et doré comme le reste.................. 2,400 fr.

1769. — 20 déc. Un baromètre et thermomètre de Passemant.

CHAPITRE XIII

INSTALLATION DE MADAME DU BARRY

(1769)

1769 est l'année de l'installation de madame du Barry à Versailles.

Le bail d'un hôtel, situé rue de l'Orangerie, avait été passé pour elle avec une dame Duru et consorts. — La pièce se trouve aux archives du département à Versailles, carton Q. Inventaire des biens séquestrés, etc. Le fait est donc authentiquement prouvé [1]. On a dit que madame du Barry n'avait établi là que la maison de ses gens. Cependant on voit par les registres des magasins du roi, que le 21 juillet 1770 des travaux ont été faits « dans l'HOTEL

---

[1]. Mais l'acte ne dit pas quelle était cette maison de la dame Duru. M. Le Roi indique le n° 7 actuel, presque en face de la rue du Potager. Nous avons consulté les rôles des *Boues* et *Lanternes*, de 1730 à 1780; nous n'avons pas vu y figurer le nom de la dame Duru. Nous avons pris des renseignements auprès du propriétaire de la maison, M. Frédéric Robin, directeur du Mont-de-Piété de Versailles. Il a examiné ses anciens titres et n'a pas trouvé la dame Duru parmi les anciens propriétaires. Reste l'indication de M. Le Roi, nous l'acceptons, seulement elle est dénuée de preuves, et nous n'imaginons pas par quel moyen on a pu découvrir cette adresse.

de madame du Barry, rue de l'Orangerie » et même en avril 1774.

A la même époque (12 décembre 1768), des nouvelles à la main, rapportées par les *Anecdotes* [1] plaçaient la demeure de madame du Barry dans le logement du sieur Le Bel, ce logement est marqué dans l'architecture française de Blondel (1752-1756) au rez-de-chaussée, dans l'aile du nord entre la cour de la Chapelle et la cour dite proprement la *cour du Château*, c'est-à-dire celle qui suivait la cour de marbre et précédait la cour des ministres. La légende du plan porte ces mots : Logement de M. Le Bel, concierge du château marqué G. Cette version a pour elle l'autorité de M. de Choiseul [2].

Nous savons que Le Bel était mort dès le 17 août de la même année 1768. Le logement avait pu être vacant; mais la charge de premier valet de chambre avait dû être remplie immédiatement par l'officier désigné comme étant en survivance c'était un sieur Claude-Christophe Lorimier de Chamilly [3]. Est-il croyable que le roi ait été reléguer une maîtresse dans tout l'éclat de sa faveur au fond d'une loge ?

Bientôt, à en croire l'auteur des *Anecdotes*, le roi, qui avait tenu madame du Barry éloignée de son appartement et du château l'installa dans l'ancien appartement de madame de Pompadour. Pidansat de Mayrobert semble ici se contredire : à la page précédente, il avait représenté madame du Barry comme occupant le logement de feu Le Bel ; puis il prétend

---

1. P. 101.
2. *Mémoires inédits*, p. 21.
3. État des gages de la maison du roi, 1767. — *Arch. nat.* G, 34.

que le Roi l'avait écartée jusqu'alors de son appartement et même du château. Où est la vérité ? L'auteur s'en soucie médiocrement. La question n'offre pas par elle-même grand intérêt, disons toutefois et à tout événement où était situé l'appartement de madame de Pompadour. Dans sa description du château de Versailles, Blondel lui consacre tout un article, où la marquise est nommée sans déguisement [1].

L'appartement de la favorite était situé au rez-de-chaussée de l'aile du nord, il donnait sur la terrasse. On y accédait, extérieurement par un perron en forme pentagone de six marches, existant encore aujourd'hui. Cet appartement consistait uniquement en une chambre à coucher, entourée de ses dépendances, cabinets, garde-robe, méridienne, bains, le tout accompagné, suivant le langage de Blondel, de beaucoup de commodités et décoré de goût [2].

Malgré ces commodités et cette décoration, dont parle Blondel en 1756, l'appartement de la marquise devait être peu désirable : jamais le soleil n'y pénétrait, l'humidité du parc devait s'y faire sentir plus que partout ailleurs ; il était en outre enclavé dans les appartements bas de Mesdames. Aux inconvénients inhérents à cet emplacement venaient se joindre les souvenirs funestes laissés par la mort de madame de Pompadour, qui, cinq ans auparavant, avait rendu le dernier soupir dans cette alcôve. Nous doutons qu'une jeune femme qu'on présente comme superstitieuse, se fût accommodée de ce séjour assombri [3].

---

1. *Architecture française*, t. IV, p. 576. Lettre Y.
2. *Architecture française*, *ubi supra*.
3. Dans les nombreux plans des Petits Appartements, on trouve désignée sous la lettre W une *ancienne chambre à coucher*

Laissant de côté ces traditions plus ou moins contestables, nous consulterons un document moins littéraire mais plus positif. Ce sont LES REGISTRES DES MAGASINS DU ROY AU CHATEAU DE VERSAILLES, source encore inexplorée. Les dépenses, les mouvements des matériaux, plombs, fers, glaces y sont inscrits avec beaucoup d'ordre ; l'indication des jours, mois et années, des entrées et sorties en font de véritables éphémérides. On y trouverait plus d'un de ces renseignements historiques dont notre époque est si avide. Le nom de madame du Barry s'y présente fréquemment. On le voit apparaître pour la première fois en janvier 1769, en ces termes « *Cinq corbeaux de fer pour soutenir les planchers chez madame la comtesse du Barry.* » En juillet « armoire pour chez madame du Barry *au petit appartement* » (sic). Août « manteau de cheminée chez madame du Barry » Même mention en septembre « manteau de cheminée pour l'appartement de madame du Barry *au petit appartement.* »

« *Idem* chambre à coucher de madame du Barry. »

A côté, il faut placer des indications qui marchent parallèlement avec les travaux concernant madame du Barry. Les filles de Louis XV demeuraient auprès de leur père. Leur appartement était de plain-pied avec celui du roi, dans l'aile nord du château ; de l'autre côté de la cour de marbre dans l'aile du midi, était l'ancien appartement du Dauphin et de la Dauphine, resté vacant depuis la mort de ses maîtres. Le plan consista à donner à Mesdames les pièces jadis occupées par leur père et leur mère, tandis que les

---

de madame de Pompadour (sic). Il serait possible que ce fût cette chambre qui eût d'abord été donnée à madame du Barry.

pièces qu'elles occupaient elles-mêmes furent disposées pour madame du Barry. Ce changement, a-t-on dit, mécontenta et fit murmurer Mesdames [1], mais il faut considérer que l'appartement du Dauphin et celui de la Dauphine étaient, suivant le témoignage de Blondel, « décorés avec beaucoup de goût et de magnificence et pourvus de toutes les commodités nécessaires à la résidence d'un grand Prince et d'une grande Princesse [2]. » Il y avait d'ailleurs une sorte de convenance de la part de Louis XV à éloigner ses filles du voisinage de sa favorite. Mieux eût valu sans doute leur épargner complètement ce contact : mais la faute une fois commise, pouvait l'être avec plus ou moins d'aggravations ou de ménagements.

Ces détails préliminaires étant connus, on comprendra mieux les passages que nous allons emprunter aux *Registres des magazins*. Ainsi on trouve au mois de février 1769 « nouvel appartement de mesdames Louise ci-devant occupé par feue la Dauphine » puis un peu plus loin, « cabinet commun de madame Sophie et Louise, « garde-robe de madame Victoire à présent de madame Adélaïde par le nouveau changement. »

Avril, « ancien appartement de madame Adélaïde à côté des Bains, (sous-entendu *restauré*.)

10 mai, « cheminée chez le roi, ci-devant madame Adélaïde. »

Novembre, « nouvel appartement du roi, ci-devant madame Adélaïde, (note de Soulié, c'est celui de madame du Barry) [3].

1. *Anecdotes*, p. 109.
2. *Architecture française*, IV, p. 117.
3. On lit dans les *Anecdotes :* « Il (le roi) s'inquiéta peu de

« Anciens bains de stuc de madame Adélaïde qui vont servir de cabinet à madame du Barry. »

On assiste, en quelque sorte, à l'opération qui s'est accomplie : transport de l'appartement de Mesdames dans les pièces *ci-devant occupées par feue la Dauphine*, et installation de madame du Barry à la place de ces princesses [1]. Pour plus de clarté nous mettrons en regard du plan imprimé de Blondel un plan que l'on trouve aux Archives nationales sous ce titre : « ancien appartement de madame du Barry *en* 1769 [2]. » Madame du Barry a donc eu au château de Versailles un premier appartement *en* 1769. Nous verrons bientôt comment et pourquoi elle en changea en 1770.

Il résulte en outre des registres des magasins une remarque qui a son importance. Pendant les six premiers mois de l'année 1769, l'appartement de madame du Barry n'existe pas encore, il n'en est parlé qu'au mois de septembre, comme de chose faite. Que faut-il conclure de là? que les travaux n'étaient pas terminés, ou que peut-être une maîtresse, même déclarée,

gêner Mesdames, qui se trouvèrent ainsi séparées de leur sœur et acquirent une nouvelle voisine qu'elles détestoient de plus en plus. » (P. 110.) On voit que l'auteur se trompe, puisque madame Louise va occuper l'appartement de la feue Dauphine, où, de son aveu, est déjà madame Adélaïde. Madame Sophie partageait, en outre, le même cabinet de toilette avec madame Louise, et madame Victoire, la garde-robe de madame Adélaïde. Les quatre sœurs étaient donc réunies.

1. Ce prince (Louis XV), voulant rapprocher de lui davantage sa favorite, fit donner à madame Adélaïde l'appartement de la feue Dauphine, et plaça madame du Barry dans celui de la princesse. Cet arrangement était nécessaire aux plaisirs du roi pour jouir plus facilement, et aussitôt qu'il le voudrait, des charmes secrets de sa maîtresse. — *Anecdotes*, p. 109.

2. O¹ 1773, n° 47, carton E, pièce 7.

ne pouvait avoir d'appartement avant la cérémonie de la *présentation* qui lui donnait un caractère officiel. C'est ainsi que madame de Mailly avait toujours vécu et que madame de la Tournelle n'avait pas voulu vivre ; cachée le jour dans les petits cabinets, passant la nuit clandestinement avec le roi, telle en un mot, que M. de Choiseul nous présente madame du Barry à ses débuts [1].

Le prince de Ligne nous apprend que, avant la présentation de madame du Barry à la cour, c'est-à-dire pendant les premiers mois de 1769, il était reçu dans son salon : qu'elle y réunissait des hommes de lettres, entre autres Robbé[2], poète trop fameux par la nature de ses premiers écrits, par sa conversion, par le mordant de ses épigrammes. Toujours gaie et rieuse, elle s'amusait beaucoup de la folie qu'il avait de se croire le plus petit pied de France[3]. Elle devait aussi recevoir Cailhava, qui s'est fait pardonner la médiocrité de ses productions par son enthousiasme précoce pour le génie de Molière. Il était né à Toulouse en 1731, il pouvait avoir connu Jean du Barry qui était du même pays et presque du même âge.

---

1. *Mémoires inédits*, p. 3.
2. Robbé de Beauveset, célèbre, ou du moins connu par des vers impies et licencieux. Sa vie crapuleuse répondait au cynisme de ses écrits. Il s'amenda, vers le milieu de sa vie, touché des représentations du comte d'Autré, personnage très dévot, qui cessa de l'être après qu'il eut converti Robbé. « J'ai fait pour mon salut, disait-il, ce qu'on fait pour la milice : j'ai mis un homme à ma place. »
Robbé mourut à Saint-Germain, en 1794. Ses poésies salissent plusieurs recueils, mais n'ont jamais été rassemblées.
(Note des nouvelles éditions. — Barrière et Berville, *Mémoires de madame du Hausset*, p. 173.)
3. *Mémoires du prince de Ligne*, vol. IV, p. 153.

Cailhava avait déjà fait représenter des pièces de circonstance[1]. Il composa, pour le premier jour de l'année 1769, une comédie-ballet, intitulée : *Les étrennes de l'Amour*, jouée par les comédiens italiens. La musique était d'un sieur Boyer. Cailhava convient lui-même dans l'avertissement qui précède la pièce imprimée[2], qu'il n'a voulu peindre qu'une allégorie; elle est transparente quoique ingénieusement voilée; l'intention de l'auteur perce à chaque mot : tantôt l'Amour s'adressant à Euphrosine et à ses compagnes leur dit : « Puissiez-vous voir sans chagrin qu'il y a *plus* de trois Grâces. » On devine aisément quelle est la quatrième. Tantôt l'Amour se plaint de quelques prudes, qui lui avaient enlevé son arc ; « voudraient-elles, s'écrie-t-il, s'en servir pour lancer les traits de la Médisance et de la Calomnie ? » On pressent bien encore contre qui, car on sait quelle était à ce moment la femme calomniée par excellence. Nous ne citerons que le dernier couplet du vaudeville final, il contient une allusion directe à la favorite, présentée sous le nom d'Hébé.

L'AMOUR, s'adressant au public.
Cibelle[3] en vain de traits mordans m'accable,
Pourvu qu'Hébé, *l'ornement de ma Cour*,
Daigne applaudir d'un geste favorable
Aux *Étrennes de l'Amour*.

Les mots que nous avons soulignés sont assez clairs

1. Notamment pour la convalescence de Louis XV, après l'attentat de Damiens (1757).
2. Edition de 1782.
3. C'est probablement une allusion aux infortunes amoureuses que la mythologie attribue à Cybèle. Serait-ce madame de Gramont ?

par eux-mêmes : ils le deviennent plus encore par la dédicace que l'auteur adressa à madame du Barry. Cette dédicace, il ne la fit pas imprimer ; la maîtresse n'était pas encore présentée, reconnue officiellement. Il se contenta d'inscrire sur l'exemplaire qu'il lui offrit [1], les vers suivants :

> Transporté par un songe au haut de l'Empyrée,
> J'ai cru voir cette nuit la belle Cythérée,
> L'aimable Hébé, le Dieu qu'invoquent les amans,
> La tendre Volupté, les Grâces, les Talens,
> Qui d'un air satisfait parcouroient mon ouvrage.
> Un sourire flatteur m'annonçoit leur suffrage.
> J'ai redouté leur fuite à l'instant du réveil,
> Mais je les vois encor, ce n'est pas un mensonge.
> Un seul de vos regards réalise mon songe,
> Et j'étois *moins* heureux dans les bras du Sommeil.

Ces derniers vers prouvent que Cailhava n'envoya pas, comme on l'a cru à tort, sa pièce à madame du Barry et qu'il la lui remit en personne ; sans cela, on ne comprendrait pas qu'il pût dire :

> Mais je les[2] *vois* encor, ce n'est pas un mensonge.
> Un seul de *vos regards réalise* mon songe...

Ce qu'il avait rêvé était devenu un fait tangible, il voyait éveillé ce qui lui était apparu dans son sommeil. Cailhava était donc admis auprès de madame du Barry, ainsi déjà la notoriété des amours du roi était assez grande pour que la flatterie fit fumer l'encens des dédicaces sur les autels de la déité nouvelle,

---

1. V. *Bibliothèque de Versailles*, 1 vol. in-8. Paris, Lejay et Duchesne.
2. *Les*, c'est-à-dire les Grâces, etc.

et la montrât versant l'ivresse de la volupté au banquet des dieux séant à Versailles.

Il ne faudrait pas conclure de ce que nous venons de dire que J. Vaubernier réunit, chez elle, un bureau d'esprit. Ce n'eût pas été un moyen de plaire à Louis XV, il n'aimait pas les gens de lettres et les tenait à distance [1]. Nous voulons seulement constater qu'à cette époque (fin de 1768 ou commencement de 1769), madame du Barry s'exerçait déjà au rôle de Mécène féminin à l'instar de madame de Pompadour.

Vers le même temps on faisait circuler des lettres qu'on lui attribuait. Un journal anglais publiait à la date du 9 janvier 1769, le fragment d'une prétendue lettre *adressée par la comtesse de Barré* (suivant la prononciation anglaise), *à son frère, au moment où il embrasse la carrière des armes.* Cette pièce intéressante est indiquée comme traduite du français. The gentleman's MAGAZINE and historical chronicle for the year 1769, by Silvanus Urban London. January, vol. XXX, p. 8. — Part of a letter from the countess of Barré to her brother, on his embracing a military Life translated from the french.

Cette lettre n'est pas apocryphe : elle existe bien, mais le journal anglais s'est trompé sur la date et l'auteur de la pièce, la prétendue comtesse de Barré n'avait pas de frère.

Nous avons déjà vu que les fils d'Antoine du Barry étaient au nombre de trois, Jean, Guillaume et Nicolas dit Élie. Ils avaient en outre deux sœurs, Claire-Françoise et Marthe. Claire-Françoise était, dit-on, une

---

1. V. la curieuse conversation rapportée par madame du Hausset. — *Mémoires*, p. 138.

fille d'esprit, elle avait même fait ses preuves de talents littéraires en publiant une lettre qui avait eu l'honneur d'être insérée au *Mercure* [1]. Nicolas dit Élie, né en 1742, entré à l'École militaire en 1754, en sortait en 1758, âgé de seize ans. C'est à lui que Claire-Françoise adressait la lettre publiée par le *Mercure* en septembre 1758 [2]. Ce journal était alors dirigé par Marmontel, qui fit précéder l'article de la note suivante :

« Je me hâte de publier cette lettre comme une haute leçon de vertu et comme un rare morceau d'éloquence. »

La lettre méritait en effet cet éloge par l'élévation des sentiments et la correction du style qu'on y remarque. Le nom d'un juge aussi compétent que Marmontel, l'auteur d'ouvrages techniques sur le langage, de discours sur l'éloquence, etc., etc..., donne une double valeur à ces louanges qui n'avaient rien d'exagéré. On en jugera par la reproduction de ce morceau qu'on trouvera à l'appendice.

Nous ne relèverons ici que cette phrase qui semble indiquer des aspirations poétiques :

« Tandis que, confinée dans un château, je partagerai ma vie entre les soins de mon sexe et des amusemens littéraires, vous cueillerez des lauriers et votre sœur disputera aux Jeux floraux leur couronne... Et si vous devenez

---

1. *Anecdotes*, p. 85.
2. Pour qu'il ne puisse subsister aucun doute, nous allons citer intégralement le titre donné par le *Mercure* à la lettre (p. 64 du numéro de septembre 1758). — *Lettre de mademoiselle du Barry à son frère*, élève de l'École militaire.
La lettre est signée : C. BARRY DE CÉRÈS.

jamais un grand guerrier, vous lui apprendrez à vous chanter et vous aurez de sa part un poëme... »

Recherches faites dans les archives de l'Académie des jeux floraux à Toulouse, il ne s'est rien trouvé au nom de mademoiselle du Barry, soit parmi les pièces couronnées, soit parmi celles admises au concours [1].

Jeanne Vaubernier n'a jamais pensé à se faire imprimer ; sa belle-sœur seule avait la prétention d'être une femme auteur. De là vint la méprise plus ou moins volontaire du Gentleman's Magazine. Écrire pour le public n'aurait pas été du goût de Louis XV. Madame de Pompadour était artiste, mais non écrivain, elle aimait à manier le burin pour immortaliser sur la pierre la gloire du roi, à chanter et à jouer la comédie pour l'amusement des petits cabinets, c'était tout. Il n'aurait pas fallu que son auditoire s'étendît au delà. A plus forte raison devait-il en être ainsi pour madame du Barry, dont la faveur était loin d'être assise aussi solidement que celle de la marquise et qui s'étudiait encore à l'imiter servilement.

Pendant les derniers mois de 1768 ou les premiers de 1769, madame du Barry a vécu, soit dans l'hôtel de la rue de l'Orangerie, soit au château de Versailles dans quelque appartement provisoire. Elle était encore à l'état de maîtresse non avouée. Elle recevait cependant déjà chez elle des grands seigneurs, des littérateurs.

Elle était à peine installée à Versailles. Cependant elle n'avait pas perdu de temps pour songer à sa

1. *Lettre du secrétaire perpétuel de l'Académie de Toulouse*, du 17 février 1877.

mère. Elle l'avait fait entrer dans le couvent des religieuses de Sainte-Elisabeth, *rüe et vis à vis des murs du Temple, à Paris*.

Ce monastère, appartenant au tiers ordre de Saint-François, avait été fondé par la reine Marie de Médicis, qui en avait posé la première pierre, le 14 avril 1628.

Il semble que cette maison eût conservé quelque chose de sa royale origine. Louis XV en avait fait une succursale de ses anciennes amours. On y trouvait réunies : une demoiselle Tiercelin, une dame de Romance, marquise de Chavagnac et enfin *madame de Monrave*. Chose remarquable, elle y est établie dès les premiers mois de 1769, ainsi qu'il résulte du *Registre des receptes et dépenses* du couvent :

« Reçu de madame de Monrave, pour trois mois du loyer de son appartement échu le 20 mai dernier..., 168 livres. »

Elle y logeait donc dès le mois de janvier.

L'auteur des *Anecdotes* a connu le fait, il en parle à la page 320 de son livre, mais sans donner de preuves à l'appui de ce qu'il avance et sans précision. « Dans les commencemens, dit-il, les du Barri avoient cherché à expulser, de Paris, la mère de la favorite. » Celle-ci n'aurait eu que plus de mérite à maintenir Anne Bécu auprès d'elle, et ce, dès les premiers moments de son séjour à Versailles, alors que sa propre existence à la cour n'était pas assurée d'un lendemain. On voit en effet que l'entrée d'Anne Bécu au couvent de Sainte-Elisabeth, coïncide avec l'installation de sa fille à Versailles. Pidansat de Mayrobert en recule au contraire beaucoup la date. Quoiqu'il ne pose jamais de chiffre, il ne parle de la dame de

Montrabe que dans la seconde partie de son ouvrage, après le premier sermon de l'abbé de Beauvais, par conséquent en 1773. Nous restituons aux faits leur date exacte, 1769, — faisant le pendant et la suite d'une autre date analogue, — l'habillement de Gomard et de Rançon[1]. Nous avons donc substitué aux simples allégations de Pidansat, les preuves et la précision qui leur manquaient.

1. V. ci-dessus, p. 120.

CHAPITRE XIV

PRÉSENTATION DE MADAME DU BARRY A LA COUR

(22 avril 1769)

Il faut le dire, les débuts de la faveur de madame du Barry sont restés fort obscurs. Ces heures ont peut-être été les plus heureuses de son existence; elle avait tous les avantages de la position ; elle n'en connaissait pas les ennuis, comment en est-elle sortie pour s'élancer dans les régions élevées de la cour ? Comment a-t-elle aspiré à la formalité préalable et suprême de la *présentation* ? L'opinion commune attribue ce projet à l'ambition présomptueuse de Jean du Barry. M. de Belleval et Hardy s'accordent à prêter cette intrigue à MM. de Richelieu, de Maupeou et Bertin. C'était le sentiment de M. de Choiseul. On ne peut former à cet égard que des conjectures. Voici les nôtres sous toutes réserves. Dans notre opinion, le véritable auteur de l'introduction de madame du Barry à la cour, serait Louis XV, lui seul pouvait la vouloir et l'a voulue. Le mariage exigé impérativement par Le Bel n'avait pas d'autre objet que de parvenir à la *présentation*, c'était alors une loi de l'étiquette, qu'une femme qui n'avait pas été présentée publiquement à la famille royale et à son chef, ne pouvait suivre le roi dans ses carrosses, souper dans les petits cabinets, ni être admise dans les résidences royales, surtout dans le château de Versailles. Les préparatifs du mariage avaient eu lieu en vue du voyage de Compiègne, la présentation ne se fit pas immédiatement ; elle fut retardée par l'opposition de Mesdames, plus probablement par le deuil de la reine dont la mort était si récente. Mais Louis XV — c'est lui-même qui le dit dans ses lettres — n'était pas d'humeur à se gêner ni à se cacher longtemps. Il se mettait facilement au-dessus des lois morales ou religieuses ; il respectait dévotement les règles du cérémonial, suivant en cela le préjugé général de son siècle. Lorsque madame de Châteauroux se montra en loge à l'Opéra, il y eut des rumeurs diverses à ce sujet, les uns la blâmaient d'avoir affiché publiquement son triomphe ; les autres, en plus grand nombre, l'approuvaient en disant :

« Que le Roy n'étoit point dans le cas, comme ses sujets, de ménager certaines considérations, encore moins de rendre compte de ses actions ; que l'on avoit pris un grand parti et que c'étoit le meilleur moyen d'en imposer aux mauvais raisonnements. Après que la curiosité a été satisfaite, les encouragements ont succédé, et presque tout le monde a applaudi au goût du Roy. »

L'auteur du *Journal de Police* s'incline devant l'opinion générale. Louis XV avait été élevé au milieu de ces idées, il les partageait, il écrit à M. de Choiseul à propos de madame du Barry : « Elle est fort jolie, j'en suis content, cela doit suffire... » Il se trompait de date : le bon plaisir ne suffisait plus, même en matière de galanterie. On avait passé à Henri IV la licence du soldat en faveur des talents du grand capitaine, les splendeurs éblouissantes de Louis XIV avaient fait illusion sur des désordres qui déjà cependant avaient occasionné plus d'un murmure. Louis XV lui-même, jeune et victorieux à Fontenoy, à Lawfeld, à Rocoux, avait longtemps trouvé de l'indulgence, presque de l'encouragement pour ses faiblesses, mais ce qui semblait naturel en 1740 n'était plus possible en 1769. Un quart de siècle s'était écoulé : les mœurs s'étaient retrempées dans les œuvres de Montesquieu, de J.-J. Rousseau, de Mably. Les mêmes pratiques, disons mieux, les mêmes abus tolérés sous madame de Pompadour allaient soulever la conscience publique contre la royauté en récidive avec madame du Barry.

Le duc de Choiseul, il faut lui rendre cette justice, eut le mérite de voir clair en cette circonstance et de sentir que le roi était sur le point de commettre une faute capitale, il lutta courageusement contre le scandale d'une présentation imminente, qu'il agit dans des vues plus ou moins personnelles et intéressées, ou par dévouement pour son maître, il n'importe. Il avait le sentiment de la dignité de la couronne, du péril qu'elle allait courir, de l'abaissement que cette rechute infligerait au vieux monarque. Il s'en est expliqué dans ses mémoires. Son opposition alla jusqu'à la fureur. Ce passage donne une idée de ses sentiments :

« Personne ne put croire dans le premier moment à un éclat aussi infâme, parce que personne, jusqu'alors, n'avoit jugé le Roi. La foiblesse de son âme, son air timide qui tient beaucoup à sa bêtise, sa belle figure qui a le caractère de la décence, son âge, l'exemple qu'il devoit donner à des enfans aussi jeunes que les siens, le mariage de son petit-fils, tout concouroit pour faire rejeter le bruit d'une action aussi méprisable que celle de la présentation d'une fille supposée mariée, contre toutes les bonnes mœurs, à l'infâme frère d'un homme de rien qui tenoit école publique d'escroquerie et de prostitution dans Paris; je crois effectivement, quelque mauvaise opinion que j'aie du Roi, qu'il n'auroit pas osé se porter à une action aussi indécente, s'il n'y avoit été encouragé par le maréchal de Richelieu, qui, par malheur pour la Cour et pour la France, se trouvoit être le premier gentilhomme d'année en service. Je crois même que la du Barry n'auroit pas osé porter ses vues jusque-là, sans les conseils de M. de Richelieu, qui eut la malheureuse facilité, par son ancienne connoissance avec cette femme, de pouvoir, dans cette occasion, faire triompher son goût pour l'intrigue et pour le vice. »

Mais autant la cause que défendait ici le duc de Choiseul était juste et grande, autant les moyens qu'il employa étaient mesquins et déplorables. Voyons d'abord quelles étaient les ressources qui étaient à sa disposition.

Quel que fût l'aveuglement de Louis XV et quand sa passion aurait été poussée jusqu'au délire (ce qui est fort douteux, nous le verrons bientôt), nous maintenons qu'il était possible d'arrêter court l'ambition des du Barry, et d'obtenir du roi, ou qu'il les expulsât tous sur-le-champ, ou qu'il les réduisît à l'ignominie du Parc-aux-Cerfs dont il avait conservé la clef.

Voici les éléments de persuasion et au besoin de contrainte morale qui étaient à la disposition du duc de Choiseul, habile comme il était à rédiger un mémoire éloquent, même la plume à la main[1], avec cet art suprême du courtisan qu'il possédait au plus haut degré, ou même, sans art, et fort de la seule puissance de la vérité, il pouvait mettre sous les yeux du roi, quatre ordres de documents qui défiaient toute réponse.

1° Les registres de la paroisse N.-D. de Versailles, où s'étalait dans toute sa bassesse la domesticité des Bécu; les archives de la duchesse d'Antin, de la maison de Gramont, de madame de Pompadour même. Louis XV n'était pas difficile dans ses amours; il n'avait pas dédaigné une jeune fille qui avait servi de modèle à Boucher et à d'autres peintres, mais il n'en avait pas fait sa maîtresse en titre, il ne l'avait pas présentée à sa famille, à la cour! Nul doute pour nous, qu'il n'eût reculé devant cette parenté de cuisiniers, de valets, de gens à livrée, connaissant tous la nouvelle présentée, pouvant la tutoyer, la traiter, non seulement d'égal à égal, mais d'oncle à nièce, de cousin à cousine! Il n'est pas de tare qui eût équivalu à ce vice radical: la vilainie d'origine.

2° *Le procès-verbal officiel du commissaire Charpentier, en date du* 18 *avril* 1759. Avec l'assistance de M. de Sartine, rien n'était plus facile que de faire une battue dans les commissariats du Châtelet. Nous avons analysé cette pièce; nous y renvoyons sans autres commentaires. Qu'on se représente ce procès-verbal portant tous les caractères irrécusables de son

---

1. « C'est par les dépêches diplomatiques qu'il envoyait de Rome à M. de Bernis, qu'il s'était fait connaître et apprécier. » — *D'Argenson.*

authenticité et circulant dans Paris, c'est-à-dire dans la France, dans l'Europe entière, — c'était la chute de madame du Barry à bref délai, — nous pourrions y joindre un autre procès-verbal, affaire de la femme Étienne.

3° Le *Journal des Inspecteurs de police*, où le nom de Jeanne Vaubernier figurait par deux fois, ainsi que son concubinage avec J. du Barry le Roué, d'une réputation si détestable, d'une santé tellement suspecte, que Lauzun en avait redouté la contagion.

4° Enfin et par-dessus tout, la criminalité des faux accumulés dans le contrat et dans l'acte religieux du mariage.

Tromper la personne du roi à cette époque c'était un attentat de lèse-majesté pour lequel la mort semblait trop douce. Or, le roi avait été dupé de la façon la plus irrévérencieuse. Il avait été joué sur l'âge, la naissance de la femme, aussi bien que sur les titres du mari, et pour arriver à ce résultat lucratif, on n'avait pas reculé devant la fabrication des pièces nombreuses que nous avons énumérées. Avec la possession d'un secret aussi redoutable, il y avait de quoi mettre en fuite tous les du Barry, ou les forcer du moins à renoncer à leurs folles prétentions. L'abbé Gomard, notamment, était pris en flagrant délit d'usage de faux noms, puisqu'il ne s'était jamais appelé *Jean-Baptiste* et qu'il avait attribué dans l'acte ses propres prénoms au prétendu Vaubernier !

M. de Choiseul avait donc à sa disposition des armes formidables et mille agents pour les mettre en œuvre. Trois ministères, le secret de la poste, et, avant tout, M. de Sartine qui, à lui seul, valait une armée. Ces moyens d'attaque n'avaient rien de nouveau. Ils étaient, ils sont de tous les temps, c'est ainsi que le Parlement de Paris avait fait rédiger contre les ducs et pairs un mémoire dans lequel il contestait leurs titres de noblesse et les avait réduits à néant[1]. Pareille mésaventure était arrivée au contrôleur général Dodun qui avait voulu se faire appeler marquis d'Herbaut[2]. Ses prétentions nobiliaires avaient été mises à nu, il avait été chansonné et bafoué. Il y avait alors, comme aujourd'hui, comme toujours, des limiers qu'on appelait des *furets*[3], qu'on appelle maintenant des *détectives*. Il n'était même pas besoin de recourir à un héraldiste, un clerc de procureur aurait suffi à cette besogne.

Pour résumer notre pensée, nous dirons que le meilleur moyen de combattre les du Barry, c'était de les démasquer et de les montrer au naturel. Leur portrait suffisait à cette tâche, sans qu'il fût besoin de leur caricature. Tel n'était pas l'esprit du temps, les partis comme les personnes s'attaquaient à coups de chansons, d'épigrammes, de dessins. M. de Choiseul

---

1. *Vie privée de Louis XV*, vol. I, p. 235.
2. Le contrôleur général a paru, pendant le voyage de Marly, en habit galonné. Il a acheté le marquisat d'Herbaut; il est lieutenant du Roi de Poitiers, et il s'est cru homme de qualité. On l'a chanté sur l'air de la *Testard et sa femme aussi*:

SUR DODUN.

Dodun dit à son tailleur :
« Marquis d'Herbaut je me nomme,
Je prétends qu'en grand seigneur
On m'habille, et voici comme :
Galonnez, galonnez, galonnez-moi,
Car je suis bon gentilhomme ;
Galonnez, galonnez, galonnez-moi,
Je suis lieutenant du Roi. »

3. V. l'*Espion dévalisé*, par Beaudouin de Guémadeuc, p. 88.

ne sut pas s'élever au-dessus de ce genre de polémique que son idéal M. de Maurepas avait employée, à son grand dam, contre la duchesse de la Tournelle et la marquise de Pompadour.

Il préféra la petite guerre à la grande : il autorisa plus ou moins ouvertement des productions qui, sans son assentiment, n'auraient pas paru ou bien auraient attiré sur la tête de leurs auteurs des poursuites rigoureuses. Nous avons réuni et nous allons parcourir les pièces satyriques qui nous semblent appartenir à cette époque.

Le premier janvier 1769, paraît le BREVET D'APPRENTISSAGE D'UNE FILLE DE MODES *à Amatonthe* — en vers de huit pieds et à rimes croisées.

Jeanne y figure, sous le nom d'Agnès Pompon comme *apprentisse* de modes.

Sa tante est la dame *La babille*, sa maîtresse est madame Tapi, marchande de modes, à Paris, rue *Commode*, à la *Souris*.

C'est une longue allusion, depuis le premier vers jusqu'au dernier à l'ancienne condition de madame du Barry, qui, comme nous le savons, avait été fille de boutique chez *la Bille*. C'est à une syllabe près, qui est ajoutée, le nom de la tante la dame *la Babille*. On sent bien que la profession d'apprentisse de modes est ce qui préoccupe le moins la docile Agnès ; elle joindra à ses talents un autre métier elle s'en explique sans détours :

AGNÈS POMPON.

... Pour faire en toute occasion
L'avantage de sa maîtresse,
Se propose de consentir
A satisfaire le désir

Des voluptueuses pratiques
Qui soutiennent tant de boutiques
Qui brillent de cette façon.

C'est du Restif de la Bretonne mis en vers. Les lecteurs ne devaient pas être embarrassés pour en faire l'application à qui de droit

Le *Journal de la Librairie* enregistre cette publication sous le n° 22,181, et nomme l'auteur qui est un sieur Levaillant, puis il ajoute cette formule significative :

« Imprimé pour le compte des colporteurs AVEC PERMISSION TACITE. »

A moins de faire tirer ce libelle par l'imprimerie royale, la complicité de l'autorité ne pouvait être plus évidente.

Vient ensuite un ouvrage en prose intitulé :

VIE DE LA BOURBONNOISE
écrite par elle-même

A SA MÈRE

Par MM. Hernelingue, commis de la Poste,
et Alexandre, musicien.

Brochure de 76 pages in-12, imprimée pour le compte des auteurs, par Hérissant, imprimeur-libraire. Avec permission tacite.

Cet énoncé, se trouve dans le journal manuscrit de la Librairie, à la date du 2 février 1769 [1].

L'ouvrage était autorisé tacitement, or, le sieur Hernelingue était commis à la Poste. Il était donc hiérarchiquement sous les ordres de M. de Choiseul,

---

1. *Bibl. nat.*, mss. F. FR, 22165.

qui avait la surintendance de ce département considéré comme une dépendance des Affaires étrangères.

Alexandre figure parmi les musiciens vivants dont la liste se trouve dans les spectacles de Paris.

Alexandre, au théatre Italien a donné *le Petit maître en Province*, 1765, l'Esprit du jour, 1767 à *l'Opéra Comique*, Georget et Georgette.

La Bibliothèque nationale ne possède pas l'œuvre des sieurs Hernelingue et Alexandre, mais on la trouve à la bibliothèque de l'Arsenal [1].

Ce livre n'est qu'un roman moitié obscène, moitié sentimental, qui présente un mélange de maximes morales et de tableaux lubriques. Il se termine par cette sentence ironique écrite en gros caractère : « LA VERTU DANS LA MISÈRE EST PRÉFÉRABLE A L'OPULENCE DANS LE VICE, » nous renvoyons à l'appendice la table des chapitres : elle donnera une idée suffisante du surplus de l'ouvrage.

Quoique le titre annonçât une *vie* de la Bourbonnaise, et pût faire espérer quelques détails véridiques sur madame du Barry, on n'y trouve rien de pareil ; le seul passage, ayant un semblant de réalité historique, serait celui-ci, la Bourbonnoise dit : « je passai trois ans avec le comte de *** dans le sein de l'amour et du plaisir... le comte me procuroit les agrémens du spectacle dans sa loge grillée. Les soupers de sa petite maison ou plutôt de la mienne étoient des plus agréables, il avoit soin d'y rassembler la compagnie la plus enjouée. Ce n'étaient que *concerts*, opéras comiques, etc., etc... »

On pourrait entrevoir là une peinture de la vie

---

1. Belles-lettres, n° 15649.

passée par Jeanne Bécu chez le soi-disant comte du Barry pendant trois années environ au milieu de la société que nous avons décrite [1].

Dans ses parties les moins authentiques, ce livre est encore curieux en ce qu'il a servi de type aux *Anecdotes* de Mayrobert. Les scènes de la Gourdan avec mademoiselle Lançon [2] semblent calquées sur les dialogues entre la Bourbonnaise et la femme Simon. Les descriptions sont les mêmes, le prix du marché est identique, il est évident, qu'il y a eu copie d'un ouvrage par l'autre, avec cette seule différence, que le corrupteur de la jeune fille est un financier au lieu d'être un prélat. Pidansat de Mayrobert ne s'est pas mis autrement en frais d'imagination pour dissimuler son plagiat.

L'exemplaire de l'Arsenal est orné d'une gravure, pliée en deux parce qu'elle est trop grande pour la justification du format, c'est une addition qui a été faite à l'ouvrage primitif peut-être par M. de Paulmy.

La description que donne le *Journal de la librairie* ne parle ni de frontispice ni d'une estampe quelconque ornant la brochure.

La gravure, assez bien exécutée, représente une jeune femme assise près d'une table de structure grossière. Elle est occupée à écrire une lettre, un bonnet de paysanne, ou baigneuse couvre sa tête elle a des sabots aux pieds. Sa figure ressemble à celle de madame du Barry, dans le portrait de Gaucher d'après Drouais, à ses côtés la cruche d'eau classique.

Au fond de la chambre un grabat. On dirait une

1. V. p. 43-50.
2. P. 24-26.

prison ou une chambre d'hôpital. La légende porte ces mots.

LA BOURBONNOISE,
Le repentir efface les fautes.

Il est probable que cette estampe circulait isolément comme une caricature contre madame du Barry, un des possesseurs du livre M. de Paulmy, ou autre, l'aura jointe à l'exemplaire de la Bourbonnaise par Hernelingue à cause de la similitude du titre.

C'est ainsi qu'elle nous est parvenue, le cabinet des estampes n'en possède pas d'épreuve, au contraire une autre estampe sur le même sujet existe dans la collection de l'histoire de France de la Bibliothèque nationale.

Deux personnages se battent à l'épée sur le devant de la scène. Dans le fond une femme cherche à retenir l'un des combattants, une autre lève les mains avec l'apparence de l'effroi. Le texte porte en haut :

LA BOURBONNOISE.

En bas, un commissaire, en robe de magistrat, intervient et dit aux deux combattants :

« De la part du Roi, rendez vos épées! »

Poisson — *invenit*. 1769.

C'est la scène XVI de la Bourbonnoise par Beaunoir[1]. On se rappelle qu'il y a à la fin de cette pièce un duel simulé. Arlequin déguisé en commissaire s'adressant à Tapefort, lui crie pareillement :

De la part du roi, rendez votre épée[2]. La femme du

1. V. ci-dessus.
2. P. 58-59.

fond n'est autre que madame du Barry sous les traits de la Bourbonnoise, on la reconnaît à ses cheveux relevés sur le front *en escalade*, à la beauté des yeux, à la délicatesse de l'ovale, une autre figure beaucoup moins soignée et moins fine représente sans doute *mademoiselle Des Usages*, un personnage qui se cache la figure doit être l'une des dupes peut-être l'huissier.

Nous ne pourrions dire si la gravure a été faite pour le texte de la pièce ou publiée à part. Une note manuscrite qui doit être de M. Duchesne jeune n'éclaircit pas la question. Poisson était un graveur du temps, Nagel en parle, Poisson vivait entre 1770 et 1780. On connaît de lui : *Les cris de Paris* dessinés d'après nature, in-8°, 1774, n° 7301 en plusieurs cahiers.

C'est encore à l'époque de la présentation et à la lutte qu'elle fit naître, que se rapporte une jolie pièce de vers fort connue, publiée par les Mémoires secrets le 23 février 1769 et reproduite par les *Anecdotes*, p. 109.

« Les Choiseuls (*sic*), toujours en crédit, excitoient les Princesses à tenir ferme, et, pour les mieux révolter, exagéroient encore à leurs yeux la bassesse de l'extraction de la Favorite, la dépravation de ses mœurs particulières et le scandale de sa vie publique. Pour mieux confirmer leur répugnance, comme on ne pouvoit mettre sous leurs yeux les chansons grossières qu'on avoit faites sur la Comtesse, et que cette façon de diffamer en vaudevilles est cependant la plus sanglante, la plus sûre et la plus indélébile, ils firent faire des couplets qui disoient la même chose, mais par une tournure ingénieuse, délicate, et qui, conséquemment, n'en étoit que plus cruelle et plus perfide. La Satyre y prenoit le ton des Grâces et s'embellissoit de leur parure; ce qui, indépendamment du point historique qu'ils constatent, les rend précieux par leur mérite intrinsèque. Ils sont sur l'air : *Vous qui vous moquez par vos ris.* »

Ce passage tranche par son style sur le langage ordinaire des *Anecdotes* qui tombent trop souvent, sous le reproche très bien signalé ici, de révolter par la grossièreté de leurs attaques tandis que la Satyre ne perd jamais rien à être gracieuse et décente.

Nous avons retrouvé la même pièce, transcrite dans le recueil de M. de Paulmy et placée par lui sous la date de 1769. Seulement M. de Paulmy veut qu'elle fût chantée sur l'air :

Berger, qu'as-tu fait de mon cœur ?

Lisette, ta beauté séduit
   Et charme tout le monde.
En vain la Duchesse en rougit,
   Et la Princesse en gronde.
Chacun sait que Vénus naquit
   De l'écume de l'onde.

En vit-elle moins tous les Dieux
   Lui rendre un juste hommage,
Et Pâris, ce berger fameux,
   Lui donner l'avantage,
Même sur la Reine des Cieux
   Et Minerve la Sage?

Dans le Serrail (*sic*) du Grand Seigneur
   Quelle est la Favorite?
C'est la plus belle au gré du cœur
   Du Maître qui l'habite.
C'est le seul titre en sa faveur
   Et c'est le vrai mérite.

On donne parfois un quatrième couplet. (Voyez notamment George d'Heilly, Cotillon III.) Il n'est ni dans le recueil de Paulmy, ni dans les *Anecdotes* et est évidemment plus faible que les trois premiers.

> Que Gramont tonne contre toi
> La chose est naturelle,
> Elle voudroit donner sa loi
> Et n'est qu'une mortelle.
> Il faudrait pour plaire au grand roi
> Sans orgueil être belle.

L'auteur des *Anecdotes* ne dit pas de qui sont ces vers : on les attribue généralement au duc de Nivernois, peut-être parce qu'ils sont d'un goût irréprochable; d'autres ont parlé du chevalier de Boufflers. Mais M. de Paulmy, dont l'autorité est bien plus grande à nos yeux, en fait honneur à l'abbé de Lattaignan; ils ont en effet sa facture; il a exprimé ailleurs la même pensée avec le même rythme.

> Ma maîtresse est une blonde,
> Belle s'il en fût jamais;
> Vénus, en sortant de l'onde,
> Ne fit pas voir plus d'attraits! etc.

(Bibliothèque de l'Arsenal. — *Recueil de chansons*, de M. de Lattaignan[1], chanoine de Rheims. B. 81, p. 1.)

Malgré le trait qui se cachait sous les fleurs de cette

---

[1]. Gabriel-Charles de Lattaignan, né à Paris en 1697, mort en cette ville le 10 janvier 1779. L'*Almanach Royal* l'indique comme chanoine de Reims, demeurant aux Pères de la Doctrine chrétienne, et écrit le nom sans *t*, à la différence d'un autre Latteignan (sic), commandeur ecclésiastique de l'ordre de Saint-Lazare, et qui demeurait rue Saint-Sébastien, près du Pont-aux-Choux.

mythologie, les compliments étaient de trop pour les ennemis de la favorite, pour la reine de l'Olympe (madame de Gramont?) Les jolis vers de Lattaignan ne tardèrent pas à être parodiés, aiguisés en flèches acérées et lancés dans le monde des Choiseuls notamment dans le salon de madame du Deffant.

> De deux Vénus on parle dans le monde,
> De toutes deux gouverner fut le lot.
> L'une naquit de l'écume de l'onde,
> L'autre naquit de l'écume du pot [1].

Allusion mordante et véridique à l'origine de Jeanne Bécu, dont le grand-père avait été certainement cuisinier [2] et dont la mère avait été probablement cuisinière. Remarquons en passant que cette sanglante épigramme nous vient par le salon de madame du Deffant, là brillait ce chevalier de Lisle [3] que, dit-on, M. de Choiseul avait enrôlé tout exprès pour faire campagne d'esprit et de bons mots contre la favorite [4].

Malheureusement le ministre ne se bornait pas à cette guerre de plume et de quolibets. Il descendait à des attaques plus directes, plus compromettantes pour la dignité de son propre caractère. Il avait imaginé de susciter une rivale à madame du Barry et de la supplanter ainsi dans la faveur du roi. « On débi-

---

1. V. *Lettres de madame du Deffant*, vol. II, p. 429.
2. V. p. 7.
3. Grimm a dit (novembre 1776) :
« Nous avons trois MM. Delille, connus en littérature. Le premier est un officier de dragons, qui a fait de jolies fables et plusieurs pièces fugitives qui se sont fait remarquer...; l'abbé Delille et le philosophe Delille de Sales. »
4. On lui attribue *La vie d'une courtisane sur le trône de France*. La Haye, 1770, 1 vol. in-8°.

toit, raconte Hardy, que le duc de Choiseul cherchant à culbuter la comtesse du Barry faisoit l'impossible pour produire en son lieu et place la femme d'un médecin nommé *Millin*, jeune et jolie, mais cependant moins belle que cette comtesse. » — Dimanche 15 janvier 1769.

Ce n'était là qu'un propos circulant, par la ville et recueilli par le brave libraire, mais voici qui est plus sérieux : un homme, placé à la cour et d'une grande honnêteté, M. de Belleval, prend la parole à son tour : il ne connaît pas, il ne peut pas connaître le registre tenu par Hardy et cependant il confirme la nouvelle en ces termes :

« *10 janvier* 1769. — Le duc de Choiseul prend la chose bien à cœur, et l'on va jusqu'à assurer qu'il tâche à introduire (*sic*) auprès de S. M. une dame Millin, femme d'un médecin, jeune et charmante, et qui est toute à lui (c'est-à-dire à M. de Choiseul). »

« ... *Je l'ai vue*, ajoute M. de Belleval, mais, quoique fort jolie, elle l'est encore moins pourtant que la Favorite. Personne ne veut que M. de Choiseul puisse mener cette affaire à bien, car le Roi est trop pris [1]. »

Ici le narrateur devient témoin oculaire. — Il parle *de visu*, il a connu cette madame Millin et l'on trouve en effet le nom du mari parmi les médecins de l'époque [2]. La coïncidence des deux récits est telle qu'ils s'étayent l'un par l'autre et commandent la conviction.

---

1. *Souvenirs d'un chevau-léger*, p. 118.
2. Voy. l'*Almanach Royal* de 1769 et années antérieures, p. 391. MILLIN DE LA COURVAULT, professeur de matières médicales, rue et près de la place Royale.

M. de Choiseul faisait là un vilain métier. Ces intrigues étaient plus dignes d'un roué comme J. du Barry, que d'un grand ministre d'État, le soutien de trois départements. Encore si M. de Choiseul se fût entouré de mystère; mais il ne se cachait pas, son indiscrétion égalait son audace. Horace Walpole, alors ambassadeur en France, écrivait en parlant de lui à la date du 31 janvier 1769 : « His indiscretion is asthonishing. He has said at is own table and she has been told so. Madame du Barry est très mal informée. On ne parle jamais, chez moi, des cat... [1]. » Walpole ne pouvait connaître ces détails que par madame du Deffant, c'est-à-dire par les Choiseul mêmes.

Dans la position donnée, il fallait de deux choses l'une, dire toute la vérité au roi : s'il refusait de l'entendre, donner sa démission et se retirer noblement comme avait fait le maréchal de Muy [2].

Si M. de Choiseul ne voulait ou ne pouvait (peut-être à cause de ses dettes) prendre ce parti, s'il restait, mieux valait ne pas dégrader davantage madame du Barry, car la honte retombait sur le ministre qui consentait à subir la favorite.

---

1. Ces mots sont en français dans l'original.
2. « Austère et dévot, disent les *Anecdotes*, il refusa de fléchir le genou devant l'idole... » (p. 198).
Les *Nouvelles à la main*, de la Mazarine, Mss., expriment le même fait en d'autres termes :
« Le 25 décembre 1770, M. le comte de Muy, lieutenant général des armées du Roy, cy-devant Menin de feu Mgr le Dauphin, a refusé par deux fois la charge de secrétaire d'État du ministère de la guerre. »
« M. de Choiseul, dit Lebrun, secrétaire de Maupeou, manqua d'énergie en cette circonstance. Il fallait se retirer. Il crut qu'il pouvait conjurer l'orage par d'autres moyens. » (N° 4081.)

M. de Choiseul n'a su prendre aucun de ces deux partis.

Il ne s'est pas retiré et il est resté près de trois ans, de mars 1768 à décembre 1770, ministre à côté de madame du Barry, ce qui ne l'a pas empêché de diriger contre elle un assaut de pamphlets et de satyres, propres à la couvrir d'ignominie et de boue. Cet acharnement malavisé n'eut qu'un résultat : ce fut de retarder la présentation et de la rendre d'autant plus scandaleuse qu'elle avait été plus attendue.

La présentation était arrivée presque à la hauteur d'une institution. C'était pour les hommes et pour les femmes une sorte de baptême placé à l'entrée de la vie de cour. Seulement la présentation des hommes consistait dans une simple formalité ; il suffisait que le roi invitât à *chasser avec lui*. Cette invitation impliquait celle de monter les chevaux du roi à la chasse, de revenir dans ses carrosses et de souper dans les petits appartements.

Il n'en était pas de même des femmes : il y avait pour elles tout un cérémonial, qui était fort compliqué et ressemblait presque à un hommage lige d'autrefois, par les démonstrations humiliantes auxquelles il assujettissait la récipiendaire. Madame de Genlis a donné une description complète d'une présentation, dans son dictionnaire des étiquettes de la cour. Paris, 2 vol. in-8°, LI-24.

La première condition pour être présenté, qu'il s'agît d'hommes ou même de femmes, était d'avoir fait ses preuves de noblesse par-devant le généalogiste de la cour.

Il fallait en outre qu'une femme déjà présentée

servit d'introductrice ou de marraine à la nouvelle postulante.

Il devait y avoir là, pour madame du Barry, une double et très grande difficulté. Son mari avait une noblesse très réelle et très ancienne. Mais il ne s'agissait pas des du Barry, ils n'étaient pas en cause; il fallait faire un tour de force, esquiver les Bécu et trouver une généalogie pour les Vaubernier. « L'embarras, dit M. de Belleval, c'était de trouver un biais pour la présenter à cause des *preuves et de la dame qui présente* et cela n'est point commode à arranger. On prétend que Sa Majesté a cru trouver un moyen de tourner l'affaire des preuves en achetant du prince de Tingry, pour la comtesse, moyennant 700,000 livres, la principauté de Lus en Bigorre [1] et en la faisant passer pour une princesse étrangère, sans les preuves. » Il paraît que ce projet n'eut pas de suites, car madame du Barry ne fut pas présentée comme princesse étrangère. Comment la difficulté des preuves fut-elle éludée? Nous l'ignorons : ses titres ne se sont pas retrouvés au cabinet du roi. Ils peuvent avoir été perdus, soustraits ou elle aura été dispensée de les produire.

Quant à la marraine, ou comme le dit M. de Bel-

---

1. Aujourd'hui Luz en Barrèges, chef-lieu de canton, département des Hautes-Pyrénées, 2,600 habitants. — Expilly dit :

« Lus, bourg dans le comté de Bigorre, en Gascogne, diocèse et recette de Tarbes, parlement de Toulouse, intendance d'Auch. 200 feux. Bourg situé dans la vallée de Barège, sur le Gave; trois lieues de la frontière d'Espagne, deux du pic du Midi; eaux estimées. — EXPILLY. »

Pidansat de Mayrobert (p. 107) en fait une principauté de Lux, venant de la maison de Luxembourg. — M. de Belleval dit positivement qu'il s'agissait de la Principauté de Lus, en Bigorre; et Hardy est aussi de cet avis.

leval à la *dame complaisante*, on avait pensé à madame la baronne de Montmorency « qui devait se charger de ce rôle, moyennant finance et bien des grâces [1]. » Peut-être en demanda-t-elle trop. Elle fut remplacée par une comtesse de Béarn déchue de son rang comme madame de Montmorency du sien. Les Galard de Béarn pouvaient aussi invoquer une origine historique. Ils avaient la prétention de descendre des Mérovingiens par Eude d'Aquitaine. Ils avaient eu, dans le passé, une existence quasi princière. L'un de leurs ancêtres, Jean-Louis de Saluces, avait cédé les marquisats de Saluces et de Montferrat à Charles IX, roi de France, par traité fait en 1560, moyennant 30,000 livres de rente perpétuelle.

Angélique-Gabrielle Joumard des Achards, baronne de Lamotte Mongaux, etc... avait épousé, le 18 février 1738, François-Alexandre Galard, vicomte de Béarn, seigneur d'Argentines. Elle était petite-fille et seule représentante de Louis de Lur Saluces, baron de Farguas. Le traité fait avec Charles IX n'ayant pu recevoir son exécution à cause des embarras de l'État, le Parlement de Paris avait rendu deux arrêts, l'un en 1761, l'autre le 4 juin 1764 [2], pour liquider les droits

---

1. Belleval, p. 117.
2. V. dans la Chesnaye des Bois, le texte de ces arrêts, t. VIII, p. 806 à la note.
« Arrêt en faveur de la dame de Béarn, le 4 juin 1764, en la grand'chambre, au rapport de M. l'abbé Terray, en exécution d'un premier qui avait été rendu en 1761 :
« Ordonne, en ce qui concerne ladite rente de 6,600 livres sur la comptablité de Bordeaux, que lesdits de Saluces, Béarn et sa femme demeureront, chacun à leur égard et sous les portions qui leur appartiennent, conservés dans les droits du traité fait en 1560, entre le roi Charles IX et Jean-Louis, marquis de Saluces, et en attendant l'exécution duquel ladite rente a été

de la dame de Béarn, devenue veuve en avril 1768.

On voit que l'affaire plutôt administrative que litigieuse était terminée quatre ans avant la présentation et du vivant de M. de Béarn.

Madame de Béarn n'avait donc pas à acheter la protection du roi, puisqu'il n'y avait pas de procès et que le bien fondé de ses droits envers l'État, était reconnu depuis longtemps.

C'est ce que déclare expressément l'auteur des anecdotes. (Elle avoit gagné son procès dans l'intervalle.)

Il ne dit pas non plus que cette comtesse de Béarn eut été découverte par du Barry. (C'est de madame d'Alogny et non de madame de Béarn qu'il parle.)

---

concédée; à l'effet de quoi lesdits de Saluces, Béarn et sa femme pourront se pourvoir conjointement ou séparément, et ainsi qu'ils le jugeront à propos.

« Rente, payable en fonds de terre et, en attendant l'exécution de sa promesse, une pension alimentaire de 6,600 livres de rentes, qui se paye encore aujourd'hui sur la chambre de Bordeaux.

« Angélique-Gabrielle Joumard des Achards, arrière-petite-fille et seule représentante de Louis de Lur Saluces, baron de Farguas, avoit eu

« Cinq enfants :

« Jean-Henri, servant dans la marine, présenté en 1765, à cause de l'ancienneté de sa maison, marié avec une riche héritière de Bordeaux;

« Pierre-Louis, chevalier de Malte, cy-devant page de la Chambre du Roi et officier de cavalerie;

« Angélique-Marie-Gabrielle, veuve du marquis de Pont-_ _ _-train, frère de M. le comte de Maurepas;

« Marie-Madeleine, admise à Saint-Cyr;

« Louise-Marguerite-Marie-Élisabeth, cy-devant chanoinesse de la Chapelle, mariée le 14 novembre 1776 au colonel O'Kelly.

« Contrat signé du Roi et de la famille royale. »

1. « Dimanche 15 *janvier* 1769. — Les bruits qui avoient couru au mois de décembre précédent sur la présentation de la com-

Cependant MM. de Goncourt, qui suivent habituellement Pidansat de Mayrobert sans jamais le contredire, s'en sont séparés ici, nous ne savons sur la foi de quelle autorité.

« D'avance, disent-ils, du Barry avoit trouvé à Paris une comtesse de Béarn, fort mal à l'aise, veuve d'un gentilhomme de Périgord, qui lui avoit laissé en mourant cinq enfans et un grand procès à suivre contre la maison de Saluces. »

Nous demanderons où est la preuve de ces assertions? Il n'y en a pas d'indiquée, il n'y en a pas de possible.

Ces deux premières difficultés surmontées non sans peine, divers incidents se présentèrent et firent ajourner la cérémonie convenue.

Le 4 février, le roi étant à la chasse à cheval[1], dans la forêt de Saint-Germain en Laye, éprouva une

---

tesse du Barri, N. M. du R. (*sic*), et sur la disgrâce du duc de Choiseul, qu'on assuroit devoir en être la suite, se renouvelèrent encore; il passa même pour certain que le Roi venoit d'acheter du prince de Tingri, moïennant la somme de sept cent mille livres, la Principauté de Lutz, pour en revêtir la susdite comtesse et la faire ensuite présenter plus aisément à la Cour comme princesse étrangère, et que la baronne de Montmorency vouloit bien se charger de la présentation. D'un autre côté, on débitoit que le duc de Choiseul, cherchant à s'appuier et à culbuter la comtesse du Barri, faisoit l'impossible pour produire en son lieu et place la femme d'un médecin, nommé Millin, jeune et jolie, mais cependant moins belle que cette comtesse.

1. « *4 février.* — En chassant dans la forêt de Saint-Germain, le Roi fit une grande chute de cheval sur le bras droit, le cheval s'étant abattu. La douleur fut si vive, que, dans le premier moment, l'on crut et le Roi dit qu'il avoit le bras cassé... Il se trouva que ce n'étoit qu'une forte contusion, et le roi dut, le lendemain, tenir son Conseil comme à son ordinaire. — BELLEVAL. »

chute assez grave. Soit que sa monture se fût abattue sous lui, soit qu'il eût éprouvé une légère attaque d'apoplexie[1]? Il tomba sur l'épaule droite, la douleur lui fit croire d'abord que le bras était cassé. On le plaça sur un brancard improvisé à l'aide d'une échelle et de matelas, et on le ramena dans son carrosse à Versailles, où il n'arriva qu'à huit heures du soir. Telle était l'enflure qui s'étendait du haut de l'épaule jusqu'au *bout des doigts* qu'on fut obligé de couper les habits du blessé. On remarqua alors, qu'il n'y avait pas fracture, mais que cependant il y avait eu une forte contusion, avec un *petit dérangement dans l'articulation de l'humérus*[2]. Le roi n'en assista pas moins le lendemain au conseil d'État, et il reçut les cendres de la main de son grand aumônier. Cette démonstration n'empêcha pas que les bruits les plus exagérés

---

1. *Gazette de Hollande* du 14 février 1769.

« De Versailles, le 5 février 1769.

« Hier au soir, la consternation se répandit dans la ville à l'arrivée d'un exprès, qui vint informer la Cour que le Roi, en chassant à trois lieues d'ici, près de Saint-Germain, étoit tombé de cheval et qu'on l'avoit entendu crier qu'il avoit le bras cassé; mais d'autres Courriers survinrent et rapportèrent que S. M. n'avoit reçu que deux légères contusions, et qu'Elle n'avoit ressenti une si grande douleur que parce que son corps avoit porté entièrement sur la partie sensible du coude.

« Vers les huit heures, le Roi revint en carrosse, et tout le monde accourut à son passage; mais les chirurgiens, après avoir saigné S. M., crièrent aux fenêtres qu'il n'y avoit ni mal, ni danger, ni suites à craindre. Aussitôt on entendit pousser des acclamations de *Vive le Roi!* et les esprits, saisis de frayeur, se calmèrent. On compte que S. M. paraîtra en public cet après-midi. »

2. « Le 8 février, *ibid.*

« Dès le lendemain de la chute que le Roi fit ces jours-ci... S. M. tint son conseil d'État. Aujourd'hui, Elle a reçu les cendres de la main de l'archevêque de Reims. »

ne se répandissent. On dit que le roi avait eu le bras droit cassé en deux endroits, ensuite ce fut le bras et la jambe, puis le bras et la cuisse...

L'opinion publique était inquiète et agitée par ces rumeurs. Il n'aurait pas été convenable de songer à la présentation dans ces circonstances, elle fut remise une première fois, du lendemain de la Chandeleur au dimanche gras, et une seconde fois, du dimanche au lundi (6 février).

Le roi paraissait aller mieux, mais à la date du 11 février [1], il survint au bras un gonflement considérable, effet d'une contusion très forte et très profonde dans les muscles de l'articulation et du bras [2]. Plus tard, la *Gazette de France* garde le silence, ce qui donne à réfléchir au public. On dit que le roi a de la fièvre, qu'on appréhende qu'il ne se forme un dépôt de sang extravasé, dont on serait peut-être forcé de faire l'ouverture [3].

Nouvelle remise de la présentation. Les ennemis de madame du Barry reprennent courage, l'opposition des Choiseul redouble, les paris s'ouvrent, et là se place l'anecdote relative à la Gourdan dont nous avons déjà parlé plus haut [4].

---

1. « Le 11 février.

« Le Roi n'est pas encore entièrement rétabli des suites de sa chute. Il lui est survenu subitement au bras un gonflement considérable, qui est l'effet d'une contusion très forte et très profonde dans les muscles de l'articulation et du bras. Cette contusion s'est terminée par une ecchymose qui s'est étendue dans tout le tissu cellulaire du bras et de l'avant-bras. On aperçoit déjà les signes d'une petite résolution. Les douleurs sont calmées, et S. M. commence à mouvoir le bras avec un peu plus d'aisance. »

2. *Gazette de France* du 11 février.
3. Hardy. 20 février.
4. Voy. ci-dessus, p. 57.

« Sa présentation fixa les yeux de l'Europe. Ce fut l'objet de la curiosité générale et de toutes les conversations. Il y eut des *paris considérables* qu'elle n'auroit pas lieu.

« On avoit fait circuler clandestinement des anecdotes encore manuscrites, et comme ces impostures étoient dépourvues de preuves, on avoit promis à la Gourdan, cette surintendante des plaisirs des libertins de la capitale, de partager avec elle le gain de ces paris. Pour ne pas la compromettre, on auroit écrit une lettre que les parieurs, maîtres de tous les bureaux, auroient interceptée. La Gourdan résista à l'attrait d'une fortune qu'il falloit acquérir par un moyen aussi criminel, que sa profession qu'elle eût pu quitter, étoit infâme. Elle permit de publier les offres qui lui avoient été faites.

« La brigue échoua, et la comtesse du Barry fut présentée[1]. »

« *Du jeudi* 23 *février* 1769.

« Le même jour, les anciens bruits qui avoient couru relativement à la présentation de madame du Barry N. M. d. R. (*sic*) se renouvellent au point qu'on assuroit que cette *présentation* auroit lieu le lendemain, jour de saint Mathias, et que tout étoit prêt pour cela, jusqu'à la robe qu'elle devoit porter. J'ai cru qu'une anecdote qui m'est parvenue par une voie seure (*sic*), concernant cette présentation dont on parle depuis plusieurs mois, devoit d'autant mieux trouver ici sa place, qu'elle prouve à merveille les grandes espérances que les Jésuites et leurs partisans (*sic*) fondoient sur l'autorité et le crédit que cette comtesse pouvoit acquérir à la Cour; la voici :

« La veille de la Chandeleur, premier du présent mois, un Ecclésiastique étant allé dîner dans une maison de Paris, qu'on ne m'a point nommée, trois autres Ecclésiastiques, qu'il ne connoissoit en aucune manière, et qui sans doute avoient été, comme lui, invités à dîner, s'y

---

1. *Les Illustres victimes vengées*, par Montigny. 1801, p. 50.

trouvèrent également. Au milieu du repas, l'un de ces Ecclésiastiques ayant proposé à la compagnie de boire *à la Présentation!* celui qui étoit arrivé le premier, ne comprenant pas trop ce que signifioit un pareil propos, demanda à quelle présentation il falloit boire, et si c'étoit à celle de Notre Seigneur au Temple, qui devoit se célébrer le le lendemain? A quoi l'autre répliqua : Non, c'est à celle qui a eu lieu hier ou qui doit avoir lieu aujourd'hui, à la présentation de la nouvelle Esther[1], qui doit renverser Amant (*sic*) (le duc de Choiseul, ministre de la guerre et des affaires étrangères) et tirer le peuple juif de l'oppression (c'est-à-dire les Jésuites). Celui-ci, étrangement surpris de ce discours, se proposa bien de faire en sorte de savoir par qui il avoit été tenu, et ne fut pas moins étonné d'apprendre que c'étoit par un ex-jésuite, les trois Ecclésiastiques en question étant membres de cette Société. En conséquence, des bruits relatifs à la présentation de la comtesse du Barry, ceux concernant différents changements dans le ministère, qu'on annonçoit devoir en être comme une suite indispensable, se renouvelloient également, et on débitoit que le département des affaires étrangères seroit donné à l'archevêque de Toulouse (de Brienne), ce prélat si remuant, si fécond en projets de toute espèce, et qui étoit à la tête de la commission établie par le Conseil pour l'examen des Ordres religieux qu'il molestoit furieusement.

1. Lors de la visite faite par le roi de Danemark aux Gobelins, le duc de Duras lui offrit, de la part de Louis XV, la plus belle des tapisseries qu'il voudrait choisir. S. M. se détermina pour celle qui représente l'histoire d'*Esther* (4 novembre 1768, *Gazette de Hollande*). Était-ce déjà une flatterie pour la nouvelle favorite? Il est certain que madame du Barry fut très bien traitée par le roi de Danemark. Derrière son portrait, par Beauvarlet, nous avons trouvé une épreuve du portrait de Christian.

Nous avions toujours pensé que cette réunion singulière ne pouvait être que l'œuvre de madame du Barry. Ce fait, que nous ne connaissions pas alors, donnerait une certaine consistance à notre hypothèse.

« A cette époque, le roi de Danemark étoit en France, à Paris qu'il visitoit. »

Voici la parodie qu'a imaginée M. le duc de Choiseul, pendant sa disgrâce qu'il prétend avoir supportée avec une égalité d'âme si admirable et si philosophique :

Un accident retarda de quelques jours la présentation de madame du Barry, le Roi tomba de cheval à la chasse et se fit mal au bras, parce qu'il tomba dessus. La crainte de la chute qu'il avait faite sur le bras lui ôta la force de se mettre sur ses pieds ; il se passa dans la forêt une scène de faiblesse qui serait dégoûtante pour une petite fille de dix ans ; le Roi qui sentait la honte de sa pusillanimité, soutenait qu'il avait le bras cassé : il ne l'avait point ; mais on le traita comme il voulait l'être, et ce qui aurait été un accident dans un village pour un petit garçon fut par les peurs du Roi un accident qui l'a estropié : la crainte du mal l'a empêché longtemps de mouvoir son bras, de manière qu'il a perdu une grande partie de l'usage qu'il devrait en avoir. Je crois que le Roi est le premier exemple d'un homme estropié par peur et cet exemple depeint parfaitement la consistance de son âme[1].

---

1. *Mémoires inédits de Choiseul*, p. 25.
Les critiques de M. de Choiseul nous paraissent aussi mal fondées qu'elles sont iniques. Un vieillard de soixante ans, d'une forte corpulence, tombe de cheval en chassant. Ce n'est pas là une chute d'enfant. C'est un accident qui peut avoir sa gravité : il faut examiner. Mais un premier obstacle se présente, une enflure subite se forme et s'étend de l'épaule jusqu'au bout des doigts. On est obligé de couper les habits du patient, et alors on constate un déplacement de l'humérus.
Cependant, dès le lendemain, Louis XV est debout et assiste au conseil des ministres. Où est la pusillanimité ? où est l'enfantillage ? Un mois après, on craint encore d'être obligé d'ouvrir

SA PRÉSENTATION A LA COUR.

Versailles, le 1er mars.

« Le Roi continue de se porter de mieux en mieux, quoiqu'il ne se serve encore de son bras qu'avec peine. Aujourd'hui S. M. a fait usage d'une voiture très légère, dont le marquis de Beringhen son premier écuyer avoit ordonné la construction et dont elle pourra se servir pour courir la chasse. Ce matin S. M. s'est rendue à Saint-Germain et se propose de se trouver à la chasse du cerf.

Gazette du 4 mars à Versailles :

« Sa Majesté se rendit pour la deuxième fois dans sa nouvelle voiture à Saint-Germain où S. M. fut le dernier de la chasse ; elle se trouve fort bien de cet exercice et continue de se porter de mieux en mieux. »

Un passage de la *Gazette de Hollande* explique pourquoi la présentation, différée par l'accident arrivé au roi, n'eut lieu ni en mars ni même dans la première partie du mois d'avril.

Le mois de mars fut rempli par les préparatifs du mariage entre le duc de Chartres et mademoiselle de Penthièvre, lequel fut célébré le 5 avril 1769.

En somme, aucune présentation n'eut lieu avant celle de madame du Barry, et quand elle fut faite, dès le lendemain, la comtesse de Lusignan, la marquise de Montesson, la comtesse de Boisgelin, chanoinesse de Remiremont, et la marquise de Gouffier participèrent au même honneur [1].

Enfin le jour si longtemps attendu arriva : madame

---

l'amas de sang qui s'est formé, et le malade a toujours la fièvre Il y a donc eu là un accident sérieux. Le passage des *Mémoires de M. de Choiseul* ne prouve qu'une chose, la violence de ses ressentiments contre Louis XV.

1. *Gazette de Hollande* du 24 avril 1769.

du Barry fut présentée. La *Gazette de France*, le journal officiel de la cour, enregistra le fait en ces termes :

« Versailles, 6 *avril* 1769 : — Le 22 de ce mois la COMTESSE DU BARRI (*sic*) eut l'honneur d'être présentée au *Roi* et à la famille royale par la comtesse de Béarn [1]. »

Louis XVI encore Dauphin écrivit sur ses tablettes ordinairement si laconiques :

« 22 avril 1769. Prés. (*sic*) de madame du Barry [2]. »

Il avait omis et devait passer sous silence des événements bien autrement mémorables. Il fallait que celui-ci lui eût paru énorme, pour qu'il en eût consigné le souvenir dans ses fastes intimes.

Indépendamment des conséquences morales que pouvait avoir la *présentation*, la cérémonie matérielle en elle-même n'était pas exempte de quelques inconvénients pour la présentée ; ainsi il arrivait souvent qu'en faisant les trois révérences d'adieu [3], elle s'embarrassait dans l'immense queue de sa robe et tom-

---

1. On lit dans la *Gazette de Hollande* du 24 avril, sous la rubrique : *France et Paris :*
« Avant-hier, la comtesse du Barry, qui sera du voyage de Marly, eut l'honneur d'être présentée au Roi et à la famille royale. »
Et, à la date du 17 avril, la même *Gazette* avait dit :
« Le Roi et la Cour (de France) doivent se rendre le 28 à Marly pour y passer quelque tems. »
N° 34, p. 13 de la même année.
On voit que c'est la perspective d'un voyage qui décida de la présentation.
2. *Promenades*, 3ᵉ section, Arch. nat., A. E., 1281.
3. Toutes les jeunes femmes de la Cour, avant leur présentation, prenaient quelques leçons de Vestris pour faire les trois révérences, etc. (*Mémoires* de madame Lebrun, t. Iᵉʳ, p. 90.)

bait à terre sans pouvoir se relever. Ou bien la reine ou la princesse *recevante* qui en tenait la place pouvait ne pas épargner à la nouvelle venue l'embarras de baiser le bas de sa jupe et la laisser dans cette position humiliante.

Pour parer à ces petits dangers, les dames s'exerçaient, elles prenaient des leçons de Vestris, qui leur apprenait à saluer gracieusement et à donner le coup de talon voulu dans la queue de la robe en se reculant.

D'après la lettre de madame du Deffant à Horace Walpole, du 14 janvier 1769, déjà citée, madame du Barry aurait eu recours à un maître à danser. On comprend que sachant à quel point elle était observée et avec quelle malveillance, elle ait voulu se montrer inattaquable et échapper aux critiques de ces grandes dames railleuses. Elle sortit à son honneur de cette épreuve ; les nouvelles à la main, même celles rapportées par ses ennemis, constatèrent ainsi son succès.

« Madame du Barry a été fort bien reçue de Mesdames et même avec des grâces particulières : tous les spectateurs ont admiré la noblesse de son maintien et l'aisance de ses attitudes. Ce rôle de femme de cour est ordinairement étranger les premières fois qu'on le fait et madame du Barry l'a rempli comme si elle y eût été habituée depuis longtemps[1]... »

Tous les comptes rendus ne furent pas aussi indulgents. Madame de Genlis, témoin oculaire, parle de madame du Barry avec un dédain affecté, elle ne lui ménage même pas les termes les plus injurieux.

1. Nouvelles citées par les *Anecdotes*, p. 115, édit. 1776.

Cependant elle ne dit pas qu'il lui soit arrivé d'accident dans ses évolutions d'étiquette, ce qu'elle n'aurait pas manqué de faire si elle avait donné prise, contre elle, de ce côté. Voici au reste son récit :

« Nous la rencontrâmes (madame du Barry) partout, elle était mise magnifiquement et de bon goût (c'était le jour de sa présentation, 1769).

« Au jour sa figure était passée et des taches de rousseur gâtaient son teint. Son maintien était d'une effronterie révoltante. Ses traits n'étaient pas beaux, mais elle avait des cheveux blonds d'une couleur charmante, de jolies dents et une physionomie agréable, elle avait beaucoup d'éclat à la lumière [1]. »

La relation la plus circonstanciée et la plus impartiale est celle de Hardy, nous la transcrivons en entier avec quelques notes rectificatives.

« HARDY, du samedi 22 *avril* :

« La comtesse du Barri, nouvelle maîtresse du roi est enfin présentée à Sa Majesté, à Mesdames, Monsieur le Dauphin et aux Enfants de France par la comtesse de Béarn ; on avoit parlé pendant près de six mois de cette présentation et depuis quelque tems les bruits paraissoient s'être rallentis sur cet article. Cet événement excita de grands murmures à Paris comme à Versailles. Quelques personnes s'en réjouissoient par intérêt ; mais le plus grand nombre étoit dans la consternation. Le lendemain, dimanche, elle assista à la messe du Roi dans la chapelle du château, à la même place qu'avoit occupée avant elle la feue marquise de Pompadour. Elle étoit superbement vêtue et des plus riche (sic) en diamants. On remarqua qu'il y avoit ce jour à la suite du Roi fort peu de seigneurs et de dames de la cour, mais qu'en récompense

---

1. *Mémoires* de madame de Genlis.

Sa Majesté étoit accompagnée d'un cortège d'évêques, assez nombreux à la tête desquels étoit l'archevêque duc de Reims, son grand aumônier, à qui il parla plusieurs fois pendant la messe [1], là le Roi fit deux fois le signe de la croix de la main gauche ce qui annonçoit qu'il ne pouvoit se servir que difficilement de sa main droite qu'il portoit toujours dans sa veste. Après la messe la comtesse parut au couvert de Mesdames et à celui de Monsieur le Dauphin. Suivant les noms et les qualités de cette comtesse de très nouvelle datte, Jeanne Gomard de Vaubernier, fille légitime de Jacques Gomard de Vaubernier, intéressé dans les affaires du Roi et d'Anne Beqû dite Cantigny, ses père et mère, née à Vaucouleurs au mois de mai 1746 avoit épouse le 1er septembre 1768, à cinq heures du matin en l'Église paroissiale de Saint-Laurent, à Paris, Guillaume comte de Barri, capitaine dans les troupes détachées de la marine, fils de Jean comte du Barri [2] capitaine d'infanterie et chevalier de St-Louis, âgé de 36 ans. Elle avoit été sa maîtresse et celle du marquis du Barri [3] son frère avant que de devenir sa femme et elle ne se détermina à ce mariage qu'à la sollicitation du marquis du Barri, qui l'ayant fait donner au Roi pour la comtesse du Barri, appréhendoit qu'on ne vint à découvrir qu'il

---

1. M. de Belleval dit presque dans les mêmes termes :

« Le lendemain, qui étoit un dimanche, madame du Barry assista à la messe du Roi, dans la chapelle du Château, à la place qu'avoit occupée madame de Pompadour. Elle étoit superbement parée et couverte de diamants. Après la messe, elle parut au couvert de Mesdames et à celui de M. le Dauphin. On a remarqué que le Roi avoit fait ses signes de croix de la main gauche et qu'il portoit sa main droite dans sa veste, ce qui prouvoit qu'il n'est point encore entièrement remis de sa chûte. »
(*Souvenirs d'un chevau-léger*, p. 129.)

2. Erreur. Il faut lire : fils de *Antoine*. Jean, nous le savons, était le frère aîné de Guillaume.

3. C'est ce qu'on n'a jamais prétendu. Il n'y avait pas alors de marquis du Barry. Les deux frères portaient le titre de comte, qui n'appartenait pas plus à l'un qu'à l'autre.

en avoit imposé ; sans parler des avantages qu'il imaginoit bien devoir résulter pour lui et toute sa famille d'une semblable alliance. On étoit dans l'attente des différens changemens dans le ministère qu'on prétendoit toujours devoir être la suite nécessaire et indispensable de cette présentation.

Voilà donc madame du Barry qui prend solennellement en public possession de la place vacante laissée par madame de Pompadour ; elle aura, comme elle, son prie-Dieu à la chapelle[1], elle renouvelle ainsi une profanation que bientôt Horace Walpole, va flageller en termes sanglants. Le roi fait dévotement ses signes de croix de la main gauche, sous les yeux de sa maîtresse et pour clore la scène, celle-ci est admise au couvert de Mesdames[2], qui se résignent

---

1. Meubles faits de neuf pendant l'année 1770.
« Madame du Barry :
« Une chaise *Prie-Dieu*, couverte de velours cramoisy, clouée de clous dorés avec galon d'or faux, pour servir à madame du Barry.
« Etat des meubles qui sont au château de Versailles. O' 3146. Volume I, page 623. Arch. gén.
Madame la marquise de Pompadour, 1754 :
« Une chaise Prie-Dieu, couverte de velours ciselé cramoisy, pour servir à madame la marquise de Pompadour, à la Chapelle, en sa tribune.
Vol. I, p. 621.
On lit plus loin un article qui se rapporte au précédent :
« Un dossier bombé de velours de Gênes cramoisy, de deux pieds et demi de haut, pour servir à madame la marquise de Pompadour, dans sa tribune, à la Chapelle.
2. Les filles de Louis XV avaient été élevées au couvent[*] : elles étaient d'une dévotion étroite, atrabilaire. L'une d'elles se fit religieuse. On comprend combien la présence d'une maîtresse auprès du roi leur père devait les froisser et les aigrir.

[*] On lit dans Barbier : « Le cardinal a imaginé... d'envoyer cinq de nos filles de France à l'abbaye de Fontevrault. L'abbesse madame de Fontevrault sera surintendante de l'éducation des princesses (Barbier, avril 1738.), au lieu de les mettre à Saint-Cyr si près de Versailles, de leur père et de la cour. »

en silence ; puis elle paraît à celui du Dauphin qui s'indigne et prend en secret la note que nous savons.

La position d'une maîtresse du roi, déclarée et présentée, équivalait à une sorte de fonction officielle. Elle devenait en quelque sorte une reine de la main gauche. C'était une union morganatique qui créait des droits et des devoirs, des privilèges et des charges[1].

La maîtresse en titre du roi, ne pouvait plus être séparée de sa personne. C'était là un avantage considérable apprécié surtout à la cour dans ce monde d'intrigues, de perfidies et *d'horreurs*[2]. Le favori ou la favorite était sans cesse exposé à des manœuvres souterraines : il leur fallait veiller jour et nuit, sur ce qu'on appelait les *entours*. On voit dans les mémoires de madame du Hausset quelles étaient les continuelles appréhensions de madame de Pompadour. M. de Choiseul lui-même faisait bonne garde et entrait en fureur à la pensée qu'un mémoire aurait été remis à son insu au roi, même par le Dauphin.

La favorite avait donc un appartement au château de Versailles, elle suivait le roi à Marly, Choisy, Compiègne, Fontainebleau, et elle avait elle-même sa résidence d'été.

Elle avait droit à un traitement, espèce de liste civile que rendaient nécessaire, le séjour à la cour si onéreux par les réceptions, la toilette, le jeu, les mille servitudes de l'étiquette et de la domesticité[3].

Les ministres travaillaient chez elle avec le roi et

---

1. V. *Anecdotes*, p. 100-102.
2. Bachaumont, 4 janvier 1764.
3. V. les *Dettes de madame de Mailly*, qui pourtant n'avait pas été maîtresse déclarée.

elle se trouvait ainsi, jusqu'à un certain point, initiée aux mystères de la politique, au secret de la poste, etc., etc.

Une fois ces habitudes prises, il devenait fort difficile de rompre un pareil lien, et il y avait là une garantie pour les parties intéressées au *statu quo*. D'un autre côté, la maîtresse déclarée était chargée de protéger les arts, de distribuer les grâces, les secours... Elle s'intéressait aux hommes de lettres et aux artistes, elle recevait des mémoires pour le roi, sollicitait auprès de lui les remises de peines, les adoucissements aux condamnations trop sévères, elle encourageait les manufactures par ses commandes, elle servait d'intermédiaire auprès du roi et parfois le roi se servait d'elle pour traiter certaines affaires où il ne voulait pas paraître en personne.

Tel était le rôle que madame de Pompadour avait rempli avec éclat pendant près de vingt années et qui allait être le modèle suivi de loin par madame du Barry et quelquefois invoqué contre elle comme un précédent[1]. Il nous serait facile de tracer le parallèle entre les deux favorites fait par fait, point pour point. Ce serait commencer par où nous devons finir. Ce tableau se dessinera de lui-même. L'imitation de madame de Pompadour apparaîtra par la force et la suite naturelle des choses. Cette tendance à une copie servile fut un malheur pour madame du Barry, les circonstances avaient changé, ce qui avait été accepté

---

1. Exemple : le sieur Cozette, de la manufacture des Gobelins, a l'honneur de faire observer que, pour de pareilles pièces de tapisseries, feue madame de Pompadour lui donna en 1752, pour récompenser les hommes, 3,600 livres. (Dépenses de madame du Barry.)

et acclamé dans l'une fut hué et conspué chez l'autre. L'histoire ne se recommence pas impunément. Le règne d'un maître absolu lassait déjà la nation. Le règne des maîtresses en titre n'était plus possible. Le tort de madame du Barry fut de ne pas comprendre que le scandale affiché n'était plus de mode. Elle expia cruellement plus tard ce défaut d'intelligence de son temps. Que d'humiliations, que de maux elle se serait épargnés, si elle s'était bornée à exercer en secret sur le roi le pouvoir de ses charmes, si elle avait imité mademoiselle Choin, madame de Montesson, mademoiselle de Romans qui n'eurent jamais la tentation de jouer un rôle public et politique ! Loin de la cour, elle pouvait en braver les dédains et les sarcasmes. Elle avait pour se consoler et se défendre mieux que la faveur du roi (ce bien suprême alors), elle avait l'inviolabilité de son indépendance et de son incognito. Il n'y avait nulle prise possible sur une femme qui ne sortait pas de chez elle et forçait son illustre captif à lui rendre les armes dans son salon et son boudoir. Au contraire, dès qu'elle mettait le pied sur le sol scabreux et difficile de Versailles, elle devenait par là même la très humble esclave des lois de l'étiquette, elle était justiciable de cet esprit exercé des grands seigneurs et des grandes dames, formidable pour « ceux qui, de la cour, n'ont pas un long usage. » Elle tombait aux derniers rangs d'une société hautaine et brillante qui avait sur elle l'incontestable supériorité de la naissance, des manières et d'une honnêteté relative. Nous la verrons plus tard se débattre contre ces difficultés, essayer de les vaincre à force de concessions et de bassesses et succomber à la peine, n'aboutissant qu'à la relégation dans un couvent par lettre de cachet en attendant l'écrou de la Force et de la Conciergerie. Elle l'avait voulu ainsi ! Elle avait voulu une entrée à la cour, elle l'obtint, un appartement au château et elle l'eut. Mais le jour où elle franchissait les degrés qui devaient l'y conduire, elle montait, sans le savoir, les premières marches de l'échafaud de 1793 !

Ces temps étaient bien loin et nul ne pouvait les apercevoir à l'horizon de l'avenir. Madame du Barry moins que personne : elle s'empressa de jouir d'un triomphe longuement disputé. Les nouvelles à la main publièrent immédiatement après la présentation, des détails dans lesquels on voit percer sa joie. « Elle donne des soupers, où elle invite tous les grands de la cour et les ministres. » Au bas de l'invitation, on assure qu'on lit : « Sa Majesté m'honorera de sa présence. »

Ses réceptions supposaient un appartement digne de recevoir de tels hôtes. Aussi le plan de 1769 nous montre-t-il sous la lettre A une salle à manger[1] précédée d'antichambre et escortée de cabinet. La présence du roi se comprendrait donc. L'appartement de madame du Barry était une dépendance des fameux petits cabinets sur l'emplacement desquels il avait été pris en partie, et les petits cabinets étaient le domaine réservé de Louis XV. Le fait n'a rien d'invraisemblable, sauf la rédaction du billet qui peut avoir été arrangée.

Un mois après, madame du Barry a fait un nouveau pas : elle a pris une des autres places de madame de Pompadour, elle siège à Bellevue.

---

1. V. ci-dessus, p. 158.

Nous lisons dans les souvenirs de M. de Belleval :

« 25 *may* 1769 : — Le Roy est allé souper à Bellevüe avec madame la comtesse du Barry, cela n'a rien d'extraordinaire en soi et je n'en parlerois point si la composition des invités n'avoit point paru significative à beaucoup de gens. On dit à Versailles que madame du Barry s'est plainte au Roy avec beaucoup d'amertume du mépris que les dames de la Cour lui témoignoient ; et que c'est ce qui a été cause que S. M. en a invité huit à ce souper. Cette invitation était un ordre ; il a fallu se soumettre et y aller ; il y avoit beaucoup plus d'hommes et entre autres le prince de Soubise, le duc de Gontaut, et miracle des miracles ? le duc de Choiseul et le comte de Saint-Florentin, on diroit que S. M. prend plaisir à mettre en présence le chien et le chat [1]. »

Hardy rapporte le même fait dans des termes identiques. Il ajoute seulement que le roi avait entendu le salut dans la chapelle du château de Versailles parce que c'était la Fête-Dieu et qu'il n'arriva qu'entre sept et huit heures du soir le jour qui était la grande fête du Saint-Sacrement.

« Entre sept et huit heure du soir, le Roi arrive au *château de Bellevue* (sic) pour y souper, après avoir entendu le Salut dans la chapelle du château de Versailles ; il avoit invité à ce souper un grand nombre de seigneurs et huit dames de la Cour, à ce que l'on disoit pour consoler un peu madame la comtesse du Barri qui dans une colique violente dont elle avait été attaquée lui avoit fait des plaintes amères sur le mépris que les dames de la cour lui témoignoient ; on remarqua parmi les seigneurs invités, le prince de Soubise, le duc de Gontaut, le duc de

---

1. *Souvenirs d'un chevau-léger*, p. 120.

Choiseul, ministre, et le comte de Saint-Florentin, ministre[1]. »

Déjà le supplice commence pour madame du Barry, les dames de la cour lui témoignent du mépris : l'estime ne se commande point surtout en pareille circonstance ; puis les maladresses se succèdent, des invitations par lettre de cachet à un souper galant sont une nouveauté odieuse, et pour couronner le tout, la dévotion est mêlée à l'immoralité, alliage adultère qui révolte même les moins scrupuleux.

L'auteur des *Anecdotes* a considéré ce souper sous un autre point de vue : il y voit une tentative de réconciliation essayée par le roi entre son ministre et la favorite. Il est certain, disent les bulletins qu'il suit[2], que le roi s'efforçait de raccommoder M. de Choiseul avec sa maîtresse... C'est le bruit qui courut et donna au souper de Bellevue les proportions d'un événement politique.

« On a ramassé, disent les bulletins particuliers, avec le plus grand soin les détails du fameux souper de jeudi (25 may 1769) si important par les suites qu'il peut avoir et le thermomètre véritable d'où les courtisans partiront à coup sûr pour mesurer le degré du chaud ou de froid à mettre dans leurs assiduités respectives.

« On raconte que madame la maréchale de Mirepoix et madame de Flavacourt, arrivées les premières, se promenoient dans les jardins de Belle-vüe, lorsque monseigneur le duc de Choiseul est entré avec sa suite et à formé un groupe opposé à celui-là; que les arrivans tournoient à droite ou à gauche suivant leur inclination et grossis-

---

1. Hardy, du jeudi 25 mai, 1er vol., p. 236.
2. P. 129.

soient l'un des deux partis ; qu'on ne s'épargnoit pas les sarcasmes d'aucune part lorsque le Roi a paru. Que S. M. est allée à madame du Barry, lui a dit mille choses gracieuses, s'est félicitée de la posséder pour la première fois dans ce beau lieu, s'est offerte à lui en faire voir tous les détails...

« Que... dans cet intervalle M. le duc de Choiseul restoit à l'écart avec sa compagnie, qui diminuoit à mesure au point qu'il se promenoit seul, lorsque l'heure de souper étant arrivée, le Roi avoit fait placer la favorite à côté de lui, en faisant mettre auprès, M. le comte de la Marche, comme ayant de l'amitié pour cette Dame, a-t-il ajouté, et il a déclaré que le reste se placeroit comme il voudroit... Que le souper avoit été fort gai de la part du Roi et du grand nombre des convives, mais que le duc de Choiseul n'avoit pas déployé cette sérénité qu'il porte d'ordinaire dans les fêtes, qu'il s'étoit concentré avec ses voisins ; que la comtesse s'étoit comportée avec la même aisance qu'elle avoit déjà eue lors de sa présentation ; qu'elle avoit fait briller autant d'esprit que de grâce et de légèreté ; qu'après souper le Roi ayant annoncé le jeu, avoit demandé un vingt-un pour madame la comtesse du Barry, jeu qu'elle aime beaucoup, madame de Flavacourt s'étoit écriée qu'elle en seroit, M. le maréchal de Richelieu aussi en ajoutant qu'il étoit tout entier à madame du Barry.

« Que le Roi avoit fait un wisk (*sic*) dont M. le duc de Choiseul avait été suivant l'usage.

« Que le lendemain, S. M. s'étant habillée, avoit été avec son capitaine des gardes et son premier gentilhomme à la toilette de madame du Barry où cet auguste amant étoit resté une heure ; que le jeune du Barry, neveu de la comtesse, sorti depuis quelque temps des pages de la chambre du Roi avoit l'honneur d'être de ce souper. »

En 1769, le château de Bellevue, l'une des créations

de madame de Pompadour, appartenait au roi[1] auquel la marquise l'avait rétrocédé depuis 1757. Ce choix, dit M. de Belleval, n'avait rien d'extraordinaire par lui-même ; il nous semble cependant qu'il n'a pas dû être purement fortuit. Louis XV voulait réunir M. de Choiseul et madame du Barry. Probablement un dîner au grand couvert n'aurait pas été propice pour une réconciliation, et M. de Choiseul n'aurait pas accepté une invitation dans l'appartement de madame du Barry. Bellevue était un terrain neutre sur lequel les deux partis pouvaient se rencontrer. C'est ce qui arriva. L'invitation du roi étoit un ordre, continue M. de Belleval, M. de Choiseul vint, il s'assit à la même table que la favorite, mais il demeura sombre, fermé, isolé. Sa place au wist du roi, c'est-à-dire la place d'honneur lui reste. Il conserve tous ses ressentiments ; la guerre continue, masquée sous les dehors de l'urbanité et cependant inexorable. Au moment même où le ministre soupe avec madame du Barry, il l'a fait vilipender en lâchant contre elle le pamphlet rimé du *Roi Petaut*, très indigne de Voltaire auquel on l'a attribué selon nous, mal à propos.

MM. de Goncourt ont appliqué à ce souper de Bellevue, un passage d'une lettre de madame du Deffant à Horace Walpole. Elle lui dit :

« L'autre jour à la campagne, pendant le whist du maître de la maison (le Roi), le chef de la conjuration (le duc de Richelieu) établit un petit lansquenet pour l'apprendre à

---

[1]. Vers 1757, madame de Pompadour se lassa de Bellevue, comme elle s'était lassée de La Celle, et elle vendit pour 325,000 livres au Roi, une propriété dans laquelle plus de deux millions avaient été engloutis... Le *Livre rouge* et CAMPARDON, *Madame de Pompadour et la Cour de Louis XV*, p. 148.

la dame (madame du Barry) c'était un jeu de bibus, il perdit 250 louis. Le maître du logis se moqua de lui, lui demanda comment il avait pu perdre autant à un si petit jeu ; il y répondit par une citation d'un opéra :

>Le plus sage
>S'enflamme et s'engage
>Sans savoir comment.

Le maître rit et le reste de la troupe.

La lettre de madame du Deffant est du 25 juin 1769.

Le souper de Bellevue est daté par M. de Belleval du 25 mai précédent. Il est difficile de croire que madame du Deffant eût conservé si longtemps un bulletin si peu intéressant, d'autant plus qu'elle a écrit d'autres lettres à Horace Walpole, dans l'intervalle.

Comment admettre encore que madame du Barry, qui avait vécu pendant quatre années avec Jean et Adolphe du Barry, des joueurs de profession, ne connût pas le lansquenet, le jeu alors à la mode ?

Il y a là quelques raisons de soupçonner le récit de la bonne aveugle qui ne pêche pas toujours par excès de charité.

Les bulletins cités dans les *Anecdotes* disent que le « jeune du Barry, neveu de la *comtesse* (*sic*) et sorti depuis quelque tems des pages de la chambre avait l'honneur d'être de la fête. »

Là, il y a une erreur matérielle facile à rectifier. D'après l'état de services conservé au ministère de la guerre, Adolphe du Barry avait bien été page de la chambre du roi, mais il en était sorti le 13 octobre 1765 et depuis cette époque il était second lieutenant dans le régiment du roi, infanterie. Il y avait donc quatre années pleines qu'il était officier.

Hardy ne parle pas de la présence du prétendu vicomte, et comme il paraît avoir puisé à la même source que les bulletins des *Anecdotes*, ceux-ci pourraient bien avoir inventé une circonstance peu vraisemblable par elle-même. M. de Belleval connaissait beaucoup le jeune du Barry; il en parle toujours comme d'un frère d'armes, d'un ami. N'aurait-il pas signalé sa présence à la fête de Bellevue? il l'a dit de lui-même : la place d'un simple officier n'était pas au milieu de tous les courtisans, surtout quand ils s'appelaient le comte de Lamarche, le prince de Soubise, le duc de Choiseul, etc.

Peu après la fête de Bellevue, Pidansat de Mayrobert place l'exclusion de la comtesse de Béarn, qu'il attribue en partie à Jean du Barry. Il va jusqu'à relater les termes de la lettre de madame du Barry, il fait sentir quelle ingratitude, trop ordinaire aux courtisans, il y avait dans cette rupture; à ce verbiage nous opposons deux objections: madame de Béarn est priée de solliciter en faveur de deux personnes condamnées à mort. Elle s'adresse à madame du Barry. La grâce est obtenue. Le fait a une date : il est de juillet 1769. Une année s'écoule. Madame de Béarn a une nouvelle demande à faire. Elle s'adresse encore à madame du Barry. Voici la réponse :

5 novembre 1770.

Madame la marquise de Béarn.

« Je n'ai pas eu, madame, l'honneur de répondre plus tôt à votre lettre que j'ai reçue à Paris, parce que je voulais auparavant reparler à madame la comtesse de Barry des choses qui vous intéressent, je l'ai trouvée dans les meilleures dispositions et l'ai décidée a faire tout ce qui dépendra d'elle pour que monsieur votre fils soit placé auprès de monsieur le comte de Provence, ainsi que cela vous a été promis ; ainsi madame je ne puis que vous exhorter à être tranquille et à penser à votre santé.

Madame de Béarn n'était pas attachée à la cour ; elle ne songeait qu'à l'établissement de sa famille. Voilà ce qui la préoccupe surtout. Pidansat de Mayrobert imagine sottement qu'elle va s'attacher à la favorite et fatiguer le roi de sa présence. Rien n'est plus niais. Les deux femmes sont restées liées de loin, et l'appui de madame du Barry ne lui a pas failli lorsqu'elle y a fait appel. C'est tout ce qu'on pouvait attendre de l'une et de l'autre.

CHAPITRE XV

VOYAGES DE LA COUR PENDANT L'ÉTÉ. — REPRÉSENTATIONS
THÉATRALES. — ALIX ET ALEXIS

(1769)

Avec l'été commencent les voyages de la cour dans les résidences royales : Choisy, Compiègne, Saint-Hubert, Fontainebleau. C'est en général par Choisy que commençait cette série de pérégrinations, et c'est ce qui eut lieu en l'année 1769.

Les théâtres de la capitale avaient l'habitude de venir tour à tour donner des représentations devant le roi. Les pièces étaient choisies par le premier gentilhomme en exercice et par l'intendant des menus plaisirs. Les adversaires de madame du Barry ont supposé qu'elle avait dû exercer une certaine influence sur le choix des pièces préférées, et ils se sont empressés d'en faire une arme contre elle. « A raison de la présence de cette nouvelle divinité, disent les *Anecdotes*, page 144, Mesdames ne pouvaient plus se trouver au voyage de Choisy ; on put ainsi se livrer à toutes les folies qu'inspirait le goût de la maîtresse. On imagina d'exécuter des pièces très gaies et un peu polissonnes... »

Il y avait là une accusation très perfide, de nature à être acceptée facilement et à ne pouvoir être réfutée. Aussi a-t-elle circulé et s'est-elle perpétuée sans avoir jamais été l'objet d'une discussion ni même d'un doute [1]. Comment, en effet, prouver qu'on n'avait pas joué de pièces obscènes devant la cour de 1769 à 1774, c'est-à-dire pendant le règne de madame du Barry? Il fallait reconstituer ce répertoire dans son entier, car s'il y avait une seule lacune, on n'aurait pas manqué de dire : c'est ce jour-là que se place la représentation incriminée! Il existe, fort heureusement contre la calomnie, des bonnes fortunes singulières qui profitent parfois à la vérité.

D'après un usage constant et fort ancien, ou publiait chaque année le journal des spectacles représentés devant Sa Majesté dans les châteaux de Choisy, Fontainebleau, etc.

Le volume était superbement imprimé chez *Ballard, Imprimeur pour la musique de la Chambre et menus plaisirs de S. M*, et puis il était relié en maroquin et déposé à la bibliothèque du roi. Il s'en est retrouvé un exemplaire à la bibliothèque de Versailles, un autre à la Bibliothèque nationale.

Les pièces nouvelles y sont reproduites *in extenso*, les autres ne sont indiquées que par leur titre. Nous donnerons ce tableau à notre appendice *infra*. Il est impossible de concevoir un ensemble d'œuvres plus correctes, plus irréprochables! Corneille, Racine, Voltaire, Crébillon, pour la tragédie; Molière, Destouches, Sedaine, représentent la comédie; Rameau, l'opéra. Le sire Pidansat de Mayrobert reçoit encore

---

[1]. *Anecdotes*, p. 203. — MM. de Goncourt, p. 204.

ici le démenti habituel que lui donne la réalité mise en face de ses inventions mensongères.

Le journal des spectacles a un avantage : c'est de servir jusqu'à un certain point d'éphémérides pour la cour. Ainsi on lit en tête de l'année 1769 :

« Tous les spectacles qui avaient été interdits à la cour depuis la mort de monseigneur le Dauphin (20 décembre 1765, il y avait quatre ans), ont recommencé à Choisy le 6 juillet par une représentation de l'*Étourderie*, comédie en un acte de Fagan, suivie de la première représentation d'*Alix et Alexis*, comédie en trois actes, mêlées d'ariettes de Poinsinet, musique de M. de la Borde. Ce spectacle fut terminé par un ballet de la composition de M. Delaval, maître des ballets du Roi et dansé par les danseurs de l'Académie royale de musique de S. M. »

L'*Étourderie*, par Fagan, est un imbroglio le plus vertueux et le plus maussade qui se puisse voir.

L'opérette de Poinsinet n'est ni gaie, ni polissonne, ce n'est même pas un opéra-comique, c'est la mise en scène fort sérieuse de la ballade d'*Alix et Alexis*, connue depuis le moyen âge et qui remonte aux croisades[1], seulement le dénouement est moins tragique, les deux amants, au lieu de tomber sous le poignard d'un mari jaloux, s'épousent en paix.

Il n'y a pas une situation équivoque, pas une parole inconvenante[2], il ne peut y en avoir aucune le sujet s'y oppose.

1. V. les *Constantes amours d'Alix et Alexis*, ballade ancienne mise en vers modernes par E. Deschamps. 1818, Canel, in-8.
2. Alix aime Alexis et était près de l'épouser, lorsqu'une affaire l'appelle en Orient. Il part. La mère d'Alexis, qui voyait ce mariage avec peine, fait croire à sa fille qu'Alexis s'est fait Turc et a épousé trois femmes. Indignation d'Alix. Elle consent par dépit

Pidansat de Mayrobert a bien senti qu'il n'y avait rien à reprendre dans cette pièce, aussi il a changé son plan d'attaque et il s'est tourné contre la musique. Voici ce qui l'indigne :

« La musique, dit-il, étoit du sieur La Borde, premier valet de chambre du roi, qui avoit eu *l'indécence* de proposer cette pièce, dont mademoiselle Guimard avoit eu les prémices sur son théâtre de Pantin [1]. »

Constatons d'abord que madame du Barry est hors de cause, qu'il y ait indécence de la Borde, c'est une autre affaire et qui ne concerne nullement madame du Barry.

Nous n'avons pas à défendre M. de la Borde, il était premier valet de chambre du roi, il était son favori ; s'il y avait eu inconvenance à faire représenter la pièce devant Sa Majesté, il aurait été le premier et le seul coupable, mais il nous semble qu'il n'y avait rien à craindre de ce côté ; qu'un essai eût été tenté sur le théâtre de Pantin, c'était possible, il n'y avait là nulle injure pour le roi. M. de la Borde vivait publiquement avec Mademoiselle Guimard [2]. Il était donc

---

à épouser un Anglais, vieux et riche. Le contrat est signé, lorsque Alexis reparaît, déguisé en Arménien, marchand de bijoux. Il se fait reconnaître d'Alix. Désespoir de celle-ci. Mais sir Robert est magnanime : il renonce à ses droits. Alix refuse d'accepter. Combat de générosité. Sir Robert l'emporte, et il adopte les deux époux. C'est de la sentimentalité vertueuse, excessive, et non de l'immoralité.

1. P. 144.
2. Jean-Benjamin de la Borde, né à Paris le 5 septembre 1734, premier valet de chambre de Louis XV, fermier général, exécuté révolutionnairement le 22 juillet 1794. Il ne faut pas le confondre avec son presque homonyme Jean-Joseph de Laborde, père de madame Marchais.
3. On trouve sur les Registres du Parlement un arrêt qui

en quelque sorte chez lui, il était tout naturel qu'il eût fait une répétition de l'œuvre qu'il destinait à son maître.

La critique de l'auteur des *Anecdotes* n'est vraiment qu'une mauvaise chicane, aussi bien pour M. de la Borde que pour madame du Barry.

Le reproche auquel nous venons de répondre se reproduira, nous y répondrons encore à l'occasion d'une pièce spéciale : *la Vérité dans le vin,* et du théâtre d'Audinot.

Nous avons dit qu'il existait un ouvrage imprimé intitulé le *Journal des spectacles de la cour.* Il y a mieux, les archives nationales possèdent un carton entier sous ce titre :

PROGRAMME DU SPECTACLE DONNÉ A CHOISY, DEVANT S. M. LE 6 JUILLET 1769 [1].

Intermèdes de la comédie.

Élèves de Terpsicore (*sic*).

Madame VESTRIS.

Ajustement :	*Habillement :*
Coiffure sérieuse de satin blanc ornée de gaze d'argent et pierreries, plumes blanches, perruque sérieuse, collier et écharpe de diamants, etc.	Son habit de berger dans Érosine.

entérine les lettres de légitimation de Marie-Madeleine Guimard, fille naturelle de M. J.-B. de la Borde, premier valet de chambre du Roi, baptisée le 26 avril 1763.

Arch. nat. 10. B. X'. 28 Qq.

1. Le 8 juillet 1769. Il est dommage que l'exécution de la fête donnée à Choisy ces jours-ci par madame du Barry n'ait pas

Mademoiselle HEINEL.

Boucles et bouquet de plu-   Son habit de la Chacone.
mes blanches et ruban blanc
chenillé d'argent pour coiffure, etc.

Pas de quatre:

MM. SIMONIN, RIVIÈRE; Mesdemoiselles DERVIEUX, ODINOT.
Corset de satin jaune, orné de bleu, draperie, *id.*, dont
les revers de satin bleu, pièces amadis et jupes de taffetas blanc tamponnées de gaze blanche, le tout orné de
réseaux argent, *id.*, rayé bleu.

ALIX ET ALEXIS
Opéra comique.

Rôle:

ALIX, madame Laruelle.

Ajustement: *Habillement:*
Coëffure à l'antique à trois   Habit neuf, robe troussée

répondu à la magnificence. Les comédiens italiens ont joué un opéra-comique nouveau, intitulé: *Alix et Alexis*. Les paroles sont d'un dom Antonio Poinsinetto, aujourd'hui directeur d'une troupe de comédiens devant S. M. Catholique; et la musique est de M. de la Borde, premier valet de chambre du Roi. Ce drame, qui n'avoit encore paru que sur le théâtre de mademoiselle Guimard, et qui pouvoit être digne du lieu, n'étoit pas fait pour être joué à la Cour. La musique, excellente, comme de la façon d'un amateur, ne peut lutter contre celle de nos grands maîtres d'aujourd'hui. Ce qu'on a le mieux goûté, c'est le vaudeville de la fin, dont un nommé Prieur, jeune homme de talent, a refait les paroles.

L'*Étourderie*, petite pièce en un acte, du sieur Fagan, très jolie, mais ancienne, a été exécutée par les comédiens français.

L'Opéra a prétendu embellir tout cela par des ballets de comédie, de la composition du sieur Bandieri de Laval, qui n'ont pas eu plus de succès que le reste. On a cru remarquer l'ennui de S. M., qu'on a vue bâiller fréquemment.

rangs de gaze, ornée de blondes et de ruban lilas, fichu de gaze claire.

de taffetas lilas, ornée de découpures de taffetas blanc, corps et manches doublées de taffetas blanc, jupe de taffetas blanc ornée de trois rangs de volants de taffetas lilas, pièce de taffetas blanc, ornée d'une assure de ruban lilas.

ALEXIS, M. Clairval.

Costume d'Arménien de satin cramoisy garni de fausse martre; barbe, babouches jaunes.

Habit d'officier du grand seigneur dans Scanderberg. Doliman, ceinture et culotte de satin cramoisy, ornés de galon d'argent et œil de perdrix, soubreveste de satin jaune, ornée de brandebourgs argent et petits boutons argentés.

ROBERT.

Perruque à l'antique, grand chapeau avec plumes rouges, nœud d'épaule de rubans ponceau avec franges d'or, cravate de gaze brochée, gants chamois, bas blancs, souliers noirs carrés.

Habit neuf, à l'antique, du siècle de Louis XIV, habit de camelot marron, bordé d'un galon d'or, en fer à cheval, grande culotte de camelot veste de brocart feu et or, ornée de franges d'or à jasmin et galon or, écharpe de taffetas feu, ornée de franges d'or à jasmins.

ATIDES, mademoiselle Desglands.

GIULCRÈDE, mademoiselle Frédéric.

Divertissement pastoral pour Alix et Alexis.

Villageois et villageoise.

Pas de deux.

M. Gardel; — Mademoiselle Guimard.

Corset, manches courtes, pièce-jupe relevée de taffetas gris, ornée de blanc.

Pastres et pastourelles.

Pas de Trois.

M. Dauberval; Mesdemoiselles Allard et Pitrot; M. Malter; Mademoiselle Dervieux.

On joua encore à Fontainebleau, en 1769, les pièces suivantes : les *Sauvages*, le *Déserteur*, *Lucile*, *Zélindor, roy des Sylphes*. (Arch. nat. O¹3266).

CHAPITRE XVI

LE CHEVALIER DE LA MORLIÈRE ET MADAME DU BARRY
LE FATALISME. — DÉDICACE.

Un des attributs d'une maîtresse en titre du roi était, nous l'avons dit, de recevoir la dédicace des œuvres nouvelles; travestie, tantôt en Vénus et tantôt en Minerve, suivant qu'il s'agissait de poésies galantes ou d'œuvres plus graves, il était de règle qu'elle savourât l'encens que lui prodiguaient les écrivains faméliques. Madame de Pompadour avait été l'objet de ce culte littéraire[1]. Madame du Barry eut aussi ses adulateurs, moins éminents que ceux de la marquise. Au premier rang de ceux-ci se trouve le chevalier de la Morlière, l'auteur d'*Angola*, il devança tous ses rivaux pour lui offrir l'hommage d'un livre qui porte ce titre singulier : le FATALISME avec cette épigraphe empruntée à Sénèque le tragique :

« Il n'est pas possible aux dieux[2] même de changer

---

1. Crébillon lui avait dédié son *Catilina*; Voltaire, son *Tancrède*; Palissot, sa *Dunciade*; mademoiselle de Lussan, une espèce de roman sur Marie, reine d'Angleterre. (V. cette dédicace à l'appendice.)
2. On lit dans le *Journal de la Librairie* (Bibl. nat., départ. des Mss. F. FR. 22165) :

« Du jeudi 1ᵉʳ juin 1769. *Livres nouveaux.* — LE FATALISME ou Collection d'anecdotes pour prouver l'influence du sort sur l'histoire du cœur humain, par M. le chevalier DE LA MORLIÈRE,

le cours des événements qui se précipitent comme des effets enchaînés à leurs causes premières; chacun subit l'ordre du destin dont aucune prière ne peut fléchir les arrêts [1]. »

Voici le texte de l'épître dédicatoire :

A MADAME LA COMTESSE DU BARRY.

Vous dédier, madame, cet ouvrage c'est présenter l'exception la plus agréable du triste fatalisme, dont il n'atteste que trop les effets; la nature vous prodigua ses dons les plus rares, la destinée la plus heureuse semble présider à votre carrière et l'affabilité, la bienfaisance, bonheur de caractère bien plus essentiel encore, feront sans doute applaudir au concours avantageux des deux premiers; vous vous livrerez, madame, à tout ce que ces estimables qualités vous inspireront de plus favorable, vous honorerez les arts, les sciences et tout ce qui vous paroîtra digne d'une distinction marquée, et vous montrerez, par là, ce discernement et ce mérite réel toujours indépendans des circonstances et bien supérieurs à ces surfaces frivoles sous les qu'elles la fausse grandeur croit trop souvent dérober sa petitesse à nos regards.

Je suis avec respect,
  madame,
   Votre très humble et très obéissant serviteur,
    CHEVALIER DE LA MORLIÈRE.

2 parties in-12. Imprimé pour le compte de Pissot, libraire, avec permission tacite. »

« Nota. — Cet ouvrage est dédié par l'auteur à madame du Barry. » Voici le texte latin de l'épigraphe :

> Non illa Deo vertisse licet
> Quæ nexa suis currunt causis.
> It cuique ratus, prece non ullâ
> Mobilis, ordo...
>   Sén. *Œdip.*

[1]. Chœur final d'*Œdipe*, acte V.

Littérairement, cette dédicace est mal écrite ; tel était le jargon singulier que l'auteur s'était fait[1]; le style en est prétentieux, obscur, à peine intelligible. Au fond, les éloges de la Morlière n'ont pas la fadeur mythologique de ceux de Cailhava. Il n'est plus question d'une Hébé ni d'une Cythérée, c'est d'une personne vivante qu'il s'agit, elle est affable, bienfaisante, elle possède un heureux caractère et tous les dons de la beauté... C'est presque un portrait, d'après nature, par quelqu'un qui aurait fréquenté l'original, et il n'y aurait là rien d'impossible! Jacques Rochette de la Morlière et Jean du Barry étaient nés l'un et l'autre vers 1720, ils avaient donc identiquement le même âge ; ils avaient couru la même carrière d'aventures, il y avait entre eux trop de points communs pour qu'ils ne se fussent pas rencontrés dans les bas-fonds de la vie parisienne[2]. La Morlière était le fervent admirateur et l'imitateur de Crébillon le jeune[3], du Barry était le commensal du même auteur. La Mor-

---

1. *Tablettes d'un curieux*, vol. II, p. 152.
2. Voy. *Tablettes d'un curieux*, vol. II, p. 64. — L'auteur consacre plusieurs pages fort intéressantes à la Morlière. Il le présente comme un habitué du café Procope, qu'il appelle judicieusement « une salle d'escrime littéraire. » (Bibl. nat.)
3. Z. 225. E. Voy. le *Contrepoison* des feuilles ou lettres à M. de***, retiré à....., sur le sieur Fréron Dans cette brochure, la Morlière attaque violemment Fréron, et il s'écrie en parlant de lui : « Ne s'est-il pas acharné avec la plus grande indécence contre un ouvrage de M. Crébillon le fils, dont la plume délicate et légère a mérité des succès que la jalousie de l'académicien d'Angers ne pourra affoiblir?... Qu'il fasse mieux que *Tanzaï*, que *les Égarements du cœur et de l'esprit*, ou qu'il se taise. Les gens qui, comme M. Crébillon le fils, ont été si loin dans un genre, doivent être au-dessus des impuissantes criailleries de ceux qui n'ont jamais rien fait qui vaille... »

lière formait des princesses de théâtre pour la scène¹, du Barry pratiquait aussi une industrie analogue, non moins équivoque; ils avaient gagné à ce métier une détestable réputation qui avait dû les rapprocher à un moment quelconque, au café Procope, cette salle d'escrime littéraire, dans les coulisses des théâtres, ou ailleurs. Il faut reconnaître que la Morlière était le plus gravement compromis.

La licence de ses ouvrages avait été telle qu'on l'avait surnommé l'Aretin français ².

Les *Mémoires secrets de Bachaumont* disent à la date du 13 août 1762 :

« Le chevalier de la Morlière, plus connu par ses escroqueries, son impudence et sa scélératesse que par ses ouvrages, vient enfin d'être mis à Saint-Lazare. Sa famille a obtenu cette grâce de crainte qu'un jour il ne la déshonorât par un supplice ignominieux. »

---

1. *Mémoires secrets*, 28 avril 1768. Une demoiselle Fleury appelée *la belle et la bête*, parce qu'elle est susceptible de ces surnoms, doit débuter dans le rôle de *Médée*... Elle a été initiée à l'art de la déclamation par *le chevalier de la Morlière*, auteur très connu par ses aventures, ses escroqueries et son admirable talent de jouer la comédie sur le théâtre et hors du théâtre.

2. *Tablettes d'un curieux*, vol. II, p. 77. (Voy. son ouvrage intitulé : LES LAURIERS ECCLÉSIASTIQUES ou *Campagnes de l'abbé T... à Luxuropolis*. De l'imprimerie ordinaire du clergé. 1748. Avec cette épigraphe tirée d'Ovide :

> Militat omnis amans,
> Et habet sua castra
> Cupido.

Le fleuron du frontispice représente une mitre et une crosse entrecroisées, avec le carquois et le flambeau de Cupidon. Ce livre, non moins irréligieux qu'obscène, est mieux écrit que les autres ouvrages de la Morlière. On sent qu'il est là dans son élément. (Bibl. nat. Y.)

Le 11 décembre de la même année les mémoires secrets disent encore :

« M. le chevalier de la Morlière est sorti de Saint-Lazare et il se montre avec un front d'airain. »

Enfin à la date du 24 avril 1763, sont articulés les faits les plus graves, les plus infamants [1].

Mademoiselle du Barry Beauvernier pouvait avoir connu la Morlière. Plusieurs signatures de ce nom se trouvent au bas d'un mariage célébré plus tard dans la chapelle de Louveciennes [2].

M. Rochas, auteur d'une excellente biographie des Dauphinois célèbres, a eu à s'expliquer sur la Morlière, qui étant né à Grenoble, était son compatriote et devenait son justiciable, il a recueilli des notes de police qui ne laissent pas de doute sur l'improbité de ce personnage. Une dédicace n'a de valeur que par le mérite de celui qui l'adresse. En 1769, le nom de la Morlière, flétri à tous les points de vue, était fort compromettant, surtout dans la position où se trouvait madame du Barry. Aussi les adversaires de la favorite s'empressèrent-ils de faire arme contre elle de cet imprudent hommage. Le *Fatalisme* avait paru avec sa dédicace le 1er juin 1769, dès le 11 du

---

1. Voy. *Mémoires secrets*, etc... Nous devons dire que la violence de ces reproches nous inspire quelques doutes sur leur justesse. Il y a là des détails qui nous paraissent plus légendaires que véridiques.
2. Ces lignes étaient écrites longtemps avant que ne parût dans la seconde édition de la du Barry de M. de Goncourt, l'attestation du fait que nous n'avions pu que soupçonner, « Je lui avois composé, dit le Roué, un petit collège académique, l'abbé Arnaud, Martin, Turpin, *la Morlière* et quelques autres beaux esprits. » (Page 326.)

même mois, les *Nouvelles à la main* faisaient courir cet article aussi spirituel que méchant :

« Les Muses sont faites pour chanter les grâces. Cependant depuis que l'élévation de madame la comtesse du Barry à la Cour, a mis en spectacle la beauté, les talents et les vertus de cette dame restée jusqu'ici dans une obscurité injurieuse, de tous les gens de Lettres, retenus par l'admiration ou par le respect, aucun n'avoit encore fait fumer son encens pour cette nouvelle divinité[1]. M. le chevalier de la Morlière, plus hardi, vient de lui offrir, par une épître dédicatoire un livre intitulé : le *Fatalisme*, espèce de recueil d'historiettes, dont le résultat est d'établir qu'on ne peut se soustraire à sa funeste destinée. Par cette adresse l'auteur échappera au fatalisme des méchants livres et celui-ci plus que médiocre est enlevé avec une rapidité singulière, chacun s'empresse de lire la Dédicace.

« On ne doute pas que l'auteur n'ait eu une permission tacite de la modestie de cette dame et que son exemple ne soit suivi par des panégyristes plus dignes de l'héroïne. »

Ce morceau est tout à fait dans la manière des premiers mémoires dits de Bachaumont, leur habitude constante est de cacher la satire sous l'éloge. On sent que la Bastille n'est pas loin et qu'ils ne peuvent exprimer librement leur pensée en face ; ils procèdent par d'habiles sous-entendus, par d'amusantes contre-vérités. De quoi pourrait se plaindre madame du Barry ? Le début de l'article n'est-il pas des plus

---

1. « Aucun homme de lettres avant la Morlière n'avait encensé les talents et les vertus de la du Barry. L'auteur dut à sa dédicace le prompt débit de son ouvrage et l'honneur de souper avec cette fameuse courtisane. — *Quérard*, vol. IV. »

La Morlière était trop intelligent pour commettre une pareille

galants? « Les Muses sont faites pour chanter les Grâces. » La phrase est charmante, oui, mais parler des talents d'une personne qui, notoirement, n'en a aucun d'avouable, c'est déjà une ironie et une allusion sournoise à des talents d'une nature moins convenable, s'extasier sur les *vertus* d'une divinité du plaisir, c'est pousser la dérision jusqu'à l'impertinence. Plaindre hypocritement madame du Barry de n'avoir pas eu un panégyriste plus digne d'elle, c'était faire entendre que le nouvel Arétin n'était point indigne de la fameuse Bourbonnoise et ajouter pour trait final qu'en accordant son approbation tacite à des louanges exagérées, madame du Barry avait fait acte de modestie, s'était apprêtée à rire à ses dépens. On rit beaucoup, en effet, jusque dans les gazettes étrangères, à tel point, que le succès de ce bon mot ou de ce bon tour dure encore; Beuchot l'a reproduit dans la biographie; Quérard a copié Beuchot et

maladresse. Il n'a parlé ni de talents, ni de vertus, ce qui aurait pu passer pour une mauvaise plaisanterie. Ces expressions n'ont été employées que par les auteurs des *Nouvelles à la main*. Quérard s'est donc trompé en prenant leur travestissement critique pour le texte de la dédicace qu'il ne s'est pas donné la peine de lire. C'est de là que l'erreur s'est propagée et continuera probablement, malgré notre rectification. La plaisanterie, du reste, n'était pas neuve : elle avait déjà été faite sur madame de la Tournelle par un maître en l'art du persiflage, M. de Maurepas, qui l'avait consignée dans les lettres patentes portant don du duché et pairie de Châteauroux en sa faveur, données à Versailles en décembre 1743.

« Louis, etc... Le droit de conférer des titres d'honneur et de dignité étant un des plus sublimes attributs du pouvoir suprême, les Rois nos prédécesseurs nous ont laissé divers monuments de l'usage qu'ils en ont fait en faveur des personnes dont ils ont voulu illustrer LE TALENT ET LE MÉRITE, etc. A ces causes, considérant que notre chère et bien-aimée Marianne de Mailly, veuve du sieur marquis de la Tournelle... »

M. Monselet en a égayé l'article qu'il a consacré à la Morlière dans les *Oubliés et les Dédaignés*.

Encouragées par la réussite du premier article les *Nouvelles à la main* revinrent à la charge et le 26 juillet 1769 on lisait dans leur bulletin :

« M. le chevalier de la Morlière, auteur de la dédicace à madame du Barry et dont les gazettes étrangères ont raconté le zèle et les hommages, a eu l'honneur de souper dernièrement avec cette *Minerve*. L'accueil distingué qu'elle lui a fait est moins une reconnoissance du tribut d'éloges que lui a prodigués cet auteur médiocre, qu'un témoignage de son goût pour les lettres et de l'intention de les protéger, c'est ainsi qu'en parlent ceux qui approchent cette dame douce, d'un esprit naturel et très capable d'un encens plus pur et plus délicat que celui du chevalier de la Morlière. »

C'est toujours la même méthode, flatter en apparence, pour mieux déchirer par-dessous. On a l'air ici de rendre justice aux bonnes qualités de madame du Barry, elle est douce, bien douée. (La Morlière n'avait pas dit autre chose), en réalité ce qu'on met en lumière c'est le souper, ce qu'on veut montrer c'est la nouvelle *Minerve* (encore une contre-vérité) recevant à sa table un chevalier d'industrie qu'on dénonçait naguère comme un escroc, mis à Saint-Lazare pour lui éviter la corde.

Suivant d'autres chroniqueurs, madame du Barry aurait fait remettre une somme d'argent, d'environ deux mille livres, à la Morlière, pour le récompenser de son adulation envers elle. Nous ne voulons contester ni le fait du souper, quoiqu'il ne soit pas admis par M. Rochas ni la gratification, malgré le silence des comptes de madame du Barry qui n'en contiennent pas de trace. Il n'y a dans tout ceci rien de demontré ni rien d'invraisemblable. Nous doutons seulement que la dédicace de la Morlière ait été fort agréable à madame du Barry et voici ce qui nous autorise à le penser. Il existait un catalogue dressé double en 1771, de la bibliothèque de madame du Barry. D'après cette liste, rédigée avec le plus grand soin et reliée avec luxe, le *Fatalisme* ne se trouvait pas au nombre des livres qu'elle possédait, soit avant, soit après l'achat d'une bibliothèque en 1770 [1]. Enfin nous nous sommes assuré que le *Fatalisme* ne figure pas davantage dans l'inventaire dressé en 1794, par le district de Versailles, après la confiscation des biens de madame du Barry. Comment expliquer cette lacune? Il est certain que l'auteur a dû offrir un exemplaire de son livre à celle qui en agréait l'hommage, il est étrange qu'elle ne l'ait pas gardé, comme elle a conservé les ouvrages de Cailhava, de Limayrac et autres qui se sont retrouvés parmi ses livres avec les épîtres dédicatoires de la main de leurs auteurs? Il y a plus, cette sorte d'exclusion semble s'être étendue à tous les autres ouvrages de la Morlière. On ne trouve pas une seule de ses nombreuses productions dans la bibliothèque de madame du Barry pas même *Angola*, le compagnon inséparable de *Tanzaï* et d'*Acajou*, ces romans à la mode qu'on rencontre dans toutes les bibliothèques du dix-huitième siècle [2]. Pourquoi cette exclu-

---

1. Voy. la publication de ce catalogue, par M. Paul Lacroix, bibliothécaire de l'Arsenal. Paris, Fontaine.
2. Voy. notamment le catalogue imprimé des livres de madame de Pompadour, p. 243, n° 2140; le catalogue manuscrit de la

sion? est-elle fortuite ou intentionnelle? Proviendrait-elle du mécontentement que madame du Barry aurait éprouvé de voir son nom accolé à celui de l'ancien pensionnaire de Saint-Lazare? ou peut-être ce titre de mauvaise augure, *le Fatalisme* avait-il impressionné défavorablement l'esprit superstitieux de la jeune femme? Nous signalons le fait, sans en garantir l'explication.

Ce n'est là qu'une conjecture, mais on s'expliquerait bien mieux ainsi l'insuccès de la Morlière que par des raisons tirées d'une analogie quelconque entre le *Fatalisme* et le sort de madame du Barry en 1769. On voit par quel lien imperceptible la Morlière avait essayé de rattacher le titre de son ouvrage et la destinée alors si brillante de la favorite. C'est, dit-il, parce qu'elle formait *exception* au Fatalisme; dans ce cas il eût été plus simple de ne pas parler d'elle. L'auteur ne cherchait évidemment qu'un prétexte, le tour qu'il avait pris n'était pas des mieux choisis.

Les générations qui comme la nôtre ont assisté à la catastrophe finale de madame du Barry seraient tentées de voir quelque chose de prophétique dans ce mot: le FATALISME, commenté par la sombre devise du tragique latin. C'est bien par une suite d'accidents fortuits en apparence, quoique au fond enchaînés par la logique serrée des événements qu'elle est passée de la condition la plus obscure, au sort le plus bril-

---

bibliothèque de madame la duchesse de Cossé (départ. des Mss. F. FR. nouv. acq. 3170); le catalogue de Thierry de Ville d'Avray (*ibid.* 3172); de M. de la Luzerne, etc., *ibid*. — Rappelons que *Tanzaï et Néadarné* est un roman de Crébillon le jeune, de 1734; *Acajou et Zirphile*, un roman de Duclos, de 1745. *Angola* se place, par sa date, entre ces deux publications.

lant pour retomber dans un couvent, puis dans une prison et de là sous la hache. Le pressentiment de la Morlière semblerait donc tenir de la seconde vue et l'on se demande avec curiosité s'il avait lu dans l'avenir de madame du Barry. « J'ai toujours été pénétré, dit-il, dans le préface de son livre, de ce principe qu'il est ici-bas un enchaînement de causes secrètes, qui ne nous laisse que l'exécution machinale de ce dont nous paraissons les principaux agents et que la même morale, la même conduite et je dirai même plus, quelquefois les circonstances qui ont élevé l'un au fait du bonheur et de la gloire ont perdu les autres sans ressource et les ont précipités dans un abîme de misère et de douleur : ainsi donc c'est ici le fatalisme en action et prouvé par les faits et non par une foule de raisonnements captieux et souvent inintelligibles. »

En l'année 1769 le 3 juillet eut lieu le passage de la planète Vénus devant le soleil. Ce phénomène astronomique donna l'occasion de faire courir des vers assez fades que les *Mémoires secrets* publièrent avec un commentaire ironique plus piquant que le texte. Les *Anecdotes* ont accaparé le passage sans en dire l'origine, nous le restituons dans sa vérité primitive.

« Du 20 juin. — On sait que le Roi, ami de tous les arts et initié aux spéculations les plus sublimes, a observé à Saint-Hubert, le passage de Vénus sur le soleil. Madame la comtesse du Barry accompagnait Sa Majesté à ce voyage et le Roi a daigné donner à cette dame quelques éléments d'astronomie, capables de lui rendre le phénomène intéressant. Un courtisan a fait à cette occasion les vers suivants, restés d'abord dans les portefeuilles de quelques amis et qui se répandent aujourd'hui. Le poète s'adresse aux autres courtisans qui accompagnoient Sa Majesté et observoient avec elle.

« Que nous diront ce télescope,
Cette Vénus et ce Soleil?
Aussi, sans ce vain appareil,
Cherchons un plus sûr horoscope.
En ces délicieux jardins
Brillent nos astres véritables;
C'est dans leurs regards adorables
Que nous trouverons nos destins! »

CHAPITRE XVII

LE DROIT DE GRACE. — CONDAMNATION A MORT D'APPOLINE GRÉGEOIS. — APPEL AU PARLEMENT DE PARIS ET CONFIRMATION. — RECOURS EN GRACE. — COMMUTATION. — LETTRE ATTRIBUÉE A MADAME DU BARRY.

Madame du Barry eut bientôt l'occasion de remplir son rôle de divinité protectrice d'une manière plus sérieuse.

Le droit de grâce était un attribut régalien qu'on exerçait trop rarement dans ce temps où les peines cruelles étaient si multipliées. Louis XV était d'un caractère dur, peu enclin à la clémence. Marie Leczinska n'ayant aucun crédit sur l'esprit du Roi [1], n'avait jamais été que d'un faible secours auprès de lui : madame de Pompadour aurait eu le pouvoir de dicter ses volontés aux chanceliers aussi bien qu'aux autres ministres ; mais elle paraît s'en être médiocrement souciée. On sait qu'elle a peuplé les cachots, on ne connaît point de cas où elle les ait fait ouvrir [2].

Cette bonne fortune était réservée à madame

---

1. « Le peu de goût et de considération que l'on connoît au Roy pour la Reyne. » (De Luynes, avril 1745.)
2. Voy. Campardon, Louis XV et madame de Pompadour.

du Barry. En ce point elle s'écarta des précédents laissés par sa devancière et se montra novatrice à son avantage. Quatre fois dans des circonstances capitales, elle sut fléchir Louis XV et disputa au bourreau des têtes vouées à une mort certaine, imminente. C'est une atténuation puissante de ses fautes: il faudra s'en souvenir, lorsqu'elle demandera grâce pour elle-même; elle avait droit à une pitié qu'elle a su ressentir et faire triompher, non sans effort.

Au dix-huitième siècle, les peines contre l'infanticide étaient encore atroces; le gibet était la plus douce. Souvent les coupables étaient brulés vifs [1]. Ce n'est pas tout, nos lois anciennes atteignaient, non seulement le meurtre de l'enfant nouveau-né, mais le recel ou la dissimulation de la grossesse et de l'accouchement. Un édit de Henri II de février 1556 ordonnait que la femme qui n'avait pas déclaré qu'elle était enceinte, fut reputée de plein droit coupable d'homicide si son enfant venait à mourir.

Louis XIV allant encore plus loin prescrivit qu'il fût donné lecture publique de l'édit de Henri II, chaque dimanche, après la messe paroissiale et qu'il fût ouvert dans les greffes des bailliages des registres sur lesquels les déclarations de grossesse seraient inscrites [2].

Ces notions préliminaires étaient indispensables

---

1. 11 janvier 1763. Jacques Vilette, Jeanne Durand et Jeanne Thieulin sont condamnés pour infanticide à être *brûlés vifs*. Seulement l'arrêt porte cette clause : « Seront secrètement étranglés avant qu'ils puissent être atteints par les flammes. » (Registre des Rémissions.)

Hardy raconte dans son Journal le cas d'une femme Bled qui fut brûlée vive à Maintenon pour crime d'infanticide (mercredi 9 août 1769).

2. Déclaration du 25 février 1708.

pour l'intelligence des faits racontés par les *Anecdotes* en ces termes [1].

Une jeune fille, d'un endroit appelé Liancourt [2], étoit devenue grosse des œuvres de son curé, qui avoit peu survécu à ce commerce.

Soit honte pour elle-même, soit par égard pour la mémoire de son pasteur, elle n'avoit pas fait la déclaration prescrite par les *Ordonnances*, et par une suite d'une maladie, que le chagrin et l'inquiétude lui avoient occasionnée, sans doute, elle étoit accouchée d'un enfant mort.

Le fait parvenu à la connoissance des premiers juges, ils avoient condamné cette malheureuse à être pendue, comme réputée coupable de l'avortement, faute d'avoir satisfait à la loi, qui est formelle sur cet article.

La sentence venoit d'être confirmée au Parlement et la prisonnière devoit retourner sur les lieux pour être exécutée.

Un mousquetaire noir, nommé M. de Mandeville, entendit raconter cette histoire dans une maison. Touché de compassion ainsi que les autres convives, il proposa de dresser sur-le-champ un mémoire de cette affaire et d'aller à Marli, où la Cour étoit alors, demander la grâce de la pauvre innocente.

1. V. p. 138 et suivantes.
2. Liancourt, dans le Vexin français, diocèse et intendance de Rouen, parlement de Paris, élection de Chaumont et Magny. On y compte 4 feux privilégiés et 120 taillables. Cette paroisse est à une demi-lieue S.-S.-E. de Chaumont. Aujourd'hui ces deux localités sont du département de l'Oise, arrondissement de Beauvais.
Les localités du nom de Liancourt sont très nombreuses en France. J'ai dû m'y adresser avant tout, et mes recherches étaient restées sans résultat, lorsque le hasard m'a appris que les anciens registres d'écrous de la Conciergerie avaient échappé à l'incendie de 1871. J'ai pu ainsi remonter jusqu'à l'arrêt du Parlement et à la trace de la grâce accordée à cette fille.

Le cas bien exposé, il partit, et se rendit chez madame du Barry, qu'il ne connoissoit point, mais dont il se flattoit d'émouvoir les entrailles; il réussit, elle trouva ce cas très graciable et sur-le-champ, de sa main, elle écrivit une lettre à M. le chancelier, dont les spectateurs retinrent des copies et qui démentit authentiquement l'incapacité qu'on lui supposoit en ce genre, ou qui prouve combien est grande l'éloquence naïve du cœur. On va en juger :

« Monsieur le Chancelier,

« Je n'entends rien à vos loix; mais elles sont injustes et barbares; elles sont contraires à la politique, à la raison, à l'humanité, si elles font mourir une pauvre fille accouchée d'un enfant mort sans l'avoir déclaré.

« Suivant le mémoire ci-joint la suppliante est dans ce cas : il paraît qu'elle n'est condamnée que pour avoir ignoré la règle ou pour ne s'y être pas conformée par une pudeur très naturelle.

« Je renvoie l'examen de cette affaire à votre équité mais cette infortunée mérite de l'indulgence. Je vous demande au moins une commutation de peine. Votre sensibilité vous dictera le reste.

« J'ai l'honneur d'être... »

M. de Mandeville porta lui-même cette lettre à M. le chancelier, qui ordonna un sursis, et sur le compte rendu des faits, fit avoir sa grâce à la fille.

Tout Paris, ne put s'empêcher d'applaudir à cette belle action également honorable pour le mousquetaire, la comtesse et le chef de la justice [1].

L'auteur des *Anecdotes*, suivant en cela son usage et au reste celui des contemporains, ne cite aucun

---

1. *Anecdotes*, p. 138.

nom, aucune date, aucune pièce justificative. Il faut le croire sur parole, ce qui nous répugne toujours quand il s'agit d'un fait susceptible de contrôle, aussi nous avons cherché à nous rendre compte de ce récit et à nous assurer s'il est véridique ou s'il ne cachait qu'une fable purement imaginaire.

Voici ce que nous avons trouvé d'abord dans les registres d'écrou de la conciergerie, conservés aux archives de la préfecture de police et épargnés par le feu en 1871.

Du 1er avril 1769. *Appoline Grégeois*, agée d'environ vingt ans, demeurant paroisse N. D. de Liancourt a été amenée et transférée prisonnière des prisons de Chaumont en Vexin, en celle de céans par Frédéric Délé messager du dit lieu chargé de la dite conduite pour être jugée en la Cour sur l'appel à minima d'une sentence qui la condamne à être pendue et étranglée jusqu'à ce que mort s'en suive, à une potence qui pour cet effet sera dressée dans la place publique de la ville de Chaumont, déclare tous ses biens acquis et confisqués au profit de qui il appartiendra sur yceux préalablement pris la somme de 50 livres d'amende envers le roy, en cas que la confiscation n'ait lieu au profit de S. M. la ditte sentence rendue par le lieutenant criminel au bailliage du dit Chaumont, le 16 mars dernier pour avoir célé et caché sa GROSSESSE et son enfantement, le tout commis ditte paroisse N. D. de Liancourt, vol domestique chez Louis Leroux boulanger à Gisors et chez le curé de Saint-Martin du dit Chaumont où elle a demeuré.

En marge.

Par lettres obtenües par Appoline Grégeois nommée cy à droite, données à Versailles.

Au mois de juin 1769 S. M. a commué la peine de mort prononcée contre la dite Grégeois par sentence du bailliage de Chaumont en Vexin du 16 mars de la ditte année, confirmée par arrêt du 5 juin suivant, en celle d'être renfermée dans une maison de force pendant trois ans; les dites lettres anthérinées par arrêt du 30 du dit mois de juin, pour être exécutées selon leur forme et teneur

Et le 23 août 1769 la dite fille Grégeois a été remise à nous huissier du Parlement soubsigné qui nous en sommes chargés pour la conduire en la maison de force de la Salpétrière, pour y être détenüe au désir des Lettres susénoncées. Signé: GREVEAU, demeurant, rue de la Calandre, paroisse Saint-Germain.

(—) Registre d'écrous de la *Conciergerie* de 1767 à 1769.

ARRÊT DU PARLEMENT DE PARIS DANS L'AFFAIRE D'APOLLINE GRÉGEOIS.

« 49. Vu par la Cour le procès criminel fait par le lieutenant criminel du bailliage de Chaumont en Vexin, à la requête du substitut du procureur général du Roy au dit siège, demandeur et accusateur contre Appoline Grégeois deffenderesse et accusée prisonnière ès prisons de la Conciergerie du Palais à Paris, appellante de la sentence rendue sur le dit procès le seize mars mil sept cent soixante neuf par laquelle la dite Appoline Grégeois a été déclarée duement atteinte et convaincüe d'avoir célé, caché sa grossesse et enfantement et d'être accouchée d'un enfant mort, sans avoir préalablement fait sa déclaration et convaincüe étant servante de Louis Leroux, boulanger à Gisors, volé des coëffures et autres linges appartenant à la femme du dit Leroux, d'avoir commis un autre vol domestique en argent montant à soixante six livres, étant servante chez le S. Dufour, lors curé de Saint-Martin de la ditte ville, pour réparation de quoy a été condamnée à être pendüe et étranglée jusqu'à ce que mort s'ensuive à une potence qui pour cet effet seroit dressée en la place publique de la ditte ville, a été ordonné que son corps mort y resteroit vingt-quatre heures et seroit ensuite exposé sur le chemin qui conduit de la ditte ville au village de Liancourt tous et un chacun de ses biens ont été déclarés acquis et confisqués au profit de qui il appartiendra sur iceux préalablement pris la somme de cinquante livres d'amende envers le roy au cas que confiscation n'ait pas lieu. »

« 5 juin 1769, anciennes cotes — criminel — 1769, 845 — cotes nouvelles A. N. X^{1A} 844. »

Ces pièces sont par elles-mêmes d'une authenticité indiscutable ; mais elles sont en outre confirmées par le registre criminel des rémissions ou grâces sur lequel on lit :

« 20 juin 1769. — Appoline Grégeois. — A M. le Procureur général, écrit d'envoyer l'extrait de la procédure faite contre la nommée Appoline Grégeois, et faire surseoir. M. de Murat s'y intéresse. M. de la Balme. »

« 28 juin. — Commutation de la peine de mort en celle d'être enfermée dans une maison de force pendant trois ans. Scellé ledit jour. »

On voit par là que le fond des choses est vrai. Seulement il y a quelques enjolivements scandaleux que Pidansat de Mayrobert a inventés ou récoltés dans les bruits du temps. Ainsi la complicité du curé, sa mort, la maladie de la jeune fille, sont apocryphes, ou du moins n'apparaissent pas de l'écrou, ni de l'arrêt. En revanche, le nouvelliste, en habile avocat, a glissé sur les vols domestiques qui auraient été commis au préjudice d'une dame Leroux, *boulangère* à Gisors, et du curé de Saint-Martin-de-Chaumont. L'accusée sentant bien le péril de sa situation, prenait la qualité d'ouvrière en dentelle qui faisait disparaître la circonstance aggravante résultant de la domesticité.

La lettre à M. de Maupeou est fort jolie, et même d'un style trop élégant pour être de madame du Barry, elle ne fait pas de phrases et pas de périodes à progression savante comme celle-ci : Vos lois sont contraires à la politique, à la raison, à l'humanité. La pauvre femme n'a jamais été capable d'une telle rhétorique. Elle a pu avoir une bonne pensée, elle l'aura exprimée simplement, peut-être même aura-t-elle adressé verbalement sa recommandation au chancelier.

Nous ne savons quel peut être ce *M. de Murat* dont il est ici parlé. Une dame de Murat a été signalée comme étant une des maîtresses de J. du Barry le Roué.

L'affaire a dû être traitée d'urgence. L'arrêt confirmatif du Parlement est du 6 juin. Les sentences capitales devaient être exécutées dans les vingt-quatre heures. Il n'y avait donc pas de temps à perdre. Aussi l'ordre officiel de surseoir est du 20 juin, et la commutation du 28, avec cette addition : *scellée du même jour*. Les démarches en faveur de la jeune fille ont dû se placer entre le 7 et le 20 juin 1769.

CHAPITRE XVIII

SUITE. — AFFAIRE DU PÉ DE LOUESME. — DOUBLE CONDAMNATION A MORT. — EXTRÊMES DANGERS DES CONDAMNÉS. — MADAME DU BARRY INTERVIENT ET OBTIENT LEUR GRACE.

Le succès obtenu par madame du Barry, en faveur d'Appoline Grégeois, devait lui assurer une nombreuse clientèle du même genre. Nous allons voir, en effet, les demandes en grâce se succéder et aboutir à la favorite. La première qui se présente est aussi obscure et a été aussi difficile à éclaircir que la précédente. Nous nous efforcerons de rétablir les faits, les noms, les dates, d'après les pièces judiciaires les plus authentiques.

Il existait, entre Montargis et Joigny, une famille d'ancienne et noble extraction, mais déchue et ruinée[1]. Le marquis du Pé de Loüesme[2], chef de cette

---

1. Ce qui nous a donné une peine infinie, c'est l'ignorance de la véritable orthographe du nom. Hardy écrit *Louarne*; Pidansat de Mayrobert, *Louarme*; d'autres contemporains, *Dupré*. Nous n'avons trouvé ce nom correctement écrit que dans une chronologie militaire manuscrite que nous possédons, et alors seulement les recherches sont devenues possibles.

2. Leurs armes étaient :
« De gueules à trois lions d'argent, lampassés et armés d'or, posés 2 et 1. »

famille, était venu se réfugier dans un antique château appelé le Parc-Vieil et situé sur les confins de la Champagne et de l'Orléanais. Ses affaires étaient embarrassées au point que tous ses biens étaient *décrétés*, nous dirions aujourd'hui saisis, et ses revenus placés sous un séquestre qu'on appelait alors *fermier* judiciaire.

Il mourut en 1766, transmettant cette triste position à son fils Pierre-Edmond du Pé, comte de Loüesme. Il avait épousé dame Françoise Constant de Villemond, veuve du baron de Heldorf, sans fortune par son premier comme par son second mari. Leurs embarras étaient grands en face d'une succession grevée de dettes au-dessus de leurs forces. Ces dettes, ils avaient dû les cautionner, par corps, pour empêcher que leur père ne fût totalement dépossédé de son dernier asile, elles étaient donc honorables dans leur principe, elles n'en pesaient pas moins lourdement sur eux.

Ils ne parvenaient à prolonger la lutte que par des moyens de procédure et souvent aussi, il faut le dire, que par des menaces qui terrifiaient huissiers et records. Malheureusement, le bail judiciaire était passé entre les mains d'un nommé Dorcy, homme ardent et praticien habile, il comprit que pour faire cesser la résistance du comte et de la comtesse de Loüesme, il fallait mettre la main sur ces nobles débiteurs et il étendit autour d'eux ses lignes de circonvallation de loin. Il commença par prendre une contrainte aux requêtes de l'hôtel, pour obtenir l'expulsion du comte et de la comtesse hors du château, exécutoire, nonobstant opposition, ni appel, à peine de rebellion, disait la sentence, envers justice. Il s'en fit délivrer une autre par le commissaire aux saisies réelles, à raison du cautionnement qui rendait le comte de Loüesme, contraignable par corps, puis il les confia à deux huissiers distincts, la première à un sieur Chamorin, la seconde à un sieur Jolivet. Enfin, il les fit appuyer par des brigades de maréchaussée de Saint-Fargeau et de Courtenay. Au 1ᵉʳ juillet 1768, à quatre heures du matin, suivant les uns, à trois heures, suivant les autres, le château se trouva cerné.

Sans être un château-fort, le Parc-Vieil avait ces défenses que possédaient alors toutes les demeures féodales ; il était entouré de fossés profonds remplis d'eau, on n'y parvenait que par un pont-levis, tombé de vetusté et remplacé par des poutres avec des traverses *movibles* (sic) qu'on enlevait la nuit ; les huissiers firent sommation à haute voix qu'on eût à leur ouvrir les portes. Le comte et la comtesse de Loüesme accoururent à ce bruit et des pourparlers s'engagèrent avec Dorcy qui était à la tête de l'expédition. On ne put s'entendre ; des paroles on passa aux invectives et des injures aux voies de fait. Les huissiers ayant passé sur les poutres, voulaient enfoncer la porte, M. le comte de Loüesme montra le bout de son fusil par une fente qui s'y trouvait, Jolivet chercha à s'en emparer, le coup partit et la mêlée devint générale. Les gens du château accoururent au secours de leur maître, la comtesse de Loüesme, elle-même, défendit son mari et fit le coup de feu à ses côtés. L'avantage resta aux assiégés. La maréchaussée dut battre en retraite, laissant deux morts derrière elle : l'huissier Jolivet et un cavalier de la maréchaussée, mortellement atteints ; ils ne tardèrent pas à rendre le dernier soupir.

L'affaire était grave et cependant elle n'était pas terminée, le comte et la comtesse de Loüesme pouvaient fuir, ils n'y songèrent pas, ils restèrent dans le château, faisant monter la garde à leurs gens et crier : *Qui vive !* ils ne furent pas inquiétés pendant les deux premiers jours; mais la nuit du 2 au 3 juillet, le Parc-Vieil fut de nouveau investi par les brigades précédentes auxquelles s'était jointe celle de Montargis accompagnée des habitants des campagnes voisines, requis pour leur prêter main forte. L'action allait recommencer, si dès le début, le cocher nommé Godard, n'avait été tué par le sieur La Bassée, commandant de la brigade de Saint-Fargeau. C'était un ancien serviteur de la maison, attaché à ses maîtres qu'il servait depuis son enfance; il avait montré le plus d'énergie pour les défendre lors de la première attaque; lui mort, les autres domestiques, les femmes, les enfants crièrent miséricorde; la maréchaussée entra la baïonnette au bout du fusil, la comtesse de Loüesme fut légèrement blessée, tous les habitants du château furent constitués prisonniers et conduits à Montargis au nombre de neuf.

Tel fut cet épisode, fort ordinaire au temps de la Ligue ou de la Fronde, et qu'on est étonné de rencontrer dans la seconde moitié du dix-huitième siècle[1]. Il

---

1. Ces affaires, pourtant, n'étaient pas cependant sans exemple, comme le prouvent les deux cas suivants :

Isoré, marquis de Pleumartin, de la noblesse la plus ancienne du Poitou, se conduisait en plein règne de Louis XV comme un seigneur féodal du moyen âge. Décrété de prise de corps en 1755, il se retrancha dans son château et tua roide d'un coup de pistolet le commandant de la maréchaussée qui avait investi le château. Il fut arrêté et transféré à Paris. Malgré les hautes influences mises en jeu pour le sauver, il fut condamné

fit une vive sensation, le roi s'en émut et par des lettres patentes du 14 juillet, il dessaisit les juridictions des requêtes de l'hôtel auxquelles le bailliage de Montargis avait d'abord renvoyé l'affaire, pour en attribuer la connaissance au Parlement de Paris, grande chambre et tournelle assemblées. La cause fut considérée comme constituant un cas royal pour rébellion faite à justice à main armée. La procédure fut réglée à l'extraordinaire. Cela voulait dire que les témoins seraient appelés à réitérer leurs déclarations une deuxième fois, ce qui n'avait jamais lieu en matière civile et qu'ils seraient confrontés avec les accusés. On ne procédait ainsi que dans les cas les plus graves[1]. Cette solennité annonçait qu'on était disposé à faire un exemple sévère.

Cependant il s'écoula un an avant que le Parlement songeât à s'occuper du comte et de la comtesse de

---

à avoir la tête tranchée. Seulement, par égard pour sa famille, on lui épargna l'ignominie d'un supplice public : il fut étranglé dans sa prison. L'ancien manoir fut rasé... » (*Journal de d'Argenson*, janvier 1755, et note de M. Rathery sur ce passage.)

« Madame de Laroche-Bousseau, femme de qualité (et du nom de Vassé), est condamnée à laisser une terre à son beau-frère, qui vient pour s'en mettre en possession avec l'autorité de la justice et de la maréchaussée. Cette femme violente, accoutumée au feu et à la chasse, et toujours habillée en homme, avertit son beau-frère de se retirer : il s'en moque. Elle lui tire un coup de fusil de sa fenêtre et le tue sur le pont-levis où il étoit, puis fait seller un cheval, passe à travers les gardes, tue et blesse encore deux autres hommes, et vient à Paris demander sa grâce, qui lui a été refusée, comme de raison. Elle pourra bien mourir en Grève, si on l'attrape, ou au moins de quelque mort à la Romaine (il y a dans ce fait assassinat et rébellion, et en France les rébellions à justice sont très sévèrement punies).

« Elle a eu sa grâce, et le mort a eu tort. » Mathieu-Marais, juillet 1725.

1. Denizart *Récollement*.

Loüesme, probablement par la protection puissante de leurs amis. Au mois de mai 1769, il parut un mémoire justificatif en leur faveur, composé par Mᵉ d'Aligrand, avocat. A cette époque la défense n'existait pas au criminel, la procédure était secrète, que pouvaient dire des avocats qui ne connaissaient pas les pièces du dossier? Ils devaient se borner à des phrases vides de faits et aussi n'est-il rien de plus insignifiant que les mémoires publiés dans ce temps. De ce nombre, était celui de Mᵉ d'Aligrand. Après avoir affirmé l'innocence de ses clients, — ce qui était son droit, — il se bornait à discuter des questions de procédure, si le jugement frappé d'opposition était exécutoire, si l'heure pour la régularité de l'exploit était sonnée, si le soleil était levé et il citait doctement la loi des XII tables, qu'on s'attend peu de trouver en cette affaire. *Sol occasus suprema tempestas esto.* La partie adverse représentant la veuve de Jolivet et ses enfants, lui répondait : « Le mémoire du comte et de la comtesse de Loüesme est un discours étudié; éloquent, où l'on s'est efforcé de cacher la vérité sous de belles paroles et par des détours captieux, c'est une image formée de l'assemblage de différentes couleurs, et comme ces statues enchantées dont Platon parle, qui plaisent d'abord aux yeux, mais qui sont odieuses par leurs illusions, ou comme ces vapeurs que l'aurore dissipe en ramenant le jour. »

Ce pathos renouvelé des plaidoyers du dix-septième siècle était signé: Dumortous, avocat. Dorcy, qui était un homme d'affaires, positif, avait ajouté à ces phrases ridicules des moyens d'une tout autre portée pratique. Il avait produit les procès-verbaux de douze rébellions armées, commises en différents temps par les accusés, et il articulait contre chacun d'eux des faits d'une grande précision.

M. le comte de Loüesme avait menacé depuis longtemps de tirer sur tous ceux qui se présenteraient pour exécuter des mandats de justice : huissiers, recors, serruriers chargés d'ouvrir les portes. Le fermier judiciaire avait été averti de ces menaces par les gens mêmes du château, la femme du garde chasse, etc.

La veille de l'événement, le comte de Loüesme avait, à l'aide de ses domestiques, lâché les bondes des deux étangs pour emplir les fossés du château ; il avait disposé, au-dessus de la porte d'entrée, des poutres formant bascule, de manière à tomber sur ceux qui entreraient et à les assommer ; il avait réuni dans les appartements supérieurs des pistolets, des fusils, des cartouches, on parlait même de couleuvrines.

Quant à la comtesse, c'était elle qui avait tué Jolivet. Cinq témoins en déposaient.

Enfin, il était quatre heures du matin, le soleil était levé, on était au 1er juillet, l'exécution était régulière, mais il y avait parti pris de la part du comte et de la comtesse de Loüesme d'empêcher, par la force, qu'on ne s'introduisît dans leur demeure, et depuis longtemps ils faisaient régner autour d'eux un système de terreur qui tenait les gens de justice éloignés de leurs créneaux.

Cette réplique changeait la face du procès. Hardy et les *Nouvelles à la main*[1] reconnaissent que l'effet du mémoire d'Aligrand se trouva paralysé et qu'il devint plus préjudiciable qu'utile aux assiégés.

1. De Penthièvre.

L'affaire étant dans cet état :

Le mardi 4 juillet ils comparurent devant le Parlement, grande chambre et tournelle assemblées. M. le premier président d'Aligre, présidait; le rapporteur était le féroce M. Pasquier (le bourreau de La Barre et de Lally Tollendal).

M. de Loüesme déclara avoir cinquante-cinq ans et être officier, il prêta serment, selon l'ordonnance, et subit un interrogatoire sommaire.

Il en fut de même de la comtesse de Loüesme âgée de trente-neuf ans.

Quelques questions furent adressées à madame la comtesse de Moyon, leur fille, et au sieur Pezé (Pierre), l'un des domestiques du château, puis la délibération commença. Elle se prolongea jusqu'à deux heures de relevée et se termina par la condamnation du comte et de la comtesse de Loüesme à avoir la tête tranchée. Le Parlement accordait deux mille livres de dommages-intérêts à la veuve Jolivet et deux mille livres à ses enfants. Il prononçait en outre la suppression du passage du mémoire de d'Aligrand injurieux pour le sieur Dorcy.

Les dépens à la charge des condamnés.

L'arrêt, imprimé, publié, affiché; les autres accusés renvoyés de l'accusation.

Les sentences capitales contre les nobles étaient rares. Aucune exécution de ce genre n'avait eu lieu depuis Lally; l'étonnement fut grand.

Le public prévenu par le mémoire de d'Aligrand ne s'attendait pas à ce résultat, on crut qu'il y aurait grâce ou commutation parce qu'il s'agissait de gens de qualité appartenant à la Cour et à la ville et de plus parents du chancelier de Maupeou. Mais celui-ci ferma sa porte et refusa d'écouter aucune sollicitation, il fit plus, il mit en avant un moyen qui atteste sa profonde connaissance des détours de la législation de son temps, il dit que ce crime était de ceux que les rois jurent à leur sacre de ne pas pardonner [1].

L'ordonnance criminelle de 1670 voulait que les jugements criminels fussent exécutés le même jour après qu'ils avaient été prononcés (sic) [2]. « La raison est, dit Pothier, afin qu'une trop longue attente du supplice n'augmente pas la peine du condamné [3]. » Sous le prétexte hypocrite d'humanité on supprimait le droit de grâce qui ne pouvait plus s'exercer utilement. Aussi, dans les registres de rémission, on trouve souvent que la demande est arrivée trop tard et que le malheureux a été fouetté, marqué, pendu ou même brûlé avant qu'on ait pu statuer sur sa supplique [4]. C'est pourquoi on s'y prenait d'avance, la demande précédait la condamnation; il est probable que c'est ce qu'avait fait la comtesse de Moyon et que, prévoyant une issue funeste, elle était allée se jeter aux pieds du roi. Louis XV était difficile à attendrir, il le dit lui-même : « Je pleure peu [5]. » C'est dire qu'il resta

---

1. « Le 29 aoust 1748, Mgr a écrit à M. de la Bresse que, s'agissant dans ce meurtre d'une rébellion, Laplanche estoit indigne de grâce. » (Arch. nat. V¹ 648. Registre criminel des Rémissions, 1733-1755.)
2. Titre XXVI, art. 23.
3. Traité de la Procédure criminelle, sect. v, § 11, p. 355.
4. Du 1ᵉʳ novembre 1746 à M. le Procureur général. Envoyé un placet du nommé Guillaume Cor. Rémission. Affaire finie. Cor a esté pendu.
On voit, par le Journal de Hardy, que parfois la sentence capitale prononcée à l'audience du matin était exécutée le même jour, à midi.
5. Mémoires de Lekain, p. 412.

inflexible. Le comte et la comtesse de Loüesme se trouvèrent donc dans un péril extrême, aussitôt après leur condamnation ils avaient été séparés, mis au secret, privés des soins de leurs domestiques, ils pouvaient être exécutés le lendemain matin si, avant le lever du soleil, la grâce n'arrivait pas. C'est alors qu'une personne, qui s'était donnée les plus grands mouvements pour eux, eût la pensée de s'adresser à la comtesse de Béarn[1] et par elle, à madame du Barry. Le roi était en ce moment à Saint-Hubert ou à Choisy avec la Cour. Nous avons dit que déjà il avait repoussé les instances de madame de Moyon. Madame du Barry se jeta à son tour à ses genoux et déclara qu'elle ne se relèverait pas avant que Sa Majesté ne lui eût accordé ce qu'elle demandait. Le roi la releva en s'écriant : « Madame, je suis enchanté que la première faveur pour laquelle vous me forcez, soit un acte d'humanité. »

Ce n'était pas encore la grâce puisqu'en matière de rébellion on n'en accordait pas, *de plano*, le roi se borna d'abord à des lettres de surséance[2], elles furent apportées dans la nuit au Procureur général, il était

---

1. V. *suprà*, p. 211.
2. Voici le texte des lettres de surséance, que nous avons trouvées dans les papiers de M. Joly de Fleury (vol. 445, p. 142):

« Monsieur,

« Le Roi me charge de vous mander que son intention est que vous m'envoyiés un extrait de la procédure instruite contre le comte et la comtesse de Loüesme, et qu'il soit sursis à l'exécution de l'arrêt rendu contre eux, jusqu'à nouvel ordre de S. M.

« Je suis votre très humble et affectionné serviteur.

« *Signé* : De Maupeou.

« Paris, le 5 juillet 1769. »

temps. Déjà l'arrêt était imprimé, les ordres pour l'exécution étaient donnés... les distances à parcourir étaient grandes, les délais très courts, le moindre retard aurait pu amener une catastrophe irréparable. Le comte et la comtesse de Loüesme furent sauvés. Les lettres de surséance portaient l'ordre d'envoyer un extrait de la procédure à la chancellerie et, le 20 août suivant, après une nouvelle intervention de madame du Barry, la peine de mort fut commuée en une détention à perpétuité dans une maison de force, aux dépens de la famille des condamnés.

Ils furent conduits au château de Saumur pour y subir leur peine[1]. Cet événement, disent les ennemis de madame du Barry, lui fit beaucoup d'honneur et lui concilia une partie des grandes familles du royaume qu'il concernait. Nous aurions mieux aimé pour Louis XV qu'il se fût rendu aux supplications si touchantes d'une fille demandant la vie de sa mère, au lieu de se décider par des considérations d'alcôve; mais sa résistance montre qu'il y eut pour madame du Barry un certain mérite à lutter contre un refus dicté par la raison d'État, la nécessité d'un exemple et la règle des précédents, dont l'autorité était alors si puissante.

Pidansat de Mayrobert, toujours malveillant, insinue que ce fut de la part de M. de Maupeou un coup de politique digne de lui pour ménager à sa *cousine* un moyen de se distinguer. M. de Maupeou a-t-il traité

---

1. Plus tard la détention fut commuée en un bannissement à l'étranger; leurs biens furent vendus le 20 septembre 1778, moyennant 62,500 francs, et Louis XVI eut la bonté, on peut dire la faiblesse, de leur faire une pension. (Annonces, affiches et avis divers, 1778.)

madame du Barry de cousine, et quel intérêt avait-il à la flatter? Il occupait le plus haut poste du royaume, il était inamovible, il n'avait donc rien à espérer ni à attendre d'elle et nous verrons bientôt en lui un caractère d'une telle trempe, qu'il faut repousser jusqu'à preuve contraire toutes les imputations qui n'ont pas de raison d'être.

Le mois d'août 1769 n'offre aucune particularité relative à madame du Barry. On ne trouve rien qui la concerne qu'une lettre de Voltaire sous le nom de Girofa à la comtesse de Rochefort, déguisée en madame Cloutier, datée à Ferney du 31 Auguste 1769, « pourvu, dit Voltaire, qu'on ne nous desserve pas auprès de M. le Prieur (le roi), nous nous moquons de MM. de Bruguières (le Parlement), et des financiers. Nous souhaitons seulement que vous n'ayez plus la peste et nous espérons toujours que M. Bigot (M. de Choiseul) sera votre médecin, qu'il conservera *toujours sa bonne réputation malgré la tante (madame du Barry), qui est, je crois, une bonne femme.*

« Notre manufacture va toujours son petit train et nous comptons dans quelques semaines pouvoir vous envoyer des échantillons... »

Voltaire ne recevait ses inspirations que des Choiseul ou de leur entourage, de madame du Deffant, par exemple, avec laquelle il était en correspondance réglée. Cependant il rend hommage à la *bonté* de madame du Barry; c'est, je crois, une bonne femme, dit-il, et en ce point il est d'accord avec le sieur Pidansat de Mayrobert, un ennemi acharné, qui écrit à cette même date, dans son livre des *Anecdotes*[1] :

---

1. Page 152.

« A moins d'avoir des raisons d'animosité particulières contre la Favorite, on ne pouvoit s'empêcher de l'aimer et de revenir des impressions que le préjugé et ses ennemis avoient répandues contre elle. Rien alors de si honnête, de si affable, de si doux. Elle montroit la vertu rare, surtout parmi son sexe, de ne jamais dire du mal de personne et de ne jamais se permettre les plaintes ou les reproches qu'un sentiment bien naturel de vengeance pouvoit lui suggérer contre ses envieux et contre ceux qui avoient divulgué, non seulement les anecdotes peu glorieuses de sa vie, mais l'avoient semée d'infamies et d'horreurs. »

Il est vrai que madame du Barry est pour Voltaire une admiratrice de son génie et une cliente de sa manufacture de montres, comme nous le verrons bientôt, il est vrai aussi que les éloges de Pidansat ne sont pas plus solides que ses critiques et qu'il ne faut pas se fier aux uns plus qu'aux autres. Sous cette double réserve, on peut noter ces témoignages dont la concordance doit déterminer le caractère de la favorite.

CHAPITRE XIX

LA COUR A COMPIÈGNE. — DON VIAGER A MADAME DU BARRY DU CHATEAU DE LOUVECIENNES. — HISTORIQUE.

D'après l'usage ordinaire de la cour, le voyage de Compiègne succédait au séjour de Choisy. C'est ce qui eut lieu en 1769. La présence de la cour à Compiègne est attestée par le brevet du don de Louveciennes, qui est daté de cette résidence, le 24 juillet 1769. Trois mois s'étaient écoulés depuis la présentation, c'est-à-dire depuis l'installation de la favorite à Versailles. Un pied à terre auprès de Marly était une nécessité de cette nouvelle situation; il aurait été difficile de loger sa maison déjà considérable dans les dépendances du château. Elle eut une résidence à quelques minutes de distance, deux kilomètres environ de Marly.

Le don de Louveciennes et les dépenses qu'il a occasionnées ont été de tous temps l'objet des exagérations les plus fabuleuses.

Pidansat de Mayrobert poussa le premier cri et parla d'un million [1] !

Dulaure fixe le chiffre des dépenses faites dans ce séjour à six millions [2].

---

1. *Anecdotes*, p. 273.
2. *Les Environs de Paris*, vol. I, p. 388.

Prud'homme va jusqu'à dix millions[1], et les biographes de nos jours ne parlent plus que de deux milliards. Avant de discuter ces chiffres plus faux les uns que les autres, il est bon de donner quelques détails sur l'historique, la consistance, la contenance du domaine de Louveciennes.

En 1700, Louveciennes[2] ne faisait pas encore partie du domaine royal. A cette époque Louis XIV désira acquérir « cette seigneurie ainsi que les fiefs en relevant situez proche ses parcs de Versailles et de Marly, d'où dépendoient plusieurs héritages employez dans les travaux du dict Marly. » Il fit proposer au marquis de Beringhen, qui était le seigneur haut justicier « d'en accommoder S. M. Cette proposition ayant été acceptée pour le sieur Beringhen *avec le respect et la soubmission dueue aux ordres du Roy*, un arrêt du 23 juillet 1700 ordonna l'évaluation par expertise de Louveciennes et de la Châtellenie-de-Tournan en Brie, cédée par le roi en contre-échange. Le prix de Tournan fut fixé à soixante-unz mil quinze livres sur le pied du denier trente, et le prix de Louveciennes, à soixante mil deux cent trente livres. C'est à ces conditions

---

1. *Répertoire des Femmes célèbres*, v° du Barry.
2. « Je crois que Louveciennes est le lieu désigné dans un fort ancien document (Les Gesta Abbatum Fontenellensium, de 840 environ) sous le nom de *Novitianæ*, qui a dû faire en français *Nouveciennes*, puis Louveciennes, par dissimilation de l'*n*; comme Luternay, commune de Bouvancourt (Marne), au dixième siècle, s'appelait *Nocturniacum*, d'où Nuternay, puis, par dissimilation, Luternay. » (Note de M. Longnon).

« On disait Luciennes par abréviation.

« LOUVECIENNE, dans l'Isle de France, diocèse, parlement, intendance et élection de Paris. On y compte 121 feux. Cette paroisse est située à quelque distance de la rive gauche de la Seine, joignant le parc de Marly. » — *Expilly*.

que le roi réunit à son domaine de Versailles, les terre et seigneurie de Louveciennes, la Tour quarrée, Maubuisson et autres fiefs dépendans de ladite terre, avec droit de haute, moyenne et de basse justice... Il en profita pour faire élever une habitation destinée au constructeur de la machine de Marly, non loin de l'aqueduc qui conduit l'eau de la Seine à Versailles. Elle est désignée dans les plans sous le nom de maison à M. de Ville. C'était le gentilhomme de Liège qui était venu avec Rennequin Swalem importer la célèbre machine hydraulique en France. La maison de l'ingénieur en chef était située à quelques mètres des tuyaux, à la hauteur du second puisard, du côté du levant ; à l'opposite était la maison de Rennequin[1]. »

Plus tard et probablement après le départ de M. le baron Arnold Deville qui se retira en Hollande en 1708 et mourut en 1722, cette construction devint un petit château et fut accordée viagèrement par le roi à mademoiselle de Clermont. Marie-Anne de Bourbon, appelée mademoiselle de Clermont, était fille de Louis III, prince de Condé et de mademoiselle de Nantes, fille légitimée de Louis XIV et de madame de Montespan, née le 16 octobre 1697, elle s'était mariée en secret à Louis de Melun, duc de Joyeuse et prince d'Épinoy. Elle avait été surintendante de la Maison de la reine. On a dit qu'elle avait été aimée de Montesquieu[2]. Elle mourut le 11 août 1741.

1. V. aux *Archives nationales* O¹ 1490, Plan de la maison de M. Deville, plan de la maison du contrôleur de la machine et du jardin (carton 1, Y 6354).
2. « Nous avons oublié de parler de la fête que l'on donna, il y a quelques jours, à Luciennes. C'étoit une galanterie à laquelle elle ne s'attendoit point et qui fut faite par sept ou huit, tant hommes que femmes, des personnes qui étoient chez elle. Il y

« La reine, dit M. le duc de Luynes dans ses mémoires, demanda le pavillon de Luciennes vacant par la mort de mademoiselle de Clermont (17 août 1741). Le roi voulut d'abord le garder dans le dessein d'en faire usage pendant les voyages de Marly pour des soupers, « parce que l'on trouve que les petits cabinets de Marly sont trop petits et trop étouffés. »

Cependant le roi se décida à donner la jouissance de Louveciennes à madame la comtesse de Toulouse, quoiqu'elle ne l'eût pas demandée. La comtesse de Toulouse était Marie-Victoire-Sophie de Noailles, veuve de Louis Pardaillan d'Antin, marquis de Gondrin, remariée à Louis-Alexandre de Bourbon, légitimé de France, comte de Toulouse, duc de Damville, de Penthièvre et de Rambouillet et fils de Louis XIV et de madame de Montespan.

« La vue de Luciennes est charmante, dit M. de Luynes, et la maison fort jolie. » Madame de Toulouse, suivant Narbonne, avait su captiver l'esprit de Louis XV, elle l'avait servi dans ses amours avec madame de Mailly, madame de Vintimille, madame de

avoit une décoration fort jolie, devant laquelle étoit un trône pour mademoiselle de Clermont, où on la conduisit insensiblement. Mademoiselle Lemaure y chanta; Malter y dansa. Ce fut un des actes de l'opéra des *Sens* que l'on y exécuta; c'est celui de la Vue. L'Amour, en ôtant son bandeau, le donna à mademoiselle de Clermont. A l'occasion de cette fête, on a fait plusieurs vers; c'est une chanson sur l'air...

> Sous ce bandeau, laides et belles
>   Alloient de pair.
> Les rangs vont bien changer entre elles,
>   L'Amour voit clair.
> On ouvre les yeux tôt ou tard,
> L'Amour n'est plus Colin-Maillard.
>
>   « (DE LUYNES, août 1737.) »

Châteauroux[1]... Sans doute Louis XV voulait la garder près de lui et sous sa main.

La reine allait quelquefois dîner au château de Louveciennes [2]. « Elle se promenoit à pied ou en chaise roulante, elle se rendait ainsi dans une tente que madame de Toulouse avoit fait mettre dans l'endroit d'où l'on découvre la plus belle vue [3], mais l'intérieur était trop exigu. La maison de Lucienmes disent encore les mémoires de Luynes, étoit remplie d'autant plus qu'il n'y a qu'un salon en bas, médiocrement grand et une très petite salle à manger. »

Après la mort de la comtesse de Toulouse arrivée à Paris le 30 septembre 1766, la survivance de Louveciennes, toujours en usufruit, passa à son fils unique le duc de Penthièvre. Il ne la conserva pas longtemps. Le 31 janvier 1767, son fils, le prince de Lamballe, s'était marié à Marie-Thérèse-Louise de Savoie, princesse de Carignan, vouée elle-même à une fin si horrible. Un an après, le prince de Lamballe, à peine âgé de vingt ans, expirait à Louveciennes, des suites de ses excès, suivant les nouvelles et les pamphlets du temps, ou tout simplement par le vice congénial qui fit périr de bonne heure les cinq autres enfants du duc de Penthièvre.

On lit dans les mémoires de la princesse de Lamballe, par Favrolle, la dame Guénard, vol. Ier, p. 3.

« Le prince expira le 6 mai 1768, à 7 1/2 du matin. M. le duc de Penthièvre ne pouvant supporter la présence d'un séjour qui lui rappeloit si vivement la perte qu'il

---

1. *Journal de Narbonne*, p. 633.
2. *Mercure de France*, 26 juin 1749.
3. *Mémoires de Luynes*, vol. IX, p. 481.

venoit de faire, partit avec sa belle-fille de Luciennes et donna ordre que l'on *vendît* cette maison, qui depuis passa à madame du Barri. »

On voit ce qu'il y a de vrai et d'erroné dans ces lignes, la douleur, le départ du duc de Penthièvre, son horreur pour une maison funeste, pour lui, par un deuil si cruel, sont exacts et faciles à comprendre. Mais on sait aussi par ce qui précède qu'il n'avait pas à vendre une propriété qui ne lui appartenait que viagèrement. — Ceci nous ramène à l'examen du brevet.

« Le roi, est-il dit dans le préambule, voulant donner à la comtesse du Barry une marque de la bienveillance dont il l'honore... »

Nous savons de quel genre était cette bienveillance et ce qu'elle avait d'honorable pour l'un et pour l'autre !

« *Lui a accordé et fait* DON du pavillon de Louveciennes, jardins et dépendances pour en jouir *pendant sa vie.* »

On voit qu'il ne s'agissait là que d'une jouissance purement viagère comme avait été celle de madame la comtesse de Toulouse et après elle de M. le duc de Penthièvre, qui, continue l'acte, en avait donné sa *démission.*

De Favrolle (madame Guénard) avait donc commis une lourde erreur en disant que M. le duc de Penthièvre avait donné l'ordre que l'on **vendît** cette maison qui aurait passé à madame du Barry, probablement par un contrat d'acquisition notarié ! Les règles sur l'inaliénabilité du domaine royal ne permettaient pas au roi lui-même de disposer des biens de la couronne par donation en toute propriété [1]. Il ne pouvait en concéder tout au plus que l'usufruit : aussi le duc de Penthièvre n'agit-il pas comme un ayant droit qui aliène son titre, il donne *sa démission*, dit le texte du brevet, ou, en d'autres termes, il renonce au bienfait viager qu'il avait reçu.

Le brevet qualifie les bâtiments de Louveciennes de *pavillon*. Ce mot est expressif et donne une idée précise de ce que pouvait être cette habitation. M. le duc de Luynes nous en avait déjà dépeint l'extrême exiguïté. Pour bien s'en rendre compte, il faudrait avoir le plan déposé à la direction générale des bâtiments dont parle le brevet. Ce plan ne s'est pas retrouvé sous ce titre. Mais il en est beaucoup d'autres qui permettent d'y suppléer. A. N. carton O' 1490.

Pièces concernant la machine de Marly. — En voici l'énumération :

Plan du pavillon de la machine ;
Plan du jardin du pavillon de la machine ;
Plan du logement du contrôleur ;
Plan du logement de l'inspecteur ;
Plan du puisard d'en haut ;
Plan du logement du garde du réservoir ;
Plan des cinq conduites qui portent l'eau de la machine depuis le grand puisard jusqu'au haut de la tour.

Ces derniers plans, non datés en chiffres, portent la trace de la possession du duc de Penthièvre, ce qui équivaut à une date de 1766 à 1768.

---

1. Ces règles sont trop connues pour qu'il soit nécessaire de citer tous les monuments de législation où elles sont écrites, depuis l'ordonnance de Philippe le Long, du 29 juillet 1318, jusqu'aux édits de 1667 et de janvier 1780. (V. Denisart au mot *Domaine public*.)

Plan du Château de Louveciennes en 1769.

Enfin nous avons encore un autre plan annexé à la vente nationale de l'an III. Nous en ferons usage en temps et lieu, en nous aidant en outre de la description du procès-verbal d'expertise qui a précédé la vente.

Disons, dès à présent, que ce domaine portait l'empreinte de sa destination primitive, c'est-à-dire de son affectation au service des eaux. Le terrain était long de 200 toises sur trente seulement de largeur. Cette bande avait d'abord été nécessaire pour la pose et la surveillance des tuyaux qu'elle accompagnait. Au-dessous et à très peu de distance de la maison d'habitation étaient les forges et fonderies nécessaires à l'entretien de tant de rouages en fer; entre elles et la maison se trouvait le grand puisard dit *d'à-my-côte* où était placé le second relai des pompes aspirantes qui faisaient monter l'eau de la Seine sur la hauteur de l'aqueduc de Marly; les vestiges s'en voient encore vis-à-vis de la porte d'entrée du parc actuel. En face, divers bassins étaient destinés à recevoir le trop plein des eaux, il était expressément défendu d'y toucher.

Le voisinage de la machine devait rendre le séjour de la maison Deville presque intolérable pour tout autre que l'inventeur, qui pouvait avoir pour ces bruits les oreilles d'un père. Déjà une femme d'esprit avait dépeint en vers pleins de vérité et de poésie l'impression qu'elle avait éprouvée en entendant de loin cet infernal concert.

> Ces efforts redoublés et ces gémissements,
> Cet appareil de fer et ces grands mouvements
> Offrent partout aux sens la nature offensée :
> Elle semble gémir d'avoir été forcée,

Et cedant à regret aux entraves de l'art
Aux caprices des rois se plaint d'avoir eu part.
Ah ! que j'aime bien mieux la modeste fontaine,
Qui, dans ces prés fleuris, s'enfuit du pied d'un chêne
Et qui formant le cours d'un paisible ruisseau
Arrose des gazons aussi frais que son eau [1].

Madame Le Brun, elle aussi, avait entendu la machine et de plus près que madame d'Houdetot ; elle a écrit dans ses souvenirs : « Madame du Barry m'établit dans un corps de logis, situé derrière la machine de Marly dont le bruit *lamentable* m'ennuyait fort... » Lamentable ! c'était bien le mot propre pour rendre ce qu'il y avait de triste discordance dans ces bruits confus.

On se demande comment on avait choisi une pareille habitation pour le malheureux prince de Lamballe, en proie à des douleurs atroces qui devaient le conduire au tombeau.

Il n'est pas moins difficile de comprendre que Louveciennes ait été choisi comme lieu d'une retraite voluptueuse. La situation n'était pas plus propice à la souffrance qu'au plaisir. Le confort n'existait pas alors ; on se contentait du luxe et de l'apparat extérieur. La présence du roi, le nombre des officiers attachés à sa personne, les mille sujétions de l'étiquette, supposaient un emplacement assez vaste pour contenir tout cet entourage. Il fallait donc des agrandissements qui nécessitaient eux-mêmes des répara-

---

1. Vers faits par madame d'Houdetot à Fourqueux [1], près de Marly, dans un jardin d'où l'on entendait la machine qui monte les eaux de la Seine (1778).

1. Il y a plus d'une lieue !

tions préalables, déjà madame la comtesse de Toulouse en demandait [1]. Mais il s'agissait d'un bien du domaine et aux termes des règlements, ces travaux ne pouvaient être exécutés que sous les yeux et en présence du *controlleur* des bâtiments de S. M. En conséquence, les ouvrages de l'ancien pavillon de Louveciennes furent commandés à M. Gabriel [2], premier architecte du roi et conduits par son fils, contrôleur des bâtiments de Marly.

Ces travaux consistèrent en réfections (reprises d'une infinité de crevasses, repose de marches, perrons, etc.), ou créations nouvelles, (salles pour les officiers, les femmes, escaliers intérieurs, cabinets, bains... au-dehors communs, jardins, orangerie...) Commencés en octobre 1769, ils durèrent l'année 1770, furent réglés en 1771 et payés en 1772, œuvre des agents du roi, ils étaient naturellement à sa charge ; ils furent néanmoins payés par madame du Barry, ou du moins sur la liste civile qui lui était faite. D'après le Mémoire final signé de Gabriel et daté du 29 novembre 1771, ils s'élevaient à cent

---

1. V. *Bons du Roi*, 9 mai 1764. Bâtiments, 624.
2. Voici quels étaient ses titres : nous en trouvons l'énumération dans Bachaumont qui les fait suivre d'une appréciation à sa manière :

« M. GABRIEL, ancien contrôleur général des Bâtiments, Jardins, Arts et Manufactures du Roi, ancien inspecteur général des Bâtiments de S. M. et son premier architecte ordinaire, directeur de l'Académie d'architecture, honoraire, amateur de celle de Peinture et Sculpture, et maître de la garde-robe de Madame, est mort. »

« Tous ces titres pompeux n'empêchent pas qu'il ne passe bien apprécié, auprès de la postérité, pour un artiste médiocre et de l'espèce la plus ordinaire. On en peut juger par sa colonnade de la place de Louis XV, comparée à celle du Louvre. *Mémoires secrets.* »

trente-huit mille deux cent soixante-huit livres, huit sous, onze deniers (138,268 fr., 8 sous, 11 deniers)[1]. A la récapitulation générale sont joints les mémoires de détail, leur ensemble forme un volume in-folio[2].

Tel est le château d'habitation de madame du Barry à Louveciennes. Il ne faut pas le confondre avec le pavillon du jardin construit par elle à une autre époque, en vue d'une toute autre destination; il est d'un architecte différent et a coûté des sommes beaucoup plus considérables. Nous nous en occuperons à sa date, pour en donner une description et une évaluation exactes.

Les dispositions principales de l'édifice n'ayant pas changé, on peut encore se rendre compte de cette résidence; elle se composait par le bas d'une entrée ou vestibule de 18 pieds de longueur sur 20 de largeur — le plafond très élevé est décoré d'une frise, délicatement sculptée représentant des jeux d'enfants. Suit la salle à manger revêtue d'une belle boiserie ancienne, ornementée de tous les attributs de la campagne et de la chasse. Râteaux et chapeaux de moissonneurs, cors de chasse et cymbales, flèches et carquois, tout indique les plaisirs des champs. Au milieu de l'un des côtés est une magnifique cheminée en marbre.

Le salon est orné dans le même goût. Sa longueur est de 4 toises environ sur 3 ; sa hauteur, de 2 toises 1/2, il est éclairé par deux grandes fenêtres

---

1. Pour apprécier ces chiffres, il faut les comparer aux prix que coûta Clagny à Louis XIV (2,200,000 livres). Le Régent achète à madame de Parabère pour 1,500,000 livres de porcelaines d'un coup; Crécy, La Celle, Bellevue coûtent à Louis XV pour madame de Pompadour près de 10 millions. V. Campardon, chap. v.

2. Voy. à la *Bibl. nat.*, départ. des Mss. F. FR., vol. 8159.

et on y accède par une porte vitrée donnant sur un perron. La boiserie offre les mêmes entre-croisements que la salle à manger, violons et pipeaux, musettes et guitares, phénix et paon, et tout autour une frise de figures de femmes et d'enfants.

Au-dessus régnait au premier l'appartement de madame du Barry exposé au nord et, au midi, celui du roi, plus tard du duc de Brissac.

En suite de l'édifice principal, se prolongeait une galerie assez longue qui a servi d'Orangerie, au bout était la chapelle ; quoi, dira-t-on ? une chapelle chez madame du Barry ? c'était une profanation ! Il faut songer qu'elle avait une nombreuse suite de parents, d'amis, de domestiques et que, pour tout ce monde, un édifice propre au culte n'était pas inutile. C'était d'ailleurs l'usage à cette époque. On conciliait très bien certaines irrégularités morales avec une observance apparente de la religion. Louis XV signait ses lettres au pape — votre *dévôt* fils, etc. — et l'on sait de quelle nature était cette dévotion. Madame du Barry allait souvent entendre la messe dans sa chapelle — elle y faisait célébrer des baptêmes, des mariages.

Elle a payé jusqu'en 1789 le Récollet qui venait de Saint-Germain dire le service divin au château de Louveciennes et qui ne croyait pas mal faire par là. La chose nous paraît fort extraordinaire, elle était toute simple alors et acceptée par l'usage.

BREVET DE DON DU PAVILLON DE LOUVECIENNES EN FAVEUR
DE LA COMTESSE DU BARRY.

Aujourdhuy 24 juillet 1769 : le Roy étant à Compiègne, voulant donner à la D^e comtesse du Barry une marque de la bien veillance dont Sa Majesté l'honnorre lui a accordé et fait Don du Pavillon de Louvetiennes, jardins et dépendances, dont la jouissance avoit précédemment été accordée par Sa Majesté à madame la comtesse de Toulouse et après elle à M. le duc de Penthièvre qui en a donné sa démission pour par la dite comtesse du Barry jouir pendant sa vie du dit pavillon jardins et dépendances, tels qu'ils se poursuivent et comportent conformément au plan deposé à la direction générale des bâtiments de Sa Majesté laquelle mande et ordonne au S. marquis de Marigny, lieutenant général des provinces d'Orléanais et de Beauce, directeur général et ordonnateur de ses bâtiments, jardins, arts et manufactures royales, commandeur de ses ordres de tenir la main à l'exécution du présent Brevet et d'en faire jouir la dite comtesse du Barry et pour assurance de sa volonté Sa Majesté a signé de sa main le présent Brevet et fait contresigner par moi conseiller, secrétaire d'Etat et de ses commandements et finances.

Paris, lundi 23 octobre 1769 :
Le Roi soupa jeudi 19 pour la première fois chez madame du Barry. Les convives étoient mesdames de Mirepoix, de Flavacourt, de L'Hopital. Les hommes, MM. de Condé, de Lusace, de Soubise, de Richelieu, d'Aiguillon, d'Estissac, de Croissy, de Noailles, de Chauvelin et de Saint-Florentin.

Le mois de juillet ne se termina pas aussi bien qu'il avait commencé ; des nuages s'élevèrent entre madame du Barry et M. le duc de Choiseul ; l'usage de la cour était de faire un voyage à Compiègne à ce moment de l'année. *Un camp de plaisance* (sic) avait été formé pour l'éducation du Dauphin et de ses frères. Les troupes composées de 42 bataillons d'infanterie, d'un régiment de cavalerie et d'un corps d'artillerie

40 pièces de canon, étaient réunies à Verberie, sous le commandement du baron de Wurmser lieutenant général des armées et inspecteur en chef de l'infanterie allemande. Les manœuvres durèrent 3 jours, la *Gazette de France* du 29 juillet 1769 a consacré un supplément au compte rendu détaillé de ces manœuvres, le roi y assistait avec ses trois petits-fils. Mesdames de France étaient présentes. Rien de mieux jusque-là. Mais Louis XV avait eu l'impardonnable faiblesse de faire ou de laisser venir madame du Barry à ce voyage. Du Mouriez arrivait d'Allemagne, il dit avoir vu avec douleur le vieux roi des Français, « se dégrader lui-même en se tenant chapeau bas et à pied aux yeux de son armée à côté d'un phaéton magnifique dans lequel était étalée la favorite...[1] » mais la correspondance qui va s'engager entre Louis XV et le duc de Choiseul à propos de cet incident[2] ne confirme pas, et elle réfute même le récit de du Mouriez : le scandale aurait été d'une autre nature ainsi qu'il résulte des explications du ministre.

Le roi ouvre l'échange des confidences épistolaires en annonçant à M. de Choiseul qu'il veut lui dire tout ce qu'il a sur le cœur, conformément à une promesse antérieure à laquelle il se réfère, il lui adresse trois reproches[3].

1. *Journal*, vol. I, p. 140.
2. Publiée en 1829 par M. Claude-Antoine-Gabriel de Choiseul, neveu du ministre, dans la *Revue de Paris*, t. IV, p. 43. (Bibl. nat. Z. 2259. E. e. 4.) Nous la reproduisons intégralement ici.
3. « Côme je vous ay promis de vous dire tout ce qui me reviendroit de vous, je m'en acquite en ce moment. L'on dit que

Le premier n'est relatif qu'au baron de Wurmser contre lequel M. de Choiseul aurait lâché un juron par trop militaire.

Le second touche madame du Barry. « L'on dit, écrit le roi dont il faut peser ici toutes les paroles, que vous avés grondé le chevalier de la Tour du Pin à l'occasion de madame du Barry sur ce qu'elle a diné au camp et sur ce que la plus grande partie des officiers avoient diné chés elle le jour de la revüe. » Le troisième grief la concerne également, M. de Choiseul auroit aussy grondé M. Foulon à son occasion. »

Le roi ajoute : « Vous m'aviés promis que je n'entendrois plus parler de *vous sur elle.* »

Ces paroles brèves mais expressives laissent entrevoir les scènes qui avaient pu se passer précédemment entre le roi et son ministre au sujet de la favorite. Déjà Louis XV devait s'être plaint des attaques dirigées contre elle : M. de Choiseul avait sans doute promis de donner satisfaction, de faire trêve à cette guerre qui s'était poursuivie par des chansons, des pièces de théâtre, de mauvais procédés de cour, etc.

---

vous avés grondé Wurmser, je ne sçay sur quoi, mais que vous lui avés lasché une f. (*sic*) bien conditionnée.

« L'on dit que vous avés grondé le chevalier de la Tour du Pin à l'occasion de madame du Barry, sur ce quelle a diné au camp et sur ce que la plus grande part des officiers avoient diné chés elle le jour de la revüe.

« Vous avés grondé aussy M. Foulon a son occasion.

« Vous m'aviés promis que je n'entendrois plus parler de vous sur elle.

« Je vous parle avec confiance et amitié ; l'on peut se dechainer contre vous dans le public, c'est le sort des Ministres, surtout quand on les voit en opposition avec les amis du Maître ; mais, a cela pret, le Maître est toujours très content de leur besogne et de la votre en particulier (*sic*).

Louis XV lui rappelle l'engagement qu'il avait pris : il ne dit rien de plus.

Puis, comme si ce seul avertissement pouvait blesser la susceptibilité de l'irascible duc de Choiseul, il termine sa lettre par des assurances de confiance et d'amitié. Si l'on se déchaîne contre lui dans le public, c'est le sort des ministres, surtout quand on les voit en *opposition avec les amis du Maître*, à cela près le maître est toujours très content et en particulier de ses services.

La réponse de M. de Choiseul est longue : c'est toute une apologie. Pour bien la comprendre il faut savoir que, parmi les troupes rassemblées à Verberie, dans la division commandée par M. de Rochambeau se trouvait le régiment de Beauce : ce régiment avait pour colonel, M. le chevalier de la Tour du Pin. L'un des officiers placés sous ses ordres était Nicolas du Barry, frère puîné de Jean et de Guillaume et par conséquent beau-frère de madame du Barry. Il avait le grade de sous-aide major, d'après son état de services conservé aux archives de la guerre ; suivant les *Anecdotes*[1], il « prenoit le titre de chevalier du Barry et pour répondre au nom qu'il avoit l'honneur de porter, il se signala au camp par une magnificence extraordinaire dans un simple officier, par une table ouverte et par l'impudence avec laquelle il en faisoit faire publiquement les honneurs par sa maîtresse. »

L'auteur des *Anecdotes* continue ainsi[2] : « Madame du Barry cherchoit à capter la bienveillance de chacun. Tout le régiment de Beauce avoit été comblé

---

1. P. 150.
2. P. 152.

de ses politesses. Le jour où ce corps étoit venu camper à Royal-Lieu, elle avoit donné un repas splendide à tous les officiers et le colonel M. de la Tour du Pin n'avoit pu se refuser à lui accorder les hommages d'usage envers les femmes qu'on veut distinguer; procédé qui déplut au Ministre de la Guerre qui s'en expliqua sous le prétexte général qu'il ne vouloit pas qu'on prodiguât ainsi les honneurs militaires. »

Tels sont les faits sur lesquels va rouler la réponse de M. de Choiseul à Louis XV.

Après des remerciements pour les témoignages de bonté et de confiance que lui donne la lettre du roi, M. de Choiseul débute par des considérations générales sur les ennemis qui l'attaquent. Il se plaint des mauvais propos que l'on tient contre lui et, ce qu'il y a de pire pour lui, de ceux qu'on lui fait tenir. « Je ne puis pas douter, dit-il, en voyant ceux qui *entourent* madame du Barry et que Votre Majesté connaît dans le fond de son âme aussi bien que moi, que je ne sois un des objets particuliers de leurs inventions malignes et de leur désir de nuire. Nous avons une expérience très suivie de l'estime que l'on doit avoir du caractère et de la personne de ceux qui ont soixante-dix ans ou qui en ont davantage.

« Quant aux jeunes gens, ils font pitié et croient être quelque chose en croyant fronder et braver votre ministre, etc... »

Voilà donc l'objectif de M. de Choiseul désigné de sa main : c'est l'entourage de madame du Barry. Il est composé de deux sortes : les vieillards et les jeunes gens. Dans cette singulière classification, la première catégorie est composée de gens de 70 ans ou plus, pourquoi cet âge? C'est que très probablement M. de Choiseul veut désigner le maréchal de Richelieu qui est sa constante préoccupation et qui, né en 1696, était en 1769 plus que septuagénaire. Déjà il avait dit à du Mouriez en parlant de madame du Barry: « Cette coquine là me donne bien des embarras, d'Aiguillon et Maupeou sont derrière. » D'Aiguillon, qui n'était pas encore en scène, était le neveu du maréchal de Richelieu et plus tard nous verrons Louis XV rassurer M. de Choiseul contre l'influence qu'il suppose à M. de Richelieu sur madame du Barry[1]. Ce sont là les *entours*, si redoutés du ministre. Pour les adversaires de la deuxième catégorie, ces Barriens, décrits par M. de Belleval, pages, mousquetaires, chevau-légers, cette jeunesse frondeuse n'inspire à M. de Choiseul qu'une pitié dédaigneuse. Après ces préliminaires, M. de Choiseul arrive aux faits.

Il nie avoir grondé Wurmser et s'être servi de termes impropres vis-à-vis de lui, il invoque son témoignage, *il est ici* et peut dire la vérité (ceci prouve que la cour était encore à Compiègne et donne une date à la correspondance qui n'en portait aucune).

Il continue:

« Ce qui s'est passé au régiment de Beauce, n'est pas plus vrai, mais a plus de vraisemblance. Je n'ai pas grondé M. le chevalier de la Tour du Pin, je ne lui ai point parlé qu'il eût donné à dîner, ou qu'il en ait reçu, je suis, Sire, à mille lieues de pareilles misères. » Nous ne saurions être de cet avis. Les faits signalés par Louis XV avaient leur gravité; ils n'étaient nullement des misères, le ministre de la guerre

1. Lettre de Louis XV à M. de Choiseul. (*Revue de Paris*, 1829.)

en les blâmant et en les réprimant aurait été à coup sûr dans son droit et son devoir ; mais M. de Choiseul, en homme habile, évite de s'en prendre à madame du Barry ; il fait de l'incident une affaire d'étiquette, de prérogative royale et sur ce terrain il devient inattaquable, écoutons-le :

« Le jour que Votre Majesté a vu manœuvrer les 42 bataillons, on vint me dire que le régiment de Beauce avoit salué et rendu les mêmes honneurs à madame du Barry ; je ne dis pas un mot à celui qui vint m'avertir.

« Le soir chez moi on me répéta la même chose à laquelle je n'eus pas l'air de faire attention.

« Le lendemain, en allant voir manœuvrer sa brigade, je dis à M. de Rochambeau que l'on m'avoit rapporté que le régiment de Beauce de sa division avoit rendu des honneurs à des carrosses autres que ceux de la famille royale[1], pendant que Votre Majesté étoit sur le front de la ligne ; que cela n'étoit pas bien et que je le chargeois de prévenir M. de la Tour du Pin que l'on ne devoit pas rendre d'honneurs quand le roi étoit au camp... »

M. de Choiseul termine sur ce point en faisant observer que M. de la Tour du Pin a reçu de l'avancement que l'on aurait fort bien pu ne pas lui donner, et que toutes les grâces demandées par le régiment de Beauce lui ont été accordées, ce qui ne prouve pas de l'humeur de sa part.

Il reprend ainsi :

« Quant à Foulon, je ne me souviens pas de l'avoir

---

1. V. Règlement du roi pour le service de sa maison à l'armée du 15 juillet 1790. — *De Luynes*, 1-208.

jamais *grondé*; je me méfie de lui parce que je ne l'ai jamais cru honnête, c'est ce qu'on appelle un intrigant qui a une ambition démesurée, qui est bien éloigné d'avoir la capacité propre aux places qu'il ambitionne. Mais je me sers de lui et je le traite à merveille, parce qu'il m'est utile au détail dont il est chargé. Je ne lui ai point parlé une seule fois de madame du Barry, il y a trois semaines à l'occasion d'un nommé Nallet que madame du Barry m'a recommandé; j'ai dit à Foulon bien positivement que je voulois faire pour cet homme ce qu'elle désiroit et que je m'en prendrois à lui, s'il n'en accéléroit les moyens... Depuis que je suis à Compiègne, je n'ai vu Foulon que deux fois devant du monde et je ne lui ai pas parlé, et s'il dit que dans aucune circonstance, depuis que je le connois, je l'ai grondé relativement à madame du Barry..., M. Foulon est un impudent menteur... »

Foulon[1] était commissaire des guerres : le sieur

---

1. Joseph-François Foulon de Doué, d'une famille ancienne de l'Anjou, massacré après la prise de la Bastille, le 22 juillet 1789. Le jugement défavorable que M. de Choiseul porte contre lui ne justifie pas le meurtre de cet infortuné, mais explique les rumeurs qui couraient contre lui et le rendirent victime de l'exaspération populaire. Suivant le Mémoire dont nous avons parlé, madame du Barry lui aurait dit « que le roi étoit décidé à ne faire aucune réforme, à ne mettre aucun impôt, et que sans doute il trouveroit un moyen pour rétablir les affaires. — Oui, auroit-il répondu, il y a un moyen sûr, c'est de faire banqueroute, mais, dans ce cas, je vous observe que je ne suis pas votre homme. » Cette réponse, défigurée et commentée par les ennemis de M. Foulon, lui attira le reproche d'avoir conseillé la banqueroute. Il paraît inadmissible qu'un propos tenu en 1768 ou 1769 ait causé la mort de son auteur trente ans après qu'il avait été tenu dans une conversation essentiellement secrète. Mais Foulon s'était opposé énergiquement à la convocation des notables, à celle des États généraux; il était d'avis de combattre la Révo-

Nallet, homme de confiance de madame du Barry et prête-nom du Roué, demandait la fourniture des vivres de Corse ; il avait d'abord été accueilli favorablement par M. de Choiseul[1], il est vraisemblable qu'il avait été renvoyé à Foulon et celui-ci ne se pressant pas de tenir la promesse du ministre, Nallet se plaignait et la comtesse, pour son protégé. — Suivant un mémoire, provenant de la famille de Foulon, le roi avait jeté les yeux sur lui pour la place de surintendant des finances avant l'entrée de l'abbé Terray dans ce ministère. Des pourparlers auraient même eu lieu entre lui et madame du Barry à ce sujet ; aussi M. de Choiseul se montre-t-il très dur envers lui. Il désavoue Foulon, rejette la faute sur son compte et il proteste de son bon vouloir pour madame du Barry. Ces protestations étaient-elles sincères ? On peut en juger par le passage suivant des Mémoires de Lauzun, qui se rapporte bien à la même époque[2] :

« Pendant ce voyage de Compiègne, M. du Barry me donna un rendez-vous dans la forêt et je m'y rendis le lendemain matin. Il se plaignit à moi de l'acharnement que M. le duc de Choiseul mettoit contre madame du Barry et contre lui ; me dit qu'elle rendoit justice à un si grand ministre et désiroit ardemment de bien vivre avec lui et qu'il ne la forçât pas à être son ennemie ; qu'elle avoit sur le roi plus

lution à outrance, et il avait dû à ces dispositions notoires, connues par ses écrits, d'être désigné pour le ministère de la guerre au moment du renvoi de Necker. On lui reprochait en outre d'avoir dit : « Si le peuple n'a pas de pain, qu'il mange du foin. » C'est là qu'il faut chercher les véritables causes de sa mort.

1. V. *suprà*. Lettre de madame du Barry.
2. P. 79, édit. Poulet-Malassis, sous la date 1769.

de crédit que madame de Pompadour n'en avoit jamais eu, et qu'elle seroit très fachée qu'il l'obligeât à s'en servir pour lui nuire. Il me pria de rendre compte de cette conversation à M. le duc de Choiseul et de lui faire toutes sortes de protestations d'attachement.

« Je fis ma commission.

« M. le duc de Choiseul la reçut avec la fierté d'un ministre persécuté des femmes et qui croit n'avoir rien à redouter. Il se déclara donc une guerre implacable entre lui et la maîtresse du roi ; et madame de Gramont, dans ses propos outrageants, n'épargna pas le roi même. »

Lauzun était neveu propre par alliance de M. de Choiseul[1] ; s'il faut l'en croire, il avait été bien près

---

1. Le père de Lauzun et M. de Choiseul (le ministre) avaient épousé les deux sœurs, les demoiselles Crozat. Madame de Gramont était donc presque la tante de Lauzun.

Mémoires de Lauzun, 1759 :

« Le duc de Choiseul avoit une sœur chanoinesse de Remiremont*, qui n'avoit pour toute fortune que sa prébende, mais qui joignoit à tous les agréments de son sexe le caractère d'un homme propre aux grandes choses et aux grandes intrigues ; il la prit chez lui. Madame de Choiseul étoit laide, mais de ces laideurs qui plaisent généralement : on pouvoit avec raison l'appeler une femme désirable. Elle ne fut pas longtemps sans vouloir gouverner son frère, et vit bien que le plus sûr moyen de prendre de l'empire et d'empêcher celui d'une maîtresse, étoit d'en faire son amant. Mais, pour soutenir ce rôle sans danger, il falloit une consistance, un état, et elle n'en avoit point. Il fallut donc chercher un mari qui convint également à son amour-propre et à sa sûreté. Elle jeta les yeux sur M. le duc de Gramont, homme sans caractère, sans moyen de rien faire, interdit depuis quelques années et passant sa vie dans une petite maison près de Paris,

* Béatrix de Choiseul-Stainville, née à Lunéville en 1730, morte sur l'échafaud le 17 avril 1794. Elle était fille du marquis François-Joseph de Stainville et de Marie-Louise de Bassompierre.

d'être l'amant de madame de Gramont qui l'avait pris en amitié[1]. Nous ne le croyons pas cependant sur parole et nous n'admettons son récit que parce qu'il est conforme à une lettre parfaitement authentique de Louis XV à M. de Choiseul, dans laquelle il dit... « Elle (madame du Barry) n'a nulle haine contre vous, elle connoit votre esprit et ne vous veut point de mal...»

Ce sont presque les termes de l'ouverture de du Barry rapportés par Lauzun. M. de Choiseul, de son côté, proteste de ses bons sentiments et c'est là son tort, suivant nous, car en même temps il ne désarme pas et la guerre continue implacable entre sa sœur, lui et la maîtresse du roi, qu'en apparence il traite avec déférence et qu'en arrière il appelle une coquine.

Il ne croyait avoir rien à redouter d'elle. Sa conduite en est la preuve dans les voyages qu'il fit alors à Chanteloup, à Metz, à Nancy, à Deux-Ponts. S'il avait été inquiet pour sa situation, il se serait gardé de s'absenter et de laisser le champ libre à ses adversaires[2].

Encore un mot sur ce voyage de Compiègne, Du Mouriez prétend dans son journal[3] « que la Dubarry sachant qu'il était arrivé au camp et qu'il n'était pas

---

avec des musiciens et des filles publiques les moins recherchées. Rien ne pouvait mieux convenir à madame de Choiseul. On leva l'interdiction, et le mariage se fit (16 août 1759).

« J'avois quatorze ans alors, j'étois un assez joli enfant. Madame la duchesse de Gramont me prit dans la plus grande amitié, dans l'intention, je crois, de se former tout doucement un petit amant, qui fut bien à elle et sans inconvénient. »

1. V. *Mémoires de Lauzun*, p. 6.
2. V. *Anecdotes*, p. 123, et *Recueil d'anecdotes françaises*. Bibl. mazarine. Mss. in-4, 2081.
3. Vol. I, p. 140.

venu l'adorer comme tous les Français, lui en fit faire des reproches et, quoique peu vindicative, elle a depuis contribué volontiers à le faire mettre à la Bastille. »

C'est là une évidente calomnie ; les causes pour lesquelles Du Mouriez fut mis à la Bastille beaucoup plus tard sont parfaitement connues. Madame du Barry n'y était, ne pouvait y être pour rien. Du Mouriez était un des agents de la correspondance secrète, il s'occupait en outre de lever des troupes à Hambourg pour aller au secours de Gustave III, roi de Suède, qui était menacé à la suite de son coup d'État. Le ministre, qui n'était pas dans la confidence de cette correspondance, crut qu'il s'agissait là d'un fait d'espionnage et de trahison avec les puissances étrangères. Il le fit arrêter ainsi que M. de Ségur et Favier. Tous les détails de cette affaire, dite Affaire de la Bastille, sont connus aujourd'hui. Les pièces ont été publiées [1]. Le nom de madame du Barry n'est pas prononcé une seule fois, il n'y est fait aucune allusion.

Du Mouriez fut ensuite transféré au château de Caen. On a sa correspondance avec sa famille. S'il eut été détenu par la vengeance de madame du Barry, on en trouverait la trace dans ces lettres et elles n'en parlent pas. Du Mouriez aurait, du reste, été élargi immédiatement après la chute de la favorite et il n'est redevenu libre que trois mois après, le 2 août 1774 [2].

Quel intérêt d'ailleurs madame du Barry pouvait-elle avoir à ce que des personnes qui l'avaient connue,

---

1. V. la *Correspondance secrète de Louis XV*, par M. Boutaric. vol. II, p. 361.
2. Hippeau, Papiers de la maison d'Harcourt.

alors qu'elle était la concubine de du Barry vinssent lui rappeler ce passé embarrassant ? Leur abstention ne pouvait s'expliquer que par un motif de discrétion tout naturel.

Du Mouriez est le seul qui ait jamais imaginé de dire que madame du Barry avait pris part à une lettre de cachet. On ne peut donc le croire, alors surtout qu'il lui rend cette justice qu'elle n'était pas vindicative.

Ce passage des Mémoires de Du Mouriez a toutefois un intérêt pour nous, il prouve que tout ce qu'il a dit de l'entourage de Jeanne Beauvernier était antérieur à la faveur de celle-ci, puisque depuis son élévation à la cour, il ne voulut plus la voir. L'ordre dans lequel nous avons présenté les faits est donc exact. Notons encore que mademoiselle Legrand, l'amie de madame du Barry, fut compromise un instant dans cette affaire de la Bastille et que, d'après Du Mouriez, le duc d'Aiguillon aurait voulu la faire mettre dans cette prison[1].

---

1. *Corr. secrète* publiée par Boularic, II, 362. Jumilhac, gouverneur de la Bastille, aurait confié à Du Mouriez que le duc d'Aiguillon voulait faire arrêter mademoiselle Legrand-Guibert, la Touche et *tous ses amis*... Remarquez que c'est Du Mouriez qui parle et qu'il est très peu digne de foi.

CHAPITRE XX

LE SALON DE SEPTEMBRE 1769. — PORTRAIT DE DROUAIS. — PORTRAIT DE MADAME DU BARRY EN HABIT DE CHASSE. — PORTRAIT A LA GUIRLANDE GRAVÉ PAR GAUCHER.

En septembre le salon du Louvre, alors bisannuel, ouvre ses portes. On y remarque deux portraits de madame du Barry[1], ils sont l'un et l'autre de Drouais, peintre du roi. On sait que les peintres de l'Académie étaient seuls reçus à exposer. Il ne faut pas le confondre avec Jean-Germain Drouais, l'auteur de la

---

1. *Salon de* 1769. — Drouais, p. 419.
« Si je vous dis un mot des deux *portraits*, l'un en homme, l'autre en femme, de *madame du Barry*, c'est que l'original étoit, il n'y a qu'un instant, la fable de Paris. L'on disoit, et c'étoit les gens du monde, qu'ils ne ressembloient pas, et que madame du Barry étoit mieux; les artistes ajoutoient qu'il y avoit de quoi faire une figure plus agréable; qu'il y avoit au *portrait* en homme une gêne dans l'attitude, qu'on peinoit à voir; nul ensemble, une tête qui n'appartient pas au corps, et, sous ce vêtement, un corps mince, effilé, évidé. L'artiste ne doutoit pas que ces deux *portraits* ne fussent tous des tableaux du Salon les plus regardés. Il y a donc mis tout son savoir-faire, et, s'ils sont mauvais, cela prouve qu'il n'est pas toujours au pouvoir de l'artiste de réussir; les efforts qu'il fait alors, la tâche qu'il s'impose d'avance sont très capables d'embarrasser sa tête et de mettre des incertitudes dans son pinceau : c'est ce qui est très certainement arrivé à Drouais. (Comptes rendus de Diderot).

Cananéenne et de *Marius à Minturnes;* ce dernier, né en 1763, n'avait que six ans en 1769. Celui dont il s'agit ici était Henri Drouais, le père et le maître de Jean-Germain qui devint plus tard une des gloires de l'École française au dix-huitième siècle. Il excellait lui dans le portrait, et avait fait ses preuves à l'égard de la favorite précédente [1]. « Pour mieux réussir, dit Pidansat, il avoit imaginé de représenter madame du Barry de deux manières, c'est-à-dire sous les habillemens d'homme et de femme tour à tour.. En femme, madame du Barry étoit vêtue de blanc et enrichie (*sic*) d'une guirlande de fleurs ; en homme, elle étoit en espèce d'habit de gilles, la chemise décolletée. » Ce dernier plaisait plus généralement au sexe et le premier aux hommes, ce qui donna lieu aux vers suivants :

A Madame la comtesse DU BARRY.

Sur ton double portrait, le spectateur perplexe,
Charmante du Barry, veut t'admirer partout.
  A ses yeux changes-tu de sexe ;
  Il ne fait que changer de goût :
  S'il te voit en femme, dans l'âme
  D'être homme, il sent tout le plaisir ;
  Tu deviens homme et d'être femme
  Soudain il auroit le désir [2].

Sur le double portrait de madame du Barry, l'un en homme l'autre en femme.

  Quel est cet Adonis aux regards enchanteurs ?
  Quelle est cette beauté qui me frappe et m'entraîne ?

---

1. *Anecdotes*, p. 155, et au musée d'Orléans, portrait de madame de Pompadour, par Drouais.
2. *Anecdotes*, p. 156.

Là, c'est l'Amour qui soumet tous les cœurs,
C'est Flore, ici qui les enchaîne.

Par M. Brizard.

Sur le même sujet.

Quels yeux! que d'attraits! quelle est belle!
Est-ce une divinité?
Non, c'est une simple mortelle
Qui le dispute à la Beauté.
Entre vous qui décidera,
Beau cavalier, aimable Flore!
L'Olympe jaloux se taira
Et l'univers surpris admire et doute encore[1].

Par M. de B***.

Cet habit, qui a fait gloser les contemporains en prose et en vers, est qualifié dans les catalogues de madame du Barry d'*habit de chasse*, et tel était effectivement son usage. Les *Anecdotes* rapportent un passage des *Nouvelles à la main*, où il est dit à propos de la visite de Louis XV au pavillon de Bouret dans la forêt de Senar : « Madame Dubarri étoit à cette chasse précisément dans le même habillement d'homme sous lequel elle est représentée au salon, mais infiniment plus leste et plus séduisante. » Ce qui serait difficile.

La partie supérieure de ce vêtement a bien en effet un collet à revers, et l'on voit la naissance de basques à la façon d'une veste, mais madame du Barry porte une robe. Ce n'est donc qu'une façon d'amazone, en soie grise, jetée sur une jupe, probablement fort ample, comme pour monter à cheval; loin d'être

---

1. *Mémoires de Favrolle*, II, p. 46-47.

décolletée, la robe de madame du Barry est fermée sur la poitrine, contrairement à l'usage d'alors. On voit seulement le haut de la chemisette brodée qui accompagne le col, par la robe à peine entr'ouverte. Ce qui nous permet de rectifier la description de Pidanzat, toujours inexact et malveillant, c'est que le portrait a été reproduit un grand nombre de fois au pastel. Nous en possédons trois exemplaires trouvés généralement en province et il en existe un quatrième au musée de Bar-le-Duc.

Beauvarlet en a donné en outre une belle gravure, dont le prix s'élève aujourd'hui jusqu'à plus de 100 francs dans les ventes publiques.

Le portrait *à la guirlande* avait été retrouvé par M. le commandant De Vère, il a été vendu par lui en 1855[1]. Il a aussi été gravé, mais par Gaucher. Son prix s'élève pour les belles épreuves jusqu'à 100 francs et plus, quoiqu'il ait été reproduit récemment par Blaisot.

Ces portraits indépendamment du buste de Pajou[2], nous font connaître de la manière la plus exacte la

---

1. V. le Catalogue de sa vente chez M. Ridel.
2. Lettre sur les peintures grecques et sculptures, déposées au Louvre par M. Raphaël et son ami J..., p. 32 :

« Tu contes là tout doucement qu'on n'a pas rendu la noblesse, l'élégance et la finesse de l'original à propos du buste de madame la comtesse du B.... Parieu m'a dit que cela ne se pouvoit pas; que quand une fois la nature est à un certain point de beauté, on ne peut plus y arriver; qu'on est bien heureux quand on en approche tant seulement, et il étoit bien content de la façon dont on en avoit approché.

« Il falloit M. Le Moigne pour donner au marbre autant de vie, et aux yeux ce genre de fierté qui décèle une grande âme et qui imprime le respect. » — P. 75, 1765.

(Lettre à M. X..., par M. Mathon, de la Cour.)

figure de madame du Barry au moment de son éclat et de sa faveur. Pidanzat prétend qu'ils ne se ressemblent pas entre eux, et que loin de flatter le modèle ils ne l'avaient pas rendu dans toute la vérité de ses charmes. Les deux portraits nous paraissent d'accord quoique la personne qu'ils représentent soit vue sous deux aspects différents, le front est un peu fuyant et arrondi sur les côtés, le nez aquilin plutôt allongé que court, la bouche assez grande, le menton à fossette, la figure d'un ovale parfait. Les yeux en coulisse, disent les *Anecdotes* donnaient à madame du Barry un regard minaudier, tandis que cette beauté a un regard très net, très franc, très ouvert. Ce regard est précisément celui du portait à l'habit de chasse. L'autre a, il est vrai, les yeux en coulisse, ce qui se remarque aussi dans les portraits de madame du Barry par madame Lebrun et par Cosway. Ceci ne prouve qu'une chose, c'est que dans une physionomie, il peut y avoir plusieurs moments à saisir et des expressions variables comme la pensée du peintre ou l'attitude du modèle. Au reste, nul ne peut mieux que l'original lui-même trancher une question de ressemblance et madame du Barry fut satisfaite de la sienne. Son approbation se traduisit par l'octroi immédiat d'un atelier aux Tuileries accordé à Drouais, par la commande d'un nouveau portrait faite au même artiste et par des rémunérations pécuniaires dont la mention se trouve dans les comptes de madame du Barry[1].

1. Lettre de M. le duc de Saint-Florentin à M. Gosselin, inspecteur du palais des Tuileries, *du 19 septembre* 1769 :
« J'ai, Monsieur, accordé au sieur Drouais, peintre du Roy, le Cabinet de S. M. aux Thuileries pour y peindre quelques tableaux : ainsy vous pouvez luy en remettre les clés. Il demande

Ajoutons, pour compléter ces premiers linéaments du portrait de madame du Barry, qu'elle avait les cheveux blonds ou plutôt châtain très clair, non pas de cette nuance pâle propre aux filles du Nord, mais d'un ton doré et chaud des blondes du Midi. Tous les témoins oculaires sont unanimes pour proclamer la surabondance luxuriante de sa chevelure qui était un des avantages de sa beauté qu'elle soignait le plus et qu'elle devait savoir le mieux soigner, soit qu'elle portât les cheveux relevés en étage sur la tête suivant la mode de 1769, épars sur les épaules comme en 1789 ou bouclés sur le front comme dans le portrait posthume de Conde (1794) d'après Cosway.

Les yeux étaient d'un bleu foncé, les dents remarquablement belles. L'éclat du teint tel qu'elle ne porta jamais de rouge. Certaines femmes de la Lorraine ont cette fraîcheur éblouissante, le sang à fleur de peau. Elle avait en outre quatre signes à la figure, l'un au-dessus du sourcil droit, l'autre au-dessous de l'œil gauche, un troisième auprès de la narine droite, le quatrième au-dessous de la lèvre gauche. Ces signes sont parfaitement visibles dans le portrait en habit de chasse, gravé par Beauvarlet, dans la copie au pastel que je possède et dans le grand portrait en pied peint par madame Lebrun; ils sont disposés

---

aussy la liberté d'ôter les doubles chassis, ce que vous pouvez luy permettre, s'il n'y a pas d'inconvéniens.

« Je vous suis, Monsieur, entièrement dévoué, etc. »
Arch. nat. O 441.

15 juin 1770. — Bordereau B..., à Drouais, peintre.   6,000 fr.
Avril 1771. — Bordereau H..., à Drouais, peintre..   3,000 fr.
Compte rendu du Salon de 1771. — On distingue le portrait de madame la comtesse du Barry, par Drouais, peinte en muse, etc... (11 septembre 1771).

comme nous venons de l'indiquer. L'auteur des *Anecdotes* en parle p. 42 et 46, mais sur la foi d'un des prétendus amants de mademoiselle Rançon, il les place *au bas des joues*. A entendre ce sieur Duval, « cette *multitude de petits signes* lui avoit toujours répugné et c'est à ces signes qui lui avoient *tant déplu* qu'il la reconnoît plus tard à la chapelle de Versailles, malgré la Thérèse (espèce de capuchon), p. 48, qui lui couvre le haut de la figure. » La réfutation de ce récit se trouve dans le portrait de Drouais qui est d'accord avec celui de madame Lebrun. Ils sont l'un et l'autre confirmés par un pamphlet du temps, qui, parlant des verrues qui couvraient le visage de Francklin ajoute cette réflexion incidente : « ces rugosités n'étàient pas aussi jolies que les signes de madame du Barry. » Ceci est écrit en 1781, on n'avait plus alors de raison pour la flatter. Nous pouvons croire l'anecdote suivante qui nous a été racontée par M. Marin Darbel, notre parent, auteur d'ouvrages justement estimés. Il avait connu M***, l'un des derniers courtisans de la cour de Louis XV qui aient survécu à la Révolution. M. de *** lui raconta qu'un jour il avait rencontré madame du Barry aux environs de Louveciennes. Ils parlèrent de l'ancien temps, de Louis XV, etc., et M*** dit à l'ancienne favorite « quel était donc celui de vos charmes que le roi aimait le mieux ? » Elle lui répondit : « C'étaient les signes que je porte à la figure et que souvent il couvrait de baisers. » Il est un dernier document qu'il faut consulter sur ce détail, c'est le signalement sinistre de l'écrou. Il parle d'un *cigne* à la figure : il ne dit rien de cette multitude de défectuosités que le greffier de la prison, d'une malveillance évidente, n'aurait pas manqué de constater. Il en résulterait que le sieur Duval pourrait bien n'être qu'un personnage fictif mal dissimulé sous un nom d'emprunt. Reste donc l'appréciation de Louis XV, qui y voyait des grains de beauté et des peintres de toutes les époques qui ont consacré le sentiment du roi par leurs pinceaux.

Nous avons déjà vu que madame du Barry avait cinq pieds un pouce (signalement de la prison). Le journal de M. de Sartine pouvait donc dire avec vérité qu'elle était grande ; il ajoutait : bien faite, c'est là un avantage qu'aucun des détracteurs même de madame du Barry ne lui a refusé. Elle avait une taille svelte, une poitrine développée, des mains et des pieds parfaits, au dire de Mirabeau[1].

L'air noble, dit le journal de Sartine en 1764, son air de vierge, dira plus tard l'abbé Georgel dont il faut combiner la silhouette avec le portrait de Drouais, sa fraîcheur, sa physionomie radieuse, sont les traits saisissants, caractéristiques de madame du Barry. Il ne faut pas s'attendre à une beauté idéale, à une régularité classique, il y aurait déception ; c'est ce qui est arrivé à Horace Walpole, à Joseph II, ils s'attendaient sans doute sur la foi de la renommée à une tête grecque, aux lignes dignes de l'antique. Madame du Barry n'avait rien de semblable, c'était avant tout une femme désirable dans toute sa personne et c'est ce que Louis XV avait sans doute cherché en elle, des formes provoquantes, voluptueuses, des promesses sensuelles qui pouvaient lui faire oublier les appas flétris de madame de Pompadour et les enfants

---

1. Galerie des Dames nationales.

du Parc-aux-cerfs. Voici un passage de la correspondance d'Horace Walpole[1] avec Georges Montagu qui va rendre notre pensée sensible, elle est datée du 17 septembre 1769, et se rapporte par conséquent au mois même dont nous nous occupons en ce moment.

« Après avoir assisté à ce banquet royal, nous nous rendîmes à la chapelle, où l'on nous réservoit dans les premières tribunes, une banquette. Madame du Barry alla se placer en bas, vis-à-vis de nous ; elle étoit sans rouge, sans poudre et même sans *toilette*, étrange manière de se montrer ; car, elle étoit près de l'autel, au milieu de la Cour et exposée aux regards de tout le monde.

« Elle est jolie quand on l'examine attentivement ; cependant elle est si peu remarquable, que je n'aurois jamais songé à demander qui elle étoit, il n'y avoit rien d'affecté, d'arrogant ou d'effronté dans son maintien. La sœur de son mari l'accompagnoit.

« Dans la tribune supérieure, figuroit parmi une foule de prélats le Roi qui est encore bel homme ; on ne pouvoit s'empêcher de sourire à ce mélange de piété, de magnificence et de sensualité. »

La scène est curieuse et le contraste qu'elle présente est bien observé.

---

1. Si Horace Walpole était à une tribune d'en haut, il ne pouvait voir que très imparfaitement madame du Barry, placée au rez-de-chaussée. J'en ai fait l'expérience : la hauteur des galeries est de 42 marches ; il y a, en outre, la largeur de la chapelle. A cette distance, les traits du visage sont à peine distincts. Walpole ne pouvait, d'ailleurs, apercevoir madame du Barry que de profil, les tribunes derrière le chœur étant occupées par l'orgue et les chantres. « Les chantres de la Chapelle ont chanté en haut les Vêpres, et tout de suite les missionnaires le Salut. » 2 février 1749. IX, p. 310. — *De Luynes*.

Madame du Barry est près de l'autel, par conséquent au rez-de-chaussée de la chapelle, c'était l'usage. Walpole devait être dans les galeries des orgues, placées au-dessus du chœur ; il pouvait voir madame du Barry mais obliquement, de loin et de haut en bas, de côté, ou même par derrière.

Le roi était dans la tribune supérieure de la chapelle qui est de plain pied avec les grands appartements et le salon d'Hercule.

Voici l'impression du visiteur anglais :

Elle est si peu remarquable qu'il n'aurait jamais songé à demander qui elle était. Pour découvrir qu'elle est jolie, il fallait l'examiner attentivement. En d'autres termes, ce n'est pas une de ces beautés plastiques qui frappent les yeux et s'imposent à l'admiration du spectateur, il faut de l'attention pour s'apercevoir qu'elle vaut la peine d'être regardée. Elle est sans rouge, sans poudre et même sans *toilette*, étrange manière de se produire au milieu de la cour et de s'exposer aux regards du public. C'est presque la critique d'Araminte sur Céliante dans la comédie du *Cercle :* « Madame affecte de ne se parer jamais ; elle ne met ni diamants ni rouge ; elle semble dire : Regardez-moi, je suis jolie, mais ces charmes sont à moi, il n'y a point d'art, je n'en ai que faire : la nature a pourvu à tout. » D'autres voyageurs anglais contemporains trouvent au contraire que les femmes françaises avec leur rouge avaient l'air de pivoines. On sent dans les réticences de Walpole, l'ami de madame du Deffant et par elle des Choiseul. Il rend pourtant cette justice à madame du Barry qu'il n'y a ni affectation ni arrogance dans son maintien, elle était accompagnée de sa belle-sœur.

On regrette qu'il n'ait pas consacré une ligne à nous la faire connaître. On prétend qu'elle était contrefaite et fort laide [1]; il eût été curieux d'avoir son portrait écrit et il manque à la galerie des du Barry [2].

1. *Anecdotes*, p. 84.
2. V. p. 91 ci-dessus.

CHAPITRE XXI

VOYAGE A FONTAINEBLEAU

Après le voyage de la cour à Compiègne, venait en septembre la visite à Fontainebleau[1], le deuxième voyage, la saison des chasses et des intrigues. C'est pendant ce temps que se jouaient les grands coups de politique, que se faisaient et se défaisaient les ministères[2]. Le 24 septembre, le duc de Chaulnes mourut. *Les nouvelles à la main de la Mazarine* disent : « Il avait profité de l'agrément du roy pour se démettre de la charge de capitaine-lieutenant de chevau-légers et l'affaire qui avait été manquée avec M. le duc d'Aiguillon s'est renouée et a eu son exécution ; » et les nouvelles des *Anecdotes* ajoutent ce commentaire : « Les courtisans ont été surpris que M. le duc de Choiseul n'ait pas obtenu la place de capitaine-lieutenant des chevau-légers de la garde du roy pour M. le vicomte de Choiseul auquel il voulait la faire tomber[3], » et l'auteur des *Anecdotes* re-

---

1. *Journal de Police.* Dans les voyages de Compiègne et de Fontainebleau, le public attend toujours de graves événements et en fait consigner des nouvelles (novembre 1750).
2. *Nouvelles à la main* citées par les *Anecdotes*, p. 163. Barbier, novembre 1750.
3. P. 163.

prend : « le duc d'Aiguillon dut vraisemblablement à la reconnoissance de la maîtresse du monarque, l'agrément qu'il eut alors pour acheter cette charge [1]. »

C'était là un double échec qui devait être supporté impatiemment par le ministre naguère tout-puissant. Nous savons déjà, par les mémoires de Du Mouriez [2], que d'Aiguillon était sa préoccupation constante, il craignait en lui un successeur. (*Mém*., liv. I, ch. VII.)

Le poste nouveau qui lui était confié, lui donnait ses entrées directes et la faculté d'entretenir le roi en toute liberté en travaillant avec lui, chose la plus redoutée dans les intrigues de la politique [3]. C'était en outre un Choiseul qui succombait devant un Richelieu, autre blessure à l'amour-propre de l'irritable duc. Il devait voir là un symptôme de défaveur, dont son humeur ombrageuse était disposée à s'exagérer la portée et à rejeter naturellement la responsabilité sur madame du Barry. Telle fut son inquiétude que pour la première fois il consentit à avoir une conférence avec la favorite ; il était sur le point de se rendre à Metz où il allait inspecter un camp de cavalerie ; il eut auparavant une entrevue avec elle, et les courtisans, toujours à l'affût des nouveautés et des moindres incidents, notèrent que cette entrevue n'avait pas duré moins de trois heures [4]. C'était un événe-

---

1. P. 158.
2. « Un ministre est toujours à craindre, dit Besenval. Les tête-à-tête qu'il a continuellement avec le Roi, où il peut dire sans contradiction tout ce qui lui plaît ; l'espèce de confiance qu'on accorde à sa place ; la facilité avec laquelle les mauvaises impressions s'adaptent : tous ces trois moyens paraissent dangereux. » P. 227, édit. Barrière.
3. 27 septembre 1769. *Anecdotes*, p. 159.
4. *Anecdotes*, p. 163.

ment. Madame du Deffant y fait allusion dans une lettre à Walpole du 2 novembre 1769. « Cette conversation qu'il (M. de Choiseul) a eue avec elle, pendant que vous étiez ici, a été une fausse démarche de sa part puisqu'elle n'a produit aucun bon effet. » Walpole lui-même en parle dans sa correspondance avec Horace Man. Calais, 8 octobre 1769. « Le duc de Choiseul est à chaque instant sur le point de tomber en provoquant madame du Barry, oubliant que son prédécesseur, le cardinal de Bernis, fut la victime de sa propre insolence en insultant madame de Pompadour. Le duc de Choiseul marche dans la même voie. Le voyage actuel à Fontainebleau, décidera je pense de la victoire, à moins que le duc ne fléchisse ; ce n'est pas sans vraisemblance : il y a quinze jours, la maîtresse envoya à lui pour lui faire demander une faveur pour l'un de ses partisans. Il répondit qu'elle pouvait bien venir chez lui. Elle insista et il se rendit chez elle où il resta plus d'une heure et encore sans lui accorder ce qu'elle demandait. » Ceci expliquerait la phrase de madame du Deffant : « Cette conversation a été une fausse démarche et n'a produit aucun bon effet. » Le résultat était effectivement mauvais puisqu'il était à craindre que le duc n'augmentât l'irritation de madame du Barry en lui refusant obstinément ce qu'elle demandait. Cependant, continue Walpole, la longueur de la visite n'a pas une tournure hostile. Ainsi la durée de la conférence avait été remarquée, on l'avait interprétée dans un sens d'apaisement. On craignait seulement que cette disposition de M. de Choiseul ne fût due qu'à l'absence de la duchesse de Gramont sa sœur et de la princesse de Beauvau. Madame de Gramont était partie pour la

Hollande; son départ avait été regardé comme un triomphe pour le parti de madame du Barry et salué par ce couplet, parodié du *Déserteur*.

> Vive le Roi! vive l'amour!
> Que ce refrain soit nuit et jour
> Ma devise la plus chérie!
> En vain les serpens de l'envie
> Sifflent autour de mes rideaux
> L'amour lui-même assûre mon repos
> Et dans ses bras je la défie!

Cette pièce mérite d'être remarquée parce que dans cette guerre de petits vers, elle est une des rares chansons qui soient favorables à madame du Barry [1].

Un des épisodes obligés du voyage de Fontainebleau était une visite au pavillon que le fermier général Bouret avait fait élever dans la forêt de Senart. Bouret était une créature de M. de Machaut, qui lui avait fait faire une grande fortune. Ayant eu l'honneur de recevoir le roi dans un château qu'il possédait en cette forêt à Croix-Fontaine, il avait voulu consacrer le souvenir de cette faveur mémorable en faisant ériger un pavillon qui était tout un monument et lui avait coûté des sommes immenses. Chaque année, le roi se rendait chez Bouret pour reconnaître son dévouement et de son côté le financier se trouvait amené à de nouvelles folies qui l'avaient presque ruiné. Il avait espéré faire acheter ce pavillon à madame de Pompadour et la mort de celle-ci étant sur-

---

[1]. On lit dans la *Gazette de Leyde* du 6 novembre 1769 :
« On dit que le duc de Choiseul sera élevé à la dignité de maréchal de France. »

venue avant que le projet ne fût réalisé il comptait qu'il pourrait être repris pour le compte de la nouvelle favorite. Le jour fut fixé au 28 septembre, le temps favorisa la fête, il y eut chasse et prise de deux cerfs, splendide dîner, etc., etc. Restait la surprise, qu'elle serait-elle ?

« On s'attendoit à quelque galanterie du sieur Bouret dont le génie est plein de ressources pour de pareilles fêtes et il n'a pas manqué de remplir l'attente des curieux. On y a trouvé une Vénus, modelée d'après celle de Coustou pour le roi de Prusse. L'adroit courtisan y avoit fait adapter une tête, sculptée d'après celle de madame du Barry, et en a présenté le coup d'œil à S. M. flattée de la manière dont on divinisoit ainsi son goût[1]. »

Les Coustou sont des sculpteurs lyonnais qui ont illustré leur nom au dix-septième siècle, dans la décoration du parc de Versailles, des jardins de Marly, des Tuileries, etc. Celui dont il est ici question, est Guillaume, deuxième du nom, né à Paris en 1716, reçu à l'Académie de sculpture en 1742, et auquel le roi de Prusse avait commandé les statues de Mars et de Vénus. Elles existent toujours au musée de Berlin. Il fallait que Bouret eût ou se fût procuré une copie de la Vénus. Qu'est-elle devenue ? Nous l'ignorons.

On aurait, outre le buste de Pajou, une tête sculptée de madame du Barry, et comme celle-ci était destinée à être reconnue à première vue par le modèle en personne, la ressemblance avait dû être particulièrement soignée ; elle aurait donc un grand intérêt pour l'iconologie de madame du Barry. Son prix serait

1. Journal du temps, cité par l'auteur des *Anecdotes*, p. 162.

plus grand encore si la copie de la Vénus et la tête ajustée étaient de Coustou.

C'est pendant ce voyage à Fontainebleau ou peu de temps auparavant que l'auteur des *Anecdotes* place la plaisanterie attribuée au duc de Lauraguais. On raconte qu'il aurait été prendre une fille chez la Gourdan, et l'aurait produite dans le monde sous le nom de *madame la comtesse du Tonneau*, allusion au nom de madame du Barry et peut-être aussi aux caricatures qui la représentaient travaillant comme les ravaudeuses dans un tonneau[1]. On aurait pu attendre une critique plus fine de la part d'un homme qui était l'amant de Sophie Arnoult. L'intention n'en était pas moins insultante et aurait pu coûter cher à qui l'eût risquée sous le règne de madame de Pompadour. Le duc de Lauraguais en fut quitte pour un voyage de prudence en Angleterre. Une jolie gravure du temps pourrait se rapporter à cette anecdote... Madame du Barry dont les traits sont parfaitement reconnaissables, est assise, au coin d'une rue, dans un baquet ou baril scié par la moitié. Elle raccommode des bas et des culottes; elle est en grande toilette de cour, la tête couverte de dentelles, la gorge nue et ornée d'un collier. Derrière dans le fond on aperçoit un homme qui a monté l'escalier extérieur d'une maison et qui semble faire marché avec une femme; au-dessus,

---

[1]. D'après les mémoires secrets de Bachaumont, la femme que M. de Lauragais aurait ainsi surnommée était sa maîtresse. Il la maria ensuite à son secrétaire, et, plus tard, ayant voulu continuer ses relations avec elle, il en advint un procès à Londres qui lui donna l'occasion de publier un mémoire sous le titre : *Pour moi et par moi.* Voy. *Cabinet des Estampes et Iconographie.*

une autre femme semble examiner s'il entrera. Sur le devant un chien lève la patte contre le baril.

Cette pièce fort bien gravée a douze centimètres de hauteur sur sept de large, le graveur a signé C. F. Fritsch.

Est-ce la plaisanterie du duc de Lauraguais qui a inspiré la caricature où la caricature qui a donné lieu à la plaisanterie? C'est ce que nous ne pourrions déterminer.

Quant à la Gourdan, très innocente de l'espièglerie de M. de Lauraguais, elle fut punie par la défense de paraître à Fontainebleau. Pidansat de Mayrobert très versé dans ces matières rapporte « qu'il alloit ordinairement beaucoup de courtisanes s'établir en ce lieu pendant le séjour de la cour pour amuser les seigneurs et autres gens que leurs affaires, leur état ou leurs plaisirs attirent dans cette ville. Cette fois le grand prévôt et les officiers commis à la police eurent ordre de ne pas laisser aborder les nombreux essaims de filles de joie qui y accouroient. On leur fit la chasse dans les hôtels garnis, dans les cabarets ; en sorte que les débauchés trouvèrent cette privation très grande et furent obligés de faire de petits voyages à Paris... » Ce tableau des mœurs est tout à fait édifiant; si ce fut à madame du Barry qu'on dut la cessation d'un pareil usage, on ne pourrait que lui en faire honneur. Mais, est-ce vrai? suivant nous on ne peut voir là qu'un effet du progrès naturel des mœurs : chaque jour amène une réforme.

« Madame du Barry, disent encore les *Anecdotes*, soit par humiliation de la caricature sanglante de M. de Lauraguais, soit par une pudeur naturelle se comporta très modestement pendant tout ce voyage ;

elle affecta de ne pas se montrer en public, pas même au spectacle, où elle se mit loin des yeux des courtisans. »

On a rendu madame du Barry responsable de la composition de ces spectacles que l'on a signalés comme indécents, nous savons déjà qu'on en possède la liste officielle imprimée[1].

Il y a un article fort détaillé et fort long consacré exclusivement aux spectacles représentés devant S. M. *à Fontainebleau*. Nous le reproduisons, sans en rien retrancher aux pièces justificatives. La tragédie est représentée par *Mérope*, *Tancrède* et l'*Electre* de Crébillon; la comédie par le *Menteur* de Corneille; la *Fausse Agnès* de Destouches, le *Dédit* de Dufresny, *Crispin rival de son maître* de Lesage. Les grands opéras sont de Rameau, tels que les *Sauvages*, *Dardanus*, etc.; il n'y a rien là assurément de contraire aux mœurs. Les pièces les plus légères ne sont pas moins irréprochables: *Isabelle et Gertrude*, charmante composition de Favart, *Rose et Colas* de Sedaine, opérette sentimentale et deux chefs-d'œuvre qui sont restés au théâtre, les *Fausses infidélités*, de Barthe, et le *Cercle*, de Poinsinet.

Ces choix attestent un goût parfait et il n'y a pas lieu de s'en étonner; ils sont du maréchal de Richelieu. L'influence de madame du Barry ne se faisait sentir tout au plus que dans la désignation d'une pièce de Cailhava, l'un de ses poètes habitués[2].

Nous avons trouvé dans la *Gazette de Hollande* cette mention que nous reproduisons sans commen-

---

1. V. ci-dessus.
2. V. ci-dessus.

taire. Il nous semble fort extraordinaire que le nom de du Barry ait été donné, dès 1769, à un vaisseau et à un vaisseau étranger ; la chose nous paraît singulière. Elle peut avoir une explication très simple, nous ne la connaissons pas.

Gazette de Hollande, du 15 septembre 1769.

De Cadix, le 22 août.

Les vaisseaux de guerre espagnols, le *Saint-Nicolas du Barry*, le *Triomphant* et le *Saint-Laurent*, commandés par les capitaines Arosteguy, Portiga et Olivares, arrivèrent ici dernièrement de Carthagène et du Levant, chargés de munitions de guerre destinés pour notre arsenal et pour ceux du Ferrol.

CHAPITRE XXII

CONDAMNATION A MORT D'UN DÉSERTEUR. — MADAME DU BARRY
CHARGÉE DE DEMANDER SA GRACE. — ELLE L'OBTIENT.

Un dernier fait biographique va clore l'année 1769 : il nous est révélé par un auteur pleinement digne de foi avec des détails d'un intérêt tel que nous ne voulons rien retrancher de ce récit. Dans les *souvenirs d'un chevau-léger* de M. de Belleval[1] nous trouvons la page suivante qui met en scène le roi, le duc d'Aiguillon et madame du Barry.

7 décembre 1769.

« Un jeune homme d'Aumale, nommé Carpentier, à la suite de mésintelligence avec sa famille, s'étoit engagé depuis un an et servoit dans le régiment de Mestre de Camp Général, qui tenoit garnison à Provins. On avoit toujours été content de lui, quand un beau jour le mal du pays le prit, à ce qu'il déclara, et il déserta ; mais, ce qui étoit plus grave, avec son uniforme et son cheval, qu'il comptoit renvoyer, disoit-il, après deux ou trois postes. Les officiers du régiment commandé par M. le marquis de Castrie, qui n'étoit pas au corps, mais effectivement par M. le chevalier d'Abense, mestre de camp commandant, jugèrent le pauvre Carpentier, qui ne répondoit que

---

1. V. page 128.

par des larmes, et le condamnèrent à mort. Je reçus à Versailles une lettre de M. d'Abense pour me raconter l'affaire : que cet infortuné s'étoit réclamé de moi, disant, que je ne l'abandonnerois point si je connoissois son malheureux sort ; que pour la discipline les officiers avoient été obligés de condamner, mais que Carpentier leur faisoit pitié ; qu'enfin M. d'Abense avoit accordé un sursis pour me laisser le temps de faire ce que je pourrois. Je fus bientôt décidé et je courus chez M. le duc d'Aiguillon, qui étoit mon recours habituel. Dès les premiers mots que je prononçai il s'écria : « Ce n'est point par moi qu'il faut obtenir cela du Roi, mais par la comtesse du Barry. Revenez tantôt avec votre supplique et je vous mènerai chez elle, c'est le plus sûr moyen d'obtenir la grâce de votre protégé. » A l'heure indiquée je me présentois en grand uniforme chez M. le duc d'Aiguillon qui, fidèle à sa promesse, m'attendoit et m'introduisit chez la favorite comme un homme devant qui les portes sont toujours ouvertes.

J'avois déjà aperçu souvent la comtesse, mais de loin, assez pour juger l'ensemble de sa beauté célèbre, mais pas assez pour les détails. Elle étoit nonchalamment assise, plutôt même couchée dans un grand fauteuil, et avoit une robe fond blanc à guirlandes roses, que je vois encore en écrivant ceci quinze ans après [1].

« Madame du Barry étoit l'une des plus jolies femmes de la Cour, où il y en avoit tant, et certainement la plus séduisante par les perfections de toute sa personne. Ses cheveux, qu'elle portoit souvent sans poudre, étoient du plus beau blond et elle en avoit une profusion à n'en savoir que faire ; ses yeux bleus, bien ouverts, avoient un regard caressant et franc qui s'attachoit sur celui à qui elle parloit et sembloit suivre sur son visage l'effet de ses paroles. Elle avoit le nez mignon, une bouche très petite

---

1. Par conséquent en 1784.

et une peau d'une blancheur éclatante. Enfin, l'on étoit bientôt sous le charme et c'est ce qui m'arriva si fort que j'en oubliai presque ma supplique dans le ravissement où j'étois à la contempler. J'avois vingt-cinq ans alors. Elle s'aperçut bien de mon trouble que d'ailleurs M. le duc d'Aiguillon, lui fit remarquer avec beaucoup de finesse et en lui tournant un compliment comme il savoit les faire. Je lui présentai alors ma supplique en y joignant quelques explications et en appuyant fortement sur la nécessité qu'il y avoit de se presser et sur l'espoir que nous mettions tous en elle pour la vie de ce malheureux Carpentier.

« Je vous promets de parler au Roi, monsieur, — me répondit-elle, — et j'espère que Sa Majesté ne me refusera pas cette grâce. Monsieur le duc sait bien que ses amis sont les miens et je le remercie de ne pas l'oublier » ajouta-t-elle en se tournant vers lui avec un charmant sourire. Elle me questionna ensuite sur ma famille, sur le temps depuis lequel je servois et nous congédia en me disant que j'aurois bientôt de ses nouvelles. Elle tendit la main au duc d'Aiguillon qui la baisa en lui disant : « C'est pour le capitaine-lieutenant ; n'y aura-t-il rien pour la compagnie ? » ce qui la fit rire et me valut la même faveur qu'au duc, dont je m'empressai de profiter.

« Le lendemain, comme j'étais de garde, un laquais à la livrée bien connue de la comtesse et qui avoit été demander après moi à notre hôtel vint me trouver et me dit que sa maîtresse m'attendoit à six heures. A l'heure fixée, je me présentai à la porte de son appartement où l'on me fit entrer. Il y avoit plusieurs personnes et le Roi y étoit debout adossé à la cheminée. En m'apercevant, madame du Barry dit à Sa Majesté : « Sire, voilà mon chevau-léger qui vient faire son remerciement à Votre Majesté. » — « Remerciez d'abord madame la comtesse, me dit Louis XV ; et dites à votre protégé que si je lui fais grâce, par son attention à mon service, il faut qu'il fasse oublier la faute dont il s'est rendu coupable. » Je ne sais plus bien ce que je répondis au Roi, mais M. le duc d'Aiguillon, qui étoit présent, m'assura que j'avois dit ce qu'il falloit et que le Roi avoit été content de moi et m'avoit su gré d'avoir choisi madame du Barry pour lui faire demander la grâce de Carpentier. Le soir même, la bonne nouvelle fut expédiée à Provins, où le pauvre Carpentier n'attendoit plus que la mort. Il a fait depuis un bon soldat et il est devenu l'exemple de son régiment...

« Madame du Barry étoit bonne et aimoit à obliger ; en voilà une preuve de plus à ajouter à toutes les autres. On n'a jamais pu lui refuser cela, même ses plus grands ennemis, bien différente, en cela, de madame de Pompadour qui n'oublioit jamais les injures et ne savoit pas ce que c'étoit que de pardonner. Madame du Barry n'avoit point de rancune et elle étoit la première à rire de toutes les chansons qu'on faisoit sur elle. Je fus étonné comment pour n'y avoir point été élevée, elle avoit pris le ton et les manières des femmes de la Cour. Il lui échappoit souvent des propos légers et que l'on n'avoit point l'habitude d'entendre à Versailles, mais elle savoit son monde et ne se donnoit toute liberté que devant le Roi, que cela amusoit par la nouveauté.

« Le récit que je fis à mes camarades de la bonté de la comtesse fut reçu avec de grands applaudissemens et le vicomte du Barry notre cornette n'eut rien à entendre sur sa jeune tante que de bon et agréable à lui rapporter. Nous avons toujours cru qu'il l'avait fait, car dans toutes les occasions elle marqua toujours une préférence sensible pour les chevau-légers sur tous les autres corps de la maison du Roi. Pour ma part, j'en fus toujours traité avec amitié depuis et je la rencontrois souvent chez madame la duchesse d'Aiguillon qu'elle aimoit fort à cause de son mari. Je ne retournai que deux fois chez elle et c'étoit pour y chercher M. d'Aiguillon pour affaires du service de la compagnie, quand je ne l'avois point trouvé chez lui et qu'il y avoit urgence. Mais la place d'un simple chevau-léger n'étoit pas au milieu de tous les courtisans qui se pressoient dans son appartement pour lui faire leur cour ou pour s'y trouver avec Sa Majesté. Elle le sentoit et eut la délicatesse, me traitant fort bien quand je la rencontrois, de ne point me demander pourquoi je n'allois point chez elle, ce que beaucoup de femmes n'auroient point fait. C'étoit autre chose chez M. le duc d'Aiguillon, qui étoit notre chef et où les *habits rouges* se voyoient souvent ou chez madame la maréchale de Mirepoix où j'allois aussi fréquemment: « Ah voilà mon chevau-léger! » étoit la formule que la comtesse ne manquoit pas d'employer, quand elle m'apercevoit et de suite s'informant si elle pouvoit faire quelque chose pour moi. Comme je répondois invariablement que non, elle disoit aussitôt: « Il répond toujours: *non*, quand il y en a tant d'autres qui répondroient oui. Mon cher duc, est-ce qu'ils sont tous ainsi dans votre compagnie? « Assurément non, répondoit M. le duc d'Aiguillon, et c'étoit des rires et une gaieté à n'en plus finir. »

Ce passage forme un chapitre inconnu de la vie de madame du Barry; le narrateur a vu, et de près, ce qu'il raconte. La franchise militaire s'allie chez lui à une certaine finesse d'observation qui n'est pas sans mérite. On sent qu'on a sous les yeux le témoignage d'un contemporain impartial et véridique. M. de Choiseul avait eu le mauvais goût de nier même la beauté physique de madame du Barry: M. de Belleval oppose des détails, auxquels il serait difficile de répondre; l'abondance luxuriante de la chevelure, la limpidité d'un regard franc et caressant tout ensemble qui s'attache sur l'interlocuteur, l'éclat de la peau, la délicatesse de traits mignons, bref on est bientôt sous le charme et l'effet suit la parole, M. de Belleval y tombe et le lecteur avec lui. On est heureux d'oublier les mépris et les Mémoires de M. de Choiseul. La tenue et le langage de madame du Barry sont aussi une révélation tout à son avantage. Est-ce là le ton de l'ignoble créature que le duc de Choiseul affecte de nous représenter? Le peu de mots d'elle qui sont rapportés sont absolument irréprochables, M. de Belleval s'étonne de ce qu'elle eût pu prendre les manières de la cour sans y avoir été élevée. Il ne savait probablement pas que si elle n'avait pas vécu dans l'atmosphère des cours, elle avait du moins reçu les leçons de sociétés élégantes et polies. On est plus heureux encore de voir qu'elle avait le bon esprit d'être la première à rire des chansons qu'on faisait sur elle ; peut-être n'en était-il pas de même du roi, car on sait que les attaques des Choiseul rejaillissaient bien souvent jusque sur lui et il est venu un jour où il s'en est souvenu contre eux... On voit aussi que madame du Barry savait distinguer son monde et ne s'échappait en gaietés folâtres que quand elle était seule avec le roi. On n'a donc jamais pu les connaître, comment alors aurait-on pu les répéter? les libellistes ne se sont pas arrêtés pour si peu ; ils ont inventé quand ils ne savaient pas et nous verrons quelles turpitudes !

Quant au fond de l'anecdote nous renvoyons aux réflexions de M. de Flavigny sur la matière. L'ordonnance de 1762, en remettant entièrement le soldat à la charge de l'État et en faisant au contraire dépendre la fortune de l'officier du soin d'observer la discipline avait privé le soldat de l'indulgence à laquelle il était accoutumé. La désertion était devenue plus fréquente et les grâces moins faciles. Louis XV n'accordait pas toujours celles qui lui étaient demandées. Nous le voyons par les Mémoires du duc de Luynes refuser impitoyablement une demande de ce genre qui lui était faite par la comtesse de Toulouse pour laquelle il avait une affection toute particulière [1], ici il se montra plus facile, satisfait qu'on se fût adressé à madame du Barry et que le bienfait pût rejaillir sur elle, c'est ce qui résulte bien de cette parole, « remerciez *d'abord* madame la comtesse ; » le service public ne vient qu'en second ordre. Le duc d'Aiguillon avait vu juste en renvoyant la demande à madame du Barry et en la faisant présenter par elle. Tout ce qui suit peint au naturel, l'art, la figure du courtisan [2].

1. Capefigue. On a dit que *le Déserteur* n'était que la mise en scène de cette anecdote.

« 2. Le Roi, allant à Rambouillet, rencontra un déserteur que l'on avoit pris et que l'on menoit en prison. L'usage est que quand ils sont assez heureux pour rencontrer le Roi, on leur accorde leur grâce : elle lui fut effectivement donnée.

« Quelques jours après, madame la comtesse de Toulouse, par esprit de compassion et de charité pour un autre déserteur qui lui avoit été recommandé et qu'elle connoissoit elle-même, en parla au Roi à Rambouillet; elle lui fit une description très touchante et très propre à persuader S. M. de son innocence, espérant que le Roi voudroit bien aussi lui donner sa grâce. *Voyant qu'elle ne pouvoit y réussir*, elle prit le parti de faire prendre le déserteur, qui n'avoit pas encore été arrêté, et de le faire conduire sur le passage du Roi, lorsqu'il alloit à la chasse. Dès qu'on aperçut le Roi, on cria : « Grâce ! »

« Le Roi rougit, parut embarrassé et ne dit autre chose, sinon qu'on le menât en prison..., qu'il falloit que justice fût faite.

« Cependant, sur ce qu'il lui fut représenté que cet homme n'ayant été arrêté que dans l'espérance que S. M. lui donneroit sa grâce, il étoit juste au moins de le remettre dans le même état qu'il étoit alors, S. M. donna ordre que les portes de la prison lui fussent ouvertes; ce qui fut exécuté. Mais la grâce ne lui fut pas accordée. » 25 mai 1736. — *De Luynes*.

Mais la pièce de Sedaine a été jouée en mars 1769 et les souvenirs de M. de Belleval, qui doivent être fidèles puisqu'ils portent sur une condamnation fixent au 7 décembre de la même année la grâce obtenue par l'intermédiaire de madame du Barry ; il est vrai que le drame de Mercier sur le même sujet est postérieur mais là il n'intervient point de grâce.

Madame du Barry écrivait au duc de Choiseul ; une de ses lettres nous a été conservée par son neveu qui l'a publiée dans la *Revue de Paris*, elle est donc d'une authenticité incontestable : elle prouve que madame du Barry a constamment professé les plus grands égards, on peut aller jusqu'à dire le plus grand respect envers son plus cruel ennemi. Voici cette lettre[1].

« Vous êtes trompé par vos entours, M. le duc, sans quoy il seroit impossible que vous m'eussiez écrit il y a six mois [1] que le bien des affaires du Roi étant de remettre en fourniture les vivres de Corse, vous les rendriez au sieur Nalet, des services de qui vous étiez content, dès que le sieur Delisle seroit arrivé. Il paroit que ce régisseur a des projets différents des vôtres puis qu'il est si lent à se rendre à vos ordres. Vous sentez comme moi, combien sa présence icy est peu nécessaire pour l'exécution de votre volonté : qu'il arrive ou n'arrive point, vous pouvez donc passer le traité au sieur Nalet, si vous persistez à croire qu'il est capable de bien remplir ses devoirs ; n'en parlons plus, M. le duc, si vous avez changé d'opinion, je n'en resterai pas moins convaincue du désir que vous aviez de faire quelque chose qui m'eut été agréable.

---

1. La lettre de remerciement de madame du Barry à M. de Choiseul est, en effet, du 30 juin ; ce qui reporte bien à six mois la lettre du duc, à laquelle elle répondait.

« J'ai l'honneur d'être, avec une extrême considération, M. le duc, votre très humble et très obéissante servante,

« La comtesse DU BARRY. »

M. Gabriel de Choiseul a cité cette lettre pour prouver que, *peu de mois avant d'obtenir l'exil de son oncle, madame du Barry lui cachait sa malveillance* (sic). M. Gabriel de Choiseul n'avait pas pris garde à la date de cette lettre qui est du 16 *décembre* 1769, antérieure par conséquent d'une année entière à la chute du ministre, laquelle est du 24 décembre 1770. Ainsi tombe le reproche de dissimulation, suivie d'une attaque à bref délai. Reste le contexte de la lettre irréprochable en la forme et au fond très modérée, puisque pouvant reprocher à M. de Choiseul un de ces manques de parole auxquels il était si sujet[1], madame du Barry se contente de lui dire : « Si vous avez changé d'opinion je n'en resterai pas moins convaincue du désir que vous aviez de faire quelque chose qui m'eut été agréable. »

Il s'agit évidemment de ce même Nallet, dont il était déjà question au mois de juin précédent, auquel M. de Choiseul avait promis les vivres de Corse et qui attendait encore au mois de décembre l'exécution de cette promesse. C'est très probablement l'homme que Walpole appelle *a dependent*, un familier ou un subalterne de madame du Barry et à laquelle il s'étonne que M. de Choiseul n'ait rien voulu accorder.

1. V. Besenval, *Mémoires*, vol. I, p. 319.

CHAPITRE XXIII

LES LOGES DE NANTES. — DON VIAGER QU'EN FAIT LOUIS XV A MADAME DU BARRY. — MADAME DE MIREPOIX. — APPARTEMENT DE MADAME DU BARRY EN 1770.

L'année 1770, dit Pidansat de Mayrobert, s'ouvrit par une anecdote qui fit beaucoup d'honneur à la nouvelle maîtresse et fut extrêmement répandue, à cause de la circonstance des visites du jour de l'an, auxquelles il faut toujours quelque aliment pour soutenir les conversations, elles roulèrent sur le trait suivant :

« Le premier jour de janvier madame du Barry entra chez le Roi, fort gaie, et en lui disant qu'elle venoit lui demander ses étrennes ; savoir *les loges* de Nantes, objet d'environ 40,000 livres de rente qu'avoit eu madame la duchesse de Lauraguais ; elle ajouta que c'étoit pour sa bonne amie la maréchale de Mirepoix. Le Roi sourit et lui répondit : Madame je suis fâché de ne pouvoir vous accorder cette grâce ; j'ai disposé de l'objet. La belle comtesse de faire la boudeuse et de répliquer: Eh bien ! voilà la quatrième faveur que je sollicite et que vous me refusez, le diable m'emporte si je vous importune désormais. — C'est bouder de bonne heure, repart S. M., vous commencez bien mal l'année ! — Et vous bien plus mal continue la favorite, en redoublant d'humeur. — Votre reproche ne me fera pourtant pas changer, dit son auguste amant en la regardant tendrement; il ne fait que me confirmer dans ma résolution; il est beau à vous de montrer autant de chaleur pour votre amie; mais encore un coup il n'y a plus rien à faire, ce cadeau est promis et voulez-vous savoir, à qui, madame? c'est à vous, ce sont les étrennes que je vous ai réservées, il l'embrasse en même temps. Madame du Barry n'eut rien de plus pressé que de publier le cadeau du monarque et le procédé galant et spirituel qui l'avait accompagné. Les courtisans de leur côté exaltèrent un emportement peu respectueux, mais qui caractérisoit l'âme franche, ouverte, généreuse de la comtesse. »

Le fond de l'anecdote est vrai : la jouissance viagère des Loges de Nantes a été concédée à madame du Barry par brevet du roi du 23 décembre 1769.

Il est également vrai que madame du Barry avait demandé cette faveur pour madame la maréchale de Mirepoix. On lit dans une lettre de madame du Deffant à Horace Walpole du 15 janvier 1770.

« Il auroit bien mieux valu pour elle (la maréchale de Mirepoix), avoir les boutiques de Nantes (que les grandes entrées, grâce qui lui donnait plus du ridicule que de considération), la dame du Barry *avoit sollicité* pour qu'on les donnât à la maréchale, mais le Roi les lui donna à elle-même [1]. »

On voit que si les faits matériels sont exacts, la mise en scène reste l'œuvre de Pidansat de Mayrobert. Madame du Barry avait *sollicité* la concession du bre-

---

1. Vol. II, p. 21.

vet pour madame de Mirepoix, il y avait donc eu des démarches antérieures plus ou moins compliquées. Les lettres patentes du roi étaient signées dès le 23 décembre, les choses n'ont pas dû se passer comme le raconte, fort agréablement d'ailleurs Pidansat de Mayrobert; on n'entrait pas à volonté dans la chambre du roi surtout dans un jour solennel comme celui du jour de l'an qui devait être absorbé par la représentation du trône, les réceptions officielles, les exigences de l'étiquette et il n'est pas moins inadmissible que madame du Barry ait choisi ce moment pour saisir le roi d'une demande administrative touchant aux revenus d'une province aussi jalouse de ses droits que la Bretagne presqu'à l'état d'insurrection permanente[1].

Si elle eût demandé un bijou, une somme d'argent, on comprendrait encore, mais une requête qui supposait une instruction entière, c'eût été absurde quand il n'eût pas été reçu qu'en pareil cas Louis XV ne répondait jamais sur-le-champ, suivant en cela un conseil de Louis XIV[2].

M. Leroi a bien compris l'invraisemblance de la scène racontée par les *Anecdotes* et l'a rectifiée; il suppose au contraire que c'est le roi qui entre de bonne heure dans la chambre de madame du Barry et qui lui remet, en l'embrassant, le brevet signé le 23 décembre précédent. Mais sur la foi de quelle autorité, M. Leroi, a-t-il tracé ce petit tableau? Il a oublié de le dire et il n'a fait qu'inventer des détails restés sans témoins possibles; il faut s'en tenir aux lignes de

1. V. ci-dessous.
2. Boutaric. Préf., p. 13.

madame du Deffant, aux termes précis dont elle se sert : la dame avait *sollicité*, ce qui se comprend bien mieux qu'une demande faite à l'improviste et à l'étourdie, ce service était la rémunération de l'appui que la maréchale de Mirepoix lui avait apporté en se déclarant pour elle. Aussi ne voyons-nous pas qu'il y eût un si grand mérite à s'acquitter d'une dette de reconnaissance, alors surtout que la concession faite à madame de Mirepoix n'empêchait pas la favorite de recevoir d'autres grâces personnelles pour ses étrennes ; il en eût été différemment si en sollicitant pour madame de Mirepoix, madame du Barry avait renoncé à rien recevoir pour elle-même ; ces loges ou boutiques de Nantes étaient des baraques et appentis établis sur la contrescarpe de cette ville[1], elles étaient affermées et produisaient ainsi un certain revenu qui appartenait au roi, sans doute, comme représentant du domaine de l'État, mais qui cependant faisaient partie du revenu de la province. Il paraît qu'il était d'usage de donner ce produit à titre de gratification aux grandes dames de la cour. Nous voyons par les *Mémoires* du duc de Luynes, qu'en 1738 le roi avait accordé les baraques ou boutiques de Nantes à madame la maréchale d'Estrées[2], elles valaient alors 15 ou 16,000 livres de rente, en 1769 elles avaient été attribuées à madame la duchesse de Brancas de Lau-

---

1. Le brevet comprenait : « les domaines, maisons, boutiques, baraques, celliers, appentis, jardins et terres vagues. »
2. Le roi vient d'accorder à madame la maréchale d'Estrées les baraques ou boutiques de Nantes ; elles ont été faites ou considérablement augmentées du temps de M. le maréchal d'Estrées et valent 15 ou 16,000 livres de rente, elles faisaient partie du revenu de ce gouvernement. 12 janvier 1738. Vol. II, p. 11.

raguais, elles passèrent à madame du Barry[1] à la condition de verser 30,000 livres qu'elle remboursa aux héritiers de feue madame de Brancas suivant quittance reçue par M. Clos, notaire à Paris, le 22 mars 1770. Comment madame la maréchale de Mirepoix aurait-elle pu satisfaire à cette obligation, elle qui n'avait jamais d'argent comptant et ne pouvait payer ses contributions exactement ni sa capitation[2].

Au reste, une pièce décisive coupe court à toute discussion, c'est la demande de madame de Mirepoix, adressée au roi en janvier 1770 et la décision qui met un terme à ses perpétuelles sollicitations.

Mars 1770.

« Madame la maréchale de Mirepoix n'a pour toute fortune que,

Une pension de................	12,000 livres
Une autre de..................	8,000 »
Une gratification annuelle de....	12,000 »
Une ordonnance comme dame du palais de	6,000 »
Et pour tout patrimoine une rente sur la Lorraine de.............	24,000 »
	62,000 livres

« Cependant sa dépense annuelle monte indispensablement à 80,000 livres, d'où il résulte un déficit de 18,000 livres qui depuis longtemps occasionne un désordre con-

---

1. Préfecture de Seine-et-Oise. Liasse 9, p. 80.
2. B⁶ 185, 13 août 1771.

sidérable dans ses affaires, et la met dans le cas de devoir actuellement 80,000 livres exigibles pour lesquels elle éprouve journellement des assignations, des saisies et toutes sortes d'humiliations dont elle désire ardament sortir. C'est aux bontés du Roy qu'elle recourre pour obtenir enfin une tranquilité à laquelle elle aspire en vain depuis longtemps, et dont elle ne jouira que pour consacrer plus particulièrement encore le reste de ses jours à tout ce qui peut-être agréable à Sa Majesté. Elle offre en conséquence de remettre la rente affectée pour elle et les simples deniers sur la Lorraine et de la convertir en une simple pension de 40,000 livres lesquels joints aux 38,000 livres, dont elle jouit déjà représenteroient les 80,000 livres qui lui sont nécessaires pour vivre, il seroit seulement indispensable d'exempter ces 80,000 livres de toutes espèces de retenues et de les faire payer exactement à raison de 20,000 livres par quartier. Et afin de la tirer toute à la fois de l'oppression de ses créanciers elle supplieroit Sa Majesté d'ordonner que ses dettes montantes à 80,000 livres seront payée en deux ans à raison de 20,000 livres tous les six mois ce qui sera moins à charge à la finance [1].

« De la main du Roy.   Bon : 20,000 livres. »

Voilà quelles étaient les prétentions de cette mendiante de cour de haut appétit. On pense bien que les loges de Nantes n'auraient pas été un morceau de taille à la satisfaire.

---

1. 15 *janvier* 1770. — « Sa Majesté a bien voulu accorder à madame la maréchale de Mirepoix une gratification extraordinaire de douze mille livres pour chacune des années 1766, 1767 et 1768. Les besoins qu'elle avoit et qui ont alors excité la bienveillance du Roy subsistant encore, madame la maréchale de Mirepoix supplie Sa Majesté de luy accorder la même gratification pour l'année 1769.

« De la main du Roy.   Bon : 12,000 livres. »

« Le grand-papa (M. de Choiseul), dit madame du Deffant, ne s'est point mêlé de tout cela; il ne se raccommodera pas avec la maréchale... (de Mirepoix). »

Et elle ajoute :

« La dame du Barry ne prend nul crédit et il n'y a pas d'apparence qu'elle en prenne jamais; elle n'a d'affection ni de haine pour personne : elle pourra dire ce qu'on lui fera dire comme un perroquet; mais sans vue, sans intérêt, sans passion : ce n'est pas avec un pareil caractère que l'on parvient à gouverner. Le triumvirat Broglie, d'Aiguillon et Maillebois qui voudroient s'en faire un appui sont ennemis les uns des autres. »

Et encore dans la même lettre :

« Le grand-papa ne me paraît dans aucun danger pressant, mais tout ceci n'a point pris couleur. Pour la du Barry elle n'est point à craindre, mais le chancelier joint au contrôleur général, voici ce qui est un peu suspect. »

Ces aveux son précieux à constater ! ils échappent à madame du Deffant. A l'issue de conversations avec le duc de Choiseul, elle dit elle-même dans cette lettre : « Le grand-papa est plus franc que tous ces gens-là et j'en apprends plus dans une soirée avec lui, qu'en quinze jours avec tous les autres. » C'est bien probablement après des confidences de ce genre qu'elle écrit.

Madame du Barry est sans haine, sans passion, sans vues, c'est-à-dire, si nous traduisons bien, sans ambition ni esprit d'intrigues politiques, elle n'est point à craindre et M. de Choiseul est tranquille, que devient alors la fable si accréditée de la cabale de madame du Barry contre le ministre ? A entendre tous les historiens, c'est elle qui s'agite pour le renverser ; à l'entendre lui-même, elle ne fait rien dans ce but et n'est capable de rien faire. Entre des écrivains mal informés et la partie intéressée elle-même, l'hésitation n'est pas possible, il faut donc bien constater ce fait important à sa date. Plus tard lorsque M. de Choiseul aura succombé, son parti trouvera tout naturel de rejeter sur madame du Barry ce qui ne fut que la conséquence des fautes du ministre. Mais au commencement de 1770, madame du Barry est protégée contre ces accusations par sa propre incapacité, elle ne peut faire ni le bien ni le mal. Elle n'a nul crédit, nul moyen, pour gouverner, soit: mais alors qu'on ne lui attribue pas la chute de M. de Choiseul.

Nous avons déjà dit que madame du Barry avait eu plusieurs logements au château de Versailles [1].

On voit par les *bons du roi* [2], que le 10 février 1770 on faisait demander à M. de Marigny pour l'appartement de madame la comtesse du Barry, 25,000 livres.

Il est bien entendu que le bon ne se fait pas attendre et que la somme demandée est accordée [3]. A ces bons est annexé un plan, qui est peu intelligible parce qu'il ne porte ni lettre de renvoi ni légende et que les lieux ont été remaniés tant de fois qu'il est impossible de s'y reconnaître ; mais il existe au château de Versailles, dans les bureaux de l'architecte, des registres, dits *des magazins du Roy*. Il résulte de ces registres, dont l'extrait nous a été communiqué par M. E. Soulié, que l'appartement de

---

1. P. 115, ci-dessus.
2. Arch. nat. 1069.
3. V. Pièces 97.

madame du Barry fut définitivement celui qui était occupé par madame Adélaïde et sa dame d'honneur, la duchesse de Beauvilliers. Pour savoir quel était cet appartement, il faudrait pouvoir se reporter au plan de Blondel dans son *Arch. fr.*, mais cet ouvrage a été publié en 1757, et il ne comprend que les rez-de-chaussée et le premier du château; madame Adélaïde demeurait en 1757 dans l'aile du nord à côté des petits cabinets du roi, en 1770 elle devait habiter au second dans les attiques.

Les travaux durèrent longtemps, plus d'une année. Les pièces occupées par madame du Barry étaient placées dans l'aile nord, au-dessus de la chambre du roi; elles régnaient depuis l'extrémité de l'aile jusqu'à l'horloge du château, où se trouvait le logement de mademoiselle Chon du Barry. Nous verrons d'autres accessoires se grouper autour : tels que bains, cuisines, réchauffoirs, écuries.

Le règlement des mémoires produits pour les meubles du château de Versailles, nous apprend qu'ils furent évalués par l'architecte Ledoux, à la somme totale de 145,592 livres.

Nous avons laissé madame du Barry en paix avec le duc de Choiseul; cette trêve paraît continuer pendant les premiers mois de 1770, si l'on en juge par le journal de Hardy combiné avec la correspondance de madame du Deffant et d'Horace Walpole. Voici d'abord quel était d'après Hardy l'état de l'opinion le samedi 10 mars 1770 : « on disoit que l'abbé Terray, contrôleur général étoit fort intrigué d'une conversation de trois heures que le duc de Choiseul avoit eue avec le roi et la comtesse du Barry et dont il n'avoit pu pénétrer l'objet ni le résultat... »

D'après ce bruit il y aurait eu un certain rapprochement entre le duc de Choiseul et la favorite puisqu'ils prenaient part ensemble à une longue conférence confidentielle, d'autre part, madame du Deffant écrit dans une lettre du 3 mars 1770:

« La du Barry n'est rien par elle-même : c'est un bâton dont on peut faire son soutien ou son arme offensive ou défensive. *Il n'a tenu qu'au grand-papa d'en faire ce qu'il aurait voulu :* je ne puis croire que sa conduite ait été bonne et que sa fierté ait été bien entendue. Je crois que mesdames de Gramont et de Beauvau l'ont mal conseillé. Il a aujourd'hui une nouvelle amie, qui n'est pas d'accord avec ces dames, mais qui ne diminue pas l'ascendant qu'elles ont pris. C'est madame de Brionne... je crois qu'elle lui coûte beaucoup d'argent [1].

Et plus loin dans la même lettre [2]:

« J'ajoute que le roi est toujours fort épris de sa dame mais sans lui marquer beaucoup de considération, il la traite assez comme une fille, enfin elle ne sera bonne ou mauvaise que suivant celui qui la gouvernera ; son propre caractère n'influera en rien. Elle pourra servir les passions des autres ; mais jamais avec la chaleur et la suite que l'on a quand on les partage ; elle répétera sa leçon,

---

1. V. II, p. 46.
2. « La comtesse de Brionne, née Rohan-Rochefort. Son mari était de la famille de Lorraine et ainsi alliée à la maison impériale d'Autriche. Elle était alors veuve, encore très belle, spirituelle et ambitieuse pour ses enfants auxquels elle voulait faire reconnaître un rang intermédiaire, comme princes étrangers entre les princes du sang et la noblesse. Tout à fait du parti du duc de Choiseul, elle passait même pour sa maîtresse. On voit cependant par la correspondance de madame du Deffant que l'aimable et indulgente duchesse de Choiseul, lui faisait bonne réception à Chanteloup où elle était des hôtes ha-

mais dans les circonstances où elle n'aura pas été soufflée son génie n'y suppléera pas [1]. »

Voilà donc qui est bien entendu sur la parfaite nullité de madame du Barry ; sur la possibilité qu'a eue M. de Choiseul de vivre en bonne intelligence avec elle, sur son hostilité persévérante et la fierté de ses répugnances. Le roi la traite assez comme une fille et il aurait le droit de faire comme le roi. Si cet austère professeur de morale ne traitait de même madame de Brionne qu'il paye chèrement et s'il n'était asservi aux mauvais conseils de mesdames de Beauvau et de Gramont dont le rôle suspect se dessine ici avec assez d'évidence.

Le 7 mars suivant, dans une autre lettre à Walpole, elle revient sur le même sujet avec une nuance différente :

« Tout me fait peur... je ferai parler le grand-papa, si je le vois. Je ne tiens pas ce grand-papa, malgré toute la gloire qu'il s'est acquise, aussi affermi que je le voudrois ; la du Barry le hait plus que jamais et *on ne cesse de le harceler* pour lui nuire [2]. »

La neutralité impassible de madame du Barry est devenue ici de la haine, provoquée par les efforts de ceux qui mettent M. de Choiseul en mouvement, mais quelle sorte de haine ?

Une scène curieuse racontée dans la même lettre va nous en instruire :

bituels ; elle mourut à Vienne en 1807. » — Note tirée de l'ouvrage de MM. d'Arneth et Geffroy. *Marie-Thérèse et Mercy*, vol. Ier, p. 140.
1. Vol. II, p. 41.
2. Vol. II, p. 44.

« J'ai envie de vous conter, dit madame du Deffant, une réponse de madame la maréchale de Mirepoix, qui m'a paru très jolie. Madame du Barry pour lui plaire ne cesse de lui parler de sa haine pour le grand-papa : « Compre- « nez-vous, lui dit-elle il y a quelque temps, qu'on puisse « haïr M. de Choiseul, ne le connaissant pas ? » — « Allez, « je le comprends bien mieux, répondit la maréchale, que « si vous le connaissiez. » C'est bien dommage que le cœur et le caractère de cette femme (madame de Mirepoix), ne répondent pas à son esprit et à ses grâces ; elle est sans contredit la plus aimable des femmes qu'on rencontre ; je lui trouve beaucoup plus d'esprit qu'aux oiseaux et ces oiseaux valent pour le moral encore moins qu'elle[1]. »

Comment faut-il interpréter cette conversation ? Pour nous, l'étonnement de madame du Barry, qu'on puisse haïr quelqu'un à distance exprime un regret, presque un reproche; la haine qu'on lui prête n'était donc pas bien profonde, elle n'était vraie que du côté des Choiseul, mais par un effet de leur stratégie habituelle ils lui attribuaient les sentiments qui ne venaient que d'eux-mêmes. On en trouve la preuve dans cette pièce de vers, qu'ils firent circuler à cette époque :

> Déesse des plaisirs, tendre mère des Grâces,
> Pourquoi veux-tu mêler au fêtes de Paphos
> Les noirs soupçons, les fâcheuses disgrâces,
> Et pourquoi méditer la perte d'un héros !
>   Ulysse est cher à la patrie,
>   Il est l'appui d'Agamemnon,
> Sa politique active et son vaste génie
> Enchaînent la valeur de la fière Ilion.

1. Vol. II, p. 44, 45.

Soumets les Dieux à ton empire,
Vénus, sur tous les cœurs règne par la beauté,
Cueilles dans un riant délire
Les roses de la volupté ;
Mais à nos vœux daigne sourire
Et rends le calme à Neptune agité.
Ulysse, ce mortel aux Troyens formidable
Que tu proscris dans ton courroux,
Pour la beauté n'est redoutable
Qu'en soupirant à ses genoux.

Les *Mémoires de Bachaumont* publient ce morceau, à la date du 9 mars 1770 sans autre commentaire que ce titre : *Vers à madame du Barry à l'occasion de sa division avec le duc de Choiseul*. Grimm les donne à son tour en avril et y ajoute quelques réflexions.

« Les vers, dit-il, que vous allez lire ont été adressés à madame la comtesse du Barry. On voit, du reste, qu'on a voulu parler de M. le duc de Choiseul sous le nom d'Ulysse. Il me semble que ces vers n'ont déplu à personne, malgré cela l'auteur n'a pas jugé à propos de se faire connaître. »

Voltaire, Delille, le chevalier de Boufflers[1] ont passé successivement pour être ce poète resté anonyme. Mais la paternité de la pièce a été réclamée par E. de Lantier, et semble devoir être reconnue en sa faveur.

« Protégé, dit la biographie Michaud, par l'évêque d'Orléans, Jarente, alors ministre de la Feuille des bénéfices, Lantier le pria de faire connaître l'auteur de cette pièce

---

1. Voyez *Souvenirs et Mélanges de Rochefort*. Vol. II, p. 223. M. Tachereau avait compris cette épître dans son édition des œuvres de Boufflers de 1827 et l'a supprimée dans l'édition de 1828.

au duc de Choiseul, qui lui accorda une pension de 1200 livres et le nomma secrétaire d'ambassade à Dresde[1].

Barbier est d'accord avec Michaud, l'auteur de l'article de la Biographie et Lantier lui-même a publié comme étant de lui, les vers adressés à madame du Barry[2] ».

Étienne-François de Lantier, né en 1734, à Marseille, avait 36 ans en 1770. Il n'était pas encore connu. Cette épître aurait été son début, suivant la biographie. Une autre pièce fort longue insérée dans ses *Contes en vers et en prose*[3]. 1861. 3 vol. in-18, est encore adressée au duc de Choiseul. On peut donc affirmer

---

[1]. Voici la note qui existe au Ministère des affaires étrangères et que M. Faugère a eu la bonté de nous communiquer.

« Le sieur Lantier fut désigné pour être secrétaire du ministre du roi, en Saxe, le 4 août 1770, aux appointements de 1200 livres sur les fonds du Ministère des affaires étrangères, à commencer du 1ᵉʳ juillet de la même année.

« Sa destination n'ayant pas eu lieu, son traitement, dont il a joui pendant un an, fut supprimé le 28 juillet 1771.

« Il demande actuellement d'être employé en qualité de secrétaire d'un ambassadeur ou d'un ministre du roi dans une cour étrangère. »

Lantier n'ayant pas pris possession des fonctions de secrétaire à la légation de France le traitement qu'il recevait n'était, suivant nous, qu'une simple gratification. M. d'Aiguillon, nommé ministre, le 6 juin 1771, prit une décision pour la faire cesser. Lantier reclama dans deux lettres auxquelles il ne fut pas répondu et qui composaient tout son dossier.

L'article de la biographie était donc exact: seulement la place et la gratification ne formaient qu'une seule et même chose et non deux comme on aurait pu le croire d'après le texte de la Biographie. Lantier est mort en 1826, après s'être fait connaître par le *Voyage d'Anthénor en Grèce* et beaucoup d'autres productions diverses.

[2]. *Correspondance de madame d'Arly*, 1814, 2 vol. in-8, p. 156.

[3]. 1851. 3 vol. in-18.

qu'il appartenait à son parti et d'ailleurs les récompenses qu'il reçut du ministre le prouvent surabondamment. Madame du Barry était loin d'être maltraitée dans ces vers et, comme Grimm l'a remarqué, tout le monde devait être content. Seulement, pour être dans la vérité, il faut dire que l'offensive appartenait à M. de Choiseul et que pour rétablir la concorde entre Vénus et Ulysse, il eût été plus juste de s'adresser au héros, appui d'Agamemnon qu'à la Déesse de Paphos.

Sur les dangers qu'Ulysse Choiseul faisait courir à la beauté, nous rapprochons du trait final du poète courtisan l'opinion de M. de Besenval.

« M. de Choiseul, dit-il, est d'une taille médiocre quoiqu'il soit laid, sa figure a quelque chose d'agréable. Aucune personne n'a possédé peut être autant que lui l'art de séduire. — Il s'occupe beaucoup trop de femmes ; il a échoué auprès de celles qu'il a désirées. » — Senac de Meilhan, dit presque dans les mêmes termes « Il était d'une taille médiocre et sa figure pouvait être appelée laide avec des cheveux presque roux... » (*Caractères et portraits du dix-huitième siècle.*)

Le 22 mars, à deux heures, se place un billet confidentiel de Louis XV à M. le comte de Broglie. La pièce, concerne madame du Barry ; elle est conçue en ces termes :

« Madame du Barry avoit vu votre lettre sur le gouvernement : ce n'étoit pas un secret. A l'égard du gros paquet, elle le trouva sur ma table, elle voulut savoir ce que c'étoit, je ne voulus pas le lui montrer ; le lendemain elle revint à la charge. Je lui dis que c'étoit sur des affaires de Pologne, que comme vous y aviés été ambassadeur, vous y aviés encore quelques relations dont vous me rendies compte. Voilà tout ce que j'ai dit et fait. Je vois que vous aves été plus loing que moy. Je ne crois pas qu'elle le divulgue à M. de Choiseul. Il n'y a pas de mal à ce que vous aves fait. »

M. le comte de Broglie avait remplacé M. le prince de Conti, comme directeur en chef de la correspondance secrète de Louis XV. Il craignait sans cesse ou affectait de craindre que M. de Choiseul, qui n'était pas admis à cette correspondance, ne vînt à l'apprendre et à faire retomber sur lui le poids de sa colère. C'est pour le rassurer que Louis XV lui écrit; il lui dit ce qu'il a fait avec madame du Barry et il ajoute ironiquement et assez finement : je ne crois pas qu'elle divulgue le peu qu'elle sait ni qu'elle le confie à M. de Choiseul, son adversaire implacable et déclaré. Un an plus tard, Louis XV écrivait encore : « Madame du Barry n'en sçait pas plus qu'elle n'en sçavait. Je ne sache pas que M. d'Aiguillon soit instruit et jamais ni lui ni madame du Barry n'ont été initiés à cette correspondance. »

Il est probable que c'est à cet incident que madame Campan a voulu faire allusion lorsqu'elle a dit que madame du Barry avait jeté au feu un paquet de dépêches que le roi ne voulait pas lui montrer. Si cette conjecture est vraie, on voit le cas qu'il faut faire de ces mémoires.

Nous avons un aperçu des dépenses de madame du Barry pour sa maison, pendant le mois de janvier 1770. Mais à cette époque les bordereaux des mandats payés sur ses ordres sont encore fort incomplets. Celui-ci s'élève toutefois déjà à 80,911 livres.

Roettier y figure pour une petite somme de trois cents livres. Les autres articles énonçant les remises faites, à la favorite directement ou à ses agents ne donnent aucun détail sur l'emploi qui peut en avoir été fait ; ils ne s'expliquent que par le titre général sous lequel ils sont compris : Dépenses de maison.

Les mémoires des fournisseurs nous révèlent quelques dépenses se rapportant au mois de janvier 1770.

Ainsi dans un mémoire de Buffaut on trouve, sous la date du 23 janvier de cette année :

« Pour achat fait à Londres de trois tables de bois précieux, ornementées en argent, façon, etc... monte à 188 livres sterlings, 4438 liv. 2 sols. »

Un autre mémoire de Davaux, brodeur, dont nous avons déjà vu de riches fournitures, contient cette éblouissante description d'une robe d'apparat.

« Du 8 janvier 1770, livré un grand habit, etc., la jupe, le corset et la pièce d'estomac, de tissu argent brodé en paillettes en or et argent et rehaussé (?) en or et paillons de couleur et sois (soie) ornée de toute sorte de bouquets — prix fait avec madame la comtesse pour la somme de *dix mille six cents livres*[1], 10,600 livres.

Il y a aussi dans les comptes de Buffaut des articles intitulés : *Présents*, qui peuvent se rapporter à l'époque de l'année où l'on se trouvait.

On voit dans le *Mercure de France* de mars 1770,

---

1. On lit dans le Journal d'Argenson, sous la date du 4 mai 1751, « la marquise de Pompadour paraîtra à Marly avec une *robe* qui est garnie de dentelles d'Angleterre, pour plus de 22,500 livres » ce chiffre peut servir de terme de comparaison.

page 163, *des vers présentés* à madame la comtesse du Barry, sur son portrait, les voici :

> Pour peindre du Barry, sans le secours de l'art,
> Il faut le plus beau teint, un coloris sans fard,
> Le maintien sans apprêt, la taille fine et leste,
> L'air grand, majestueux, le ris noble et modeste.
> Des yeux dont la candeur annoncent la bonté,
> Le regard enchanteur fait pour la volupté ;
> Les qualités du cœur que l'on admire en elle
> Gages des sentiments d'une vertu réelle,
> Et sa bouche de rose où gît la vérité
> Organe du bonheur et de l'humanité.
> Peintres audacieux consultez la nature
> Loin de vous occuper à flatter l'imposture,
> Connoissez ce beau tout, cet ensemble parfait
> Admirez du Barry, son âme est son portrait.
>
> Par M. DE SERVINS DU MOBERT.

Le *Mercure* n'a pas dit quel était le peintre qui a inspiré ces rimes; pourtant, il eût été curieux d'en savoir le nom. Ce portrait nous paraît se rapporter à celui de de Drouais, gravé par Beauvarlet. La taille fine et leste, le sourire franc, l'œil ouvert, bienveillant et enfin :

> Ce regard enchanteur fait pour la volupté.

Voilà bien les traits qui caractérisent les peintures de Drouais. La beauté du teint, un coloris *sans fard* sont encore des signes auxquels on reconnaît madame du Barry. On sait qu'elle ne portait pas de rouge, le portrait physique est donc ici tracé d'après nature par un témoin oculaire, un contemporain. C'est là ce qui en fait le prix. Quant à la partie morale, elle est moins réussie ; l'humanité est encore un éloge véridique, auquel on peut souscrire, mais la *vertu réelle* est de trop, et la fin du morceau, bien commencé n'est plus qu'emphase et platitude. Servins du Mobert est un auteur absolument inconnu de nous : il manque même à la nomenclature dressée par Rivarol dans le *petit Almanach de nos grands hommes* où il serait pourtant digne de figurer.

A la date du 22 avril 1770 on trouve dans le registre des dépêches du roi, la lettre suivante adressée au contrôleur général :

« Madame la comtesse du Barry, a chargé le Sr Calmer [1], négociant hollandois[1], de lui faire venir du vin de Pinto pour elle et pour le Roy avec quelques pièces de Perse. Les quatre caisses qui forment cet envoy sont arrivées à Dunkerque, à mon adresse. Je vous prie de vouloir bien m'envoyer un passeport pour les faire venir à Paris, sans qu'elles soient ouvertes.

« J'ai l'honneur d'être avec respect, etc., etc.[2]. »

C'est aussi sur les confins de mars et d'avril 1770 que se place l'apparition d'un livre, qu'une adulation famélique inspira à un patriote d'antichambre comme le dit très bien Grimm ; il porte ce titre assez singulier : Le Royalisme ou mémoires de du Barry de Saint-*Aunez et de Constance Cézelli*, *sa femme, anecdoctes héroïques sous Henri IV*, par M. de L..... avec cette épigraphe tirée de Florus, Livre II, ch. II, nec ultimo sive carceris, sive crucis supplicio deformata majestas, imó his omnibus admirabilior. — *Paris, Valade.*

---

1. Calmer était un joaillier hollandais dont le nom figure souvent dans les comptes de madame du Barry. Il lui vendait des bijoux et des vins, notamment du vin de Constance.
2. O¹ 412. Archives générales.

MDCCLXX un volume in 8° de 155 *pages.* Le frontispice représente un médaillon de madame du Barry, environné d'une guirlande de roses et de rubans entrelacés. Au-dessous on lit ce quatrain :

> Plaire, n'est pas l'unique soin pour elle,
> Un goût plus vrai l'occupe tout le jour ;
> Sensible aux maux d'autrui jusqu'au sein de la Cour,
> C'est pour obliger qu'elle est belle.

Cette pensée peut avoir été dictée par les grâces que madame du Barry avait récemment obtenues en faveur de criminels condamnés à mort ou par d'autres actes d'humanité que nous ne connaissons pas et qui avaient valu à la favorite une réputation générale de bonté.

Après le frontispice et le titre, se trouve une épître dédicatoire à la comtesse surmontée de ses armes accolées à celles des du Barry, telles que nous les avons décrites ci-dessus. Cette dédicace n'offre rien de remarquable, elle ne contient aucun fait biographique, elle se borne aux flatteries d'usage et va jusqu'à parler à madame du Barry des beaux traits de sa *maison* alors qu'il n'est question dans l'ouvrage que de la famille de son mari.

L'épître est signée : de L... On a longtemps ignoré quel était l'écrivain qui se cachait sous cette initiale ; mais on a su par l'exemplaire offert à madame du Barry et conservé à la bibliothèque de Versailles, et par l'ancien catalogue de cette bibliothèque, que cet auteur était un sieur de Limairac. Ce nom se lit imprimé deux fois : Sur le titre et au-dessous de la dédicace de Limairac se trouve aussi indiqué dans le catalogue ancien de la ville de Versailles. Limairac n'est pas autrement connu, il dit dans sa préface avoir puisé son livre dans l'*Histoire du Languedoc du bénédictin* Dom Vaissette, ce qui est vrai, et l'*Histoire de Montpellier* du chanoine d'Aigrefeuille. Son récit manque de simplicité dans le style, mais non pas d'intérêt; il fait descendre les du Barry d'une famille de pairs d'Irlande, dont un membre aurait émigré en France pour échapper aux persécutions d'Elisabeth contre les catholiques. Cette branche des du Barry s'était fixée dans le Languedoc où elle s'était naturalisée ; elle prit une part active aux guerres civiles et religieuses de la fin du seizième siècle. L'un deux, connu sous le nom de Saint-Aunez, dénomination des aînés de la famille, combattit à Jarnac, à Montcontour et périt dans une embuscade. Son fils continua sa vie d'exploits et d'aventures ; à cette époque de prouesses chevaleresques, les femmes combattaient aussi bien que les hommes ; du Barry rencontra sous l'armure d'un chevalier une héroïne, Constance de Cézelli qui contribua à ses côtés à la défense du poste fortifié d'Ouveillan (Languedoc). Un mariage s'ensuivit ; du Barry, par ses services guerriers avait mérité d'être nommé gouverneur de Leucate, forteresse alors importante sur les frontières du Languedoc et du Roussillon. Malheureusement il tomba au pouvoir des Espagnols. Ceux-ci pensèrent qu'il y avait là un moyen de s'emparer de la place qu'en menaçant Constance Cézelli[1] de mettre son mari

---

1. Immortelle Constance Cézelli! Comment n'a-t-on pas encore consacré, sur le théâtre de la Nation, ton sublime patriotisme, qui honore et ton sexe et ton siècle et ta patrie. — p. 8.

Du massacre de la Saint-Barthélemy. — *Dictionn. historique* par Gabriel Brizard, l'an 1er de la liberté. Paris, Garnery.

à mort, ils la forceraient à capituler, mais elle resta inflexible et vit, sans songer à se rendre, du Barry subir le supplice de Régulus. De là l'épigraphe tirée de Florus. Les Espagnols furent obligés de lever le siège. Henri IV frappé d'admiration donna à cette femme courageuse le gouvernement de la forteresse qu'elle avait défendue au prix de ce qu'elle avait de plus cher; il la nomma en outre dame d'honneur de la reine. Ces mœurs étranges, ces scènes de barbarie et de courage ne manquaient ni d'originalité ni de grandeur; seulement le récit était gâté par un ton emphatique et des discours déclamatoires dans le genre d'Arnaud de Baculard. Aussi Grimm a-t-il raillé impitoyablement le sieur de Limairac. « Si vous avec le courage de lire ces mémoires, vous y trouverez les exploits héroïques de M. et de madame du Barry, sous le règne de Henri IV, rapportés en style héroïque, par l'héroïque M. de L..... qui, se livrant à son imagination héroïque, en fait une espèce de roman héroïque qu'il a dédié à madame la comtesse du Barry. »

Grimm aurait eu le courage de lire ces Mémoires, si l'auteur au lieu de citer vaguement la source de ses renseignements avait rapporté le texte de dom Vaissette et s'était contenté de retracer des événements parfaitement authentiques, il y aurait eu là les éléments d'une histoire intéressante voire même d'un drame; la déclamation et l'adulation ont tout gâté. L'intention de l'auteur paraît avoir été d'amener un parallèle alors fort à la mode, entre Henri IV et Louis XV[1]. Ce morceau se termine ainsi : « Ces

1. V. p. 125 et 141.

traits caractérisent bien la ressemblance de ces deux grands princes. Arrive ensuite le portrait de madame du Barry sous le prétexte de faire connaître au lecteur Constance Cézelli. « Une taille bien prise, le teint du plus grand éclat, un air intéressant, la beauté des yeux, la noblesse de son front, son regard doux et animé, annonçoient moins ce qu'on appelle communément de l'esprit qu'une douceur de caractère que cette sorte d'humanité qui s'attendrit sur le sort des malheureux. Elle étoit belle, mais de cette beauté, qui, si on peut le dire, emprunte plus de la beauté de l'âme que des grâces de la personne. Son port étoit noble et dégagé, sans étude, sans contrainte; son sourire attrayant semblait ne respirer que le désir d'obliger etc., etc... » C'est en prose le quatrain du frontispice et plus loin encore « aux attraits séduisans de sa figure, relevée par un habit d'amazone » dans l'ouvrage, madame du Barry est représentée en habit d'homme.

Tous ces détails se comprennent peu dans une femme virile, capable de porter l'épée et qui plus est de s'en servir. Ils s'appliquent au contraire et de point en point à Jeanne Bécu dont ils reproduisent et le genre de beauté et le caractère, et jusqu'au costume. On n'a pas de portrait de Constance Cézelli; tout ce qui la regarde est donc purement imaginaire. La ressemblance de madame du Barry est tracée d'après nature, au physique aussi bien qu'au moral.

Suit un long rapprochement de même nature entre Henri IV et Louis XV à Fontenoy[1].

Il résulte du *Journal de la Librairie,* que le dépôt

---

1. P. 127 et 141.

du livre a eu lieu le 29 mars 1770 au bureau de la censure[1] et qu'il a été approuvé par Marin celui que Beaumarchais a couvert de ridicule dans ses *Mémoires*.

Malgré cette approbation, une note nous apprend que le livre fut suspendu par M. le chancelier, et qu'il ne fut approuvé définitivement que le 10 *mai*.

Comment expliquer cette suspension? A-t-on craint que l'ouvrage ne fût dirigé contre madame du Barry ou que le nom du roi se trouvât compromis par les passages que nous avons rapportés? L'autorisation était donnée pour trois ans au libraire Valade.

Les *Affiches et avis divers* du 25 avril 1770 contiennent une annonce du *Royalisme* et elles nous en font connaître le prix qui était de trois livres. Suit un compte rendu bien fait de l'ouvrage, le style et la gravure sont sainement appréciés, le journal était alors rédigé par Querlon.

Nous ne savons quelle a pu être la récompense obtenue par le sieur de Limairac : nous n'en avons trouvé aucune trace. On peut supposer qu'elle a dû être proportionnée aux louanges distribuées au roi et à sa favorite. De Lantier, pour une pièce de vers agréable, avait obtenu 1200 livres de pension et un poste de secrétaire d'ambassade. A ce taux, de Limairac aurait dû recevoir un bon prix de son livre, mais M. de Choiseul était plus généreux que le roi et il était ministre des affaires étrangères.

L'histoire de l'infanterie française par Suzanne parle d'un régiment, appelé de Saint-Aunez qui avait été levé le 24 janvier 1632, par Henry Bourcier du

---

1. Bibl. nat, mss.

Barry, marquis de Saint-Aunez. Au nombre des journées où il avait figuré avec éclat, se trouve la défense de Leucate en 1637. Après de nombreux services le régiment fut licencié à la suite du siège de Lérida.

CHAPITRE XXIV

MARIAGE DU DAUPHIN DE FRANCE AVEC MARIE-ANTOINETTE DE LORRAINE, ARCHIDUCHESSE D'AUTRICHE. — 16 MAI 1770. — TRAITEMENT DE MADAME DU BARRY PAR MARIE-ANTOINETTE. — ATTITUDE DE LA FAVORITE ENVERS LA DAUPHINE.

Le 16 mai 1770, Marie-Antoinette de Lorraine, archiduchesse d'Autriche épousait à la chapelle du château de Versailles Louis-Auguste, dauphin de France, le futur Louis XVI. C'était là un grand événement pour l'Europe, pour la cour de Versailles et en particulier pour M. de Choiseul qui avait préparé de longue main cette union mémorable. Il semble que sa position en était considérablement fortifiée. Marie-Thérèse avait recommandé à sa fille de ne jamais oublier que son mariage était l'œuvre de Choiseul. Marie-Antoinette fut fidèle à cette recommandation de sa mère. Quant à madame du Barry rien ne fut changé dans son *modus vivendi*. A la cour, elle assistait aux réceptions et aux fêtes du mariage[1]. Il pouvait

---

1. On a fait courir sur le rôle de madame du Barry dans ces fêtes, la plaisanterie suivante :

Hommage à la vérité.

« Comme la colonnade est destinée pour les personnes de distinction on y mettra tout ce qui peut l'embellir.

« Projet et description des fêtes qui doivent être données au

y avoir en ceci peu de décence de la part de Louis XV, mais il n'y avait pas de surprise. Sa conduite antérieure était publique, c'était à Marie-Thérèse de s'enquérir et de savoir s'il ferait pour sa petite-fille, ce qu'il n'avait pas fait pour ses filles propres. Si le roi ne voulait pas réformer sa vie, elle devait peut-être ne point exposer son enfant, si jeune, au contact d'une telle corruption. La mère devait l'emporter sur l'impératrice. Mais on verra que Marie-Thérèse était loin d'avoir ces scrupules, rien ne fut stipulé d'avance, rien ne fut modifié dans les habitudes de la cour. Marie-Antoinette se trouva placée aux tables de jeu auprès de madame du Barry, il en résulta les rumeurs les plus contradictoires. Les uns prétendirent que Marie-Antoinette répondant à des personnes qui lui demandaient comment elle trouvait la favorite, avait déclaré avec ingénuité qu'elle était *charmante*, adorable. On a encore raconté qu'au voyage de Compiègne le roi lui donnant à souper lui avait permis d'amener madame de Chaulnes et s'était fait accompagner lui-même par madame du Barry, sur quoi la jeune princesse s'était écriée avec tout l'enjouement dont elle était capable: « Ah! Sire, je ne vous avais demandé qu'une grâce et vous m'en avez accordé deux! » (Les *Anecdotes.*) Enfin un historien, ardent royaliste pour-

peuple le mercredy 30 may 1770 à l'occasion du mariage de M. le Dauphin.

« La place destinée aux ministres sera entourée *d'artifices*, ce qui fera un bel effet. On lira au-dessus de celle de madame du Barry: « Multæ, antè te, multa congregarunt, sed tu multa « majora: ego dilectu meo, ad me conversio ejus. »

« Les inscriptions des pseaumes du Roy prophète seront lues et comprises par la Satyre et dictées par la Vérité. » (*Recueil de pièces chroniques.*) Cette prétendue citation paraît n'être en réalité qu'une parodie du texte sacré.

tant, a été jusqu'à dire que l'archiduchesse, se rappelant les instructions de sa mère, *embrassa* la favorite[1] !

Laffont d'Aussonne rapporte ce mot « Les ennemis du duc de Choiseul voulurent l'exciter contre madame la Dauphine. La comtesse prudente quoique ingénue répondit toujours : « Je la trouve si aimable, elle porte mes modes avec plaisir. »

« La Dauphine pénétrée de *reconnaissance!* pour les bons procédés de la favorite et d'un tendre respect pour le roi ne se permit à son tour aucune improbation, aucune réflexion contre le rôle de la comtesse. »

D'un autre côté, on a dit dans un sens tout différent, que Marie-Antoinette avait conçu une véritable aversion pour madame du Barry, qu'elle avait fait éclater dans toutes les circonstances son antipathie contre elle ; qu'elle l'avait même poursuivie de ses railleries, à la connaissance du roi.

On expliquait cette hostilité de la Dauphine, non seulement par les insinuations de Choiseul, mais par le ressentiment qu'elle aurait éprouvé en apprenant le langage offensant que madame du Barry tenait sur sa personne « on accusait cette dernière d'être jalouse de la Dauphine, de sa beauté, de sa grâce, et des hommages universels qu'elle avait reçus de l'avoir même desservie dans l'esprit de Louis XV, d'avoir fait publier contre cette princesse des anecdotes scandaleuses, de n'en parler qu'avec des termes de mépris de la nommer la *petite Rousse* (Biog. Didot) de lui faire un crime de l'attachement qu'elle portait à M. de Choiseul, etc[2]. »

---

1. Capefigue, p. 98.
2. *Mémoires historiques de la princesse de Bourbon-Conti*, tome I, p. 91.

Madame du Barry, selon le même parti, s'efforçait aigrement de faire tomber l'enthousiasme de Louis XV pour la Dauphine en faisant remarquer à tout propos l'irrégularité de ses traits, elle critiquait les mots qu'on citait d'elle, elle raillait le roi sur sa prédilection, offensée de ne point obtenir de la Dauphine les attentions auxquelles elle pretendait[1].

On avait imaginé ainsi une espèce de rivalité de femmes[2], inconvenante par le seul rapprochement entre la princesse et la courtisane, aggravé par des historiettes qu'on ne saurait répéter.

Pour avoir raison de ces inventions, on n'a pu, pendant longtemps, faire appel qu'au sens commun. Mais des publications récentes sont venues changer la face de cette partie de notre histoire. Nous voulons parler de la correspondance de Marie-Thérèse avec Marie-Antoinette d'abord, et ensuite, avec Mercy d'Argenteau, d'après les lettres autographes conservées dans les archives de Vienne.

---

1. « On a beaucoup vanté la beauté de madame du Barry. Elle était moins belle cependant que Marie-Antoinette. Celle-ci avait non-seulement la plus agréable figure, mais jamais femme n'avait plus belle peau et des formes plus enchanteresses. Louis XV, qui s'y connaissait, la trouvait si charmante, que sa maîtresse en fut jalouse, et ce ne fut pas une des moindres causes de la haine de la favorite contre madame la Dauphine. » (P. 65, *Collection des Mémoires relatifs à la Révolution française.* 1821. Y² Bibl. nat.)

« Elle (madame du Barry) rendait le Dauphin ridicule aux yeux du roi. Elle avait surtout déclaré une guerre insolente à la Dauphine. Celle qui avait foulé aux pieds toutes les bienséances de de son sexe, et qui peut-être ne les avait jamais connues, relevait avec amertume tout ce que la jeune princesse se permettait de contraire aux lois de l'étiquette. »
Lacretelle. Liv. XIV, 4, 346.

2. *Mémoires de mademoiselle Bertin.*

Ce sont là des documents d'une authenticité absolue et d'une originalité qui déconcerte tous les récits des faiseurs de contes. On sent tout de suite que ce ne sont plus des anecdotiers qui tiennent la plume, ce sont des acteurs et des témoins, placés au premier rang pour être bien informés, qui parlent de faits à eux personnels. Leurs révélations ont une importance et un intérêt qui commandent l'attention. C'est de la véritable histoire; il y a lieu encore à bien des appréciations, mais il n'y a plus à rectifier ni à démentir, on va en juger.

Vers le 15 juin 1770 madame du Barry fait les avances et se présente devant la Dauphine, probablement à son lever au château de Versailles.

M. de Mercy en informe aussitôt Marie-Thérèse : « Madame du Barry a cru devoir aller faire sa cour un matin à S. A. R. ; cette princesse l'a reçue sans affectation, cela s'est passé avec dignité et d'une façon à ne mécontenter personne. »

Qu'était-ce proprement que *faire sa cour*? Sans doute, c'était assister au lever ou au jeu d'un prince. C'était déjà trop de la part d'une personne placée dans la position fausse de madame du Barry ; à moins qu'il n'y eût une obligation d'étiquette, ou une autorisation secrète du roi. A part l'inconvenance de la démarche en elle-même, il paraît d'après Mercy qu'il n'y eut rien qui pût mécontenter la Dauphine. Tout se passe avec dignité.

La première lettre connue de Marie-Antoinette à sa mère, sur madame du Barry, est du 9 juillet 1770 à la veille du départ pour Choisy.

« ... Le Roi a mille bontés pour moi et je l'aime tendrement, mais c'est à faire pitié la foiblesse qu'il a pour madame du Barry qui est la plus sotte et impertinente créature qui soit imaginable. Elle a joué tous les soirs avec nous à Marly; elle s'est trouvé deux fois à cotes de moi mais elle ne m'a point parlé et je n'ai point tachee justement de lié conversation avec elle mais quand il le faloit je lui ai pourtant parlé... »

Voilà donc quelle a été l'impression de Marie-Antoinette. C'est la nature prise sur le fait. Elle trouve madame du Barry sotte, impertinente, et elle lui tourne le dos. La légende avait traduit : charmante, adorable, et avait imaginé cette embrassade dégradante pour la Dauphine. Il est d'autant plus intéressant de l'étudier à ce premier moment, que sa contenance n'a pas varié envers la favorite jusqu'à la chute de celle-ci; après la mort de Louis XV, elle est restée la même, digne, muette, écrasante d'un légitime dédain. Cette conduite est d'autant plus méritoire de la part de Marie-Antoinette qu'elle était en butte aux obsessions en sens contraire de sa mère. Marie-Thérèse en effet, en mariant sa fille entendait bien tirer parti de cette union pour resserrer l'alliance entre les cabinets de Vienne et de Versailles, elle sentait que le moyen de se concilier la sympathie de Louis, ce n'était pas de le heurter de front dans l'objet de ses faiblesses.

Aussi elle, qui avait écrit à madame de Pompadour qui lui avait envoyé son portrait[1], aurait voulu des concessions, des tempéraments avec madame du Barry. Elle y revient sans cesse dans ses lettres à sa fille. On pourrait même croire d'après la lettre suivante de Marie-Antoinette, que les recommandations

---

1. E. Campardon. -- 52, 207.

de sa mère avaient dû précéder son départ de Vienne. Elle lui écrit le 12 juillet 1770:

« J'ai oublié de vous dire que j'ai écrie hier la première foi au Roi. J'en ai une grande peur sachant que madame du Barry les lis toutte. Mais vous pouvez bien être persuadée ma très chère mère, que je ne ferai jamais de faute n'y pour n'y contre elle.

Marie-Antoinette tient parole, malgré les difficultés de la situation. La preuve s'en trouve dans une lettre de Mercy d'Argenteau à Marie-Thérèse du 19 juillet 1770.

« Le dernier séjour à Marly étoit pour madame la Dauphine une occasion assez difficile et délicate ; elle s'y est comportée avec toute la prudence possible. Exposée à jouer tous les soirs avec la comtesse du Barry et à se trouver même quelquefois assise à côté de cette femme il n'est pas échappé à S. A. R. le moindre geste qui eût pu donner matière à remarquer ni à dire qu'elle eût bien ou mal traité la favorite. Madame l'archiduchesse m'a dit qu'elle rendoit compte elle-même à V. M. de ce qui s'est passé au voyage de Marly.

Le comte Mercy d'Argenteau était ambassadeur d'Autriche en France. Il avait naturellement la confiance de Marie-Thérèse, sa souveraine, et celle-ci en avait fait le conseil et aussi le surveillant secret de sa fille. Elle lui écrivait le 30 octobre 1770.

« On debite ici tout plein de choses peu favorables à ma fille. C'est ce qui me fait souhaiter encore plus l'arrivé du courrier, ne voulant rien croire que ce que vous me dites. On dit que le Roi devient réservé et embarrassé avec elle, qu'elle heurte de front la favorite. »

Et il repond le 19 novembre :

« ... Je me suis assuré du service en sous-ordre de l'archiduchesse, c'est une de ses femmes et deux garçons de chambre qui me rendent un compte exact de ce qui se passe dans l'intérieur. Je suis informé jour par jour des conversations de l'archiduchesse avec l'abbé de Vermond auquel elle ne cache rien...

« Je puis donc attester sur la foi que je dois à mon Auguste Souveraine, etc....

« C'est avec aussi peu de fondement qu'on accuseroit S. A. R. de heurter de front la favorite. Il n'y a jamais eu que des petits propos tenus contre cette femme et que Mesdames ont toujours été les premières à mettre en train ; même à présent madame la Dauphine est plus réservée sur les propos en question au point qu'il se passe des semaines entières sans en citer un seul. »

Le moyen imaginé par Mercy d'Argenteau pour pénétrer dans les secrets les plus intimes de Marie-Antoinette fait songer au vers de Voltaire sur le vrai nom d'un ambassadeur[1] il justifie ce passage de la *Biographie de Leipsig*, ouvrage royaliste, qui dit en parlant de Mercy. « Il passait en général pour un négociateur assez adroit, mais pour un homme très immoral, voué à l'intrigue par caractère et par habitude (*verbo* Mercy), » et Madame Élisabeth dans ses lettres le traite de *vieux coquin* plus propre à tromper la reine qu'à l'éclairer ; il ressort en outre de ses informations une révélation curieuse, c'est que les propos tenus contre madame du Barry proviennent de Mes-

---

1. L'ambassadeur d'un roi m'est toujours redoutable,
   Ce n'est qu'un ennemi sous un titre honorable,
   On pourrait même dire un *espion*.

dames, les filles du roi, qui ont toujours été les premières à les mettre en train. Il disait donc que la Dauphine est accusée à tort de heurter de front la favorite et il complétera plus tard cette révélation, en ajoutant que :

« Mesdames tout en excitant madame la Dauphine contre madame du Barry ne négligent pas d'avoir sous main de petits ménagements, pour cette dernière en sorte que la Dauphine est toujours *mise à la brèche* et sert d'instrument pour manifester une haine qu'on n'ose faire paraître soi-même. »

Au nombre des causes, qui peuvent expliquer l'antipathie manifestée par la Dauphine contre la favorite, il ne faut pas oublier l'ascendant du duc de Choiseul et l'influence absorbante de son parti. — Marie-Thérèse avait recommandé à sa fille de ne jamais oublier que c'était M. de Choiseul qui avait fait son mariage, elle ne fut que trop fidèle à cette consigne.

Enfin un dernier fait est attesté par la correspondance de Mercy et montre jusqu'à quel point allait l'influence de Mesdames. Il a insisté vainement, d'après les instructions de Marie-Thérèse, pour que la Dauphine adresse une seule fois la parole à madame du Barry, il lui montre quels seraient les avantages de cette démarche et sans disconvenir de la vérité de ces observations, elle répond ingénument « que la crainte de déplaire à Mesdames, ses tantes, la retiendroit toujours de dire un mot à la favorite, mais qu'elle parleroit aux autres personnes de son parti. »

Aussi madame du Barry ne s'y trompait pas, elle était également bien informée sans doute, par d'autres émissaires et lorsque Mercy eut noué des relations avec elle, qu'il fût parvenu à obtenir ses confidences, il vint un jour où elle le fit venir chez elle et lui parla « de son extrême désir que madame la Dauphine ne la regardât pas d'un œil d'aversion, que sachant que les rigueurs de S. A. R., ne provenoient pas de son propre mouvement et n'étoient que l'effet de l'impulsion de Mesdames, ses tantes, elle avait cru devoir s'en expliquer vis-à-vis du roi, en le priant de consentir qu'elle ne parût jamais en présence de Mesdames, soit à Versailles, soit dans les petits voyages auxquels ces princesses seroient admises... » (Lettre de Mercy à Marie-Thérèse, du 15 octobre 1771.)

M. le comte de Mercy était un serviteur dévoué de Marie-Antoinette. Son témoignage ne saurait être suspect, il nous donne la note vraie sur le ton de madame du Barry envers la Dauphine, elle accepte ses rigueurs en suppliante, sachant ou prétextant qu'elles proviennent de Mesdames; son extrême désir est de ne point être regardée par elle d'un œil d'aversion. — Naguère elle avait tenté de faire sa cour c'est-à-dire de rendre ses devoirs d'étiquette à la Dauphine : maintenant elle offre de ne jamais paraître en présence de Mesdames, soit à Versailles, soit dans les petits voyages ! Voilà son attitude : ce n'est pas à coup sûr celle d'une femme qui brave et qui lutte, c'est celle de la soumission qui s'efface, de la prière qui demande grâce ; ce fait n'est pas nouveau, il est attesté par M. de Vaublanc qui, dans ses *Mémoires*, peint les avances de madame du Barry à la Dauphine qui les accueille avec un froid dédain[1].

---

1. P. 7, édition Barrière.

Dans une autre lettre, Mercy raconte les éloges que madame du Barry fait de l'archiduchesse, elle parle de sa figure et de ses grâces naturelles (24 juillet 1771); et il y a un autre témoignage à l'appui, ce sont les comptes de madame du Barry : on la voit acheter plusieurs fois à la manufacture de porcelaine de Sèvres, le buste de madame la Dauphine, bien plus elle possède le portrait de Marie-Antoinette, peint par Drouais. Ce qui n'aurait pas eu lieu certes s'il y avait eu jalousie de femme, haine de la courtisane révoltée contre sa souveraine. L'attitude de madame du Barry est celle d'une obséquiosité plate et inconsciente, presque de l'importunité bien plutôt que de l'impudence, elle avait pour exemple et pour précédent la conduite de madame de Pompadour envers la reine [1].

Madame de Pompadour avait subi l'ascendant de l'étiquette. Madame du Barry était encore bien moins de taille à entrer en rébellion ouverte avec une altesse royale. Elle eût mieux fait de ne pas s'exposer aux scandales d'une situation aussi fausse en face de la petite-fille du roi, mais cette faute commise, elle n'a pas tenté de la soutenir à force d'impudeur : elle a cherché à se la faire pardonner par sa soumission, nous dirons même, si l'on veut, par sa platitude. De ces faits bien établis il faut tirer plusieurs conséquences. La raison indique que madame du Barry n'a pu se permettre aucune offense envers la Dauphine, sans quoi elle aurait été contre son but qui était de désarmer l'aversion qu'elle gémissait d'avoir encourue; et les lettres de Mercy prouvent que cette

---

1. V. *Mémoires du duc de Luynes*, vol. VI et VII.

induction est juste. Si, en effet, madame du Barry s'était permis non pas seulement une injure, mais la plus légère irrévérence envers l'archiduchesse, celle-ci n'aurait pas manqué de se plaindre à sa mère, de dire :
— Vous me reprochez de ne pas parler à cette femme et voici ce qu'elle m'a fait, ce qu'elle a dit de moi ! et Mercy de son côté aurait tenu le même langage. Ils ne disent rien de semblable. Ils ne formulent pas l'ombre d'un grief, pas le moindre prétexte de plainte. Il faut donc que madame du Barry ait été d'une irréprochabilité absolue dans ses rapports avec la Dauphine, sans quoi elle aurait été dénoncée, accablée.

Par suite du même raisonnement, elle ne pouvait livrer aucune attaque ouverte à M. de Choiseul, car il était couvert par la protection de la Dauphine, c'eût été un étrange moyen de se concilier les bonnes grâces de celle-ci que de combattre ou même d'offenser le ministre, auteur de l'alliance autrichienne. Partant l'*histoire des oranges* (saute Choiseul, saute Praslin [1]), celle du *cuisinier* (j'ai renvoyé mon Choiseul quand renvoyez vous le votre [2]), ou *du chien appelé Choiseul* [3]; tous ces menus propos, nous paraissent impossibles après le mariage du Dauphin, et auparavant il n'était pas question de la chute de M. de Choiseul ; nous avons vu qu'au rapport de madame du Deffant, il

---

1. Voici le texte exact de cette historiette que les *Anecdotes* ont abrégée de manière à lui donner un air de vérité. « On dit qu'il lui est arrivé plusieurs fois en jouant avec le Roy de faire sauter l'une après l'autre *trois* oranges, en disant: saute Choiseul, saute Praslin, vive Maupeou. » (*Recueil manuscrit de pièces chroniques.*)
2. P. 25.
3. Vie de M. de Conty.

était tranquille possesseur de ses trois départements. Voici au surplus une lettre de madame du Barry au duc, qui est de juin 1770 et qui ne prouve pas qu'il y eût entre eux de mésintelligence.

Je prends, M. le duc, tout l'intérêt possible à M. d'Arcambal. Vous scaves mieux que personne combien il est bon serviteur du Roy et je désire que ma recommandation puisse ajouter à un titre qui vous est si precieux, je verrai avec une satisfaction extrême tout ce que vous pourres lui procurer davantageux. Je suis, Monsieur le duc, avec une extrême considération, votre humble et obéissante servante.

« Versailles, le 5 juin 1770.

« La comtesse DU BARRY. »

Tels sont les rapports réels qui ont existé entre la Dauphine et la favorite. D'un côté dignité inébranlable, sans complaisance d'aucune sorte pour le roi, sans concession aux instances de Marie-Thérèse, de l'autre côté soumission absolue sans aucune de ces injures qui eussent été relevées comme des crimes de lèse-majesté. Madame du Barry aurait mieux fait de s'effacer, mieux encore de s'éloigner de la cour. Si elle n'en a pas eu le courage, elle n'a pas eu le tort d'entrer en lutte avec sa souveraine, ce n'est pas à dire que la guerre n'ait pas existé entre les camps adverses qui se groupaient autour des deux coteries en présence : les Choiseuls et les Barriens[1]. Nous admettons très bien que, madame la duchesse Picquigny, plus tard de Chaulnes, dont l'esprit piquant est connu, ait

---

1. V. *Souvenirs d'un chevau-léger*, p. 132.

pu dire à la Dauphine : « Madame vous êtes venue en France au moment de notre grande foi. Le miracle qu'opère cette fille nous force de croire ceux que les saints faisaient jadis, — et quel est ce miracle? elle ressuscite les morts... Je ne sais, disait-elle une autre fois, ce que c'est que le saut de l'anguille, je ne l'ai jamais fait, il demande, dit-on, beaucoup de souplesse dans les reins, mais, quoi qu'il en soit, le plus beau saut que j'aie jamais vu, le plus beau et le plus merveilleux est celui de la du Barry, qui des bras des laquais est sautée dans ceux du roi... la Dauphine qui n'avait que seize ans et parlait encore mal le français, comprenait-elle tous ces sous-entendus ? nous en doutons : mais elle en riait aux éclats et ne voyait jamais madame du Barry, sans s'écrier : Oh la grande sauteuse qui ressuscite les morts ! (*Portefeuille d'un talon rouge.*) »

« Madame la Dauphine *est plus réservée* sur ses (*sic*) propos en question au point qu'il se passe des semaines sans qu'on puisse en citer un seul[1]. »

Marie-Thérèse précise encore davantage, elle dit :

« Je ne saurois non plus approuver l'expression dont ma fille s'est servie à l'égard de la comtesse du Barry en exhortant le Dauphin à se plus ménager : il seroit même plus convenable que ma fille ne lui parle point de la conduite de son grand-père. »

Et Mercy répond le 17 décembre 1770.

« Relativement aux propos tenus par madame l'archiduchesse à M. le Dauphin sur madame la comtesse du

---

1. Lettre du 16 novembre 1770, I, p. 98.

Barry, j'ai représenté dans le temps à S. A. R. de quelle importance il était pour elle de ménager les expressions en pareille matière. »

Il y a donc eu très certainement des propos tenus par la Dauphine, écho de ceux que Mesdames mettaient en train. Ils ont été assez vifs pour que Marie-Thérèse et Mercy en blâmassent la mesure et Marie-Antoinette s'est observée davantage, les propos sont devenus plus rares.

Si nous passons maintenant dans le camp adverse, voici ce que nous entendons[1] :

« Madame la Dauphine détestoit la favorite ainsi que M. le Dauphin et tous deux ne perdoient pas une occasion de le lui témoigner. Mais aussi, dans notre compagnie des chevau-légers et bien ailleurs on n'aimoit guère alors cette princesse ; elle avoit le malheur de ne pas se contraindre en parole et de se moquer de tout le monde[2]. Elle avoit dit entre autres choses qu'elle n'aimoit pas ces *habits rouges*

---

1. *Souvenirs de M. de Belleval*, p. 134.
2. Cette disposition de Marie-Antoinette à la raillerie est constatée par Mercy d'Argenteau en ces termes : « S. M. R., par un pur effet de gaieté, et sans mauvaise intention se livre quelquefois à plaisanter sur le chapitre de ceux auxquels elle aperçoit des ridicules, cela a déjà été remarqué ici et y deviendrait d'une conséquence d'autant plus dangereuse que cette princesse sait donner à ses observations tout l'esprit et le sel propre à les rendre plus piquantes. » (15 janvier 1770. *Lettre à Marie-Thérèse*, I, p. 15.)
Madame Campan reconnaît bien que l'on reprochait à Marie-Antoinette d'être moqueuse, mais elle nie que ce fût exact. Marie-Thérèse tranche la question. Elle écrit à Mercy le 1er août 1770. En parlant de sa fille : « Par un effet du tendre intérêt que je prends à son bien, je me rappelle qu'étant encore ici elle inclinait à la négligence dans le maintien extérieur et *à la raillerie*, » elle recommande de l'avertir de ces défauts si jamais elle s'y laissait entraîner par son penchant. I, p. 48.

que l'on rencontroit partout à Versailles voulant désigner par là la maison rouge, c'est-à-dire les gens d'armes, les mousquetaires et les chevau-légers, et ce propos qui avoit couru dans les compagnies les avoit fortement indisposées. Nous étions d'ailleurs attachés à M. d'Aiguillon qui nous traitoit fort bien... Or M. le Dauphin et madame la Dauphine le détestoient et nous soutenions notre capitaine-lieutenant. Nous étions donc là pour la plus part *Barriens*, comme on disoit alors pour exprimer ceux qui étoient du parti du madame du Barry contre le duc de Choiseul, qui étoit roide, plein de hauteur, trop grand seigneur, ce qui gâtoit les immenses qualités de cet éminent homme d'État et profond politique. Sa sœur madame la duchesse de Gramont qui étoit désagréable au possible et méchante comme le diable lui faisoit le plus grand tort et il avoit des gens qui n'étoient pas au duc pour ne pas être à la duchesse sa sœur. La beauté de madame du Barry et l'éclat de cette jeunesse la suffoquoient et elle enrageoit de ne pas tenir sa place auprès de S. M. Tout en affectant pour la maîtresse du Roi un mépris profond, mais le diable n'y perdoit rien. »

Voilà l'antithèse complète. Les partisans de madame du Barry rendent coup pour coup, injure pour injure. Seulement ils ne s'adressent pas à la Dauphine. Ils tombent sur M. de Choiseul, sur sa sœur, madame la duchesse de Gramont, cette femme d'un caractère si élevé que nous ne pouvons nous associer à toutes les rumeurs que l'on a fait courir sur elle. Mais tel est l'effet inévitable des polémiques, des rixes de paroles ou de plume. Madame du Barry y a-t-elle pris part? D'après la correspondance de Mercy, elle se défend d'avoir jamais rien dit d'irrespectueux contre la Dauphine et elle le prie d'en donner l'assurance à l'archiduchesse. Mais d'après ces mêmes lettres, elle se laissait aller à sa mauvaise humeur contre Mesdames et à des projets de vengeance contre madame de Narbonne, que la Dauphine elle-même déclare être une femme intrigante et dangereuse.

L'habitude constante jusqu'à présent avait été de représenter Louis XV comme entièrement subjugué par madame du Barry : il est à ses pieds, il est asservi à ses moindres volontés, il abdique sa couronne en faveur de cette femme; il n'y a pas d'exemple d'une pareille domination, d'un semblable esclavage. Mais un document inconnu, de la *Correspondance secrète*, est venu renverser de fond en comble cet édifice artificiel. Louis XV veut se marier à une archiduchesse d'Autriche ! Voici la lettre qu'il écrit le 6 juin 1770 :

LOUIS XV AU COMTE DE BROGLIE

(Archives gén. K. 157.)

Versailles, le 6 juin 1770.

« Comme l'on ne sçait ce qui peut arriver, si Durand n'est pas parti, montres lui ce billet, sinon envoies lui en la copie bien chiffrée, qu'il examine bien la figure de la teste au pieds, sans rien excepter de ce qu'il lui sera possible de voir de l'archiduchesse Elisabeth et qu'il s'informe de même de son caractère, le tout sous le plus grand secret et sans trop donner de suspicion à Vienne et il en rendra compte, sans se presser par une occasion sûre [1]. »

---

1. Ier vol. p. 409, *Correspondance secrète*.

Ce billet n'est pas daté. Il doit se placer entre la démarche de Louis XV pour se remarier et la disgrâce de M. de Choiseul, conséquemment dans la seconde moitié de 1770.

C'est à la même période et probablement au même fait que se rapporte une lettre très curieuse de Louis XV. Nous en rapportons ici la teneur :

« Vous trouverés une Lettre dans ce paquet-cy encore de M. de Fuentes avec une éloge de vous qui est très juste.

« Je commence par M. d'Aiguillon coment pouves vous croire qu'il puisse vous remplacer, je l'aime asses il est vray a cause du tour que je luy ai joué il y a bien longtemps, mais hay comme il est, quels biens pouroit-il faire.

« Vous faites bien mes affaires, je suis content de vous, mais gares vous des entours et des donneurs d'avis c'est la ce que j'ai toujours hay et que je deteste plus que jamais. Vous connaisses madame du Barry ce n'est assurement pas M. de Richelieu qui me la fait connoître quoiqu'il la connut, et il n'ose pas la voir, et la seule fois qu'il l'a vue un moment c'est par mon ordre expres. J'ay pensé la connoître avant son mariage elle est jolie j'en suis content et je lui recommande tous les jours de prendre garde aussy a ces entours et donneurs d'avis, car vous croies bien qu'elle n'en manque pas elle n'a nulle haine contre vous, elle connoît votre esprit et ne vous veut point de mal le déchainement contre elle a été affreux a tort pour la plus grand partie, l'on seroit à ces pieds cy... ainsi va le monde. »

« Elle est très jolie elle me plait cela doit suffire. Veux t'on que je prenne une fille de condition si l'archiduchesse étoit telle que je la désirerois je la prendrois pour feme avec grand plaisir car il faudra bien faire une fin et le beaux sexe autrement me troubleroit toujours, car tres certainement vous ne voires pas de ma part une dame de Maintenon. En voila je pense assez pour cette fois cy. Je n'ay pas besoin de vous recommander le secret, sur tout cecy, mon écriture n'est pas meilleure que la votre[1]. »

Le bordereau des sommes payées pour le compte de madame du Barry en juin 1770 s'élève déjà à 200,000 livres.

Les gros articles sont toujours ceux des joalliers, bijoutiers, orfèvres, etc. Demay, joaillier, 30,000 livres; Aubert, *id.*, 20,000 livres; Lecomte, bijoutier, 11,000 livres; Roettier, orfèvre, 11,000 livres; Cagny, doreur, 4,000 livres; Drouais, peintre, touche 6,000 livres et Guichard, sculpteur, 4,000 livres.

On remarque 1870 livres payées à Constant, chaudronnier — l'intérêt de ce nom est de justifier un passage des *Anecdotes* ainsi conçu :

« Madame Constant Chaudronnière, l'une des trois commères, et auquel l'auteur dit s'être adressé pour avoir des renseignements sur les premières années de madame du B. » Et cette autre mention :

« A mademoiselle du Barry pour M. de Martanges, 1,170 livres. » M. de Martanges était maréchal de camp et secrétaire général des Suisses. Il obtint une mission diplomatique en Angleterre. Nous le verrons plus tard contracter un emprunt plus considérable envers Jean du Barry, qui fut obligé de le traduire devant la cour de Marbre, tribunal des Maréchaux.

M. Buffaut est coté pour 25,000. C'était le banquier de madame du Barry.

---

[1] « Mais je voudrais la voir et la connoitre auparavant. Son frère a été en chercher une, il n'a pas réussi; je crois que je verrai mieux que lui. » (*Revue de Paris*, t. IV, 1829. *Lettre du duc de Choiseul*, p. 43.)

Grâce à la protection de madame du Barry, les fêtes de la Cour furent augmentées d'une représentation de la tragédie de *Mérope;* mademoiselle Dumesnil y parut dans un habit donné par sa protectrice et elle y eut le plus grand succès; et le roi lui fit dire après la pièce qu'il n'avait jamais été plus content d'elle [1].

La représentation paraît avoir eu lieu sur le théâtre de l'Opéra, à Versailles, salle de Gabriel, nouvellement inaugurée.

Nous touchons au moment où madame du Barry va devenir un personnage quasi politique. Elle commençait, dit Pidansat de Mayrobert, à se mêler insensiblement des grandes affaires. Celle du duc d'Aiguillon fut la première où elle montra son crédit [2]. Elle a répondu elle-même au vice-président du Tribunal révolutionnaire, Dumas, qui lui demandait si elle n'avait pas usé de sa position pour solliciter et faire accorder à ses protégés les emplois les plus importants de l'État?

— Qu'elle avait influencé et déterminé quelquefois le Roi dans les choix qu'il avait faits.

D. Si elle n'a pas sollicité et obtenu pour certains de ses protégés, des pensions et gratifications?

R. Quelquefois et ne s'en rappelant pas assez pour pouvoir donner des détails [3].

---

1. Grimm. *Correspondances littéraires*, juillet 1770. 2e partie, vol. I, p. 207. Édition de 1813.
2. Juin 1770.
3. Campardon. *Tribunal Révolutionnaire.* Interrogatoire du 2 frimaire. Vol. I, p. 201.

Madame du Barry était alors en présence de l'échafaud : elle était trop intéressée à nier toute immixtion dans les affaires de l'État pour que ses aveux ne fussent pas sincères. Elle reconnaît avoir influencé, déterminé les choix du roi, pour des emplois importants ; elle s'accuse d'avoir sollicité et obtenu des pensions, des gratifications ; elle ne va pas au delà et l'interrogateur ne pousse pas les questions plus loin. C'est en style simple, ce que la galerie des Dames nationales, a dit en termes plus colorés dans le portrait d'Elmire, que les uns attribuent à Rivarol, d'autres à Mirabeau... et nous sommes de l'avis de ces derniers.

« Ce qui a valu des éloges à Elmire, ce n'est pas d'avoir atteint le trône des rois ; elle y fut conduite par deux aveugles-nés : la Fortune et l'Amour. Mais bien d'avoir demeuré dans sa position, sans prétendre passer du lit de son amant dans son cabinet, ainsi que le fit cette femme altière, qui donna des maîtresses à son roi, des ministres à son conseil, des généraux à ses armées, des prélats à l'Église, des cachots à quiconque se permettait des murmures imprudents, femme méprisable que quelques poètes soudoyés ont dérobé à l'opprobre, mais dont le nom n'y échappera pas... »

En regard de ces documents, il faut mettre l'opinion des écrivains qui font de madame du Barry l'émule en politique de madame de Pompadour. A les entendre, madame du Barry a exercé une influence prépondérante sur toutes les affaires de l'État. Rien ne s'est fait sans elle, rien ne s'est fait que par elle. Elle a eu un système de gouvernement, des plan arrêtés, une politique suivie. C'est ce qu'ils appellent : *le ministère* de madame du Barry ou de Cotillon III. Puis comme un ministre constitutionnel, elle est devenue responsable de tous les événements du règne pendant l'exercice de sa *souveraineté*. Louis XV, fatigué ou effrayé de l'affaire du duc d'Aiguillon, est-il intervenu pour mettre fin à ces orageux débats? C'est à la favorite que l'on s'en prend, à la *blanchisseuse de cet infâme d'Aiguillon*. M. le duc de Choiseul est-il renversé, par des causes inexpliquées et que les contemporains les mieux informés ne connaissaient pas parfaitement? La solution du problème est toute trouvée. Madame du Barry a fait sauter deux oranges et M. de Choiseul a sauté du même coup. Il en est de même de la chute des Parlements. C'est madame du Barry qui, avec le portrait de Charles Ier, par Van Dyck, terrifie le monarque et l'empêche de reculer dans la lutte; et la Pologne, pourquoi a-t-elle été partagée; toujours à cause de madame du Barry. Ah! si M. de Choiseul avait encore été là, les choses ne se seraient pas passées ainsi. C'est, fait-on dire à Louis XV, c'est la conviction encore subsistante des enfants héroïques de cet infortuné pays qui ont trouvé asile chez nous.

Il faut prendre une à une chacune de ces erreurs et en faire justice.

Une des habiletés du duc de Choiseul est d'avoir fait croire qu'il s'était retiré devant madame du Barry par pudeur et par dégoût. L'exil l'en punit, la France l'en récompensa, a dit fièrement son neveu M. le duc Gabriel de Choiseul[1]. Cette erreur, vingt fois reproduite, a retenti jusqu'à la tribune où

---

1. *Revue de Paris*, 1829, p. 416.

M. Thiers disait en 1846: « Quand la monarchie descendit de madame de Pompadour à madame du Barry, M. de Choiseul, s'arrêtant dans cette voie de bassesse, s'écria que c'était trop et donna sa démission, il se retira à Chanteloup. Malheureusement le génie de la France s'y retira avec lui[1]. » Senac de Meilhan n'a pas été dupe de cette méprise.

« Le public, dit-il, se figura que c'était par vertu et par des principes de décence que le duc de Choiseul, était opposé à madame du Barry et, d'après cette opinion, dénuée de fondement, il devint l'idole des magistrats, de leurs nombreux partisans, des gens vertueux et enfin du public entier[2]. »

C'est que Senac de Meilhan[3], quoique créature de madame de Gramont, était un contemporain et qu'il n'était pas possible de le tromper sur des faits qui étaient à sa connaissance personnelle. Aussi son témoignage se trouve-t-il corroboré par l'autorité d'un autre témoin non moins bien placé pour être exactement informé des mêmes circonstances. A la date du 2 novembre 1769, madame du Deffant, dans une lettre que nous avons déjà citée, raconte que:

« Le grand-papa (M. de Choiseul) est de très bonne humeur quoiqu'il ne soit pas sans inquiétude à l'égard de la dame (madame du Barry) il reçoit journellement de petits dégoûts, comme de ne pas être nommé ou appelé pour les

---

1. *Discours sur les incompatibilités.*
2. V. *Portraits et caractères du XVIIIe siècle.* Édition Poulet, p. 33.
3. Gabriel Senac de Meilhan, fils de J. B. Senac premier médecin de Louis XV. Gabriel Senac né à Paris en 1736, intendant d'Aunis et successivement de Provence et de Hainaut, mort à Vienne, 16 août 1803.

soupers des cabinets et *chez elle*; des grimaces, quand au whist il est son partenaire (sic) des moqueries, des haussements d'épaules enfin de petites vengeances de pensionnaire, mais qui ne laissent pas d'écarter une sorte de gens, de sots à la vérité, mais c'est une petite brèche à la considération, jusqu'à présent, il n'y a encore rien qui attaque le crédit dans ce qui regarde ses départements... »

Ces aveux sont précieux, quand on songe qu'ils émanent d'une personne étroitement liée avec les Choiseul, par la parenté et l'amitié, recevant leurs confidences les plus intimes, initiée à tous leurs secrets, et reproduisant comme un écho fidèle les bruits de leurs salons. Voilà donc le grand, le vrai grief. N'être pas invité à ces soupers des cabinets qui remplissent tant de pages dans le duc de Luynes, ni à ceux qui ont lieu chez madame du Barry... *C'est une brèche à la considération.* Le crédit dans les affaires sérieuses n'en souffre pas, il est vrai, mais les sots s'écartent et c'en est trop, on ne peut s'en passer apparemment. Ce qui chagrine M. le duc de Choiseul, ce n'est pas d'être obligé d'aller chez cette prostituée déguisée en grande dame; c'est de ne pas être admis *chez elle;* de n'avoir pas ses bonnes grâces, de subir même sa défaveur, ses grimaces, ses haussements d'épaule. Il serait volontiers son partner au whist, et c'est elle qui s'en défend ou s'y résigne avec peine. Révélations étranges et contraires au thème accrédité plus tard. Dans l'hypothèse de la fable, qui a eu cours si longtemps, le ministre refuse de fléchir le genou devant l'idole et avec lui se retire le génie de la France. Eh bien, non, les choses ne se sont pas passées ainsi. M. de Choiseul régnait incontesté dans ses trois départements; ses pouvoirs immenses étaient intacts; cela ne lui suffit pas : il veut intervenir dans l'intérieur du roi : il veut plus encore : il faut que la favorite, qu'il fait, à la ville, insulter publiquement, dans les rues et sur les théâtres, à laquelle il refuse la moindre concession[1], soit à la cour gracieuse et empressée auprès de lui.

On est bien obligé de reconnaître que les exigences du duc de Choiseul étaient contradictoires et déraisonnables, qu'elles sentaient leur homme gâté par le succès, par l'exercice du pouvoir absolu, par l'orgueil sans frein et l'ambition sans limites.

Les détails auxquels la lettre de madame du Deffant nous a initiés réfutent une autre prétention du parti des Choiseul. A les entendre « M. de Choiseul eût pu, comme d'Aiguillon, devenir l'amant secret de madame du Barry; il en avait eu l'occasion et le pouvoir; je l'ai entendu, dit M. Gabriel de Choiseul, se féliciter d'avoir résisté au double avantage qu'il eût pu y trouver[2]. Bien plus M. Gabriel de Choiseul se trouve, en 1793, dans un dîner arrangé à Londres, chez le banquier Thélusson; il est placé à table auprès de madame du Barry; elle lui parle beaucoup de son oncle, elle lui laisse entendre, avec une certaine grâce, que sa *coquetterie* avait été réelle pour M. de Choiseul, mais qu'elle l'avait trouvé froid et digne[3]. »

Il est impossible d'être plus clair; madame du Barry a fait des avances amoureuses à M. de Choiseul qui les a repoussées avec froideur et dignité[4]. C'est

1. V. ci-dessus.
2. *Revue de Paris*, déjà citée, p. 46.
3. *Loc. cit.*, p. 47-48.
4. *Mémoires inédits* de M. de Choiseul.

elle-même qui le dit. « Ces avances, elle ne les a pas faites par calcul, mais par un gout réel pour sa personne. » Cependant, si madame du Barry avait voulu tendre des pièges à la vertu du duc de Choiseul, loin de l'exclure de ses petits soupers elle l'y aurait convié avec empressement; loin de montrer sa mauvaise humeur lorsqu'il était son partner au jeu, elle aurait profité de cet heureux hasard pour déployer tous ses charmes et faire la conquête de son vainqueur. Il faudrait être conséquent : si madame du Barry s'est proposée à M. de Choiseul, elle n'a pu lui infliger les traitements décrits par madame du Deffant : si elle l'a traité avec défaveur, c'est qu'elle ne s'offrait point à lui.

Il y a dans tout ceci un malentendu qu'un passage de Senac de Meilhan nous permet de dissiper.

Il dit :

« Un homme de mes amis, fut chargé, malgré lui, de dire au duc de Choiseul, que madame du Barry désiroit vivre en bonne intelligence avec lui et que s'il vouloit se rapprocher d'elle, elle feroit la moitié du chemin. Ce furent les paroles de la favorite, le négociateur représenta que les maîtresses chassoient les ministres et que les ministres ne chassoient pas les maîtresses. L'orgueil et l'humeur du duc furent inflexibles [1]. »

Nous avons ainsi les paroles même sorties de la bouche de madame du Barry : elles sont d'accord avec tout ce que nous savons de ses dispositions à l'égard de M. de Choiseul, par les lettres de Louis XV, par Walpole, par Jean du Barry, nous pouvons

---

1. *L. c.*, p. 33.

donc croire au récit de Senac de Meilhan, un Choiseul, par excellence, puisqu'il était parvenu par madame de Gramont. Nous voyons bien là ses propositions de paix : pour y trouver des avances galantes, il faut la fatuité insupportable des hommes à la mode du temps : les Lauzun, les Besenval, les Tilly, encore ils étaient beaux et ce n'est pas par le physique que brillait M. de Choiseul[1].

Mais en supposant que madame du Barry ait voulu acheter à ce prix les bontés du ministre, quelles auraient été les arrhes d'un pareil marché? Il aurait fallu s'en rapporter à la loyauté de M. de Choiseul, et l'on sait qu'il ne se piquait nullement de courtoisie envers les femmes qui avaient l'imprudence de se confier à lui[2]. Madame du Barry n'a pas fourni de telles armes contre elle où elle se serait perdue et sa honte aurait été divulguée par le parti des Choiseul triomphant. Il faut donc laisser ces assertions à la charge des écrivains acquis aux adversaires de madame du Barry, elles étaient à peine admissibles lorsqu'on croyait que madame du Barry avait été une fille publique patentée. Cette erreur étant détruite, les conséquences tombent avec leur point de départ.

---

1. V. son grand portrait.
2. Il suffit de citer les noms de madame d'Esparbès, de madame de Séran, de madame de Guemenée, et, ce qui est le comble de l'infamie, sa trahison envers madame de Choiseul Romanet Qu'il s'agisse d'elle ou de madame de Coigny, de Coaslin ou de toute autre, l'ignominie du procédé reste la même.

CHAPITRE XXV

M. LE DUC D'AIGUILLON

Il est peu d'hommes qui aient été attaqués aussi violemment et chargés de plus noires couleurs[1]. Il n'est pas d'affaire aussi obscure, aussi mal définie que son procès devant le Parlement de Paris. Nous ne saurions, à propos de madame du Barry, traiter un pareil sujet avec les développements qu'il comporte. Mais il est indispensable d'être fixé sur un grand personnage dont la destinée s'est trouvée liée à celle de la favorite. Il existe entre eux une solidarité qui rend cette étude nécessaire.

La lâcheté devant l'ennemi, le despotisme à l'inté-

---

1. Courtisan noir et profond qui tenait à la fois aux corrompus et aux dévôts de cour et qui était tout ensemble le digne neveu de Richelieu et le protégé du Dauphin.
(*Henri Martin*. 1762-1764, p. 237.)

Le duc d'Aiguillon était un homme nul sous le rapport de l'intelligence, sans courage, rude, rancuneux, mais doué d'un peu d'esprit, et fort intrigant.
(*Louis Lacour*. — Préface des *Mémoires de Lauzun*.)

D'Aiguillon, dur, ingrat, tyrannique, ne montra jamais de l'autorité que ses rigueurs, courtisan délié, méchant homme,

rieur; tels sont les deux principaux griefs articulés contre M. d'Aiguillon, comme général d'armée et comme commandant d'une province [1].

Pour savoir ce qu'il y a de vrai dans ce concert d'invectives et d'exécrations, nous nous reporterons tout d'abord à une pièce qui ne trompe pas; c'est l'état de services conservé au ministère de la guerre et dressé sur les papiers de chaque corps d'armée. Nous en présentons ici un aperçu, dans ses parties les plus essentielles.

« M. d'Aiguillon est entré au service à l'âge de dix-sept ans, sous le titre de comte d'Agénois. Il fait sa première campagne sous les ordres du comte (le futur maréchal) de Saxe. Il prend part aux actions militaires de 1745 et rentre en France après avoir contribué à la défaite des ennemis à Rhinviller.

« Passé en Italie au mois de février 1744, sous le commandement du prince de Conty, il se distingue à l'attaque d'anciennes fortifications appelées les *Barricades* et à la prise du château Dauphin, place très

---

ministre inhabile, il fut l'objet de la haine publique qu'il voulut braver et qui l'accabla.

(F. Barrière. — *Notice sur madame Campan.*)

Ce fut à cette époque que M. d'Aiguillon parvint au ministère des affaires étrangères. Il fut aussi mauvais ministre qu'il avait été *habile fripon*, ses lettres particulières aux ministres dans les cours étrangères sont remarquables par les petites vues, les faux raisonnements et l'obscurité du style. Il dut son élévation à la protection de madame du Barry, elle fit disgracier le comte de Choiseul.

(Dépêches du comte de Vergennes, ministre de France, à Stockolm en 1772, publiée par M. de Montherot, dans les *Mémoires* de l'Académie de Lyon (*Classe des lettres*, K. 2284). V. aussi ce qu'en dit d'Eon.

1. V. *Lacretelle*, IV, p. 116.

forte du Piémont. L'original de l'état de services porte: « A l'attaque du château Dauphin, Agénois *dangereusement blessé à la tête*[1]. »

« Madame de la Tournelle, dit Maurepas, fut blessée du même coup, ce qui a un moment contristé le roi[2]. Le duc de Luynes ajoute « que d'Agénois étoit fort amoureux d'elle et qu'elle ne se cachoit pas de l'aimer[3]. »

« Guéri de sa blessure, M. d'Agénois se trouva au siège de Coni, place très fortifiée : là, il est blessé de nouveau ; cette fois, à la jambe, ce qui ne l'empêche pas d'assister à la bataille de la Madona del Ulmo où il combat (nous copions Pinard) avec la plus grande valeur. Il est nommé brigadier ; il fait, en cette qualité, les campagnes de 1745 et 1746, il figure au siège de sept places, au combat de Refudo et il est fait prisonnier dans Asti dont la garnison tout entière, commandée par M. de Montal, est obligée de se rendre.

« Échappé, au mois de juin 1747, il va rejoindre son régiment à la Seyne, passe à Gênes et contribue à la défense de cette ville, il prend part aux combats de Campomorone, Arenzano, Sarzane.

« Il est fait maréchal de camp le 1er janvier 1748 et continue d'être employé à Gênes. Il assiste à la prise du château de Lavenza, de Verago, à la défense de

---

1. C'est ce que Pinard traduit ainsi « il reçut une blessure *considérable* à l'attaque du château Dauphin, ce qui l'empêcha de servir au siège de Demont. *Considérable*, le mot quoique expressif est vague ; l'état de services nous apprend que c'était une blessure HONORABLE puisqu'elle était à la *tête* et de plus qu'elle était grave.
2. *Mémoires*, vol. IV, p. 114 et 115.
3. *Mémoires de Luynes*, à la date.

Voltri et est inscrit comme noble Génois sur le livre d'or de la République.

« Rentré en France, en février 1749, il devient duc d'Aiguillon par la mort de son père et il est nommé lieutenant général au comté Nantois (1750), puis commandant en chef dans la province de Bretagne ; enfin lieutenant général en 1758. »

Ces états de service sont déjà beaux et honorables par eux-mêmes ; ils montrent que M. d'Aiguillon n'était pas un général de cour ; il avait gagné ses grades à la pointe de son épée, au risque de toutes les fortunes de la guerre ; tantôt blessé grièvement ou prisonnier par capitulation, tantôt au premier rang parmi les vainqueurs. Ce n'était pas un lâche que celui qui s'évadait pour recommencer une guerre de sièges, c'était un digne élève de Maurice de Saxe et du prince de Conti, un Richelieu digne de son sang ; mais sa carrière n'était pas finie et il allait la couronner par une action mémorable.

La guerre nous avait été déclarée par l'Angleterre, on sait comment. Celle-ci avait envoyé sur les côtes de la Manche une flotte de 100 voiles avec des troupes de débarquement montant à environ 15,000 hommes. Cherbourg avait été pris et anéanti, Saint-Malo insulté, Saint-Servan pillé, on évaluait les dommages causés à 10 millions (50 millions de nos jours) et la flotte ennemie, maîtresse de la mer, menaçait alternativement la Normandie et la Bretagne, depuis le Havre jusqu'à Brest.

M. d'Aiguillon était le commandant de la Bretagne, c'était donc à lui qu'incombait la tâche laborieuse de protéger les côtes de la presqu'île menacée. L'invasion, imminente, était d'autant plus difficile à combattre qu'il était impossible d'en prévoir le lieu. M. d'Aiguillon était à Brest, préparant la défense de cette position importante, tandis que les Anglais, commandés par le général Bligh, débarquaient dans l'anse de Saint-Engard, près de Saint-Malo (5 septembre 1758) ; il fallait donc courir au devant d'eux de crainte qu'ils ne vinssent rançonner les villes de l'intérieur comme ils en annonçaient le projet. Les troupes étaient éparses dans toute l'étendue de la presqu'île armoricaine, pour les concentrer on devait leur faire parcourir cinquante lieues dans un pays sans routes tracées et arriver à temps, s'il était possible. M. d'Aiguillon y réussit : voici comment s'explique sur ce point l'état de services que nous reproduisons textuellement. « Les Anglais étant revenus au mois de septembre, au nombre de 12 à 13,000 hommes, le duc d'Aiguillon fit ses dispositions et les joignit le onze comme ils se rembarquaient à l'anse de Saint-Cast; il les attaqua sur-le-champ, les força, les culbuta, leur tua environ 3000 hommes et fit 800 prisonniers dont 3 colonels, 4 lieutenants-colonels et 4 capitaines de vaisseau ; l'artillerie leur coula à fond 3 barques chargées de 12 compagnies[1]. »

« On a admiré surtout les précautions du duc d'Ai-

---

[1]. Lord Frédéric Cavendish, troisième fils du duc de Devonshire, ayant été fait prisonnier à Saint-Cast, fut logé chez le duc d'Aiguillon et plus tard renvoyé sur parole. Mais pendant quelque temps il refusa cette faveur pour ne pas violer, disait-il, son engagement en votant des subsides pour la continuation de la guerre. C'est probablement à ces faits, que M. d'Aiguillon dut le surnom de *Cavendish* qui lui est donné par madame de Pompadour dans les lettres postérieures au 11 septembre 1758. M. Poulet Malassis a supposé, que c'était le titre de quelque roman anglais. Nous croyons que c'est une conjecture erronée.

guillon pour presser la marche des troupes répandues dans la province sans les fatiguer, et l'habileté de ses manœuvres vis-à-vis de l'ennemi, qui ont procuré le succès de cette journée[1]. »

Voilà donc une victoire remportée en bataille rangée sur un ennemi insaisissable d'abord et ensuite protégé par une flotte de 100 voiles; les résultats matériels sont évidents, l'effet moral est immense. Toute la Bretagne, délivrée du fléau de la guerre, retentit d'actions de grâces, les États de la province font frapper une médaille qui porte cette inscription :

Anglis, Aiguillono Duce,
Ad Sanctum Castum profligatis.

Le triomphe est complet ; c'était le début de d'Aiguillon comme commandant en chef, mais on a vu que ce commandement avait été précédé de vingt années de services sous les meilleurs maîtres.

Avant d'examiner ce qui va être le revers de cette médaille ajoutons encore un mot qui, à nos yeux, est un jugement définitif sur la valeur de d'Aiguillon comme homme de guerre.

L'année suivante, il fut question d'opérer une descente en Angleterre : on rassembla des troupes en Bretagne, d'Aiguillon fut désigné pour les commander ; par qui ? par le maréchal de Belle-Isle, celui que le grand Frédéric appelait le Newton de la guerre; ce choix dit tout.

Mais c'est avec raison qu'on a défini la gloire « un rayon de soleil qui se résout dans les larmes, comme

---

1. Pinard. *Chronologie militaire*, V. d'Aiguillon.

l'arc-en-ciel en pluie. » La popularité de M. d'Aiguillon fut de courte durée.

Il devint l'objet de l'animosité publique ; une mauvaise plaisanterie suffit pour transformer une victoire solide et incontestée en un acte de lâcheté et de honte.

La baie de Saint-Cast est couronnée par des hauteurs. Sur les points culminants qui dominent la côte s'élèvent plusieurs moulins à vent, dont l'un est nommé le moulin d'*Anne*. M. d'Aiguillon s'en est-il servi comme d'un observatoire, pour suivre et diriger le mouvement de ses troupes? S'il l'a fait, il a bien fait, a dit un écrivain moderne d'un grand poids[1]. Mais ce n'est pas là ce qu'y virent les contemporains. On dit que M. d'Aiguillon s'était caché, pendant le combat, dans le moulin d'Anne et « qu'il s'étoit couvert, sinon de gloire, au moins de farine[2]. »

M. de Choiseul rapporte le mot autrement : « M. de la Chalotais aurait *dit* ou écrit imprudemment après l'affaire de Saint-Cast, que les troupes et les Bretons s'étoient couverts de gloire et leur général de farine, parce que pendant l'affaire M. d'Aiguillon s'étoit retiré, par précaution, dans un moulin. Je n'ignorois

---

1. M. J. Baude. *Revue des Deux-Mondes*, septembre 1851. Les *Côtes de Bretagne*.

2. Senac de Meilhan. *Portraits et caractères du dix-huitième siècle*, p 402. Ed. Poulet-Malassis.

« Il importe de remarquer ici que les attaques contre M. d'Aiguillon partent uniquement de ces derniers, les États y restant complètement étrangers, bien plus, les États témoignent au duc des sentiments d'affection et de reconnaissance. La duchesse était sur le point d'accoucher, la commission intermédiaire écrit au duc pour lui annoncer que les États veulent nommer l'enfant, leur reconnaissance ne pouvant qu'être accrue par les nouveaux services que M. d'Aiguillon a rendus à la province (24 mars 1764). »

pas que ce sarcasme, connu de M. d'Aiguillon[1], excitoit sa fureur vengeresse. » C'était là le premier motif de toutes les vexations qu'il avait faites en Bretagne et des troubles qu'il avait excités dans la province.

Le mot fit fortune et on en attribua la paternité à M. de la Chalotais. Les marins de nos jours montrent encore le moulin où se serait réfugié le général *Guillon*.

Il est curieux de voir le chemin qu'a parcouru cette antithèse et les conséquences qu'elle a produites. Pendant les premières années qui suivirent Saint-Cast, on ne trouve pas de traces de cette épigramme. Elle ne paraît s'être accréditée que lors des démêlés de la cour avec le parlement de Bretagne. Cependant M. de Lacretelle avance :

« Que M. d'Aiguillon avait dû toute sa gloire au patriotisme des Bretons. Ceux-ci lui reprochaient de s'être honteusement éloigné du danger dans le choc rapide qui décida de la victoire de Saint-Cast. Leurs railleries amères firent cesser partout, excepté à la cour, les hommages qu'on rendait à la valeur du duc d'Aiguillon. Un affront aussi cruel le porta à se venger de cette province. »

L'historien met en scène les Bretons collectivement. Il parle de leurs amères railleries, d'affronts cruels qui provoquent la vengeance du commandant de la province; il n'oublie que de donner la preuve de toutes ces allégations. La médaille frappée aux frais des États de Bretagne est une réponse péremptoire à toutes ces inventions imaginées longtemps après l'événement.

1. *Mémoires*, 1, p. 32.

Nous en dirons autant des vers que l'on peut lire dans le *Mercure de France*, en l'honneur du vainqueur de Saint-Cast[1]; des prières composées en actions de grâce pour la bataille de Saint-Cast[2] comme des nombreuses gravures qui ont représenté l'événement.

Nous n'en citerons qu'une : celle qui se trouve dans la collection Hénin, C. III, p. 12, sous ce titre : « *Défaites des Anglais à l'anse de Saint-Cast, par M. le duc d'Aiguillon*, le 11 septembre 1758. (Bibl. nat.)

Ces faits supposent déjà par eux-mêmes qu'un certain laps de temps s'est écoulé avant que le fameux jeu de mots, attribué à M. de la Chalotais, se fût produit. Mais il y a plus : le 15 janvier 1765, la Chalotais était encore du parti du roi, on peut même aller jusqu'à dire qu'il ne s'est pas prononcé en sens contraire avant son arrestation qui est du mois de novembre 1766.

Ce serait donc seulement huit ans après la bataille de Saint-Cast qu'on aurait songé à incriminer et à livrer au ridicule le rôle joué en cette circonstance par le général en chef. Pendant ces années était née la querelle du parlement de Bretagne, le refus d'enregistrer les édits bursaux, les démissions parlementaires, etc.

Tout porte à croire que c'est du sein de cette polémique ardente qu'est sorti le jeu de mots qui est devenu le texte d'une accusation infamante contre M. d'Aiguillon; rien n'a pu détruire cette ineptie qui s'est transmise de génération en génération; nous l'avons trouvée dans la bouche des marins en 1859.

1. *Merc. de France*, nov. 1758, p. 48.
2. Voy. *Catalogue de la Bibl.*, p. 72.

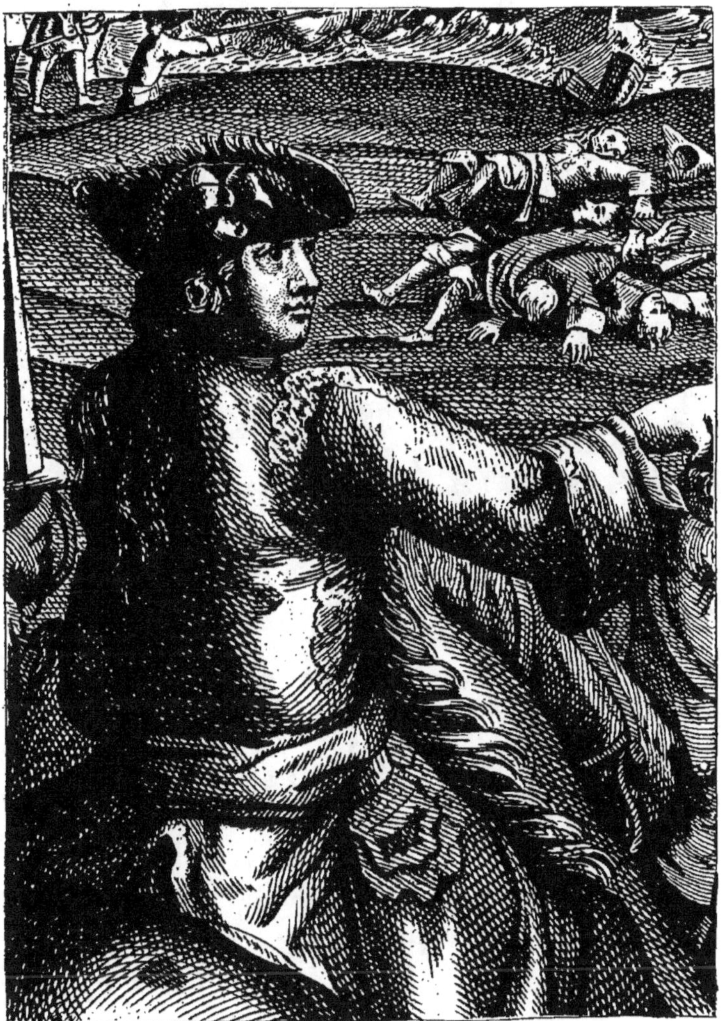

L. Bernard, Edit. Bautran Heliog.

LE DUC D'AIGUILLON À S^T CAST

Un ouvrage sérieux, publié récemment, représente encore M. d'Aiguillon « *dans son moulin, ayant choisi ce poste pour se mettre à l'abri des boulets!* » (sic). Il faut avouer que l'abri était bien imaginé et qu'un moulin à vent devait être une protection efficace contre les bombes des 100 vaisseaux de la flotte anglaise ! S'il se fût agi d'une cave, encore, mais une construction légère en planches et en plâtre ! Il est triste de penser qu'une pareille fable ait traversé un siècle, sans contradiction, sans critique, tant chez nous, la passion l'emporte sur la froide raison, le clinquant de l'esprit sur le simple bon sens ! Il est vrai que la première tradition a dévié et s'est transformée en une autre légende, non moins absurde : M. d'Aiguillon était dans le moulin pour faire la cour à la meunière tandis que le mari de celle-ci combattait les Anglais. Les auteurs d'un recueil publié sur la bataille de Saint-Cast en 1858 à l'époque où un monument commémoratif fut inauguré se sont donné la peine de réfuter l'historiette de la meunière ; nous ne pouvons que renvoyer à leur intéressant travail ; nous leur empruntons seulement la citation d'un passage tiré de Smolett, historien anglais.

Il dit :

« ... Les Français s'établirent sur une éminence *couronnée par un moulin à vent* et découvrirent une batterie de 10 pièces de canon et de 8 mortiers. Cette batterie ouvrit tout de suite un feu meurtrier sur les troupes de la baie et sur les embarcations qui les transportoient à bord des vaisseaux. »

Et plus loin :

« Le feu des batteries que l'ennemi avoit élevées sur la colline couronnée par un moulin à vent fut surtout très vif; mais le massacre eût été moins grand, si les soldats n'eussent été exaspérés par le tir de nos frégates qui continua même après la déroute des Anglais. »

Ainsi, le moulin en question n'était point un refuge, un nid pour des amourettes de garnison : c'était le centre de deux batteries qui faisaient un feu plongeant sur l'ennemi et appelaient nécessairement les représailles de la flotte à laquelle le moulin devait servir de point de mire. Aussi nos soldats étaient-ils *exaspérés*, dit Hume[1] et répète Smolett, par le tir des frégates anglaises.

Cette batterie, rangée autour du moulin, était celle de l'héroïque Villepatour qui rend pleine justice à M. d'Aiguillon dans ses Mémoires[2].

Mais, répondra-t-on, la flotte était nécessairement à une certaine distance du rivage, et peut-être les projectiles n'atteignaient-ils pas jusqu'au moulin? Il y a à cette objection une réponse péremptoire; elle se trouve dans une pièce conservée au dépôt de la guerre; c'est une lettre d'un président du parlement de Bretagne M. de Montbourcher, qui avait marché à l'ennemi à la tête de la milice qu'il avait levée dans ses domaines ; il était arrivé trop tard pour prendre part à l'action ; son compte rendu n'en était que plus impartial; il a joint un plan manuscrit à son rapport, la flotte et les hauteurs se trouvant à l'opposite sont très clairement représentées. Le moulin à vent est dessiné avec soin et sur la même ligne que ce moulin; et auprès de lui on lit ces mots deux fois répétés : *Hauteur où l'armée française était canonnée*. Ce plan manuscrit

1. Hume, vol. 15, p. 263.
2. Voyez le recueil de pièces intéressantes, par La Place, t. III.

est au reste conforme aux nombreux plans qui représentent la bataille et sur lesquels on peut voir le même figuré toujours exactement reproduit. Seulement, celui du président est plus piquant en ce qu'il émane d'un de ces magistrats bretons qui devaient un jour créer la légende du moulin de Saint-Cast et accabler d'opprobre le malheureux d'Aiguillon.

Suivant nous, la justification résultait du bon sens le plus vulgaire. Cependant, comme il s'agit ici d'une de ces erreurs invétérées, qu'il est si difficile de détruire, nous ne regrettons pas les détails dans lesquels nous sommes entrés. Nous sommes même heureux si nous avons contribué à restituer à un général français une gloire justement acquise, injustement contestée et à nos annales une victoire dont l'importance a été rabaissée dans un intérêt de parti.

Nous verrons du reste que, tout en paraissant s'écarter de notre sujet, nous en préparons au contraire ici les matériaux.

« Mais, qu'était-ce que la victoire, *la petite victoire* de Saint-Cast parmi tant de désastres, contre les revers de nos armes, la déroute de nos troupes au delà du Rhin [1]. »

Saint-Cast, nous le reconnaissons volontiers, n'avait pas l'importance de Rosbach. Mais c'était une victoire défensive qui protégeait le sol de la France contre l'invasion étrangère et dont on ne peut méconnaître la portée sans manquer à tous les devoirs de la justice.

On sait que la Bretagne était du petit nombre des provinces qui avaient conservé leurs États primitifs;

1. *Les Maitresses de Louis XV*, vol. II, page 27.

elle était en lutte constante avec le pouvoir royal pour maintenir ses franchises et son indépendance contre les usurpations incessantes de la cour.

Depuis les révoltes de 1675, immortalisées par la plume de madame de Sévigné jusqu'aux exécutions sanglantes de la Régence, et aux lettres de cachet du cardinal de Fleury, l'histoire des États de Bretagne ne présente qu'une longue suite de débats orageux, de scènes portées jusqu'aux dernières limites de la violence. C'était donc une mission difficile et ingrate pour le commandant militaire de la Bretagne d'avoir à diriger ces assemblées ombrageuses : il fallait obtenir d'elles les subsides que le Trésor épuisé sollicitait par leur organe. M. de Chaulnes, M. d'Estrées, M. de Montesquiou, avaient succombé successivement à la tâche, M. d'Aiguillon serait-il plus heureux ?

Nous avons vu en lui un brave soldat; un général habile; il avait à faire preuve ici de qualités d'un autre ordre. Il fallait, non plus le courage des champs de bataille, mais de la fermeté unie à une certaine souplesse, de la modération sans faiblesse, de la sagacité, pour tout dire de la diplomatie. Il était surtout à craindre qu'un commandant militaire n'apportât des habitudes impérieuses dans ses rapports avec la noblesse bretonne connue pour son exaltation, son impétuosité et ses ardeurs.

Si nous consultons les contemporains, nous voyons par une lettre de madame de Pompadour, bien placée pour apprécier M. d'Aiguillon, qu'elle trouvait en lui « du zèle, de l'intelligence, et une teste froide. »

Voilà le passage même :

« J'avois prédit vos succès, et, en effet, comment étoit-il possible qu'avec autant de zèle, d'intelligence, une teste aussi froide et des troupes aussi brûlantes, vous ne fussiez pas vainqueur[1] ? »

Suivant M. d'Argenson dont on connaît l'esprit mordant et critique, « les États de Bretagne se sont passés avec beaucoup d'honneur et d'agrément, surtout avec promptitude; le duc d'Aiguillon s'y est fait aimer et a tenu des voies simples[2]. »

Consultons ensuite la plus grande autorité du dix-huitième siècle, M. le duc de Luynes; il n'y a pas d'homme plus honnête, plus ami du vrai, mieux placé pour être bien informé.

« On continue, dit-il, à donner à M. le duc d'Aiguillon toutes les louanges que méritent son esprit, sa politesse, son application aux affaires. Madame la duchesse d'Aiguillon a aussi très bien réussi en ce pays; il paroît que l'on est fort content de l'un et de l'autre.[3] »

M. le duc de Lévis, dans son remarquable ouvrage intitulé *Souvenirs*, reproche à M. de Besenval d'avoir poussé la partialité jusqu'au point de méconnaître *les incontestables talents de M. le duc d'Aiguillon*[4].

M. de Rochambeau constate aussi les talents supérieurs de M. d'Aiguillon[5].

Et M. de Belleval dit dans le même sens :

« M. d'Aiguillon a beaucoup d'esprit, de finesse, et il

---

1. *Correspondance de madame de Pompadour*, conservée au *British Museum*, dans Campardon, p. 227.
2. *Journal et Mémoires*, 14 nov. 1754.
3. *Mémoires*, 7 décembre 1754.
4. De Lévis. *Souvenirs*, p. 146.
5. Rochambeau. *Mémoires*, 222.

connoît le Roi et la Cour comme un homme qui l'a pratiquée toute sa vie [1]. »

Enfin, M. de Carné s'explique en ces termes, sur lui [2] :

« Le petit neveu de Richelieu unissoit à un esprit rempli d'initiative un caractère prudent et modéré. Né diplomate, il se vit condamné à aborder de front des obstacles que ses dispositions naturelles l'auroient conduit à tourner ; nul ne sembloit moins appelé à susciter ces haines auxquelles des circonstances fatales le condamnèrent. »

Or, M. de Carné avait eu connaissance, par la famille de M. le duc d'Aiguillon, du *Journal de son commandement*, travail qu'il avait fait rédiger, après sa sortie des affaires et qu'il avait complété et corrigé par lui-même. Ce précieux manuscrit ne forme pas moins de quatre volumes in-quarto d'une écriture très serrée.

On peut donc dire que M. de Carné avait vécu avec le duc d'Aiguillon lui-même. C'est le meilleur guide que l'on puisse suivre pour s'orienter au milieu de ce dédale inextricable qu'on appelle les *Affaires de Bretagne*.

Il ne nous a pas été donné de consulter le journal de M. d'Aiguillon. Nous avons puisé à d'autres sources, moins curieuses peut-être, mais plus sûres. Nous voulons parler de la correspondance officielle entre M. d'Aiguillon et M. de Saint-Florentin. De nombreuses lettres existent aux archives générales [3]. Il

---

1. De Belleval. *Souvenirs d'un chevau-léger*, p. 125.
2. *États de Bretagne*, vol. II.
3. V. *Archives générales.* E. 3513, E. 2525, E. 3526, E. 3527.

faut y joindre les papiers personnels de M. d'Aiguillon [1].

On peut se former ainsi une idée juste de l'administration du duc d'Aiguillon; elle est en plein accord avec les autorités dont nous avons rapporté les témoignages. L'attitude du lieutenant général de la Province ne varie pas. Il combat, dans le conseil du roi, l'aggravation des charges imposées aux contribuables, il combat ou il négocie, dans l'assemblée des États, pour les faire accepter par les députés. Aucune récrimination ne s'élève contre lui. Il ne reçoit des États que des marques de confiance, que de chaleureux remerciements [2]. Il se fait aimer, applaudir dans ce rôle peu aimable de collecteur de taxes, et comment en aurait-il été autrement? Malgré la guerre et ses dépenses, les impôts restent invariables. La Bretagne jouissait du privilège de ne payer que le minimum de la taille par tête [3]. Son sort est resté le même, tandis que dans certaines provinces elle s'élevait au double; à 29 livres 64 deniers en Normandie et dans l'Ile-de-France à 64 livres [4]. Les Bretons n'avaient donc pas à se plaindre d'avoir été victimes d'abus d'autorité en matière de finances, ce qui était pour eux le point sensible. La gestion du duc d'Aiguillon est, au surplus, paternelle et progressive. On trouve à chaque

---

1. F. 15204. Arch. gén.
2. Exemple déjà cité: le commissaire intermédiaire, écrit au duc d'Aiguillon pour lui annoncer:
« Que les États veulent nommer l'enfant dont madame d'Aiguillon va accoucher, la reconnaissance des États ne pouvant qu'être accrue par les nouveaux services que M. le duc d'Aiguillon a rendus à la Province. » (24 mai 1766.)
3. 12 liv. 19 den.
4. *Les Classes agricoles*, par E. Brelay.

instant les traces d'efforts poursuivis dans l'intérêt des populations. Tantôt il s'agit de favoriser l'importation des grains en France[1]. Tantôt c'est un projet de défrichement général des landes de Bretagne[2]; puis vient la confection des routes et canaux. Au moment où a commencé le gouvernement de M. d'Aiguillon, il n'existait qu'une seule route de Rennes à Brest; à la fin de son exercice, il en avait fait exécuter 800 lieues.

La session de 1764 est finie. Deux années s'écoulent. M. d'Aiguillon prend un congé qui dure près d'une année. Nul grief n'est possible contre lui. Mais, pendant ce temps, un orage a éclaté entre la cour et le Parlement qui a donné sa démission. Des écrits anonymes injurieux et menaçants sont adressés au roi. M. de la Chalotais soupçonné (à tort) d'en être l'auteur, est tour à tour arrêté et relâché. A la fin, le Parlement est rappelé : il reprend ses fonctions triomphant et altéré de vengeance. Mais à qui s'en prendre? Le roi était le seul coupable. On ne pouvait l'atteindre.

Par une manœuvre alors fort usitée, les parlementaires s'attaquent au lieutenant général de la Province. Ils vont plus loin : ils informent contre lui et tel est l'aveuglement de leur rage, qu'ils oublient de dire quel est le délit qu'ils lui reprochent. Ils font entendre cent témoins, on ne sait sur quoi.

M. d'Aiguillon aurait pu se dispenser de répondre. Il s'y résigne cependant. Le Parlement fait brûler ses *Mémoires justificatifs* par la main du bourreau[3]. En présence d'une telle partialité, M. d'Aiguillon

---

1. F. 204. *Arch. nat.*
2. F. 10, 325.
3. 2 juillet 1769.

demande à être jugé par les pairs du royaume, c'est-à-dire, par le Parlement de Paris formé en Cour criminelle. Le roi accède avec peine à sa demande et annonce qu'il présidera lui-même la Cour de justice.

L'instruction commence : mais la passion parlementaire est la même à Paris qu'à Rennes. Un système de chicane ridicule s'organise. Le roi, dit le Parlement, ne peut pas présider la Cour des pairs. On l'accable de précédents contraires. Ce premier point emporté, succède une autre difficulté. Le Parlement ne veut pas se déranger. Il exige que le roi vienne à Paris. Des voyages à Versailles interrompraient le cours de la justice. Cette prétention est encore écartée. Alors, commencent d'interminables récusations. Tous sont ou soutiennent qu'ils sont les parents des accusés. Louis XV écoute patiemment ces arguties de légistes. Il demande seulement qu'on lui remette la grosse des informations ce qu'on ne peut lui refuser. Alors, la scène change de face. Il s'aperçoit que c'est bien contre lui que le procès est dirigé, que le trône est mis à découvert et que, sous prétexte de frapper d'Aiguillon, c'est lui-même qu'on veut mettre en jugement. Il prend alors un parti violent. Il interrompt la procédure, la déclare éteinte et ordonne sur le tout un silence absolu [1].

Les motifs n'étaient pas un mystère, ils étaient clairement exposés dans le préambule des lettres patentes adressées au Parlement ; le duc d'Aiguillon y était-il dit, était irréprochable ; les témoins ne déposent que de faits étrangers à la plainte, ils s'en prennent à l'autorité du trône et à la personne des ministres. Sur

1. 27 juin 1770.

tous les points, le Parlement résiste et contredit les lettres patentes. Il ordonne que le procès soit continué il réitère la défense à M. d'Aiguillon de remplir ses fonctions de pair. La lutte était engagée. Nous allons voir apparaître madame du Barry à laquelle on va faire jouer son rôle ordinaire de bouc d'Israël. M. d'Aiguillon n'avait aucun reproche à se faire. N'ayant commis aucun crime et n'ayant encouru aucune peine, il n'avait pas de grâce à attendre. Les calomniateurs n'y regardent pas de si près. Ils veulent que madame du Barry soit sa bienfaitrice, qu'elle ait obtenu pour lui la grâce de la vie, qu'elle l'ait soustrait à la corde qui, dans aucun cas, n'aurait été applicable à un duc et pair, et sur ce thème accepté avec une incroyable légèreté, ils brodent les pièces qui vont suivre.

Vainement le roi avait-il proclamé à deux reprises l'innocence, l'irréprochabilité du commandant de la Bretagne, on s'empressa de dire que lui faire grâce c'était le reconnaître coupable, qu'on pouvait bien le soustraire au supplice mais non à l'infamie. Cette induction était d'autant plus perfide qu'en réponse à l'arrêt du Parlement de Bordeaux[1], qui contestait la prérogative royale en théorie, et particulièrement le droit d'abolition des crimes, le conseil d'État avait été amené à discuter aussi théoriquement le privilège qu'avait le roi de faire grâce, d'abolir les délits et d'effacer jusqu'au souvenir des faits qui pouvaient donner lieu à des procédures criminelles. Une clameur immense s'était élevée et avait couvert la voix du défenseur de M. d'Aiguillon. Chansons, jeux de mots, épigrammes tombèrent sur le duc et, par suite,

1. Du 13 août 1770.

sur madame du Barry, qui déjà était notoirement de son parti. On dit que c'était par la protection de la favorite que la procédure avait été anéantie et que M. d'Aiguillon était redevable à son intervention déshonorante de l'ordre du roi qui avait prescrit l'enlèvement des pièces du procès[1].

Voici quelques-unes des chansons satiriques qui coururent à ce moment.

Sur l'air d'*Épicure*[2] :

Oublions jusqu'à la trace
De mon procès suspendu,
Avec des lettres de grâce
On ne peut être pendu.
Je triomphe de l'Envie,
Je jouis de la faveur;
Si j'avois perdu la vie,
Je n'aurois pas ce bonheur;
Mais grâce aux soins de ma mie[3],
 Je n'ai perdu que l'honneur.

(*Recueil de pièces, chroniques.* Manuscrit relié en maroquin vert.)

Oublions jusqu'à la trace. — Ce premiers vers n'est que la répétition d'un couplet qui se trouve dans le

---

1. *Biogr. Michaud*, art. d'Aiguillon.
2. Suivant le portefeuille de M. de Paulmy, cette chanson se chantait sur l'air d'*Effaçons jusqu'à la trace* de la marche du *Déserteur*, elle se chante aussi sur l'air : *Ton humeur est Catherine*. (*Bibl. de l'Arsenal*, mss. Belles-Lettres, 80.)
3. La comtesse du Barry.
Hardy.
Mais grâce aux soins d'une amie,
   Madame la comtesse du Barry. M. D. E.

Déserteur de Sedaine (sc. xv). On voit aussi, dans le discours prononcé au lit de justice du 3 septembre, *Le Roi veut bien effacer jusqu'aux traces de votre conduite*, ce qui est reproduit ironiquement par le début de la pièce.

Avec des lettres de grâce. — C'est aussi l'intitulé que le manuscrit vert donne aux lettres patentes du 27 juin 1770. Il les appelle : *Lettres de grâce du duc d'Aiguillon*, ce qui est une insigne fausseté. Les lettres ne portent pas ce titre.

Voici une autre pièce du même genre qui se trouve dans le portefeuille de M. de Paulmy[1].

JUILLET 1770.

Sur madame Du Barry et M. le duc d'Aiguillon :

Sans la P..., que faire en France?
Dans la disette et l'abondance,
Dans les conseils et les procès,
Dans l'Église et dans la finance
Et dans la guerre et dans la paix,
On ne finiroit rien en France
    Sans la P...

Oh! d'Aiguillon, on t'alloit pendre ;
Malgré les cris de la vertu,
Chacun disoit : Il est perdu !
A la grève, j'allois t'attendre,
Et tu serois déjà pendu,
    Sans la P...

(Folio 118.)

---

1. *Bibl. de l'Arsenal*, manuscrits Belles-Lettres, p. 481.

Le seul crime dont le duc d'Aiguillon fut accusé était celui de subornation de témoins, et ce crime n'a jamais entraîné le dernier supplice. C'était donc sans aucune raison que l'on parlait de peine de mort et de gibet. On a encore attribué au maréchal, duc de Brissac, un prétendu bon mot dans le même sens; il aurait dit « que madame la comtesse du Barry avait sauvé la tête de M. le duc d'Aiguillon, mais lui avait tordu le col[1].

D'après la même autorité, M. d'Aiguillon n'aurait pas regardé la chose comme telle et se serait trouvé trop heureux d'en sortir à si peu de frais et de faire finir la persécution dont il était l'objet. Pour s'acquitter du service capital qu'il venait de recevoir de la favorite, il aurait offert à sa bienfaitrice une superbe voiture appelée *vis-à-vis*, d'une élégance et d'une richesse incomparables. Il ne faut pas moins de deux pages pour décrire cette merveille, monument de la dépravation des mœurs et de l'extravagance des esprits; les carrosses de madame la Dauphine n'en approchaient pas pour le goût et la délicatesse du travail. Le duc d'Aiguillon, à la galanterie d'un tel procédé, avait joint la délicatesse d'en laisser ignorer le prix. On sait cependant, par les indiscrétions des ouvriers, que le vis-à-vis a dû coûter 52,000 livres environ.

Cependant madame du Barry ne le trouve pas assez beau, ou le roi le trouve trop beau, et elle n'y monte pas. Le public, scandalisé d'un faste indécent, chansonne à son ordinaire, et l'épigramme suivante circule sur l'auteur du don et sur celle qui le recevait :

---

1. *Anecdotes*, p. 177.

> Pourquoi ce brillant vis-à-vis ?
> Est-ce le char d'une Déesse
> Ou de quelque jeune Princesse ?
> S'écrioit un badaud surpris.
> — Non..., de la foule curieuse,
> Lui répond un Caustique, non,
> C'est le char de la blanchisseuse
> De cet infâme d'Aiguillon [1].

Deux ans après, M. de la Rochefoucault-Liancourt, écrivant la mort de Louis XV, disait encore : « Le duc d'Aiguillon s'est servi d'elle (madame du Barry) pour se tirer des horreurs d'un procès criminel. » Parole d'autant plus odieuse et plus grave que M. de la Rochefoucault, comme pair, avait été juge dans le procès.

Deux points se détachent de ces épigrammes qui représentent l'opinion publique du temps ; M. d'Aiguillon était regardé comme menacé d'une condamnation infamante, capitale. Il n'avait dû son salut qu'à l'intervention de madame du Barry. Il faut dire que l'interruption de la procédure commencée devant le Parlement et, ensuite, l'enlèvement des pièces semblent de nature à autoriser une telle croyance. Si en effet le duc d'Aiguillon était menacé, il a pu avoir recours à celle qui avait le plus d'empire sur l'esprit du roi et qui l'exerçait volontiers en faveur des accusés. Mais le duc était-il coupable, avait-il quelque chose à craindre pour sa tête ou pour son honneur ? C'est là une question préalable qu'il faudrait résoudre. Longtemps nous en avons désespéré, croyant que les pièces de la procédure avaient été

---

[1]. *Les Anecdotes*, p. 158. — *Mss. de l'Arsenal*. Belles-Lettres, 81.

détruites, mais il n'en était rien; elles avaient été supprimées, elles avaient passé des papiers de M. de Fontette, secrétaire de la commission de Saint-Malo, dans la collection de M. de Paulmy, de là dans la bibliothèque de l'Arsenal[1], sous ce titre : « *Procédures en Bretagne et devant la Cour de Paris, en 1770 MDCCLXX.* » Les originaux sont peut-être conservés dans les archives de Rennes. On peut donc s'en rendre compte et savoir enfin ce qu'il y avait de vrai, de substantiel, dans ces fameuses accusations qu'on trouve si souvent répétées dans les ouvrages du dix-huitième siècle et jamais formulées d'une manière précise.

MM. de la Chalotais avaient été arrêtés comme fauteurs de la rébellion du Parlement aux ordres du roi et soupçonnés, à tort ou à raison, d'en être les meneurs. La vaste correspondance qu'il entretenait, dit M. Lacretelle, le rendait presque aussi puissant à Paris, à Rouen, à Toulouse que dans la Bretagne[2]. On sait pertinemment que l'idée de leur attribuer les écrits anonymes dont on recherchait les auteurs vint de M. de Calonne seul, et, par occasion de sa légèreté naturelle; la crédulité des magistrats, la servilité des experts firent tout le mal : ce sont ces personnages seuls qui doivent répondre de la persécution intentée contre MM. de la Chalotais. M. d'Aiguillon y était étranger; on éprouvait cependant le besoin de l'y comprendre, à tel point qu'on imagina la fable suivante, répandue dans un pamphlet :

« Lors de l'instruction des magistrats à la prison de

1. *Mss. Portefeuille.* Fevret Fontette, LXXXVIII.
2. *Hist. de France*, IV, p. 116.

Saint-Mâlo, M. le duc d'Aiguillon s'y étoit introduit déguisé en redingote ; là, il avoit dicté l'arrêt de mort contre M. de la Chalotais ; l'échaffaud avoit été dressé, le bourreau étoit prêt ; mais heureusement un des commissaires du conseil qui, au lieu de signer, étoit parti quelques jours auparavant pour Paris, avoit rendu compte de ce qui se passoit à M. le duc de Choiseul, qui étoit entré chez le Roi et lui ayant trouvé l'air triste, prit la liberté de lui en demander la cause. S. M. avoit répondu qu'elle se repentoit d'avoir signé l'arrêt de mort contre ce magistrat. Alors le duc de Choiseul l'avoit rassuré, en lui disant : « — Sire, il est temps encore. » Il avoit aussitôt dépêché un courrier, avec ordre de ne s'arrêter ni jour, ni nuit, et malgré les défenses faites aux postes par M. d'Aiguillon, de ne point donner de chevaux, le courrier étoit arrivé une demi-heure avant l'exécution... »

Toute cette fable repose sur la déclaration d'une femme qui, voyant entrer dans la prison de Saint-Malo une voiture de planches destinées à des réparations intérieures, s'imagina que ces planches étaient destinées à dresser un échafaud et donna lieu à ces bruits.

C'est sur cette accumulation d'inepties qu'est fondée une histoire qui fut traduite en prose et en vers.

Voilà ce qu'on écrivait au-dessous du portrait de M. de la Chalotais, placé dans la chambre de la noblesse, à Rennes :

> Sa sagesse et sa fermeté
> Ont fait pâlir la calomnie :
> *Qui lui vouloit ôter la vie,*
> Lui donna l'immortalité[1].

---

1. Grimm, janvier 1760, IV, 446.

La légende fit son chemin, malgré son évidente absurdité, et au moment du procès, en 1770, M. d'Aiguillon, accusé, dut recourir à M. de Choiseul et en obtint une lettre justificative, conçue en ces termes :

Monsieur le Duc,

Je déclarerai et affirmerai en toutes occasions et en tous lieux, à la cour de Paris, si vous le jugez à propos, que rien n'est si faux, si criminel et si bête que l'assertion de l'envoi d'un courrier de ma part pour empêcher une exécution quelconque en Bretagne, et je me porterai partie pour affirmer que je n'ai aucune connoissance qui puisse autoriser des bruits que l'on veut répandre à votre désavantage et au mien sur cette exécution.

Versailles, 27 mai 1770.

Signé : Duc de Choiseul[1].

Cette lettre fut imprimée dans le premier mémoire publié, le 16 juin 1770, par M. d'Aiguillon ; elle ne fut pas démentie, elle peut donc être considérée comme authentique ; elle prouve à quel point la passion avait égaré les esprits puisque M. d'Aiguillon était obligé d'invoquer le témoignage de son futur rival pour avoir justice d'une calomnie insensée qui se réfutait d'elle-même. Elle a encore une autre portée, elle prouve qu'en mai 1770 M. de Choiseul était d'accord avec M. d'Aiguillon.

On voit aussi combien il eût été avantageux pour

---

1. Malgré cette déclaration de M. de Choiseul, il paraissait encore à la fin de l'année 1770, un mémoire où l'on prétendait prouver « que M. d'Aiguillon avait tout mis en usage à Rennes et à Saint-Malo, pour faire périr les détenus et surtout M. de la Chalotais. (Bachaumont. 9 déc. 1770), 5ᵉ vol., p. 233.

M. d'Aiguillon que la procédure fût continuée. C'est ce que reconnaît le Parlement lui-même : « le duc d'Aiguillon, dit-il, chargé et non lavé, privé des moyens mêmes d'acquérir sa justification, que la seule continuation de la procédure aurait pu lui procurer, ne peut être admis à partager les nobles et importantes fonctions de la pairie[1]. »

On n'avait entendu que des témoins à charge contre lui, et quels témoins ! Aussi abjects, pour la plupart, qu'absurdes. Il aurait eu son tour et aurait pu produire des témoignages semblables à celui que lui offrait M. le duc de Choiseul. Il ne pouvait que gagner au contraste. Il n'avait même pas encore été interrogé, ses mémoires seuls avaient paru et, dit madame du Deffand, « avoient produit un assez grand effet dans le public[2]. » — Elle rend compte du lit de justice qui suspend les procédures, puis elle ajoute : « Les amis de M. d'Aiguillon publient qu'il est très mécontent de ce qu'il ne peut plus être jugé juridiquement. » Tout ce que nous venons de dire démontre que ce regret était sincère, c'est ce que semblent indiquer les lettres patentes du 27 juin 1770 : « Quelque intéressant qu'il puisse être pour notre cousin, le duc d'Aiguillon, et pour tous ceux qui ont été nommés avec lui dans les procédures de produire leur justification dans les formes accoutumées. » Et ce discours du chancelier, à la séance du 3 septembre, « que si Sa Majesté doit au duc d'Aiguillon de se justifier, elle se doit à elle-même de ne point laisser pénétrer dans le secret de l'État. »

1. Arrêt du 1er juillet 1770.
2. Lettre du 27 juin 1770.

La requête du duc d'Aiguillon avait été présentée dès l'année précédente et le roi n'avait pas cru devoir y répondre favorablement, parce qu'il était préoccupé avant tout du soin de rétablir la tranquillité dans la Bretagne. C'est ce qui avait fait dire par le duc à Linguet, qui rapporte ces paroles : « Je ne suis pas le maître et, dans l'impossibilité de donner aux choses la tournure qui leur conviendroit, il faut bien s'accommoder de celles qu'elles prennent[1]. »

M. le duc d'Aiguillon avait donc intérêt à se présenter devant la Cour des pairs et à être jugé par elle.

Ses blessures reçues en Italie, ses vingt années de campagnes, sa glorieuse victoire de Saint-Cast, parlaient assez pour lui auprès des hommes de guerre qui se trouvaient parmi les pairs. Sa conduite conciliante aux États, ses travaux, ses fatigues défendaient le gouverneur de la Bretagne, et, quant aux accusations si péniblement échafaudées par ses accusateurs, nous pouvons dire maintenant, ses calomniateurs, elles s'évanouissaient par leur inanité et leur insanité réunies. Ses mémoires avaient commencé à faire la lumière sur des menées ténébreuses dont il avait à se plaindre, ses témoins et lui-même auraient achevé sa justification. Il n'avait rien à craindre, ni pour sa tête, ni pour son honneur. Dès lors, qu'avait-il besoin de madame du Barry ? Que pouvait cette malheureuse femme si frivole dans des questions agitées depuis tant d'années et qui se précipitaient par leur propre gravité vers une solution finale.

Qu'est-ce que madame du Barry pouvait apprendre au roi dans cette affaire des troubles de Bretagne ?

---

1. Aiguillionana, Londres, 1777, p. 31.

Sans doute, s'il se fût agi d'une accusation privée, si M. d'Aiguillon eût été inculpé, comme particulier, d'un acte de rapt, de violence ou même, comme fonctionnaire, d'un acte d'usurpation ou d'abus de pouvoir déterminé, éclatant, on comprendrait la possibilité d'une intervention en sa faveur. Il n'en était pas ainsi : il était attaqué en sa qualité d'agent du roi, ou plutôt c'était le roi lui-même qui était mis en cause. Les lettres de cachet incriminées étaient son œuvre, la persécution contre la Chalotais était le résultat de ses ordres. Le procès était fait à la royauté sous le nom de son représentant ; il aurait fallu être bien aveugle pour s'y méprendre. Le duc d'Aiguillon avait, auprès de Louis XV, une recommandation autrement puissante que celle d'une favorite, c'était la solidarité qui l'unissait à son maître, intéressé à défendre son autorité, son caractère, sa personne menacés.

Ajoutons un dernier mot pour bien faire comprendre notre pensée. Supposons que madame du Barry n'eût pas existé, ou que sa faveur eût cessé et qu'elle eût quitté la cour avant le procès d'Aiguillon, Louis XV, seul, livré à ses propres inspirations, aurait suivi la même ligne de conduite, rendu les mêmes décisions, déclaré, ce qui était sa conviction profonde, conforme d'ailleurs à la vérité, c'est que M. d'Aiguillon était innocent.

Replaçons donc madame du Barry au rang qui lui appartenait en cette circonstance, écartons le *Char de la blanchisseuse* et l'infâme, qu'elle sauve de la corde : ce sont des propos de libellistes qui ne voulaient qu'une chose : compromettre l'un par l'autre deux personnages contre lesquels ils étaient lâché.

Nous ne croyons pas à une influence décisive de

la part de madame du Barry, elle applaudit sans doute au coup de force qui termina l'affaire de Bretagne, elle ne l'a pas dicté. Dans ces débats retentissants qui s'agitaient sous ses yeux elle avait une préférence : elle était, elle devait être, du parti du roi, disons aussi qu'elle était du côté de Voltaire, qui écrivait alors ces lignes émues :

« Le seul duc d'Aiguillon vengea les côtes de France de tant d'offenses, de tant de pertes... Quel a été le prix de ce service et de son sang versé en Italie ? Une persécution publique et acharnée, presque semblable à celle de Lally, qui prouve que ceux-là seuls ont raison qui se dérobent à la cour et au public. »

Cette dernière leçon pourrait s'appliquer parfaitement à madame du Barry. Elle voulut paraître à la cour, afficher sa faveur en public elle dut subir les sifflets et les huées qu'elle aurait évités en restant dans une condition obscure.

CHAPITRE XXVI

MADAME DU BARRY ET M. LE DUC D'AIGUILLON.

(1770)

Madame du Barry aurait-elle joué dans ces événements un rôle occulte, insaisissable ? Nous n'essayerons pas de le dire : ce serait du domaine des conjectures. Ce qui n'est pas douteux, c'est qu'elle partagea l'impopularité qui s'attachait au nom de d'Aiguillon. Jamais les quolibets, les parodies, ne furent plus nombreux contre elle. Nous avons déjà reproduit les vers qui se rapportent à cette époque. Voici encore deux pièces qui sont de la même date :

LE PATER DE MISÈRES (sic).

Notre Pere qui êtes à Versailles, votre nom n'est plus glorifié, votre trône est bien ébranlé, votre volonté n'est pas plus exécutée en la terre qu'au ciel ; donnés-nous aujourd'hui notre pain quotidien que vous nous avez ôté ; pardonnés à votre Parlement d'avoir les loix défendu, comme nous pardonnons à vos ministres qui veulent les anéantir ; de la du Barry, ne succombés plus aux tentations, mais délivrés-nous du chancelier. Ainsi soit-il.

Cette pièce se trouve dans les *Anecdotes*, page 185, dans le *Recueil* de M. de Paulmy, page 110, et dans le *Recueil manuscrit de pièces chroniques*, à la date de juillet 1770. La copie du recueil de Paulmy à l'Arsenal présente plusieurs variantes. La plus importante est celle-ci, qui semble indiquer l'origine parlementaire du morceau : Pardonnez à vos Parlements de prendre vos véritables intérêts et délivrez-nous de Meaupou.

Le manuscrit que nous possédons donne aussi la parodie de l'*Ave Maria*, qui n'est reproduite ni par les *Anecdotes* ni par le *Recueil* de Paulmy ni en aucun autre recueil, à notre connaissance du moins.

L'AVÉ (sic).

« Je vous salue, la du Barry, pleine de grâces, le Roi
« est avec vous, vous êtes bannie d'entre toutes les femmes
« et la discorde est le fruit de vos entretiens avec les
« hommes. Belle du Barry, reine des amours, priés pour
« nous maintenant, et nous prierons pour vous *à l'heure
« de votre mort*[1]. Ainsi soit-il.

Madame du Barry avait subi des plaisanteries plus cruelles, des épigrammes plus piquantes. C'est peut-être même pour cette raison, que cette pièce n'a pas été reproduite par les pamphlets du temps.

Peut-être est-ce à ces attaques, que madame du Deffant fait allusion dans une lettre à Walpole, commencée le 6 août (1770). — On y lit, sous la date du 23 :

« Presque tout le monde reviendra dimanche de Compiègne. Le Roi ira le mardi à Chantilly, avec madame la

---

1. Juillet 1770.

Dauphine, Mesdames et les dames de leur suite, madame du Barry et sa suite. Il en pourra résulter quelque événement, c'est-à-dire quelque lettre de cachet... Je lis l'histoire de Louis XIII, de Le Vassor; je n'en suis qu'au commencement de la régence. Toutes les intrigues de ce temps-là ont beaucoup de rapport à ce qui se passe aujourd'hui. Je ne sais par où cela finira : il est impossible qu'il n'y ait pas quelqu'un qui succombe; savoir ce qui sera, voilà ce que je ne puis deviner, mais je ne suis pas sans crainte.

«La maîtresse [1] est bien animée contre nos amis ; on ne cesse de l'irriter ; les bons mots et les épigrammes pleuvent contre elle. L'autre jour, chez elle, on parloit de la rage ; l'on disoit que le plus sûr remède étoit le mercure. Elle demanda ce que c'étoit que le mercure : « Je ne sais, dit-elle, ce que c'est, je voudrois qu'on me le dît. » Cette affectation fit rire ; on la raconta à quelqu'un, qui dit : « Ah! il est heureux qu'elle ait son innocence mercurielle. » Ce quelqu'un est la maréchale de Luxembourg; ne la citez pas. »

Le conte est assez gai, dirait M. de Lévis et la leçon serait à coup sûr bien méritée si madame du Barry a réellement feint d'ignorer quelle était la vertu spécifique du mercure. A son âge, et avec le genre d'expérience qu'elle devait posséder, elle ne pouvait certainement pas ignorer quelle était la substance dont on parlait, ses propriétés, son usage le plus habituel. Nous ferons toutefois observer, qu'une plaisanterie analogue courait depuis longtemps les salons et les rues. On l'a racontée de madame de Mailly. Barbier dit que, sollicitée d'obtenir pour quelqu'un le privilège du mercure, c'est-à-dire du journal *le Mercure*, elle

---

1. Madame du Barry.

s'adressa à la Peyronie, médecin du roi [1]. Il est difficile que madame de Mailly pût s'y tromper ; il serait très possible que madame du Barry eût demandé de bonne foi, en quoi consistait le mercure, et c'est ce qu'elle dit en effet : « Je voudrais qu'on m'apprît ce que c'est. » Cela ne veut pas dire qu'elle n'en a jamais entendu parler. Mais on annonce que le mercure est un remède contre la rage. L'annonce de cette nouvelle propriété encore inconnue, provoque une question toute naturelle. Quelqu'un pourrait-il me dire quelle est cette substance étrange [2], je ne le sais pas. Il est probable que madame de Luxembourg, malgré tout son esprit et son expérience en ces matières, aurait été fort embarrassée de répondre et que bien des gens, même de nos jours, ignorent que l'hydrargyre soit un corps simple. S'il était démontré que madame du Barry n'était qu'une fille de la dernière espèce, habituée de l'hôpital, la leçon aurait été méritée. Nous croyons avoir prouvé que c'est là une légende purement imaginaire. Il ne reste donc du mot de madame de Luxembourg, qu'une plaisanterie assez leste échappée à une femme aussi connue par sa beauté que par ses méchancetés et ses débauches.

Ici se place une page fort curieuse que l'histoire doit à la correspondance entre Marie-Thérèse et Mercy.

Madame du Barry joue là un rôle aussi important qu'inattendu.

Nous donnerons donc le passage de Mercy avec tous ses développements quoique un peu longs. Les détails

---

[1]. Nov. 1740.
[2]. V. *sur elle*, Besenval, t. VIII, p. 202 et Lévis, p. 61.

dans lesquels il va entrer sont de ceux qui n'ont de prix que par leur enchaînement et leurs déductions.

« Je crois devoir, dit-il, dans une lettre datée du 14 juillet 1770, à Paris, — je crois devoir reprendre l'ordre des faits qui ont eu lieu depuis le 15 juin et rappeler à V. M. qu'à cette époque les intrigues du duc de la Vauguyon tendaient à s'ingérer dans ce qui regarde l'intérieur de la maison de madame la Dauphine et à s'y procurer assez d'autorité pour parvenir à gagner une influence directe sur cette princesse et la mettre dans une sorte de dépendance. Dans la conduite de ce projet, le duc de la Vauguyon crut d'abord qu'il lui conviendroit de former d'abord quelque lien de bienveillance de la part de M. le Dauphin envers la comtesse du Barry. Ce prince avoit, depuis quelque tems, marqué un grand désir d'être admis à souper à Saint-Hubert, où le Roi fait de fréquens voyages et parties de chasse.

« Le duc de Saint-Mégrin, fils de M. de la Vauguyon, fut chargé par son père d'informer la comtesse du Barry de ce que souhaitoit le Dauphin ; cette femme ne manqua pas d'en faire la proposition au Roi, qui y consentit, de façon que depuis ce moment-là, M. le Dauphin a été de tous les petits voyages, y est resté à souper, et par conséquent s'est trouvé en quelque façon initié aux parties de plaisir où la favorite joue le premier rôle et où la décence n'est pas toujours bien scrupuleusement observée...

« Cependant il est résulté de cet arrangement un effet tout contraire de celui qu'on avoit en vue, parce que mesdames de France, alarmées du danger que pourroit courir le Dauphin, prirent le parti de ne lui rien laisser ignorer sur l'état de la favorite, sur les particularités les plus frappantes de sa vie et sur tout le désordre que sa présence occasionnoit à la cour. Cette instruction a fait sur l'esprit du Dauphin une si forte impression, que depuis ce temps-là, il a donné fréquemment des marques de répulsion pour la comtesse du Barry, laquelle sûrement ne se réhabilitera pas aux yeux du prince. »

Quel tableau étrange dans ces quelques lignes?
M. de la Vauguyon, que l'on a coutume de représenter comme l'un des chefs du parti des dévôts, cherchant à établir un lien de bienveillance entre le dauphin et madame du Barry! Le dauphin lui-même ne reculant pas devant la présence de la favorite pour assister à un souper de chasseurs! Enfin, mesdames de France se chargeant, par charité chrétienne, de la biographie de la favorite, et poussant le zèle jusqu'à inspirer à leur neveu, une aversion inextinguible contre l'objet de leur antipathie! On est surpris de voir le dauphin à l'âge de seize ans ignorer le rôle joué à la cour par la maîtresse du roi et initié au scandale que causait Louis XV, par les filles de celui-ci! Ce n'est pas le côté le moins choquant de toute cette histoire. Mais, comment admettre que le dauphin ignorât ce qu'était madame du Barry quand on le voit si bien instruit de ce qu'était madame de Pompadour?

Nous arrivons maintenant, en suivant l'ordre chronologique des événements, à la chute de M. le duc de Choiseul. Nous avons déjà dit que rationnellement, madame du Barry n'avait pu y travailler d'une manière ouverte, sans se mettre en contradiction avec elle-même puisqu'elle voulait à tout prix se concilier la faveur de madame la dauphine et tout au moins désarmer sa répulsion. Il faut rechercher si ses actes ont été d'accord avec cette induction et suivre attentivement sa conduite jusqu'au jour de la catastrophe.

Dans ce but, nous nous servirons principalement et alternativement de la correspondance de madame du Deffand et de celle de Mercy d'Argenteau et des lettres de Louis XV.

Voici d'abord une pièce qui émane de madame du Barry elle-même, c'est une lettre adressée par elle au duc de Choiseul, elle est ainsi conçue :

Je prends, Monsieur le Duc, tout l'intérêt possible à M. d'Arcambal. Vous savés mieux que personne combien il est bon serviteur du roy, et je désire que ma recommandation puisse ajouter à un titre qui vous est si prétieux. Je verrai avec une satisfaction extrême tout ce que vous pourrés lui procurer d'avantageux. Je suis, Monsieur le Duc, avec une extrême considération, votre très humble et trés obeïssante servante.

Versailles, ce 5 juillet 1770.

La comtesse DU BARRY.

Cette lettre n'est pas de la main de madame du Barry, elle n'est que signée par elle ; le corps de la pièce est de mademoiselle Chon du Barry, belle-sœur de la favorite ; elle est, du reste, d'une authenticité incontestable, puisqu'elle a été publiée dans la *Revue de Paris* de 1829 par M. Gabriel de Choiseul.

M. d'Arcambal était d'une famille de financiers (de payeurs des rentes de la ville). Il passe pour avoir été l'amant de madame du Barry avant la faveur de celle-ci [1]. S'il en eût été ainsi, aurait-elle osé s'adresser au duc de Choiseul, son ennemi irréconciliable ?

1. V. ci-dessus, p. 14. Abbé Georgel, vol. I. p. 175.

N'était-ce pas lui donner une arme redoutable contre elle, tandis qu'elle pouvait s'adresser secrètement au roi et parvenir à son but, sans même que le duc de Choiseul eût connaissance de sa démarche. M. d'Arcambal était très certainement au nombre des amis de madame du Barry. Il est souvent cité dans ses comptes comme recevant d'elle des sommes assez fortes sans doute pour pertes de jeu [1].

Mais il pourrait l'avoir connue comme Sainte-Foy, car il était comme lui d'une famille de financiers et spécialement de payeurs des rentes de l'Hôtel de Ville [2].

La recommandation de madame du Barry au duc de Choiseul prouve qu'à cette époque il n'y avait pas entre eux guerre déclarée; sans quoi elle ne lui aurait rien demandé ou elle aurait pris un autre ton. Son langage est celui de la confiance, probablement elle espérait encore désarmer les rigueurs du ministre. C'est l'attitude qu'elle a toujours eue, qu'elle conserva jusqu'au dernier moment, au rapport des témoins les plus autorisés [3].

Cette disposition d'esprit, qui tenait à son caractère, au sentiment de sa position, devait encore être fortifiée par son désir extrême de plaire à la Dauphine. La trêve dont nous avons parlé [4] existe donc encore à la date où nous nous plaçons. Elle fut troublée par une scène survenue, non pas entre les acteurs principaux de notre récit, mais entre leurs entourages plus ardents qu'eux-mêmes ; laissons-la raconter à M. de

---

1. V. tome II de cet ouvrage.
2. Voy. ci-dessus, p. 14.
3. Senac de Meilhan, *Madame du Deffand*. Louis XV, M. du Châtelet.
4. V. ci-dessus.

Mercy qui en rend compte dans sa correspondance avec Marie-Thérèse.

« Pendant le séjour que la cour a fait à Choisy, depuis le 10 jusqu'au 13 juillet, le Roi y fit donner des spectacles dans un théâtre trop resserré pour pouvoir contenir aisément tout le service et la suite de la famille royale ; il arriva que les dames du palais s'étant emparées des premiers bancs, refusèrent d'y faire place à la comtesse du Barry, et ses compagnes et amies, la duchesse de Mirepoix, et la comtesse de Valentinois. Ce refus occasionna des propos piquants, et la *comtesse* de Gramont, dame du palais de madame la Dauphine, en ayant tenu de plus vifs que les autres dames, et s'étant portée chef de parti dans cette dispute, les trois femmes ci-dessus en portèrent plainte et engagèrent le Roi à punir la comtesse de Gramont, en l'exilant à quinze[1] lieues de la cour.

« Je dois observer que la comtesse de Gramont est parente du mari de la duchesse de ce nom, et d'ailleurs fort liée avec toute la famille de Choiseul. Son éloignement causa une grande sensation... »

Cette sensation dut retentir jusqu'en Angleterre. Horace Walpole en écrivit probablement à madame du Deffand et commit une confusion (qui n'a pas encore cessé) entre la duchesse de Gramont, sœur propre du duc de Choiseul et la comtesse de Gramont, la dame du palais de la Dauphine, celle que Mercy signale comme ayant été chef de parti dans la dispute au théâtre de Choisy ; madame du Deffand rectifie l'erreur et explique ce qu'était cette comtesse de Gramont.

[1]. Quand il s'agit du rappel de madame de Gramont, ces 15 lieues dégénèrent en 25 lieues.

« C'est la comtesse, dit-elle, et non la duchesse. La comtesse est belle-sœur de la duchesse ; elle est veuve du comte, frère cadet du duc (*de Gramont*) ; elle s'appelait de Faux, demoiselle de Normandie, qui a eu beaucoup de bien ; elle n'est amie de nos parents (le duc et la duchesse de Choiseul) que par *bricole* ; le terme est juste, car elle est l'intime du prélat[1].

« Madame du Châtelet mène un grand deuil de cette aventure ; c'est sa meilleure amie ; elle n'est pas même de ma connoissance. Je ne l'ai rencontrée que deux ou trois fois : *elle me parut sotte, hardie et bavarde.* »

Le portrait n'est pas flatteur, il vaut la peine d'être noté. Madame du Deffand continue :

« J'ai dit et j'ai eu raison que j'étois bien aise que cette aventure fût arrivée en l'absence des miens, parce qu'on n'étoit pas à portée de leur imputer des propos imprudents, etc.[2]... »

Madame du Barry était bien présente à la discussion et elle en était la cause, mais elle ne paraît pas y avoir participé. On ne cite nul propos d'elle, et ses adversaires n'auraient pas manqué de relever ses paroles si elle s'était mêlée à la dispute, il suffisait bien de la comtesse de Gramont, telle que la dépeint madame du Deffand, elle avait toutes les qualités voulues pour jouer le rôle de provocatrice : sotte, hardie et bavarde, on comprend que son langage ait

---

1. Archevêque de Cambray, frère du duc de Choiseul.
2. *Nouvelles à la main de la Mazarine.* Le 12 juillet, M. le duc de Choiseul est parti pour sa terre de Chanteloup où il va passer huit jours

été plus vif que celui de ses compagnes et qu'elle se soit montrée chef d'attaque dans cette bataille de dames.

Madame la comtesse de Gramont était dame du palais de la Dauphine ; elle devait avoir une loge marquée. Elle était la première arrivée. Son tort ne pouvait consister dans le refus de céder sa place, à moins que cette place ne fût destinée à madame du Barry, ce qu'on ne dit pas. Le grief relevé contre madame de Gramont, serait de s'être livrée à des propos piquants, plus vifs que ceux des autres dames et d'avoir traité madame du Barry et ses amies avec une sorte de mépris [1]. C'est ce qui aurait excité le courroux de Louis XV. Le roi est extrêmement délicat sur tout ce qui regarde madame du Barry ; il ne pardonne ni n'oublie jamais la moindre chose qui pourrait la blesser [2]. Au nombre des personnes présentes était la maréchale de Mirepoix, elle aussi, avait la faveur du roi [3] ; elle était spirituelle, en crédit à la cour du temps même de madame de Pompadour. Elle était donc en position de se faire écouter et elle put peser de quelque poids dans la décision prise contre madame de Gramont. D'après Hardy, la comtesse de Gramont n'aurait pas été seule exilée dans ses terres, deux autres dames, qu'il ne nomme point, auraient subi la même disgrâce. Mercy n'en fait aucune mention et l'on doit naturellement penser qu'étant présent à Choisy il était mieux informé qu'un libraire demeurant à Paris. Dans le récit du rappel de madame de

1. Hardy.
2. M. de Creutz, *Gustave III*, par M. Geffroy, p. 212.
3. *Souvenirs de Lévis*, p. 63.

Gramont, trois mois plus tard, récit fort circonstancié [1], il n'est pas parlé de ces deux autres dames de la cour qui auraient été exilées, trois mois auparavant. Madame du Deffand, très peu portée à atténuer les faits à la charge de madame du Barry n'a parlé non plus que de madame de Gramont. Une note ancienne apposée, sur la correspondance avec Walpole, s'explique sur ce point avec détails : « La comtesse de Gramont avait été exilée à quinze lieues de la cour et de Paris (ce chiffre de quinze lieues est le même que celui de Mercy) pour quelque manque supposé d'attention ou de complaisance envers madame du Barry, *dont plusieurs* autres dames de la cour s'étaient également rendues coupables. *Elle fut choisie* pour donner un exemple de punition qu'on jugeait nécessaire [2]. » Voici ce que dit de cette aventure, le prince de Ligne, dans ses mémoires inédits publiés par la *Revue nouvelle* [3] :

« A en croire des anecdotes que l'on a mise sur mon compte, j'aurois dit (peut-être que cela est vrai), le jour où je trouvai toute la cour de Louis XV sens dessus dessous, parce qu'on avoit exilé la comtesse de Gramont pour avoir passé avant madame du Barry, en lui donnant un coup de vertugadin : Voilà ce que c'est que d'en avoir *un* et de ne pas avoir de *considération* (c'est ainsi qu'on nomme une espèce de *Paniers*). A propos de cela, la maréchale du Luxembourg dit qu'il n'y avoit que trois vertus en France : *vertuchou, vertubleu* et *vertugadin* [4].

---

1. V. *Lettres de Mercy*, du 16 novembre suivant.
2. V. Édit. de Lescure, I, p. 83.
3. Tome VII, p. 106. Paris, 1846.
4. « On pouvoit être plus piquante, il étoit impossible d'être plus aimable... Le roi Louis XV avoit pour elle une véritable amitié,

Mercy écrit à Marie-Thérèse le 24 septembre de Paris :

« Ce même jour je parlois au duc de Choiseul du prochain voyage à Chantilly, où toute la cour devoit se rendre et se trouver pendant deux jours vis-à-vis de la comtesse du Barry. Ces sortes d'occasions sont toujours très délicates pour madame la Dauphine ; je priai le duc de Choiseul d'être très attentif à tout ce qui pourroit survenir, et de donner à madame l'archiduchesse tels conseils que les circonstances exigeroient ; le ministre me le promit, et, dès le même soir, j'en prévins S. A. R., afin qu'elle sût à qui s'adresser, dans le cas où il lui surviendroit le moindre embarras. Je la suppliai en même temps de s'observer de très près et de ne point donner prise aux remarques que l'on chercheroit à faire sur la favorite.

« Le 27, madame la Dauphine alla à la chasse, et, le 28, à Chantilly ; j'appris ensuite par le duc de Choiseul que S. A. R. s'y étoit conduite de la façon la plus agréable pour le Roi et pour toutes les personnes qui étoient de ce voyage, pendant lequel il ne survint aucun événement.

« Madame l'archiduchesse ne s'y trouva point dans le cas de parler à la comtesse du Barry, et cette dernière n'eut pas non plus le moindre sujet de se plaindre[1]. Le Roi parut extrêmement content de madame la dauphine. »

On ne peut s'empêcher de remarquer une singulière contradiction dans le plan de conduite que se proposait M. de Mercy. Il voulait éviter de donner prise à des remarques que l'on chercherait à faire sur

il lui en donna plus d'une fois la preuve en payant des dettes que le goût du jeu et des dépenses immodérées lui firent contracter, p. 63. »

1. *Correspondance secrète*, vol. I, p. 51.

l'attitude de la Dauphine envers la favorite et en cela, il suivait les intentions de Marie-Thérèse, mais en même temps il remettait Marie-Antoinette entre les mains du duc de Choiseul, ce qui n'était pas un moyen d'atteindre son but d'éviter les complications. Aussi la Dauphine n'adresse-t-elle pas une parole à madame du Barry, ce qui nous paraît fort digne assurément, mais ce qui est en pleine contradiction avec le désir de la sacrée Majesté aux pieds de laquelle son confident se prosterne. On le voit dans la réponse de Marie-Thérèse du 2 octobre, où nous lisons : « Je vous envoie sa lettre (celle de Marie-Antoinette), elle ne paraît nullement entrer dans mon esprit... Elle dit de la Mazarin qu'elle se jetait au parti de la favorite et qu'elle s'est moquée d'eux... Je crains qu'elle se prévienne toujours plus [1]. » Ceci nous importe peu au reste, ce que nous devons seulement constater c'est que M. de Mercy ne relève aucune inconvenance à la charge de la favorite, aucune faute, quoique, dit-il, l'occasion fût délicate et quelle eût pour juge M. de Choiseul.

Les lettres qui suivent n'ont trait qu'à des intrigues subalternes pour des places de dames du palais, de femmes de chambre et autres objets de pareille importance. Madame la comtesse de Noailles, mécontente des procédés de la Dauphine envers elle, veut se démettre de sa charge... Mercy prévient M. de Choiseul, ils agissent l'un et l'autre auprès de Marie-Antoinette pour lui faire comprendre la gravité de cet incident : « Si la comtesse de Noailles venoit à se retirer, dit M. de Mercy, sa place pourroit être don-

---

1. P. 60, vol. 1.

née à une femme du parti de la comtesse du Barry et nommément à la maréchale de Mirepoix ou à la duchesse d'Aiguillon... Premier danger qui nous paraît plus comminatoire que réel, mais il en est un autre, le mariage du comte de Provence venait d'être conclu avec une princesse de Savoie :

« Quand la comtesse de Provence, continue M. de Mercy, sera ici, elle y prendra le pas sur Mesdames. On s'occupe déjà de lui procurer le plus d'éclat possible, parce que le parti du duc *de la Vauguyon et de la comtesse du Barry* comptent sur la protection de cette princesse. »

Plus loin Mercy parle encore « des démarches tentées vis-à-vis de la Dauphine par la comtesse de Marsan, le duc de la Vauguyon et plusieurs autres personnes de moindre calibre. »

C'est pour la seconde fois que M. de Mercy nomme M. de la Vauguyon et qu'il le désigne comme appartenant au parti de madame du Barry, c'était alors une mauvaise note, M. de la Vauguyon étant en butte à l'animosité des Choiseul. Il y a cependant ici à faire ce que nous avons fait pour M. d'Aiguillon, à rechercher ce qu'était cet homme si détesté, si avili. C'était, d'abord et avant tout, un brave militaire qui, depuis 1735, s'était distingué comme colonel du régiment de Beauvoisis, sur vingt champs de bataille, avait contribué au gain de la bataille de Fontenoy, par un trait de présence d'esprit remarquable ; avait figuré à Rocoux, à Laufeld, et n'avait terminé sa carrière militaire qu'en 1753. Il avait été nommé ensuite gouverneur des fils du Dauphin. Il était pieux, il se trouva en hostilité avec l'école philosophique et désigné comme chef des dévots, des partisans du retour des Jésuites.

Quelle était la portée de son esprit, la nature de ses enseignements? Un livre publié en 1851 contient la réponse à cette question. Louis XVI, avait rédigé un manuscrit intitulé : *Réflexions sur mes entretiens avec M. le duc de la Vauguyon, par Louis-Auguste Dauphin.* Il n'avait fait que tenir la plume ; le livre appartenait pour les idées à M. de la Vauguyon. Le caractère religieux dont elles sont empreintes n'excluent pas l'élévation ni la grandeur, un homme supérieur seul a pu les concevoir ; Louis XVI, dans sa simplicité, les a pratiquées et il leur doit l'espèce de beauté morale qui relève certains actes de son règne.

« Cependant la reine, dit madame Campan, haïssait M. de la Vauguyon, c'était lui seul qu'elle accusait des choses qui l'affligeaient dans les habitudes et même dans les sentiments du roi [1]. »

La correspondance de Marie-Thérèse avec Mercy confirme les mémoires de madame Campan et sur la haine de Marie-Antoinette contre M. de la Vauguyon et sur la cause de sa répulsion. Cette espèce d'aversion était partagée par Marie-Thérèse qui ne parle de M. de la Vauguyon qu'avec une sorte d'horreur [2].

Mercy s'exprime aussi en termes méprisants pour M. de la Vauguyon, le tout par suite de l'inimitié de M. de Choiseul [3]. Il est donc naturel que Marie-Antoinette, suive l'impulsion de ceux qui se chargent de la diriger. Tantôt elle attaque M. de la Vauguyon par des accusations sérieuses, et tantôt c'est par des plaisanteries [4], on est fâché de voir une princesse si jeune,

---

1. *Mémoires sur la vie de Marie-Antoinette*, C. V., p. 3.
2. V. p. 1, 113, 15, 26, 31, 51.
3. V. I, p. 279.
4. 4 août 1770, p. 31.

étrangère à la France où elle était depuis moins de trois mois, initiée à toutes ces haines de partis qu'elle ne pouvait connaître[1]. Elle commence par la Vauguyon et d'Aiguillon, bientôt ce sera Malesherbes et Turgot qu'elle voudra envoyer à la Bastille, comme plus tard, hélas ! elle préférera Mirabeau à Lafayette !

Quels étaient les griefs contre M. de la Vauguyon? Qu'avait-il fait qu'on pût lui reprocher avec tant d'acrimonie? Grimm va jusqu'à parler de ses crimes. Il n'en avait commis d'autre que d'avoir été l'un des favoris du Dauphin, détesté par conséquent de M. de Choiseul. Ce dernier a raconté lui-même dans ses mémoires l'origine de leurs brouilleries[2]. Le premier tort de M. de Vauguyon est d'avoir aspiré à remplacer son beau-père, le duc de Béthune, comme chef du conseil de finances, tandis qu'il avait prouvé par ses œuvres qu'il était absolument dénué de sens commun et des connaissances politiques les plus triviales (*sic*). Une telle ambition n'aurait eu à coup sûr rien d'excessif dans un temps où les survivances étaient de droit commun et quant à l'ineptie ou au style, le livre que nous avons déjà cité permet de reviser les assertions tranchantes de M. de Choiseul. Mais il avait contre M. de la Vauguyon un bien autre grief sur le cœur. Il a raconté dans les plus grands détails l'historique d'un certain mémoire remis au roi par le Dau-

---

1. Elle dit à M. de Mercy, qui rapporte ses paroles :
« Si M. de Choiseul avoit intrigué avec la cour, cela ne pouvoit être comparé aux *horreurs* que l'on voyoit pratiquer ici par le duc d'Aiguillon, de la Vauguyon et leur cabale. » I. 26, 14 juillet 1770. Paris. — Marie-Antoinette est en France depuis le 10 mai. Deux mois s'étaient à peine écoulés ! Quels étaient ces actes horribles dont elle parlait ?
2. Tome Ier, p. 3.

phin en 1760. Dès cette époque des bruits d'expulsion éventuelle couraient contre les Jésuites. Ce mémoire avait pour but d'aller au devant de ces bruits et annonçait une connivence des ministres avec les adversaires de la société. La chose était vraie au fond (c'est-à-dire que Choiseul travaillait le Parlement, en lui immolant les Jésuites ; il n'y avait d'inexact que les dates et certains détails [1]). M. de Choiseul, inculpé, offrit au roi sa démission et, sur son refus de l'accepter, exigea une sorte d'enquête administrative devant M. Berryer, M. Bertin, M. de Saint-Florentin, M. le Président, M. le Procureur général et plus tard devant le roi lui-même. Des témoins furent entendus, il resta prouvé que M. le duc de Choiseul n'avait parlé qu'en plaisantant des Jésuites et qu'il n'avait été question d'aucun plan contre leur congrégation. Il fut donc justifié. En même temps il fut allégué qu'un mémoire tout semblable à celui qui avait été remis au Dauphin avait été vu entre les mains de M. de la Vauguyon, que le mémoire contenait plusieurs faits relatifs à l'expulsion des Jésuites, à la discipline du Parlement, aux édits Bursaux, etc., diverses personnes de l'entourage du duc de la Vauguyon furent désignées. Elles ne furent pas entendues. Le duc de la Vauguyon lui-même ne fut pas appelé, confronté. M. de Choiseul se garda bien de le faire entendre, malgré la maxime de toute justice, *audiatur et altera pars*, ce n'est pas ce qu'il voulait, il lui suffisait de sa propre justification, il se souciait peu de celle des autres, aussi quoique le roi regardât le dénonciateur comme un fripon [2] quoiqu'il partageât lui-même cette

1. Michelet. *Louis XV*, p. 131.
2. P. 54.

opinion [1] il termine son récit par cette conclusion triomphale :

« Ce qu'il y a d'étonnant dans toute cette aventure c'est qu'elle n'ait pas assez frappé le Roi pour l'engager à retirer de l'éducation de ses petits-fils un gouverneur tel que M. de la Vauguyon. Ce qu'il y a pour le moins d'aussi étonnant, c'est que je n'aie pas même songé à faire punir les intrigans dont j'avois à me plaindre. J'étois bien le maître de la punition. Je méprisai la vengeance comme je méprisois la personne de M. de la Vauguyon ; en quoi j'eus tort, car je pouvois mépriser la vengeance, mais non pas la justice. »

M. de Choiseul n'a nullement méprisé sa vengeance : il l'a prudemment différée ; au lieu d'attaquer en face un adversaire qui était de taille à se défendre, il a préféré attendre qu'il fût mort, pour diffamer sa mémoire, en quoi il a raison de dire qu'il n'a pas respecté la justice. Il termine ainsi [2] :

« Jamais, depuis, le Roi ne m'a parlé de cette affaire, ni moi à lui. Je l'ai écrite pour mon *amusement*, quoiqu'elle soit à présent fort peu intéressante, et pour donner à connoître à ceux qui la liront le motif de la haine de M. de la Vauguyon contre moi, l'honnêteté dévote de ce gouverneur des enfans de France, et l'attention que l'on doit avoir à la Cour de connoître l'auteur d'un mémoire, avant que d'en dire son sentiment. »

M. de Choiseul écrivait ces lignes en 1778, il oubliait que, depuis 1763, les Jésuites étaient proscrits de

1. *Ibid.*
2. P. 55.

France et proscrits en grande partie par son fait. Le Dauphin qui était leur partisan pouvait donc très légitimement s'occuper en 1760 de leur expulsion imminente et il était permis apparemment au duc de la Vauguyon, son favori, de faire présenter un mémoire en leur faveur. Non certes que nous partagions ces idées, notre répugnance reste entière contre la domination abusive de cette société, contre son esprit inquisitorial, contre ses tendances ultramontaines. On pouvait les combattre, mais loyalement, au grand jour et en leur laissant la faculté imprescriptible de se défendre. C'est ce que n'aurait pas voulu M. de Choiseul qui trouvait plus commode de supprimer un adversaire que de l'écouter. M. de la Vauguyon lui faisait ombrage : il aspirait, suivant lui, à devenir ministre, il avait des visées politiques; c'était un crime irrémissible. « Naturellement jaloux... dit un de ses admirateurs... sa présomption est poussée à l'extrême et l'on aperçoit à chaque instant la différence infinie qu'il met entre lui et les autres hommes; » avec de pareilles dispositions qui nous sont rappelées par Besenval, on comprend ses haines à outrance contre ceux qu'il supposait être des rivaux, M. d'Aiguillon, M. de la Vauguyon. Ses colères passaient de lui à son entourage et devenaient de proche en proche des arrêts de proscription.

Il possédait, au suprême degré, l'art perfide de faire circuler et surtout d'accréditer[1] ces accusations

---

1. « Quoi que fît Choiseul, il avait l'opinion, la presse, les salons, Ferney. Cela le rendait impeccable d'une sécurité étonnante. Choiseul, sa sœur, avaient l'absolution d'avance dans leurs actes les plus risqués; à tout on mettait la sourdine. » Michelet, *Louis XV*, p. 159 et tout le développement qui suit.

insaisissables au fond desquelles on ne trouve rien. Le rôle qu'il avait dévolu à M. de la Vauguyon était celui d'une méchanceté atroce unie à une incapacité profonde. C'est sous ce masque hideux qu'il est constamment représenté. C'est imbue de ces préventions que Marie-Antoinette arrive en France et qu'elle juge M. de la Vauguyon. Tantôt il écoute aux portes[1], tantôt il s'efforce de détourner le Dauphin d'aimer sa jeune femme; double invraisemblance et qui aurait dû tomber devant le moindre examen même avant qu'on ne connût l'obstacle physique qui s'élevait entre les deux époux. M. de la Vauguyon avait, il paraît, fait retirer les grandes entrées chez M. le Dauphin à certaines personnes, la Dauphine les leur fait rendre, on ne sait pourquoi[2]. Marie-Antoinette repousse avec énergie la possibilité d'avoir pour dame d'atours la duchesse de Saint-Mégrin (la belle fille de M. de la Vauguyon) et même elle s'aventure jusqu'à dire au prince son époux que le duc de la Vauguyon et son fils, le duc de Saint-Mégrin, étaient *deux fripons* dont on ne saurait assez se méfier[3]. Le Dauphin secoue la tête sans répondre, ce que Mercy prend pour une espèce d'adhésion...? Nous en doutons pour l'honneur de Louis XVI qui ne pouvait souscrire à des accusations aussi flétrissantes contre un vieux soldat qui avait servi glorieusement son pays, qui avait été l'ami de son père et l'avait remplacé auprès de lui pendant son éducation.

Ce même jour, M. le Dauphin devait souper à l'Her-

---

1. P. 17. *Lettre de M.-A.* du 9 juillet.
2. P. 28, 20 août 1770.
3. P. 35.

mitage[1], petit château situé à la porte de la ville où le roi fait souvent ses retours de chasse avec la société la plus intime et nommément avec la comtesse du Barry[2].

La Dauphine regrette que le Dauphin soit entraîné à ces soupers.

Madame de Noailles conseille à la Dauphine de demander à y être admise.

Marie-Antoinette trouve cela peu convenable; elle consulte Mercy qui la renvoie à M. de Choiseul. Celui-ci n'est pas d'avis que S. A. R. demande à être des soupers au petit château, mais si le roi le lui proposait, elle devrait s'y prêter *avec une apparence de plaisir*.

Spectacle étrange qui contredit tout ce que l'on croyait savoir de l'histoire de ce temps! Toujours on avait considéré la présence de madame du Barry comme imposée à la Dauphine par l'indigne condescendance de Louis XV pour sa maîtresse. Mais voici que les rôles changent. C'est au contraire la Dauphine que l'on pousse à assister aux soupers intimes, aux retours de chasse du roi et de la favorite; il faut le dire à la louange de Marie-Antoinette, ce n'est pas elle qui a conçu cette pensée, mais chose non moins

---

1. Voici comment madame de Pompadour, décrit elle-même cette habitation, construite par elle dans un coin du parc. « Certain Hermitage près la grille du dragon à Versailles, où je passe la moitié de ma vie, il a 8 toises de long, sur 5 de large et rien au-dessus, jugés de sa beauté. Mais j'y suis seule ou avec le roy et peu de monde ainsy j'y suis heureuse, on vous aura mandé que c'est un palais... Mais c'est de mode à présent à Paris de deraisoner sur tous les points. » (*Lettre à madame la comtesse de Lutzelbourg.* Collection Artaud).
2. 20 août 1770, p. 39.

extraordinaire, c'est madame la comtesse de Noailles, celle qui représentait, qu'on surnommait madame l'Étiquette. M. de Choiseul montre plus de réserve et cependant telle est la force de ses habitudes de courtisan qu'il gâte ce que son conseil pouvait avoir de méritoire, en ajoutant une restriction : et cette recommandation caractéristique (avec une *apparence* de plaisir) on ne voit point par la suite de la correspondance que Marie-Antoinette ait eu besoin d'avoir recours à cette dissimulation hypocrite, le Dauphin assiste aux soupers de l'Hermitage sans que la Dauphine fût obligée d'y figurer[1].

Nous avons déjà observé la tendance d'un certain parti à attribuer à madame du Barry tout ce qui lui déplaisait. Un point quelconque était-il obscur, irritant, gênant, sa solution était toute trouvée. C'était la favorite et sa cabale, là était l'obstacle et la solution, l'explication. Nous trouvons ici deux exemples de cette tactique qui était celle des Choiseul et de leurs adhérents.

Le cardinal de Bernis avait terminé, en apparence du moins sa carrière politique. Il était cantonné dans son ambassade auprès du Saint-Siège, toujours content de lui-même, il ne satisfaisait pas autant les autres, notamment ses collègues du corps diplomatique qui lui reprochaient son ambition, ses fourberies. En septembre 1770 le marquis de Grimaldi écrit d'Espagne au comte de Fuentes.

Nous remarquâmes très bien dans cette dépêche, en premier lieu, la cabarderie du cardinal (la fraude), et ensuite les impostures dont il nous charge, et nous découvrîmes

---

1. V. p. 347; 16 sept. 1772.

qu'il vise ses idées (sic) à s'emparer d'abord des affaires de Rome, et peut-être, à l'avenir, de toutes les affaires de la monarchie, en retournant au ministère. A cet objet, le cardinal a imaginé sans doute qu'il lui conviendroit de détruire la confiance qui reigne (sic) entre nos deux Cours, et décréditer le duc de Choiseul en décréditant le système que ce ministre tient si fort à cœur de soutenir la même union et confiance ; et nous croyons par conséquent que le dit cardinal aura bien quelqu'un avec qui s'entendre à la Cour de France à ce sujet, attendu la cabale qui a pour point *d'appui madame du Barry.*

LETTRE DE M. LE MARQUIS DE GRIMALDI

A M. LE COMTE DE FUENTES [1].

S. M. écrit au Roy son cousin pour lui demander ouvertement de retirer les affaires d'entre les mains du cardinal de Bernis, en satisfaction des injures dont le cardinal est l'inventeur et celui qui les fait courir, ayant ajouté à l'imposture de la négociation secrète celle de dire que le ministère espagnol étoit fâché que la France soit réintégrée dans le comtat d'Avignon, sans que je vous rapporte ici d'autres inventions du même cardinal non moins odieuses et *infondées*. Mais S. M. s'arrêta à penser que c'étoit compromettre le duc de Choiseul qui nous avoit confié la susdite dépêche, en réfléchissant que la passion du Roy son cousin pour madame du Barry étoit si vive, qu'il pourroit arriver que S. M. ne réussît pas dans sa demande.

On lit encore dans la lettre de Mercy, du 20 août 1770 (déjà citée ci-dessus) :

---

1. Reçue par un courrier extraordinaire, septembre 1770 (p. 402 encre rouge), Espagne, 1770, 360.

Ce même jour[1], madame l'Archiduchesse demanda que la place de Dame du palais, occupée par la comtesse de Tonnerre, qui se retire, fût donnée à sa belle-fille, et le roi y consentit sur-le-champ, quoique la cabale de la comtesse du Barry eût intrigué pour que cette même place fût donnée à une autre dame.

Madame du Barry n'était donc pas omnipotente, comme on le dit et comme le font croire les *Anecdotes?* Son pouvoir sur le roi n'était pas absolu, même dans les petites choses, et la Dauphine avait souvent la préférence, à coup sûr bien légitime qu'elle méritait. Ce n'est pas, au reste, madame du Barry qui est personnellement mise en cause par M. de Mercy : c'est sa cabale, c'est-à-dire son entourage, pire qu'elle même.

M. de Mercy continue sa lettre ou plutôt ce qu'il appelle très justement son journal, et il place, sous la date du 14 août, le récit d'un entretien qu'il a eu avec la Dauphine. Elle lui parle de sa conversation avec M. de Choiseul et ensuite du Dauphin en disant :

« Qu'elle en était contente, que tous les petits défauts de son extérieur, provenaient de l'éducation négligée qu'il avait eue, mais que son fond était excellent, qu'il étoit le meilleur enfant et du meilleur caractère (ce sont ses propres termes, prononcés d'un air touché et attendri). Elle ajouta que rien ne la gênait dans ses conversations avec le Dauphin, qu'il lui marquait du plaisir à l'entendre et de la confiance ; que, quoiqu'il fût fort réservé sur le chapitre des gens qui l'entourent, elle était à présent bien assurée qu'il connaissait le duc de la Vauguyon et son fils et qu'il ne les aimait ni ne les estimait qu'il

---

1. 12 août.

méprisait souverainement la comtesse du Barry et les gens de sa cabale; que lui ayant demandé pourquoi il se laissait entraîner dans la société de ces gens-là, M. le Dauphin avoit répondu qu'il fallait bien user de prudence et se prêter pour l'amour de la paix... »

Encore le duc de la Vauguyon et son fils, mis en scène et toujours rapprochés de madame du Barry et des gens de sa cabale pour exciter le Dauphin à la haine et au mépris de son ancien gouverneur. Nous ne parlons pas de ces sentiments contre la favorite qui pouvaient être spontanés et qui étaient justes. Il en était autrement de cette aversion de M. de la Vauguyon qui nous choque dans une princesse, si jeune, si inexpérimentée. Il nous semble, qu'au lieu de ces haines prématurées, il eût mieux valu la neutralité jusqu'à ce qu'elle eût mieux connu la Cour de France. Ce sera là le malheur de Marie-Antoinette, d'épouser les passions des partis jusqu'au jour où elle expiera si cruellement cette tendance néfaste.

D'un autre côté, est-il rien de si blessant que de voir les conversations les plus intimes des jeunes époux, reportées par la Dauphine à un tiers, puis par ce tiers à une cour étrangère; et peut-on s'étonner de la réserve de Louis XVI, de la défiance universelle qui finit par s'emparer de Marie-Antoinette elle-même?

Le 30 octobre, Marie-Thérèse écrit à Mercy une lettre entièrement autographe, dans laquelle on lit ce passage :

« On débite ici tout plein de choses peu favorables à ma fille, c'est ce qui me fait encore plus souhaiter l'arrivée du courrier, ne voulant rien croire que ce que vous me dites. On dit que le roi devient réservé et embarrassé avec elle, qu'elle heurte de front la favorite, que le Dauphin est pire que jamais, et plus qu'indifférent pour ma fille. »

Naturellement Mercy se récrie sur la fausseté de ces rumeurs :

« Je puis protester, dit-il, sur la foi et la fidélité que je dois à mon auguste Souveraine, qu'il est absolument faux que le roi devienne réservé et embarrassé vis à vis de madame la Dauphine, laquelle au contraire gagne journellement sur l'amitié et les égards de ce monarque. C'est avec aussi peu de fondement qu'on accuserait S.A.R de heurter de front la favorite ; il n'y a jamais eu que de petits propos tenus contre cette femme et que Mesdames ont toujours été les premières à mettre en train ; même à présent madame la Dauphine est plus réservée (*sic*) sur les propos en question, au point qu'il se passe des semaines sans qu'on puisse en citer un seul[1]... »

Ces protestations sont un aveu.

Il est curieux de savoir quels sont les moyens d'information qui étaient à la disposition de Mercy et qu'il énumère avec complaisance :

« Je me suis assuré de trois personnes du service en sous-ordre de madame l'archiduchesse ; c'est une de ses femmes et deux garçons de chambre, qui me rendent un compte exact de ce qui se passe dans l'intérieur : je suis informé jour par jour des conversations de l'archiduchesse avec l'abbé de Vermond auquel elle ne cache rien ; j'apprends par la marquise de Durfort jusqu'au moindre propos de ce qui se dit chez Mesdames, et j'ai plus de

1. *Lettre* du 12 novembre 1770, p. 98.

monde et de moyens encore à savoir ce qui se passe chez le roi. A cela je joins encore mes propres observations, de façon qu'il n'est pas d'heure dans la journée de laquelle je ne fusse en état de rendre compte sur ce que madame l'archiduchesse peut avoir fait, dit ou entendu, surtout pendant les séjours à Compiègne ou ici (Fontainebleau) et j'ai donné à mes recherches toute cette étendue parce que je sens combien le repos de S. M. y est intéressé. »

Madame la Dauphine est plus réservée dans ses propos, il y a donc un temps où elle s'y livrait sans réserve; et quant à l'attitude du roi, on va voir, par une anecdote, que Mercy raconte lui-même que Marie-Thérèse n'était pas si loin de la vérité qu'il veut bien le dire [1].

Nous avons raconté la disgrâce encourue par la comtesse de Gramont; elle avait été exilée dans ses terres le 6 juillet 1770 pour une insulte à madame du Barry :

« Le soir du 19 novembre, dit M. de Mercy, me trouvant au jeu de madame la Dauphine, elle me dit que la comtesse de Gramont venait de lui écrire pour lui exposer que sa santé était dans un état à exiger de très prompts secours, qu'elle ne pouvait se le procurer à une campagne

---

1. Madame Campan (C. III, p. 79) n'hésite pas à attribuer ces *coupables délations* au prince Louis de Rohan, ambassadeur à Vienne. « Il représentait, sans cesse, dit-elle, la jeune Dauphine comme s'aliénant tous les cœurs par des légèretés qui ne pouvaient convenir à la dignité de la Cour de France. Cette princesse recevait souvent de Vienne des remontrances dont la source ne pouvait lui rester longtemps cachée; et c'est à cette époque qu'il faut rapporter l'éloignement qu'elle n'a jamais cessé de témoigner au prince de Rohan. »
On voit quelles sont les conséquences funestes de ces espion-

éloignée de vingt-cinq lieues de la capitale, qu'ainsi elle demandait en grâce qu'il lui fût permis de les aller chercher à Paris; sur quoi madame la dauphine m'ajoutant que s'agissant d'une de ses dames du Palais et d'une prière fondée sur des motifs si justes, elle était résolue d'en parler le même soir au roi... Après le jeu, madame l'archiduchesse qui soupait avec le roi prit occasion de lui exposer d'une façon pleine de grâce et de douceur la demande de la comtesse de Gramont et des raisons qui parlaient en sa faveur. *Le roi marqua un peu d'embarras* et dit à madame la dauphine qu'il y penserait et lui donnerait incessamment une réponse.

« Le 20 au matin, madame la dauphine, ainsi qu'elle en était convenue la veille, fit appeler le duc de la Vrillière et en l'instruisant de la démarche qu'elle avait faite auprès du roi, elle chargea le ministre d'aller prendre les ordres de S. M. et de ne pas lui laisser ignorer que c'était madame la dauphine qui l'envoyait. Le duc de la Vrillière s'acquitta de la commission et le roi lui dit qu'avant tout il s'agissait de vérifier si la comtesse de Gramont était réellement malade, qu'à cet effet on devait dépêcher un courrier au médecin de cette comtesse, pour en avoir une attestation, qu'indépendamment il fallait aussi prévenir la comtesse du Barry, dont le consentement était nécessaire au retour d'une personne qui ne se trouvait exilée que pour l'avoir offensée. Le duc de la Vrillière obéit et après avoir expédié le courrier, il alla exposer le fait à la favorite, qui témoigna d'abord vouloir s'opposer au désir de madame la dauphine. Le même jour, le duc de Choiseul parla au roi sur le sujet

---

nages. Marie-Antoinette observée de près par Mercy d'Argentan qui avoue avoir corrompu la domesticité de la Dauphine, s'en prend au cardinal Louis de Rohan ; celui-ci, injustement accusé, fait tout ce qu'il peut pour regagner les bonnes grâces de la Souveraine ; et l'affaire du Collier naît des indignes pratiques de Marie-Thérèse avec son ambassadeur.

en question et lui présenta, dans les termes les plus forts, que sa bonté, son humanité, seraient honteusement compromises, s'il rejetait la prière de la comtesse de Grammont; cependant le monarque ne se décida point encore.

« Le 21, toute la journée se passa sans événement. Le soir, il y eut souper en public, et après le grand couvert, madame la dauphine reparla au roi de la comtesse de Gramont. S. M. en prenant un air sérieux répondit : « Madame je crois vous avoir dit que je vous donnerais une réponse quand il serait temps. » Madame la dauphine, sans le moindre embarras, répliqua : « Mais papa, indépendamment des raisons d'équité et de justice, songez donc quel chagrin ce serait pour moi si une femme attachée à mon service venait à mourir dans votre disgrâce. » Ces mots, prononcés d'une façon charmante, firent le plus grand effet sur le roi; il sourit et reprenant le ton d'amitié, il assura madame la dauphine qu'elle serait satisfaite incessamment.

« Le 23, le courrier dépêché au médecin de la comtesse de Gramont revint avec les attestations nécessaires, le roi, avant de se rendre au spectacle, ordonna au duc de la Vrillière d'envoyer sur-le-champ à la comtesse de Gramont, et cette permission fut expédiée à l'insu de madame du Barry...

« Aussitôt que madame la dauphine vit le roi, elle le remercia de la permission accordée, et le roi lui dit d'un *air riant* : « Madame, j'ai exécuté vos ordres [1]. »

---

1. Louis XV s'est toujours montré dur et, il faut le dire, inhumain envers ceux qui avaient encouru sa disgrâce. Les deux faits suivants en sont la preuve :

MÉMOIRES DE LUYNES.

Mercredi, 25 novembre 1744.

J'ai appris depuis quelques jours que Chauvelin, ci-devant

Triomphe de madame l'archiduchesse — le duc de Choiseul et la duchesse de Gramont, vont lui faire leurs remerciements et Mercy présente tout à l'avantage de Marie-Antoinette.

Mesdames déclarent qu'elles n'auraient jamais eu ce courage et qu'on voyait bien *que l'archiduchesse n'était pas de leur sang* [1].

Cependant, il est douteux que le roi fut aussi satisfait que le narrateur semble le dire. Ces mots « madame, j'ai exécuté vos ordres » pourraient bien être ironiques comme le sourire dont ils sont accompagnés. Ce qui le prouve, c'est la suite qu'eût cette affaire, Madame la comtesse de Gramont n'était pas rappelée à

garde des sceaux, se trouvant assez mal d'une hydropisie, à Riom, avait fait demander la permission au Roi, par M. le président Chauvelin, son neveu, de se rapprocher de Paris, pour être plus à portée de voir des médecins habiles ; le président Chauvelin insista sur la nécessité extrême où il était de consulter sur son mal. Le Roi répondit qu'il voulait bien qu'il vînt à quarante lieues de Paris. M. le président Chauvelin eut beau représenter que cet éloignement était encore bien considérable par rapport à l'état dans lequel il se trouvait, le Roi répondit toujours quarante lieues, sans vouloir rien accorder de plus.

SENAC DE MEILHAN

LE COMTE D'ARGENSON [*]

Une personne ayant représenté au Roi que M. d'Argenson (alors exilé depuis six ans) aurait besoin de revenir à Paris pour sa santé... La permission lui fut refusée et ne lui fut accordée qu'en 1765, après la mort de madame de Pompadour et peu de temps avant celle de ce ministre.

[*] Ed. Poulet, p. 372.

[1]. Déclaration bien peu croyable, puisque Marie-Antoinette était petite-fille de notre Henri IV et plus rapprochée de lui, de deux degrés que Louis XVI.

la cour; elle ne revenait qu'à Paris, et elle y était encore, toujours en disgrâce en 1773, madame la Dauphine renouvela ses sollicitations. Louis XV répondit « Nous verrons » et le lendemain, suivant sa coutume, il écrivit une lettre, conçue en ces termes :

« Vous êtes bien mal conseillée, ma chère fille, de demander le retour de madame de Gramont; cela ne peut vous être suggéré que par le parti des Choiseul, dont vous êtes entourée. L'accès que vous leur accordez ne s'accorde pas avec les sages conseils que vous recevez de l'impératrice; ainsi, ce que je crois avoir de mieux à faire pour vous, relativement à votre demande, c'est de n'en parler à personne. »

Voilà donc qu'elle était la pensée qui se cachait sous l'air riant du roi. Marie-Thérèse ne s'y était pas trompée et elle avait pu dire avec vérité à sa fille que le roi se refroidissait pour elle, qu'elle heurtait de front ses sentiments, etc.[1].

Aussi, dans la première lettre qu'elle écrit à Mercy après cet incident de madame de Gramont, elle dit :

Vienne, le 1er décembre.

COMTE DE MERCY.

« J'ai reçu vos lettres du 16 du mois passé, je vous rends toujours une justice d'être le plus utile à ma fille, la Dauphine. Je crois cependant qu'elle aurait mieux fait de mettre moins de chaleur dans l'affaire de la comtesse de Gramont.

1. Tome II, p. 24.

La lettre sévère que Marie-Antoinette s'attira deux ans plus tard prouve que l'appréciation de Marie-Thérèse était juste et qu'il aurait été plus politique, nous ne disons pas plus généreux de montrer moins de zèle pour une alliée des Choiseul.

Nous approchons du 24 décembre, date de la disgrâce du ministre. Il faut donc résumer les symptômes précurseurs de sa chute.

Dès le mois de juillet, Marie-Antoinette, dans une explication avec le Dauphin, fait entendre ces paroles :

« Il est bien fâcheux que, par des motifs d'intrigues personnelles, le Roi ait été entraîné dans les liaisons où il se trouve et qui occasionnent tant de désordre à la Cour et que tout cela se tramait pour effectuer la perte du duc de Choiseul.

Le Dauphin répond à madame la Dauphine :

« Qu'elle ne savait pas tout ce que le duc de Choiseul avait fait pour parvenir au poste qu'il occupait, ni combien il avait intrigué lui-même avec madame de Pompadour et aidé dans le temps à l'accroissement du crédit de cette favorite.

« Un mois après, le 9 août, dit M. de Mercy, le duc de Choiseul eut une violente dispute avec le duc de Richelieu, à l'occasion de ce que ce dernier avait débité que la comtesse de Gramont, en allant aux eaux de Barrège et passant par la Provence, avait cherché à soulever les parlements de ces deux provinces, contre les décisions de la Cour dans l'affaire du duc d'Aiguillon. La dispute en question fit grand bruit à la Cour; madame la Dauphine m'en parla et ne me parut pas informée pour madame la duchesse de Gramont. Je dis à S. A. R. que cela avait toute l'apparence d'une mauvaise tracasserie faite au duc de Choiseul, et que probablement la comtesse de Gramont était innocente du fait dont on l'accusait. Madame la Dauphine ne m'en parut pas persuadée, sans me dire cependant les raisons qu'elle avait de croire le contraire, elle ajouta simplement qu'elle me les dirait dans une occasion où elle pourrait me parler tout à son aise[1]. »

On a déjà vu à quel point Marie-Antoinette était dévouée au parti des Choiseul[2]. Cependant elle croit à la vérité de l'accusation portée contre madame la duchesse de Gramont. M. de Mercy plaide en sa faveur. La Dauphine persiste : elles a ses raisons ; elle les dira plus tard : par malheur on ne les trouve pas dans la suite de la correspondance : il eût été très curieux de les connaître. Ce qui reste, c'est le fait d'une violente dispute entre M. le duc de Richelieu et M. le duc de Choiseul au sujet de ce voyage de madame la duchesse de Gramont et des menées qu'elle se serait permises auprès des parlements. La querelle, dit M. de Mercy, fit grand bruit à la cour.

On en trouve l'écho dans les *Anecdotes*, qui reproduisent probablement en ce point les nouvelles à la main du temps, ce qui prouve que la connaissance de cet événement avait passé de la cour à la ville.

---

1. *Lettre de Mercy à Marie-Thérèse*, du 4 août 1770, t. Ier, p. 36.
2. « Compiègne, 20 août 1770. Après-midi, S. A. R. alla promener à la forêt : elle y rencontra la duchesse de Choiseul et le duc de Praslin : elle fit arrêter sa voiture pour leur parler. Madame la Dauphine ne manque jamais une de ces occasions à donner des marques de ses bontés : elle s'en acquitte toujours avec autant de jugement que de grâce et cela fait ici d'autant plus d'effet qu'on y est fort peu accoutumé (t. XXXIV). »

« Madame la duchesse de Gramont, qui s'était alors par jalousie exilée de la Cour, qui voyageait, et sous prétexte d'aller aux eaux, avait passé par différentes provinces de la France où il y avait des parlements, leur donner (c'est-à-dire à MM. d'Aiguillon et de Maupeou), matière à une inculpation plus grave et plus odieuse. Ils firent entendre au monarque qu'elle avait eu des conférences avec eux et les avait excités à la résistance en leur assurant la protection de son frère. Cette accusation fit un tel effet sur l'esprit de S. M. qu'elle se refroidit sensiblement envers lui. Elle ne l'honora pas d'un mot de conversation quoiqu'elle continuât cependant à travailler avec lui et à l'admettre à ses soupers. Cet état de disgrâce fut bien remarqué par les courtisans et en éloigna beaucoup [1]. »

Les *Anecdotes* ne mentionnent que MM. d'Aiguillon et de Maupeou ; Mercy fait entrer en ligne M. de Richelieu et le met aux prises avec M. de Choiseul. La scène devient du plus haut intérêt. On voit là deux puissances d'égale force qui s'abordent. M. de Choiseul qui a le pouvoir, son audace, son orgueil sans limites.

M. de Richelieu qui a son grand nom, sa haute renommée militaire, la faveur du roi et son épée. L'un se plaint des propos répandus sur la duchesse de Gramont sa sœur, l'autre soutient sans doute la vérité, des bruits qui se rapportent à son gouvernement. La dispute est violente, la cause est grave, car la question qui l'agite est celle de la royauté et des parlementaires. Les détails nous manquent, l'impression générale seule nous est transmise et la révélation de Mercy se trouve d'accord avec d'autres documents contemporains. Ainsi, le 13 août, le Parlement de Bordeaux fait défense aux habitants du duché d'Aiguillon de

---

1. *Anecdotes*, p. 178. Édition de 1776.

porter leurs appels devant lui, consacrant ainsi l'arrêt du Parlement de Paris qui avait dépouillé le duc d'Aiguillon de ses privilèges. Immédiatement le Parlement de Toulouse se joint à celui de Bordeaux. Enfin, on lit dans une lettre de madame du Deffand à Horace Walpole du 27 août :

... Il est impossible que la situation présente subsiste ; il faut qu'avant l'espace de neuf ou dix mois il arrive un changement. Il y a une fermentation générale ; tous les parlements se donnent la main, tous marquent leur mépris et leur indignation contre le chancelier... Nous sommes accablés de remontrances, de représentations, de réquisitions, d'arrêts, de lettres patentes... elles m'ennuient si fort que c'est tout ce que je peux faire d'en entendre parler, je me garde bien de les lire... J'aime fort mes parents, je le leur prouve par ma conduite... je prétends que leurs ennemis les servent mieux que leurs amis ; ceux-ci poussent leur zèle un peu trop loin ; leur imprudence, leur fierté, ressemblent un peu trop à l'insolence et ne peut manquer de déplaire et d'envenimer les esprits... Dans les arrangements que le public imagine, on dit que M. Séguier aura les affaires étrangères, M. de Paulmy, celui de la guerre, et M. d'Aiguillon, la marine. Tout cela n'arrivera pas, à ce que j'espère ; mais qui est-ce qui oserait en répondre? Rien n'est impossible à l'Amour ; on le peint aveugle, cette idée des poètes se réalise bien aujourd'hui... »

Ces dernières lignes contiennent une allusion évidente à madame du Barry. C'est toujours le thème du parti. Expliquer par la favorite tout ce qui peut être contraire aux Choiseul, même ce qui provient de leur propre fait, de leur faute personnelle avérée. L'aveu de madame du Deffand est bon à noter. La fierté, la provocation des amis du ministre ressemblent trop à l'insolence, et ne peut manquer de déplaire (sous entendu au roi), d'envenimer les esprits. Puis, au moment où cet aveu lui échappe, madame du Deffand, en véritable et incorrigible Choiseul, ajoute :

« Les autres (ceux du parti d'Aiguillon) ont tant d'infamies, de bassesses, de fourberies, et sont si fort à découvert, qu'ils sont en horreur au public, et qu'ils n'ont de partisans que leurs complices. »

C'est une personne, qui se pique de modération, qui tient ce langage; les autres, c'est-à-dire M. d'Aiguillon, M. de Maupeou, M. de la Vauguyon sont les coupables d'infamies, de fourberies et de bassesses. La vertu est représentée par les Choiseul, les Besenval, les maréchales de Luxembourg, les marquises du Deffand et autres personnages d'une moralité non moins sévère.

Ces mêmes rumeurs sur la chute prochaine du ministre, étaient répandues partout. Le 1ᵉʳ septembre Marie-Thérèse disait à M. de Mercy :

« De Spaa, on écrit que Choiseul sera disgracié, ou, au moins, on le laissera se retirer, le duc d'Aiguillon à sa place, — à la tête du militaire, Broglie, — à la place de la marine, Maillebois. Je n'en crois rien, mais ces bruits m'étonnent, je vous préviens pour votre direction seule [1]. »

Le bruit avant-coureur du grand événement circulait donc de Paris à Londres et de Belgique en France en passant par Vienne. On le conçoit, lorsqu'on suit

1. Vol. I, p. 47.

l'affaire des Parlements qui marchait toujours parallèlement. Le Parlement de Bretagne avait imité les parlementaires de Bordeaux et de Toulouse

Malgré toutes les défenses du roi, il continuait à s'occuper de l'affaire d'Aiguillon. L'union apparente ou réelle des parlements, qui tendaient à se constituer en un seul corps divisé en classes, les correspondances établies entre eux étaient considérées comme une confédération criminelle, comme un attentat à l'autorité royale. Le ministère résolut donc de frapper un coup d'État en faisant tenir au roi un lit de justice. Nous laisserons raconter l'événement à madame du Deffand, qui l'a retracé pour Horace Walpole sous une forme légère, mais saisissante :

Paris, lundi 3 septembre 1770.

« J'avois soupé le samedi (1er septembre) avec le grand-papa (M. le duc de Choiseul) et mesdames du Châtelet, et de Damas; rien n'annonçoit l'orage; le grand-papa étoit gai; il étoit arrivé le matin à Gennevilliers pour chasser; il devoit y coucher, le lendemain aller au Conseil à Versailles, et le lundi partir pour la Ferté, chez La Borde, d'où il devoit revenir le mercredi 5.

« Ce matin, à 10 heures, j'entends tirer le canon, je suis étonnée..., je sonne mes gens, on me dit : — La place Louis XV est pleine de mousquetaires. Le Roy vient d'arriver au Parlement. — Voilà que je me figure que tout est perdu, que l'on va faire main basse pour le moins sur une partie du Parlement, que peut-être..... Enfin, la tête me tourne. »

Après avoir formé divers projets, elle continue ainsi :

« Je reste dans mon lit et je m'endors, après avoir

entendu de nouveau le canon. Le Roy n'étant pas resté plus d'une demi-heure ou trois quarts d'heure au Parlement, à 2 heures, on lui apporte un bulletin de la grosse duchesse (madame d'Aiguillon)...; il ne s'est agi que de l'affaire de M. d'Aiguillon...; le Roy a réprimandé son Parlement, a fait enlever les minutes, les grosses et toutes les pièces de la procédure, a défendu qu'il fût jamais plus question de cette affaire, et a ajouté à cette défense les plus sévères menaces si l'on y contrevenoit.

« *Personne* n'étoit averti de la résolution qu'avoit prise le Roy, et ce ne fut que le dimanche à dix heures et demie du soir, au sortir du conseil, que le Roy déclara ce qu'il devoit faire le lendemain matin. Il le dit à tout le monde et particulièrement au grand-papa qui lui dit que, comme il ne lui étoit pas nécessaire dans cette occasion, il lui demandoit s'il ne pouvoit pas faire son petit voyage. Le Roy y répondit de bonne grâce. Le grand-papa partit le lendemain à six heures; il arriva ce soir à neuf ou dix, et la grand'maman revient aujourd'hui de Gennevilliers pour l'attendre. Je souperai avec eux ce soir.

— Je ne vous envoie point le *Bulletin* de madame d'Aiguillon, il n'est pas exactement fidèle. Je vous envoie l'imprimé du Parlement[1]. »

Le récit de madame du Deffand est fort intéressant, il donne bien la physionomie d'un lit de justice. L'aspect militaire, le bruit du canon, la présence du roi menaçante et rapide : Ce qui suit est encore plus curieux. On voit un conseil, auquel M. de Choiseul n'assiste point, quoiqu'il fût à Versailles. Il s'y prend une résolution importante et le duc ne la connaissait pas, puisque c'est par le roi qu'il l'apprend.

Le ministre passe outre et demande à faire son petit

---

1. V. aux *Pièces justificatives*.

voyage. Est-ce, pour affecter de ne point prendre parti contre le Parlement, ou bien agit-il par une suite de sa légèreté ordinaire ? Le moment était grave : cependant il se montre gai, il va à la chasse, il s'éloigne de la cour pour peu de jours il est vrai. Mais au milieu des rumeurs qui circulaient et que M. de Choiseul ne pouvait ignorer, son assurance paraît étrange, imprudente. L'attitude du roi devait lui donner à réfléchir. Cette détermination qu'il prend, sans le consulter, sans avertir personne, cette déclaration qu'il fait à l'improviste et qu'il répète à tout le monde, suivant son habitude, la bonne grâce même avec laquelle il accueille la nouvelle de l'éloignement du duc, tout devait mettre ce dernier en garde contre des projets cachés. Le langage du chancelier au sujet de M. d'Aiguillon, ne pouvait plaire à M. de Choiseul. Ces mots *honoré de la confiance du roi et chargé de ses ordres* étaient de nature à choquer un parti qui professait le plus souverain mépris pour M. d'Aiguillon. Il en était de même du passage qui déclarait *sa conduite irréprochable* alors que ses adversaires affectaient de le traiter en coupable, convaincu des plus grands crimes.

Probablement M. de Choiseul ne connaissait pas les termes du discours prononcé par le chancelier au nom du roi et, peut-être, est-ce lorsqu'il les connut, qu'il provoqua une explication à laquelle Louis XV répondit par la lettre citée page 350.

CHAPITRE XXVII

CAUSE VÉRITABLE DE LA CHUTE DE M. DE CHOISEUL ÉPISODE DES ILES MALOUINES [1]

(Décembre 1770)

Indépendamment des affaires du Parlement, il est une autre cause à laquelle a été attribuée la chute de M. de Choiseul. On a cru, on a dit qu'il voulait entraîner la France dans une guerre avec l'Angleterre, pour se rendre indispensable et perpétuer ainsi la puissance souveraine dont il disposait. Louis XV, au contraire, ne voulait de guerre à aucun prix et aurait sacrifié son ministre au désir de maintenir la paix, effrayé par les conséquences désastreuses que pouvaient amener de nouvelles hostilités, surtout pour les finances.

Suivant M. Coxe, le remuant ministre, c'est ainsi qu'il désigne M. de Choiseul, n'aurait pas été un instant, depuis le traité de 1762, sans chercher à prendre sa revanche contre les Anglais ; tantôt en s'emparant de la Corse que l'Angleterre convoitait, tantôt en poussant la Porte contre la Russie ou en excitant les Indiens à exercer leurs déprédations sur les établissements de l'Angleterre en Amérique.

---

1. *L'Espagne sous la Maison de Bourbon*, t. IV, p. 527.

Cette opinion fut reprise par Besenval dans *ses Mémoires* et par M. de Flassan dans son *Histoire de la diplomatic française*. L'autorité de ce dernier, paraissait assez grande en sa double qualité d'ancien attaché aux affaires étrangères et d'historiographe de de ce Département. L'un et l'autre, dévoués au parti Choiseul, avaient réservé une place émérite à madame du Barry, dans leur récit. Nous avions dû examiner de près leurs assertions et avec l'aide de la correspondance secrète de Louis XV, de Mercy et des mémoires de M. de Gleichen, nous avions pu arriver à une réfutation raisonnée, mais longue et fatigante. Heureusement, l'accès des archives anciennes du ministère des affaires étrangères a été ouvert au public, et à l'aide des dépêches authentiques, que nous avions vainement demandées à l'Espagne, la vérité s'est fait jour : pour la rétablir il nous suffira de quelques lignes au lieu de nombreuses pages.

Depuis le traité d'Utrecht, les Espagnols étaient restés en possession paisible des îles Malouines, situées à 80 lieues du détroit de Magellan, par les 57 et 17 degrés de latitude et de longitude. En 1769, les Anglais conçurent la pensée de s'établir dans ces îles, ils y construisirent un fort. Sur les plaintes des Espagnols, un commandant anglais, nommé Hunt, invoquant le droit de découverte, déclara que si l'Espagne ne se retirait pas de ces îles, il viendrait dans six mois en chasser les troupes de S. M. catholique. L'intendance de Buenos-Ayres, alarmée de ces menaces, envoya trois frégates qui canonnèrent le fort Egmont, et firent prisonniers les Anglais[1]. Grande émo-

---

1. 10 juin 1770.

tion à Londres. Le roi d'Angleterre fait aussitôt armer une escadre et menace d'hostilités immédiates, à moins que l'Espagne n'accorde ces deux points :

1° Réparation de l'insulte faite au pavillon anglais ;

2° Remise des choses en l'état où elles étaient en reconduisant les Anglais expulsés au port Egmont.

Le roi d'Espagne consentait à ces deux conditions, mais il demandait qu'il fût dit que les Anglais sortiraient des Malouines dans un certain délai, ou que tout au moins la question serait traitée diplomatiquement.

Les Anglais se refusaient impérieusement à cette concession, qui paraissait cependant assez juste. Mais ils voulaient surtout humilier l'Espagne et ils exigeaient une déclaration pure et simple, sans atténuation, sans commentaire.

« Le Roi d'Espagne, dit une dépêche du marquis d'Ossun, vivement affecté de la façon altière de traiter du ministère britannique et jaloux de sa gloire comme un ancien chevalier, auroit désiré la guerre plutôt que de subir une paix honteuse. »

« La nation espagnole, continue M. d'Ossun, s'est animée à un degré qu'on ne peut s'empêcher de qualifier de fanatisme. C'est une chose surprenante que cette nation à qui nous reprochions avec raison d'avoir une haine invétérée de la France ait adopté dans un instant des sentimens tout à fait contraires, les villes, les provinces, le haut clergé, les moines, le public offrent à l'envi leurs biens, leurs revenus, leurs personnes pour faire la guerre à l'Angleterre. »

Dans cette conjoncture, que devait faire M. de Choiseul ? S'il voulait la guerre, il n'avait qu'à se prononcer pour l'Espagne. Le traité de la quadruple alliance l'y autorisait et tout le pays était prêt à se lever, Charles III en tête, pour résister à une exigence inique. S'il voulait au contraire, forcer l'Espagne à la paix, il devait se déclarer pour l'Angleterre — car alors l'Espagne n'oserait pas affronter une lutte inégale et son gouvernement céderait. Nous allons laisser parler les dépêches conservées au département des affaires étrangères.

La première lettre adressée de France à M. Grimaldi manque. — Mais la réponse de M. d'Ossun fait connaître implicitement quel en était le contenu.

On y lit :

Je me suis borné à faire considérer, *selon vos ordres* :

1° Que la paix étoit préférable à la guerre et que c'étoit l'avis du Roi et de son ministère.

2° Que, quelque parti que S. M. jugeât à propos de prendre, il falloit qu'elle se déterminât promptement afin de n'avoir pas à combattre les incidents du Parlement qui s'assembleroit au mois de novembre prochain et la fougue redoutable du parti de l'opposition.

3° Qu'il étoit nécessaire que la cour d'Espagne déclarât du premier coup tout ce qu'elle pouvoit ou vouloit faire relativement à la satisfaction que le ministère britannique demandoit sur ce qui s'étoit passé au fort d'Egmont, parce que les circonstances ne permettent pas de filer la négociation.

LETTRE DE MILORD ROCHEFORT A M. WALPOLE

MINISTRE DE SA MAJESTÉ BRITANNIQUE A LA COUR DE FRANCE[1].

« S. M. R. approuve les propositions qui doivent être faites à la cour de Madrid par M. Harris et les trouve

---

1. P. 259.

justes et raisonnables (ce sont les deux conditions ci-dessus). M. le duc de Choiseul, dans sa lettre au marquis de Grimaldi, a *adopté le langage et les sentiments contenus dans les dépêches de lord Weimouth...* »

Suit un mémoire où se trouve énoncée clairement l'opinion du duc de Choiseul et qui montre la ligne qu'il suivra dans cette affaire :

« Il n'est pas dans l'ordre des procédés usités et reçus entre les puissances d'employer la force, sans avoir préalablement déclaré qu'on l'employera. Ainsi, l'Angleterre, quoique mal fondée dans les droits qu'elle revendique, a un juste sujet de se plaindre par rapport au procédé violent du général Bucarelli[1]. »

COPIE D'UNE LETTRE ÉCRITE PAR M. LE DUC DE CHOISEUL
A M. LE MARQUIS D'OSSUN[2].

Versailles, le 10 décembre 1770.

« Mon objet est de prévenir favorablement la cour de Madrid sur la démarche que j'ai faite à Londres. Je la crois en vérité juste et convenable, et je vous prie d'appuyer beaucoup sur les raisons que je donne à M. de Grimaldi pour la trouver telle.

« J'ai grand peur que le ministère anglais n'accepte pas mes propositions. J'aurai la satisfaction d'avoir fait plus que le possible ; mais, si elles étoient acceptées à Londres, je serois enchanté d'aller *en courier* vous les porter à Madrid et vous marquer le sincère attachement avec lequel j'ai l'honneur d'être... »

CONFÉRENCE AVEC FUENTES.

Nous sommes convenus ensemble qu'il n'y avoit pas

---

1. *Mémoire* présenté par l'ambassadeur de France, p. 13,
2. *Dern. mois.* 1770, p. 399.

d'autre moïen de conserver la paix que celui d'accorder purement et simplement la déclaration, de se fier aux Anglois sur la discussion du fonds du droit et de se borner à faire sur cette partie une déclaration verbale. Comme je pensois et que je pense encore que la réserve par écrit est de toute justice, je ne puis vous conseiller de vous en départir ; elle est si évidemment juste que, malgré ce que l'on mande de Londres, je suis persuadé que les Anglois l'accepteroient et que la seule difficulté seroit qu'ils y répondissent, de sorte que, pour abonder dans le désir de la paix et faire tous les sacrifices possibles, il faudroit autoriser le prince de Masseran à donner la déclaration sur les deux points ; dans un instrument séparé, la déclaration sur la réserve et se fier aux Anglois pour la réponse, en leur déclarant verbalement que, si leurs procédés et leur conduite ne sont pas tels que l'Espagne, d'après leur parole, a lieu d'y compter, S. M. C. ne désarmera pas jusqu'au tems où les effets auront correspondu aux paroles. Je ne vous conseille pas ce parti, mon cher confrère, car je ne conseille plus rien ; je vous dis seulement que c'est le seul qui puisse assurer la Paix. Mais, si vous le prenez, il faut le prendre promptement, car, si la réponse à ce courrier n'est pas à Londres avant le 10 janvier, je crains qu'elle n'arrive pas à tems. Si vous ne prenez pas ce parti, il faut prendre celui d'entrer en guerre vers la même époque, c'est-à-dire à la fin de janvier, et, dans ce cas, je croirois qu'il faudroit nous mander le jour que vous arrêteriez les vaisseaux anglois dans vos ports et que vous mettriez un embargo général, afin que nous fussions ici préparés pour en faire autant ; la déclaration viendroit la semaine après.

Vous êtes éclairci, mon cher confrère, sur la position ; ainsi, c'est au Roy d'Espagne à prendre son parti selon que sa sagesse lui dictera. Je ne vous dirai pas tout ce qu'il y a à dire sur l'incertitude des événemens d'une guerre entreprise surtout pour un aussi petit objet ; sur les dépenses de cette guerre; sur sa durée; vous savez, sur tous ces objets, ce qu'il y a à dire et à réfléchir; je ne crois pas que l'on puisse jamais sacrifier l'honneur de sa couronne, mais je ne pense pas, à vrai dire, que celui de la couronne d'Espagne soit compromis dans cette occasion; le fonds du droit ne touche qu'à l'intérêt, et il reste à calculer si cet intérêt équivaut les hasards d'une guerre.

Comptez toujours, mon cher confrère, sur l'attachement le plus tendre.

LETTRE DE M. LE DUC DE CHOISEUL

A M. LE MARQUIS D'OSSUN.

Versailles, le 23 décembre 1770.

Je ne ferai, Monsieur, qu'une seule réflexion que j'ai déjà faite mille et mille fois : c'est que la décision de la paix ou de la guerre dépend de la volonté de l'Espagne ; qu'il est bien démontré que le Roi et les ministres d'Angleterre ne veulent pas la guerre, mais qu'ils ne peuvent pas, sans risquer beaucoup, se départir de leurs demandes simples. Ainsi, la question se réduit donc à présent, ainsi que je l'ai mandé il y a trois mois, à savoir si le Roi d'Espagne veut dire qu'il est fâché de l'entreprise du 10 juin et qu'il consent que les choses soient rétablies ainsi qu'elles l'étoient avant cette époque ; s'il veut dire comme cela : la paix est faite, pourvu que le courrier soit revenu le 10 du mois prochain ; s'il veut ajouter quelque chose à cette déclaration de satisfaction, la guerre est certaine. C'est à l'Espagne à juger si la question présente mérite la guerre, à peser les inconvénients et les hasards ; je me borne à vous assurer que la France sera fort fâchée de faire la guerre pour un aussi petit objet, et que, si j'avois l'honneur de conseiller le Roi d'Espagne, je me flatterois de lui persuader de faire donner la déclaration de la satisfaction purement et simplement ; d'ordonner à son ambassadeur de faire une déclaration sur le fonds du droit et d'attendre ensuite quelque temps pour négocier ensuite sur ce droit, voilà mon avis. Le Roi vous autorise, Monsieur, à le dire à S. M. C. — J'ai l'honneur d'être...

LETTRE DE M. LE MARQUIS D'OSSUN

A M. DE CHOISEUL.

« Je ne saurois penser, Monsieur, sans une satisfaction inexprimable qu'il est possible que vous soyez à présent en chemin pour Madrid. Je regarderai comme l'époque la plus agréable et la plus flatteuse de ma vie de pouvoir vous faire honneur d'une maison qui est à vos ordres et vous montrer dans toute leur étendue l'admiration, l'attachement et le respect infinis, avec lesquels, etc., etc. »

Il résulte de ces lettres, jusqu'à l'évidence, que M. de Choiseul n'a pas voulu la guerre, qu'il n'y a pas poussé insidieusement l'Espagne, qu'il s'est, de prime abord et constamment déclaré, pour l'Angleterre. Il croyait que ses prétentions étaient justes, que ses demandes n'avaient rien d'exagéré, qu'un refus entraînerait une déclaration de guerre et que l'objet du litige n'en valait pas la peine. Il ne voyait pas là une question d'honneur, il s'arrêtait à la valeur intrinsèque de l'enjeu et il ne trouvait pas que la possession du fort Egmont fût une compensation du sang qu'il y aurait à verser. Il avait fait plus, il avait imaginé divers expédients pour sortir de la difficulté : il proposait d'accorder à la Grande-Bretagne les deux déclarations qu'elle exigeait : puis de rédiger un acte séparé dans lequel l'Espagne demanderait un règlement du territoire contesté et se contenterait d'un consentement verbal à donner par l'Angleterre. Cette combinaison n'était pas sans adresse, elle pouvait réussir; M. de Choiseul ne craignait que les orages du Parlement britannique. Une fois ce danger passé, il partait en courrier pour l'Espagne et se flattait de faire accepter l'arrangement par Charles III. Si le roi de France avait renversé M. de Choiseul comme coupable d'avoir compromis en cette circonstance la paix européenne, il aurait été le plus aveugle et le plus injuste des hommes.

Mais comment l'aurait-il pu croire? Toutes ces craintes, suivant Besenval, aurait été fondées sur ce que M. de Choiseul n'écrivait pas en Espagne et Louis XV était en correspondance suivie avec Charles III.

Voici une des lettres doublement intéressante en ce qu'elle est de la main de Louis XV et par les révélations curieuses qu'elle contient sur la cause réelle de la chute du ministère de Choiseul.

« Monsieur mon frère et cousin,

« Vostre Majesté n'ignore pas combien l'esprit d'indépendance et de fanatisme s'est répandu dans mon royaume. La patience et la douceur m'onts conduit jusqu'à présent; mais, poussé à bout, et mes parlements s'oubliant jusqu'à vouloir me disputer l'authorité souveraine que je ne tiens que de Dieu, je suis résolu de me faire obéir par toutes les voies possible. La Guerre, dans cet état, seroit un mal affreux, pour moy, et pour mes peuples. Mais ma tendresse extresme pour V. M. l'union intime qui règne entre nous, cimentée par notre pacte de famille, me faira toujours tout oublier pour elle. Mes Ministres ne sonts que mes organes; ainsy quand je me croy obligé d'en changer, rien ne peut apporter de changement dans nos affaires, et tant que je vivroy nous seronts unis. Si V. M. peut faire quelques sacrifices pour conserver la paix, sans blesser son honneur, elle rendra un grand service au genre humain et à moy en particulier dans les circonstances présentes ou je me trouve. Sur ce, je prie Dieu qu'il vous aie [1]. »

 Versailles, le

 Cette lettre est de l'écriture parfaitement connue et reconnaissable de Louis XV et ce qui plus est, de son orthographe non moins signalétique. Il avait pour habitude de faire accorder au pluriel la troisième personne des verbes : ils son*ts*, mes ministres on*ts* (*sic*). Ici il n'y a pas manqué — *m'onts* conduit — mes ministres ne *sonts*. — Nous *seronts* unis.

 En outre, une note mise au *verso* de la page par une autre main porte — *du Roi* au Roi d'Espagne.

 Enfin une recommandation pour le marquis d'Ossun notre ambassadeur à Madrid, atteste que la lettre autographe de Louis XV a été expédiée au roi d'Espagne avec des injonctions toutes particulières sur la remise de la dépêche, le secret à observer tant avec les ministres du roi de France qu'avec ceux du roi d'Espagne.

---

[1]. *Au dos, d'une autre main :*
« DU ROI AU ROI D'ESPAGNE : Motifs qui ont déterminé à sévir contre ses Parlements ; mal affreux que produiroit la guerre en pareille circonstance. »

LETTRE DU ROI

AU MARQUIS D'OSSUN [1].

« Mon cousin, je vous envoye par un courrier extraordinaire la lettre cy jointe que vous aurez soin de remettre le plus secrètement qu'il sera possible à mon cousin, le Roi d'Espagne. Je vous impose le silence le plus absolu sur cette expédition, tant avec mes ministres qu'avec ceux du Roi catholique. Votre zèle pour mon service me répond de l'exactitude du secret que vous observerez en cette occasion. Sur ce, je prie Dieu qu'il vous ait, mon cousin, en sa sainte et digne garde. A Versailles, le [2] décembre 1770 [3].

LE MARQUIS D'OSSUN [4].

Sire,

J'ai reçu, hier après midy, la lettre que V. M. a daigné m'écrire le 23 de ce mois. Elle étoit accompagnée de celle de V. M. au Roy son cousin. J'ai eu l'honneur de la lui remettre lorsqu'il est revenu de la chasse et de l'informer que V. M. avoit été obligée de remercier MM. de Choiseul et de choisir d'autres ministres. Le Roy d'Espagne m'a dit, sire, qu'il étoit fâché pour le bien du service de V. M. que MM. de Choiseul eussent mérité cette disgrâce, et qu'il répondroit incessamment par la voix de Fuentes à la lettre de V. M.

Sire, de Votre Majesté,
Le fidèle, humble, soumis serviteur et sujet.
OSSUN.

1. 1770, p. 455.
2. Non autographe de Louis XV.
3. 23 (sic).
4. 31 décembre 1770.

La pensée tout entière de Louis XV se révèle dès le début... « Votre Majesté n'ignore pas combien l'esprit *d'indépendance et de fanatisme* s'est répandu dans mon royaume. La patience et la douceur m'ont conduit jusqu'à présent. Mais, poussé à bout, et mes parlements s'oubliant jusqu'à vouloir me disputer l'autorité souveraine, que je ne tiens que de Dieu, je suis résolu de me faire obéir, par toutes les voies possibles... » et il ajoute un peu plus bas « mes ministres ne sont que mes organes. »

C'est ce que l'auteur de la notice a traduit par ces mots fort exacts « motifs qui ont déterminé à sévir contre les parlements. »

LETTRE DU ROI D'ESPAGNE AU ROI DE FRANCE

2 janvier 1771.

MONSIEUR MON FRÈRE ET COUSIN,

« J'aï toujours esté painé de voir la desobeissance des Parlements de France, et le chemin qu'ils faisoient pour empieter sur l'autorité Roïale ; on ne peut que louer par consequent la resolution que V. M. a prise de concerver son pouvoir souverain et de se faire obbeir ; si, pour un motif aussi essenciel et si intéressant pour V. M., il etoit besoin de secours, tous ceux qui dependroient de moï seront toujours à sa disposition ; trop heureux de trouver des occasions de satisfaire les sentiments de mon cœur envers la personne de V. M. et aux devoirs de la Famille. Par le meme principe, je fairaï surement tout ce qui sera possible pour éviter la guerre. Mon ambassadeur informera V. M. des ordres nouveaux que j'envoie, afin qu'on tache d'accomoder l'affaire actuelle avec l'Angleterre, si il est possible ; mais je crains que ces mêmes circonstances de la France qui nous determinent a beaucoup de sacrifices, et que l'Angleterre n'ignore pas, ne la portent à vouloir absolument la guerre ; c'est pourquoy il eut été heureux de pouvoir diferer la juste resolution de V. M. vis a vis des Parlements jusques a passer ce moment si critique. Je suis bien faché aussi par la meme raison, que le duc de Choiseul ait deplu a V. M. dans ce moment cï, puisque nos ennemis jugeront, quoique sans fondement, que comme il a été l'instrument du Pacte de Famille, son éloignement du ministère puisse amener du refroidissement entre les deux Couronnes, que c'est a quoi ils aspirent depuis longtems. J'expose a V. M. ce que je pense avec sincérité, en reponse de la confiance quil Lui a plu de me temoigner dans sa lettre du 21 du mois passé, et l'asseure des sentiments d'amitié cordiale et de tendresse avec lesquels je seraï toutte ma vie, Monsieur mon frere et cousin [1],

de Votre Majesté,
Son frere et cousin.
Charles D.

On lit encore dans une autre lettre du Roi de France au Roi d'Espagne : « Sans être obligé de recourir aux moïens extrêmes, la nature des arrangemens que j'ai pris ramenera bientôt aux termes du devoir et de l'obëissance des corps qui s'en sont écartés bien moins par principes que par suggestions [2]. »

Par suggestions — Ces derniers mots renferment une accusation formelle et une révélation directe. Qui donc pouvait être l'instigateur des Parlements ? Un seul homme était de taille à jouer ce rôle, à avoir ce crédit. Susciter ces grands corps, si insaisissables et si multiples, si arriérés et si novateurs, les rallier au

---

1. Cette lettre parait être de Charles III.
2. Boutaric. *Cor. secrète*, I, p. 415.

tour d'une idée, les faire marcher ensemble contre la royauté, au mépris de leurs intérêts les plus manifestes, c'était là une difficile entreprise ; pour s'y risquer, il fallait la folle audace et le prestige du duc de Choiseul ; lui seul pouvait être l'hydre aux nombreuses têtes, capable de se mesurer avec le maître. Louis XV, le comprit à la puissance, à l'unanimité de l'attaque. Il était trop défiant pour s'en remettre à M. de Choiseul du soin de sa défense [1], il avait plus de foi en M. de Maupeou, le défenseur de ses prérogatives royales, il n'hésita pas et fit disparaître M. de Choiseul. On a beaucoup brodé sur ce thème ; au fond, c'est toujours par la querelle avec le Parlement que les témoins les mieux informés ont expliqué l'exil de M. de Choiseul. Chose étrange, Marie-Thérèse, elle-même, ne savait pas que le ministère de Choiseul dût tomber, tant le coup fut rapide et inattendu ! Aussi elle s'adressa à M. de Mercy et lui écrivit ces mots :

« Si vous apprenez de temps en temps quelque chose des Choiseul et de la cause de leur disgrâce, car leurs inconséquences et impertinences tolérées depuis tant d'années ne peuvent être la cause leur chute ; je vous prie de me le marquer [2]. »

Mercy répond longuement et voici le principal motif qu'il donne :

---

1. Voyez ci-dessus. La dispute entre M. de Choiseul et le maréchal de Richelieu. On se rappelle que Marie-Antoinette malgré toutes ses préventions, refusa de croire à la justification de madame de Gramont. Ce secret d'État était peut-être celui de Louis XV.
2. V. p. 116.

« Les ennemis de M. de Choiseul persuadèrent au roi que le *duc excitoit les Parlements dans leur désobéissance* et *qu'il pourroit* s'en suivre un soulèvement *dans le royaume*, si le ministre n'étoit promptement renvoyé [1]. »

Mercy ajoute beaucoup de causes accessoires qui auraient pesé sur la volonté du roi, mais elles sont toutes subordonnées à cette idée primordiale, la complicité avec les Parlements (voyez la lettre de Mercy *in extenso*). Tel est aussi le point de vue de M. de Gleichen : Si M. de Choiseul a succombé, d'après lui, c'est à l'accusation d'avoir eu des liaisons *criminelles* avec le Parlement qu'on savait lui être fort devoué et d'avoir voulu attenter à la puissance royale *qu'il n'aimait pas trop*. Paroles bien remarquables dans la bouche d'une personne entièrement dévouée au parti Choiseul et soupçonnée d'avoir voulu aspirer au rôle d'amoureux de la duchesse.

Telles sont, sur ce point délicat et non éclairci, les informations les plus sûres.

Quelle est la part d'influence qu'a pu exercer madame du Barry?

Dès 1765, M. de Choiseul était obligé de se justifier auprès du roi d'avoir soutenu les demandes et les prétentions des Parlements [2]. L'on voit par ses mémoires inédits qu'il rêvait de la formation d'États provinciaux et qu'il allait même jusqu'à la convocation des États généraux [3]. Ce plan était-il déjà développé dans sa tête? Nous ne saurions le dire ; cependant comme il cite Montesquieu et qu'il reconnaît

---

1. V. p. 327.
2. *Revue française.* Juillet 1828.
3. V. 5° *fragment*.

plusieurs fois s'être inspiré de la Constitution anglaise, on peut croire que ces projets étaient conçus depuis longtemps.

Ainsi, le roi de France est déterminé à sévir contre ses Parlements, qui lui disputent l'autorité souveraine, et à qui s'en prend-il, tout d'abord? à M. de Choiseul qui est disgracié, dès le 24 décembre 1770 et dont la chute était arrêtée dès le 21. Louis XV voyait donc entre eux un lien, puisque la disgrâce de l'un était le prélude de la chute des autres. « Mes ministres ne sont que mes organes, » disait-il, et il pensait sans doute que M. de Choiseul ne serait pas l'instrument fidèle de ses volontés dans les événements qu'il préparait. Le temps s'écoule, le Parlement résiste, il est frappé le 20 janvier 1771, et le 24 Louis XV écrit au roi d'Espagne :

DU ROI AU ROI D'ESPAGNE.

24 janvier 1771.

Mesures que le Roi prend pour maintenir son autorité contre les Parlemens.

Sensibilité du Roi aux nouveaux ordres donné par S. M. C. pour terminer l'affaire du fort Egmont.

Mesures que S. M. continuera de prendre pour n'être pas surpris par les Anglois.

(P. 108.)

« Monsieur mon Frère et Cousin, je suis tendrement affecté de la réponse de V. M. à ma lettre du 21 décembre dernier. Je reconnois votre sang et votre amitié aux offres que vous me faites pour le maintien de mon autorité. J'espère qu'avec du tems et les mesures que je prends tout rentrera dans l'ordre.

« La seule bonté de mon cœur m'avoit fait différer jusqu'à présent l'usage des moyens violens, mais je viens d'y être forcé et me flatte de n'avoir pas besoin cependant de recourir à d'autres encore plus violens.

« Les nouveaux ordres que V. M. a donnés à son ambassadeur ne peuvent que m'être infiniment agréables dans les circonstances présentes. Les motifs d'équité et de prudence auxquels V. M. condescend ne peuvent pas compromettre sa gloire. Si, contre toute vraisemblance, cette condescendance n'avoit pas les suites que nous en attendons, V. M. peut compter sur le concours de toutes mes forces pour le soutien de sa cause qui deviendroit la mienne propre [1]. »

On a tellement éprouvé le besoin de recourir aux Parlements pour se rendre compte de la chute de M. de Choiseul que de tous temps on a supposé qu'on avait abusé de certaines pièces pour surprendre la bonne foi de Louis XV. Metra a le premier eu recours à cette insinuation [2], la *Biographie Michaud* a prétendu aussi que Maupeou avait abusé de billets écrits par M. de Choiseul, lors de l'expulsion des Jésuites, pour exhorter le Parlement à ne pas fléchir en l'assurant que le roi le soutiendrait de tout son pouvoir [3], ce qui ne pouvait guère s'appliquer à l'af-

---

1. Minute de la main de M. l'abbé de la Ville.
2. *Corresp. secrète*, Vol. XVIII, p. 87.
3. La *Biographie Michaud*, article de Debos, parle aussi de ces billets, mais sa version diffère de celle de Gleichen. Il dit :
« Le chancelier mit en œuvre un moyen plus actif et plus perfide. Il altéra le sens de quelques lettres du duc qu'il montra au Roi [*], le venin produisit son effet et le duc fut disgracié. »
Ces lettres étaient de simples billets que le duc de Choiseul écrivait au premier Président, dans le temps de l'affaire des Jésuites et qui ne portaient que la date du jour. Le duc exhortait le Parlement à ne pas fléchir dans cette affaire, en l'assurant

[*] Dans l'article *de Choiseul de la Biographie* il est dit que ces lettres sont adressées à l'abbé de Chauvelin.

faire d'Aiguillon. Enfin M. de Gleichen a imaginé de dire que ces billets non datés avaient été montrés au roi comme venant d'être adressés actuellement et contenant des exhortations à résister, des promesses d'appui de la part de M. de Choiseul. Ces suppositions paraissent parfaitement invraisemblables et inadmissibles. On ne change pas à volonté la physionomie d'une pièce d'écriture, mais il serait très facile de comprendre que M. de Maupeou, eût connu et dévoilé au roi les intelligences que M. de Choiseul aurait pu avoir avec le Parlement, peut-être que voyant la lutte persister et les Parlementaires devenir invincibles dans leur résistance, M. de Maupeou aura fait part de ses doutes au Roi. Il n'avait pas d'écrits à lui montrer. Il pouvait affirmer de mémoire. Cela suffisait bien dans l'état où étaient les esprits, les paroles n'ont pas de date. Il est plus facile de convaincre par un simple récit, plus ou moins habile que par la production de pièces grossièrement antidatées. Telle est du moins notre opinion, qui se résume ainsi : La chute de M. de Choiseul a été la victoire du chancelier sur le diplomate et le préambule de l'exil du Parlement.

L'épisode des îles Malouines se réduit donc à rien ; mais il est fort possible que cette légende ait été inventée par M. de Choiseul lui-même, au lieu d'expliquer sa chute par des motifs vrais et naturels. Il a préféré l'embellir à l'aide du merveilleux accompagné d'un peu de calomnie. On peut se le figurer à Chan-

que le *Roi le soutiendroit de tout son pouvoir*. Ces billets étant tombés entre les mains de Maupeou, on sent combien il lui fut aisé de faire entendre au roi que le ministre avait des intelligences avec le Parlement et qu'il l'encourageait à la révolte.

teloup — après le souper — les parties sont finies, les hommes et les femmes se rassemblent autour de lui et l'écoutent avec respect et avidité. Il se met à raconter des histoires et des anecdotes de son ministère et de la cour. Le duc est en belle humeur, il tombe donc sur l'abbé de la Ville, qu'il déteste, sans savoir pourquoi, et sur M. de la Vauguyon, qui partage avec l'abbé les antipathies de l'ancien ministre. Écoutons. A un certain jour M. de la Ville (qui a 80 ans, ne l'oublions pas) se rend chez M. de la Vauguyon pour se faire *dresser*, c'est-à-dire, souffler sur ce qu'il doit dire au roi. Le vieux diplomate écoute docilement la leçon que lui fait un homme qui ne s'est jamais mêlé de diplomatie. M. de la Vauguyon va plus loin : il prête à l'abbé un manteau pour l'envelopper et le déguiser à tous les regards. Ici se place l'intervention inévitable de madame du Barry; c'est devant elle que l'entrevue avec le roi doit avoir lieu. L'abbé ne la connaît pas, il se trouble à la pensée de se trouver devant elle et perd connaissance ; le roi n'imagine rien de mieux que de lui jeter un pot d'eau à la figure pour le rappeler à ses sens.

L'abbé se remet et déclare au roi qu'il ne peut savoir si M. de Choiseul écrit en Espagne ni ce qu'il écrit, parce que M. le ministre est dans l'habitude invariable d'écrire ses dépêches lui-même et de ne les communiquer à personne. Le seul moyen d'être instruit serait d'ordonner au ministre d'écrire au roi d'Espagne une dépêche, s'il s'y refusait, ce serait une preuve qu'il veut la guerre. Le roi est convaincu, son menton tremble, il signe, sans plus ample informé la disgrâce de M. de Choiseul.

Tout ce récit porte au plus haut degré les traces

d'un racontar de Chanteloup. Attaques venimeuses contre les adversaires habituels du parti (M. de la Vauguyon, l'abbé de la Ville, madame du Barry et par-dessus tout Louis XV), flatteries à outrance pour le chef, méconnaissance des vérités les plus élémentaires, l'assortiment est complet. – M. de Choiseul écrit sa correspondance entière de sa propre main — qui pourra dire le contraire? Il faudrait compulser toutes les minutes du département des Affaires étrangères, et elles sont soigneusement sous clef. On peut donc sans risquer beaucoup, lancer ce mensonge qui pose M. de Choiseul, en homme d'État d'une activité, d'une capacité immenses. Plus d'un siècle s'est écoulé avant que la fraude ne fût constatée. M. de Choiseul n'écrivait pas plus que les autres ministres ses dépêches; mais il n'était pas fâché qu'on le crût. Autre invention de même force. L'abbé de la Ville ne connaissait pas madame du Barry et la seule pensée de se trouver en sa présence le fait tomber en faiblesse, le roi lui jette obligeamment un pot d'eau à la figure. On a pu rire beaucoup à Chanteloup, nous nous contenterons, nous, de hausser les épaules. Les comptes du Livre Rouge prouvent que M. de la Ville a reçu une indemnité de 9,000 francs pour assister aux voyages de la cour à Compiègne ou Fontainebleau en 1769, en 1770. Il connaissait donc forcément madame du Barry. M. de la Ville ne pouvait savoir si M. de Choiseul écrivait en Espagne. — Il y a, dans le seul mois de décembre 1770, sept dépêches de sa main écrites pour M. de Choiseul en Espagne. Il en existe plusieurs écrites par M. de la Ville au roi d'Espagne pour le roi de France personnellement. Une telle accumulation d'impossibilités monstrueuses, toutes dans l'intérêt du duc de Choiseul, démontre une invention de parti pris ; remontant à celui auquel elle profitait. Pour nous, nous estimons que ce serait être pris pour dupe que de croire à ces bouffonneries. Leur fausseté est manifeste ; nous l'avons démontré surabondamment, malgré l'évidence qui suffisait par elle-même, à frapper les yeux. Quant à la question de savoir quelle est la source de ces fables, nous n'avons émis qu'une simple hypothèse. L'auteur nous a paru être M. de Choiseul en personne, si ce n'est pas lui, c'est au moins quelqu'un de ses familiers, Besenval ou autre de même sorte.

FIN DU PREMIER VOLUME.

PIÈCES JUSTIFICATIVES

PIÈCES JUSTIFICATIVES

PIÈCE Nº I.

Hardy, 1764. — Du dimanche des Rameaux, 15 avril.

La marquise de Pompadour, dame du palais de la reine, mourut à Versailles, dans les petits appartements, vers les sept heures du soir, après une maladie de près de deux mois, dans la quarante-troisième année de son âge. Elle fut inhumée quelques jours après, chez les Capucines de la place Vendôme, où elle avait choisi sa sépulture et celle de sa famille. Elle était M... du R... (sic) depuis 1745, année de la mort de madame de Châteauroux.

PIÈCE Nº II.

Extrait des registres de l'État civil de Versailles.
Paroisse de N.-D.

MADAME JEANNE-ANTOINETTE DE POISSON,
MARQUISE DE POMPADOUR.

L'an mil sept cent soixante-quatre. le dix-sept d'avril, très haute et très puissante dame, madame Jeanne-Antoinette de Poisson, duchesse, marquise de Pompadour et de Ménars, dame de Saint-Ouen, près Paris et autres lieux, l'une des dames du palais de la reine, décédée d'avant-hier, âgée de quarante-trois ans, a été transportée par nous soussigné aux Capucines de Paris, lieu de sa sépulture, en présence de Pierre Benoît, prêtre, et de Sébastien Lefèvre, qui ont signé :

Benoît, prêtre, Sébastien Lefèvre, prêtre sacristain, Allart, curé.

(*Registre pour les sépultures.* — An 1764, n° 29.)

PIÈCE N° III.

DEVOIRS DÉLICATS QUE REND LOUIS XV AU CONVOI DE MADAME DE POMPADOUR.

Il n'y eut aucun changement à la cour. Le roi, quelque affecté qu'il fut, accoutumé à se masquer, prit sur lui avec sa force accoutumée, tout aux affaires, le vide de son intérieur fut diminué. Ses intimes seuls, son service seul s'en apercevait et quelque distrait qu'il voulut être, une habitude si longue ne pouvait se réparer. Les soupers des petits appartements tinrent. Mais il n'avait pas une femme pour lier toutes les parties. Chaque femme de la société tâchait d'attraper le gand si le Roi voulait le jeter. Mais rien ne lui convenait. Personne n'avait droit à la même confiance. Champfort, 1er valet de chambre, était de service, couchant alors dans la même chambre que le Roi ; un cordon de sonnette passé dans son bras et tenant au lit du Roi, était le signal si dans la nuit le Roi avait besoin de lui. Le Roi dormait peu et se levait à l'instant pour se dérober même à son intérieur et passer dans son cabinet. Enfin le jour de l'enterrement de la marquise arriva. Le Roi, par les ordres de qui tout se faisait, savait l'heure. Il était six heures du soir en hyver, et par un temps d'ouragan épouvantable. La marquise avait, par son testament, décidé d'être enterrée aux Capucines, place Vendôme, ou elle avait arrangé un superbe appartement. Le Roi prend Champfort par le bras, arrive à la porte de glace du cabinet intime donnant sur le balcon qui fait face à l'avenue dans la cour; lui fait fermer la porte d'entrée et se met avec lui en dehors sur le balcon. Il garde un silence religieux, voit le convoi enfiler l'avenue, le suit des yeux jusqu'à ce qu'il perde tout l'enterrement des yeux, malgré le mauvais temps et l'injure de l'air, ou il avait paru insensible, rentre dans l'appartement; deux grosses larmes coulaient encore le long de ses joues, et ne dit à Champfort que ce peu de paroles : « Voila les seuls devoirs que j'ai pu lui rendre ! » paroles les plus éloquentes qu'il pouvait prononcer dans cet instant.

(Extrait des *Mémoires manuscrits* de Duffort de Cheverny. Bibl. de Blois.)

PIÈCE N° IV.

21 janvier 1754.

Le misérable chevalier de Rességuier a été jugé (sans tribunal) pour avoir fait des vers contre la marquise; il est condamné à vingt ans de prison, puis banni, et le duc de Biron a eu à nommer à son emploi. On avait parlé à tort du jugement comme plus doux. Une dame généreuse, offensée comme l'a été la marquise, auroit mandé cet homme, lui auroit fait des reproches bien justes, l'auroit corrigé et avancé.

D'ARGENSON.

PIÈCE N° V.

19 janvier 1750.

19 janvier 1750. — Un jeune homme de la Rochelle, vient d'être mis au fort l'Évêque sur les plaintes de la Marquise de Pompadour.

D'ARGENSON.

PIÈCE N° VI.

LES BÉCU A VERSAILLES.

20 juin 1730. — Naissance de Jean-Nicolas, fils de Jean Bécu laquais chez madame la duchesse de Gontaut et de Marguerite-Françoise Leblanc. — Parrain : Alexandre Leblanc, oncle paternel. Marraine : A.-F. Leblanc, le père absent.

3 nov. 1734. — Naissance de Marguerite Bécu, fille de Jean Bécu, domestique de M. le duc de Grammont et de Marie-Françoise Leblanc. Parrain : Nicolas Bécu, domestique chez madame la duchesse de Boufflers, et la marraine Claudine Leblanc.

20 nov. 1735. — Naissance de Jean-François, fils de Jean Bécu, domestique de M. le duc de Grammont.
Parrain : François Leblanc, grand-père de l'enfant.
Marraine : Marie Ducap, fille de J. Ducap, maître chirurgien de cette ville.

22 déc. 1736. — Naissance de Geneviève Bécu fille de Jean Bécu, domestique de madame la duchesse de Grammont et de Marguerite-Françoise Leblanc.

Le parrain Nicolas Bécu, oncle paternel ; la marraine Geneviève Mossu, épouse de Martin Hernier, piqueur de la vénerie du roy.

6 févr. 1739. — Marguerite-Françoise fille de Jean Bécu, valet de pied de madame la duchesse de Grammont et de Marguerite Leblanc.
Parrain : Denis Hernier, officier de la vénerie du roy.
Marraine : Marguerite-Françoise Hernier, sœur du parrain.

26 Août 1740. — Suzanne fille de Jean Bécu, domestique chez madame la comtesse de Brionne et de Marguerite Leblanc. Parrain : Edmond Leroux aussi domestique de la même maison et la marraine Suzanne, fille de feu Et. Movillon, valet de chiens de la vénerie du Roy.

31 Août 1743. — Naissance de Jean-Jaques né de J. Bécu, domestique de M. le comte de Brionne et de Marguerite Leblanc, son épouse. — Parrain : Courlat, l'un des Cent-Suisses du Roy. Marraine : femme de Nicolas Mandat Massain, suisse de madame la duchesse du Maine.

4 janvier 1745. — Naissance de Marie-Anne-Modeste Bécu fille de Jean Bèqu, domestique chez madame la duchesse d'Esparre.
Parrain : Antoine-Modeste Massain, suisse de madame la duchesse du Maine.
Maraine : Marie-Anne Leblanc, tante maternelle.

24 nov. 1746. — Naissance de Jean-Baptiste Bécu fils de Jean-Baptiste Bécu, domestique chez M. de Gramont et de Marguerite-Françoise Leblanc.
Parrain : Girardot, domestique de M. de Saint-Florentin.
Marraine : Anne Palle épouse de Jacques Drouard, palfrenier de la grande écurie du Roy.
Jean Bécu, domestique chez le duc de Grammont de 1734 à 1746, marié à Marguerite-Françoise Leblanc. 7 enfans.

Parrains et marraines des enfans :

Piqueur de la vénerie du Roy (cousin), Cent-Suisse, palfrenier de la grande écurie, suisse de la duchesse de Maine, domestique de madame de Boufflers, de M. de Saint-Florentin.

PIÈCE N° VII.

LES BÉCU A PARIS.

Vendredy 23 juillet 1756. — Devant nous, N..., commissaire au Châtelet de Paris, est comparu M. Mathieu Junot conseiller du Roy, notaire garde nottes du scel de S. M. au Châtelet lequel nous a dit que Messire Philipe Bécu prestre du diocese de Paris, habitué en la paroisse St. Nicolas des Champs vient de décéder en son appartement dépendant d'une maison rue de Bretagne dont est principal locataire le Sr Rousseau contrôleur du pavé de cette ville et qu'en qualité exécuteur de son testament et dernière volonté, il nous requiert de nous transporter chez le D. S. Bécu et d'y apposer nos scellés.

En conséquence nous sommes transportés au 3e étage du second corps de logis, avons vu le corps mort du déf. Comme aussi ayant trouvé près de lui Marguerite-Marie femme de Michel Hudebourg, compagnon maçon, demeurant rue Charlot, paroisse St.-Nicolas, et qui lui a servi de garde, etc...

Opposant comme habile à se dire héritier.
1e Marie-Françoise Gaudon, nièce à la mode de Bretagne du feu sieur Bécu, demeurant à Paris rue de la Grande-Truanderie.
2e Claude Caillou, maître vinaigrier, demeurant à

Paris, rue Mouffetard, et Marie-Elisabeth Villaufin, sa femme.

3ᵉ Henry Raillard, comp. menuisier, demeurant à Paris, rue de la Huchette.

4ᵉ Nicolas Bécu, domestique de madame la duchesse d'Antin, demeurant à Paris, Grande-Rue du faubourg Saint-Honoré.

5ᵉ De Nicolas Rançon employé dans les fermes du Roy, et Anne Bécu sa femme, demeurant à Paris, rue Neuve-Saint-Etienne, Paroisse de N.-D.-de-Bonne-Nouvelle, le dit Bécu et la dite femme Rançon, habiles à se dire et porter héritier de M. Philippe Bécu, prêtre du diocèse, de Paris, leur oncle à la mode de Bretagne pour les quels domicile est élu en la maison de Mᵉ Valentin Rousseau, procureur au Châtelet de Paris, sise rue et paroisse Saint-Germain-l'Auxerrois.

6ᵉ Sieur Claude Jaquin, habile à se dire et porter héritier du feu sieur Bécu.

7ᵉ Opp. de Jean Berel, tailleur d'habits, demeurant rue de Poitou.

8ᵉ Marie Faucheux et Laurent Bécu.

Levée des scellés. — Testament du 22 juillet 1756 reçu Mᵉ Jourdain le Jeune qui en a la minute et son confrère Marie-Françoise Godon, fille de Pierre Godon, lequel étoit fils de Nicolas Godon et de Marie Bécu sa femme, et en cette qualité cousine issue de germaine et héritière du feu Sʳ abbé Bécu comme fils de Jean Bécu, qui étoit fils de Philippe Bécu, frère de la dite Marie Bécu, femme Godon.

Henry Raillard, menuisier, fils de deffunt Henry Raillard et de Marie Godon sa femme laquelle étoit fille de Godon et de Marie Bécu sa femme et en cette qualité cousin issu de germain du côté paternel du defunt sieur abbé Bécu

Nicolas Bécu domestique de madame la duchesse d'Antin, demeurant à Paris, Grande-rue-du-Faubourg-Saint-Honoré près de la Madelaine de la ville l'Évêque, et Nicolas Rançon employe dans les fermes du Roy et Anne Bécu sa femme demeurants à Paris, rue Neuve-Saint-Etienne paroisse de N.-D.-de-Bonne-Nouvelle assistés de Valentin Rousseau p. au Châtelet rue et paroisse Saint-Germain-l'Auxerrois en la dem. du q. ont f. élection de domicile le dit sieur Bécu et la dite Rançon habiles à se dire et porter héretiers du dit feu sieur abbé Bécu, leur oncle à la mode de Bretagne, conjointement avec Charles Bécu, vallet de pied du Roy de Pollogne demeurant à Lunéville, Jean Bécu cocher de M. le comte d'Estrées demeurant à Paris, rue Richelieu, à l'hôtel de Courtanveaux, Marie-Anne Bécu veuve du sieur Martin, boulanger à Neufchâteau-Lorraine, Marguerite Bécu, épouse du sieur Rozay, aubergiste à Charanzay près Alençon et Hélène Bécu fille majeure, femme de chambre de la dame Pegevin demeurant à Paris, rue Neuve-des-Petits-Champs à l'hôtel de la Compagnie des Indes leurs frères et sœurs chacun pour un septième.

Sont aussi comparus Claude Caillou marchand vinaigrier à Paris, y demeurant rue Mouffetard et Marie-Elisabeth Villaufin son épouse habiles à se dire et porter seul et unique héritière quant aux meubles et acquets et aux propres maternels du dit deffunt le sieur Philippe Bécu qui étoit son oncle à la mode de Bretagne, lesquels ont consenti, etc.

Claude Jacquin, bourgeois de Paris ayant pris connoissance de la généalogie rapportée par les comparants, renonce à toute prétention comme étant d'un degré au-dessous des autres comparants.

Est aussi comparue, demoiselle Marie Faucheux, veuve du sieur Laurent Bécu, marchand vinaigrier à Paris, la donataire mutuelle demeurant rue de Bretagne et assisté de M. Pinçon son proc. lequel a dit que les causes de l'opposition de la dame Bécu sont affin d'être payée des arrérages du douaire à elle constitué par le dit deffunt sur son mary par leur contrat de mariage passé devant Rouvaux et les temoins y nommés au lieu de Belleville le vingtième décembre mil sept cent dix-sept auquel douaire le d. deffunt Philippe Bécu, frère et seul héritier du D. S. abbé Laurent Bécu, par un acte en forme de partage passé devant Me Junot et son confrère notaire à Paris le 29 nov. mil sept cent quarante-trois les arrérages duquel douaire la D. veuve Bécu requiert en deniers ou quittances à compter du 22 novembre de la d. année 1743. (Arch. nat., V. 14402.)

PIÈCE N° VIII.

LES DU BARRY

ANTOINE DU BARRY

Né à Levignac, en Guyenne (*sans autres indications*).

Enseigne au régiment de l'Ile de France, en . . 1702.
Lieutenant, en . . . . octobre 1703.
Capitaine, le . . . . 12 — 1707.
S'est retiré en . . . . 1731 [1].

Chevalier de Saint-Louis.

(Arch. du ministère de la guerre. État de services.)

PIÈCE N° IX.

Extrait des Registres de l'État civil de Lévignac, près de Toulouse.

ACTE DE NAISSANCE DE J.-B. DU BARRY.

Jean-Baptiste fils naturel et légitime, de noble Antoine de Dubarry, capitaine au régiment de Lisle de France et

---

[1]. Hochstœdtt, 11 août 1704. — Siège de Lille, août à décembre 1708.

de dame Martine-Catherine-Cécile de Lacaze légitimement mariés, naquit le second jour du mois septembre de l'année mil sept cent vingt-trois entre cinq et six heures du matin et a été baptisé dans l'église paroissialle de Lévignac ce jourd'hui huitième du même mois et an, étant parrain noble Jean Dubarry seigneur de Cères, et marraine dame Marie-Catherine Mas, épouse à messire Nicolas de Lacaze lieutenant-colonnel et chevalier de l'ordre militaire de Saint-Louis ont été présents au présent baptême messire Nicolas de Lacaze, messire Abraham de Tourreil trésorier général de France et autres parents et amis qui ont été présents à la cérémonie du baptême qui en foi de ce ont signé : Dominique Lacaze, Cères, Mas de Lacaze, Dubarry, Pierre de Lacaze, Thomas curé, Dubarry, Jean Dutil, Déjean Manville.

Pour copie conforme,

Le Maire,
MOUSTE.

MARIAGE DE DUBARRY ET DE C.-U. DALMAS DE VERNONGRÈSES.

L'an mil sept cent quarant-huit et le huitième jour de décembre, messire noble Jean-Baptiste Dubarry chevalier, fils légitime de feu messire noble Antoine Dubarry, chevalier de l'ordre militaire de Saint-Louis et de dame Catherine, Cécile, Martine, Thérèse de Lacaze de Sarta mariés habitans de Lévignac, et demoiselle Catherine Ursule-Dalmas de Vernongrèses habitante du dit Lévignac depuis environ six années majeure de vingt et cinq ans fille légitime de feu messire Dalmas ancien capitaine d'infanterie, et de dame Marte de Ricard de Villeneuve mariés habitante de Castelnaudari après avoir passé articles de l'avis et consentement de leurs dites mères les bancs ayant été publiés aux messes de paroisse pendant trois dimanches consécutifs, savoir, le dix-sept novembre, le vingt et quatre du même mois et le premier de décembre de la susdite année sans empêchement ni opposition, ont reçu de nous Me François d'Estarac curé d'Auradé, la bénédiction nuptiale dans l'église de la paroisse en présence de la pluspart de leurs parents et particulièrement de la dame de Lacaze mère du dit Dubarry époux de la dite dame; de Ricard mère de l'épouse, et de messire Cosme de Juillac lieutenant-colonel de cavalerie et maître d'hôtel de la reine chevalier de l'ordre de Saint-Louis et Saint-Lazare, et de nous curé de Lévignac, et de messire François Dubarry, seigneur de Savenès, et de messire Guillaume Dubarry lieutenant au régiment des Cantabres tous signés avec nous en fois de ce :

Ont signé au registre : Dubarry époux, Dalmas épouse, Marte de Ricard de Villeneuve, Dalmas, de Lacaze, Dubarry, Dubarry de Savenès, de Marion, Juillac.

Pour copie conforme : *Le Maire*,
MOUSTE.

ACTE DE NAISSANCE DE J.-B. DUBARRY.

Jean-Baptiste Dubarry fils légitime et naturel de messire Jean-Baptiste Dubarry chevalier, et de dame Catherine Ursule Dalmas, tous de Lévignac et mariés a été baptisé le vingt-troisième septembre 1749 et est né le dix-sept du présent, par moi François d'Esterac curé d'Auradé délégué a été parrain messire Jean Baptiste Dubarry seigneur de Cères, marraine dame Marte Ricard de Villeneuve veuve de messire Dalmas absente, ont été présents : messire Cosme de Juillac lieutenant-colonel de cavalerie et maître d'hôtel de la reine; messire Bernard Thomas curé de la paroisse, et noble Guy d'Isalguier, tous signés avec nous ; comme aussi le père de l'enfant : Dubarry, Cères parrain, Juillac, Thomas curé, de Lacaze Dubarry, Isalguier, Dubarry cadet, d'Astarac curé d'Auradé.

Pour copie conforme : *Le Maire*,
MOUSTE.

PIÈCE N° X.

MARIE-JEANNE BÉCU ET LE COIFFEUR LAMEZ.

L'an 1759, le mercredi 18 avril, onze heures du matin en l'hôtel[1] et pardevant de nous *Jacques-François Charpentier*, etc.

Sont comparues

Anne Bécu, femme de Nicolas Rançon, employé aux fermes du Roi, de lui assistée et autorisée et comme stipulant pour Marie-Jeanne Rançon, leur fille[2] agée de quatorze ans et demi[3] et encore la dite *Marie-Jeanne Rançon*, demeurante rue Neuve-Saint-Etienne, paroisse de N.-D.-de-Bonne-Nouvelle,

Lesquelles nous ont porté plainte contre la veuve *Lamez*, marchande des modes demeurant rue Neuve-des-Petits-Champs vis-à-vis la Compagnie des Indes[4] et disent qu'il y a environ cinq mois[5] qu'elles ont fait la connaissance du nommé *Lamez* fils de la dite veuve Lamez, chez la dame Peugevin qu'il frisoit et où les plaignantes vont de tems en tems.

Que le dit Lamez a proposé à la dame plaignante, si elle vouloit, qu'il montreroit à friser à sa fille, ce qu'elle a accepté.

---

1. Hôtel, c'est-à-dire l'hôtel du commissaire.
D'après l'*Almanach royal*, Charpentier était commissaire au Châtelet depuis 1748. Il avait pour département le quartier Saint-Denis, et il demeurait rue Saint-Denis, près Saint-Sauveur.
2. Marie-Jeanne Rançon, c'est-à-dire M.-J. Bécu, ne prend pas encore le nom de *Vaubernier*, ni celui de Gomard. — Elle est considérée comme fille de Rançon et porte son nom. Elle avait 15 ans 8 mois. La mère, Anne Bécu, avait environ 46 ans.
3. Marie Jeanne Bécu (madame du Barry) était née le 19 août 1743.
Elle avait donc, le 18 avril 1759, 15 ans et *huit mois*.
4. La Compagnie des Indes occupait les bâtiments qui sont situés entre la *Bibliothèque* du roi, et la rue Neuve-des-Petits-Champs. — V. *Plan de Paris*, dit de Turgot, feuille 14.
5. Décembre 1758.

Qu'en conséquence, le dit Lamez est venu chez les plaignantes et a commencé à montrer à friser à la dite demoiselle Rançon, ce qu'il a continué jusqu'à présent;

Que le jour d'hier sur trois heures et demie, la dite dame veuve Lamez est venue chez les plaignantes et étant montée dans leur chambre, elle a dit à la dite dame Rançon (sa fille étant alors absente) qu'elle venoit de chez les voisins s'informer si son fils venoit chez elle — à quoi la dite dame Raçon a repondu qu'il y venoit publiquement et qu'il ne se cachoit pas attendu qu'il ne faisoit aucun mal. Sur quoi la dite dame Lamez a dit à la plaignante « qu'elle étoit une débaucheuse de jeunes gens, une ma-« querelle, une gueuse, que sa fille étoit une putain, « qu'elles faisoient dépenser à son fils tout son argent et « qu'il les entretenoit — A quoi la plaignante a répondu que tout ce qu'elle disoit étoit faux ; qu'il étoit vrai qu'il mangeoit quelquefois chez elles, lorsqu'il venoit aux heures du dîner ou du souper mais qu'il ne lui en coutoit rien.

Qu'ensuite elle est sortie dans l'escalier de la dite maison où elle a repété nombre de fois les dites injures, ce qui a été entendu de tous les voisins ;

Après quoi elle est descendue chez une fruitière, demeurante susdite rue et en face de la maison des plaignantes, où elle a encore repété à différentes fois les dites injures.

Qu'ayant vu la dite demoiselle Rançon qui revenoit à la maison, elle est sortie de la boutique de la fruitière et a été la prendre par le bras en lui disant « qu'elle étoit une gueuse, une putain, une petite coquine et autres injures de pareille nature, qu'elle la feroit mettre à l'hôpital. »

Que la dite demoiselle Rançon qui ne savoit à qui en vouloit la dite veuve Lamez et ne comprenant pas ses injures, elle ne lui a pas répondu et est montée chez elle.

Qu'ensuite la dite dame est rentrée dans la boutique de la dite fruitière, où étant elle regardoit la fenêtre de la chambre des plaignantes en appelant à haute voix:

« Eh ! la Rançon, débaucheuse de jeunesse tu es une maquerelle. »

Qu'elle feroit un placet qu'elle présenteroit à M. le curé...

Ce qui a été entendu de tous les voisins et passans, lesquelles injures elle a encore repétées en s'en allant et dans une autre boutique de fruitière.

Et comme l'honneur et la réputation des plaignantes est attaquée par les injures ci-dessus que la dite dame Lamez a proférées publiquement, ce qui peut leur faire un tort considérable et ayant un intérêt sensible, d'avoir une réparation authentique, les dites plaignantes ont été conseillées de venir nous faire la présente plainte.

Signé : Anne Bécu ; M. S. Rançon, (madame du Barry, Rançon.

Carpentier (Liasse 1328. — Commissaire *Charpentier*[1]. Archives de l'Empire.

(Pièce trouvée par M. Campardon et communiquée par lui.)

PIÈCE N° XI.

PLAINTE FORMÉE PAR DAME DE VAUBERNIER, SE DISANT COMTESSE DU BARRY, CONTRE LA DAME ÉTIENNE, SA COUTURIÈRE EN LINGE [2].

1767. — 12 mai.

L'an 1767 le mardi 12 mai, dix heures du soir, en notre hôtel et pardevant nous Jean François Hugues etc., est

---

1. La plainte était en général reçue par le commisssaire, ou l'un de ses clercs, et rédigée par eux sous la dictée des parties.
2. Hugues, liasse 289, A. vol.

comparue dame Jeanne de Vaubernier, épouse de messire Jean (*sic*) comte *de* Barry[1] demeurante à Paris rue de la Jussienne, paroisse St. Eustache, laquelle nous a rendu plainte contre la femme Etienne, couturière en linge, demeurante à Paris rue de Cléry et dit qu'elle a confié à ladite femme Etienne il y a environ huit jours de la mousseline pour faire divers casaquins et jupons, une pièce de bazin des Indes aussi pour faire des casaquins et jupons et d'autres ouvrages que ladite femme Etienne devait rapporter quelques jours après; que ce jourd'hui lassée de voir que ladite femme Etienne ne finissoit pas ce qu'elle avoit à faire pour elle et ayant besoin desdits deshabillés *pour aller à la campagne*, envoya successivement ses domestiques chez ladite femme Etienne et enfin n'ayant point de réponse satisfaisante elle pria M. le comte de Barry, son parent, officier au régiment du roi de vouloir bien y aller lui-même; que ladite femme Etienne tint toutes sortes mauvais propos audit sieur comte de Barry et refusa formellement de rendre ledit ouvrage sous le prétexte qu'il n'étoit point achevé; qu'en vain ledit sieur comte de Barry lui offrit de lui payer ledit ouvrage comme s'il étoit parachevé pourvu qu'elle le rendît en état où il étoit, mais cette femme refusa toujours avec la plus grande obstination à rendre ledit ouvrage et poussa l'insolence jusqu'à injurier ledit sieur comte de Barry avec un ton brutal et emporté; qu'enfin ladite dame plaignante, étonnée de ce refus, alla elle-même ce soir chez ladite femme Etienne où ne l'ayant pas trouvée elle s'est adressée à son mari, portier chez M. de Villemorein, demeurant rue de Cléry; que cet homme dit que ladite femme ne rendroit pas ledit ouvrage qu'il ne fût achevé et sur l'offre

---

[1]. Son parent, c'était le fils de Jean du Barry, avec lequel elle vivait. — Il n'était que vicomte, tant que son père put porter le titre de comte.

Jean Baptiste, fils de Jean du Barry et de Catherine Ursule Dalmas, vicomte du Barry, était second lieutenant dans le régiment du roi infanterie le 13 octobre 1766. — États de service du ministère de la guerre jusqu'en 1769.

que lui fit ledit sieur comte de Barry, qui accompagnoit la plaignante, de payer comptant tout ce que sa femme exigeroit et ce qui lui seroit légitimement dû, ledit portier répondit insolemment qu'ils pouvoient s'aller promener et poussa la brutalité jusqu'à aller chercher une fourche dont il menaça ledit sieur comte de Barry. Et comme tous ces excès et insolences méritent l'animadversion de la justice et qu'il est peut-être unique qu'une ouvrière refuse sans aucun motif de rendre et remettre l'ouvrage qu'on lui avoit confié, surtout quand on offre de la payer ladite plaignante s'est retirée par devant nous pour nous rendre la présente plainte.

Signé: de VAUBERNIER DU BARRY; HUGUES (*Liasse* 289. Comm^re HUGUES).

PIÈCE N° XII.

A M. DE MALESHERBES, MINISTRE SECRÉTAIRE D'ÉTAT DE LA MAISON DU ROI.

(*Revue de Paris*, 1836, p. 141, vol. XXX.)

MONSIEUR,

Vous êtes juste et éclairé; je soumets ma conduite passée à votre jugement : s'il m'est favorable, mes malheurs cessent; s'il m'est contraire, je n'en appellerai point, et me résignerai à traîner, dans l'amertume et la douleur, les restes languissans de la vie que le ciel me réserve.

Veuillez avoir la patience de me lire. S'il vous reste des doutes après m'avoir lu, cherchez, je vous prie, à les éclaircir auprès des personnes que les préjugés ou l'esprit de parti n'ont point aveuglées.

Si, dans mon exposé, il y a un mot contraire à la vérité,

je suis indigne de la plus légère faveur; je n'en attends de vous, auprès du roi, qu'après la conviction de mon innocence sur les trois quarts des torts que la malignité du public m'a attribués, et sur la sincérité de mon repentir, à raison de ceux que j'ai eus réellement.

Je n'emploie auprès de vous, Monsieur, ni la sollicitation du peu d'amis qui peuvent me rester, ni le souvenir des bontés dont monsieur votre père m'honorait à titre de son allié par les *Doujats*.

Je vais, en peu de mots, vous exposer la vérité toute nue; le destins de mes jours dépend de l'impression qu'elle fera sur vous.

Je suis né gentilhomme et avec une fortune honnête. J'ai habité Toulouse jusqu'à l'âge de vingt-huit ans. A cet âge, l'amour des arts et l'attrait du plaisir m'attirèrent à Paris. Madame de Malause[1] me fit présenter chez les princes, et me répandit dans la bonne compagnie. J'y passai plusieurs années, uniquement occupé de ces deux objets. Le désir d'améliorer ma fortune et de me procurer un état m'inspirèrent ensuite celui d'entrer dans les affaires étrangères. M. Rouillé, à qui je fus recommandé par M. le duc de *Duras*, m'envoya à voyager dans diverses cours d'Allemagne, et à mon retour, parut fort satisfait des connaissances que j'y avais acquises. Au moment de m'employer dans les *cercles de Franconie*, il fut remplacé par M. le cardinal de Bernis, qui me promit *bocoup*, mais qui, remplacé à son tour par M. de Choiseul, ne réalisa rien. — Ce dernier, m'ayant déclaré à son avènement au ministère, qu'il avait plusieurs personnes à placer avant moi, et ma fortune se trouvant fort altérée, M. Berryer chercha à la relever en permettant que, sous un autre nom, je jouisse de l'intérêt que pourraient donner plusieurs fournitures de la marine. D'autre part, M. de Belle-Isle

---

1. Il y a une branche bâtarde des Bourbons, dite de *Malause*.
La baronnie de Malause avait été érigée en marquisat par Henri IV. — V. Dassieux, *les Bourbons*, p. 67.

trouva bon que je cherchasse le même avantage dans celles de son département; ce qui fit qu'à la paix ma fortune se trouva *considérable*, et qu'elle se soutint et s'augmenta encore depuis par l'intérêt que j'eus dans les vivres de Corse.

N'ayant d'autre soin alors que celui de veiller à l'éducation de mon fils, page du roi, jouissant d'une santé chancelante, je me renfermai dans un cercle fort étroit de connaissances. Et ce fut alors que je priai madame Rançon et sa fille, mademoiselle de Vaubernier, de veiller sur la tenue de ma maison, et d'en faire les honneurs; ce qu'elles firent, pendant plusieurs années, avec affection et intelligence.

Excité par la reconnaissance, et pour les prémunir contre l'avenir, je leur cédai alors l'intérêt que j'avais dans les vivres de Corse, dont elles jouirent pendant quelques mois.

Les nouvelles dispositions de M. de Choiseul venant à les en priver, elles en sollicitèrent la maintenue auprès de lui; et ce fut dans les divers voyages qu'il les *engagea* à faire à Versailles que madame Vaubernier fixa, les regards du feu roi. M. *Lebel* fut chargé de ses ordres; et ce dernier avec lequel ni elle ni moi n'avions de liaison, en poursuivit l'exécution auprès d'elle seule. Avant de la conduire néamoins à Compiègne, il voulut qu'elle n'y parût que comme l'épouse de mon frère; ce à quoi je me prêtai, ainsi que lui, sans autre motif certainement alors que celui d'une aveugle et respectueuse obéissance.

Le goût du feu roi s'étant accru, éleva madame du Barry au degré où toute la France l'a vue. Pour soutenir son nouvel état pendant les premiers quinze mois, où elle ne reçut aucune grâce pécuniaire, je fondis mon portefeuille et engageai le reste de ma fortune. Mes avances me furent remboursées à titre de don, par les suites, sous le ministère de M. l'abbé Terray. C'est à cette époque que madame du Barry, se croyant quitte envers moi par les rentes viagères et les contrats, échangés ensuite contre le comte de Lisle, que j'avais reçu en paiement, toujours sur le titre de don; c'est à cette époque, dis-je, qu'elle se crut libérée envers moi de tout autre genre de reconnaissance, et qu'elle cessa, pendant ses voyages à Paris, de venir chez moi, et se dispensa de me recevoir chez elle quand mes affaires m'appelaient à Versailles.

Cette situation dura deux ans. J'espérai qu'elle changerait à l'époque du mariage de mon fils. Je parus alors, pour la première fois, devant le feu roi, qui m'honora de plusieurs marques de bonté, sans que cela m'attirât, de la part de ma belle-sœur, le plus léger témoignage de confiance.

Au bout de deux jours, je revins à Paris, et je n'ai paru depuis qu'une fois devant elle, le second jour de la maladie du roi.

Je me retirai, en la quittant, dans une campagne à six lieues de Paris; c'est là où j'appris la mort du roi, la clôture de ma belle-sœur et l'exil de la cour de tous les miens... J'avoue que, me voyant seul excepté, et recevant plusieurs avis anonymes, qui, d'heure en heure, semaient l'effroi dans mon âme déjà remplie de trouble et de douleur, sans plan fixe, comme sans idées nettes, je me trouvai hors du royaume avant d'avoir réfléchi sur la faute que je faisais d'en sortir sans la permission de mon nouveau maître.

Depuis dix-huit mois, j'ai erré de pays en pays depuis ce temps-là, observant partout le silence le plus respectueux comme la conduite la plus modeste. Malgré cela, les désagréments que j'ai essuyés sont innombrables; l'entier dépérissement de ma santé est un des moindres: la subversion totale de ma fortune s'en est ensuivie. J'ai eu beau sacrifier tout mon mobilier et le produit de la vente de tous mes biens libres à mes créanciers, ils ont si fort embrouillé leurs mémoires et les ont si considérablement enflés, qu'après leur avoir fait payer plus de quatre cent mille livres, ils prétendent qu'il leur est dû une somme plus majeure encore.

Je ne demande pas mieux que de leur abandonner tout ce qui me reste; mais le moyen d'épurer leurs comptes et prendre un arrangement définitif dans l'éloignement où je me trouve!

C'est à cette considération que je vous supplie, Monsieur, de demander au roi la permission d'aller passer quelques jours à Paris, seul lieu où il me reste de la fortune, pour y transiger avec eux et y faire tous les actes nécessaires à leur tranquillité.

Je vous promets de n'y voir, si sa majesté l'ordonne, que mes créanciers, des oculistes et des médecins. Ce court terme exposé, j'irai chercher, dans quelque province méridionale, l'air qui conviendra le mieux à ma santé, jusqu'à l'acquit total de mes dettes.

Mille pardons, Monsieur, de vous avoir fait essuyer des détails que j'ai crus nécessaires.

Je vous envoie cette lettre exprès par le seul domestique qui me reste fidèle. J'attends son retour avec la réponse dont je vous supplie de le rendre porteur le plus tôt que vous le pourrez. C'est d'après celle dont il vous plaira de m'honorer que je réglerai ma conduite à venir.

J'ai l'honneur d'être avec un profond respect,
Monsieur,
Votre très humble et obéissant serviteur,
Le comte J. DU BARRY CERES.

Bruxelles, ce 4 novembre 1775, à l'hôtel d'Hollande.

PIECE N° XIII.

COPIE DE LA LETTRE DE MADEMOISELLE DE BARY A SON FRÈRE, ÉLÈVE DE L'ÉCOLE ROYALE MILITAIRE

Extrait du *Mercure* de 1758.

J'aprends, mon cher frere, que vous allés sortir de l'Ecole militaire pour entrer dans la carriere des armes ; Vous êtes un des prémiers élèves que cette Ecole ait formés ; et comme étant parmi ses enfans, du nombre de ses aînés, vous allés porter dans le sein de la patrie, les fruits de cette excellente culture.

Je n'ai eu jusqu'à ce moment, que la douce habitude de vous aimer ; mais je vous avouerai que je mêle a cet amour, un vrai respect, quand je me représente votre destinée honorable.

Vous n'avés reçu en naissant qu'un nom et de la pauvreté : c'étoit beaucoup que le premier de ces dons, mais la cruelle mediocrité rend cet honneur bien pesant ; et qui sait si cette facheuse compagne vous auroit permis de vivre et de mourir avec toute la pureté de vôtre naissance ?

Heureusement pour vous et pour vos pareils, dans un de ces momens où Dieu parle au cœur des bons rois, celui qui nous gouverne a jetté les yeux sur la pauvre noblesse de son royaume. Son ame s'est ouverte au mouvement le plus généreux : il a adopté sur le champ, une foule d'enfans illustres et infortunés ; un édit plein de grandeur, leur a imprimé la protection royale, et a consolé, par cet apui, les manes de leurs pères.

Benissons M. C. F. les circonstances qui ont fait éclore un acte aussi avantageux dans les premieres années de vôtre vie ; dix ans plus tard, ce bienfait n'eut existé que pour vos concitoyens. Mais bénissons surtout, ces amis vraiment heroïques, qui ont embrassé et exécuté un projet aussi noble et aussi paternel.

Vous voila donc, grace à cet établissement, muni des leçons de l'honeur le plus pur, et des plus belles lumières. Vôtre éducation a été une espèce de choix parmi les autres éducations ; et l'Etat vous a prodigué ses soins les plus précieux et les plus chers. En vérité, M. C. F., je considére avec joie tant d'avantages, mais je ne saurois m'empecher de murmurer un peu contre mon sexe qui, en me laissant sentir toutes ces choses comme vous, met entre vôtre bonheur et le mien une si grande diférence. Suivez donc vos destins puisqu'il le faut, et augmentez même de plus en plus ma jalousie. Je ne vous dissimulerai pourtant pas que vôtre tâche me paroît un peu dificile ; vos secours passés augmentent vos engagemens ; et les succès ordinaires ne vous acquitteroient peut être pas. Si les inspirations du cœur valoient toujours celles de la raison, je romperois sans doute le silence, et je risquerois au près de vous les conseils que l'amitie suggére sur votre conduite et vos devoirs.

1° M. C. F., je me figurerois dans vôtre place, qu'en tout Etat et en tout temps, je dois être très modeste ; et quoi que les bienfaits du Roi honorent ses plus grands sujets, je m'en tiendrois dans ce sens, fort glorieux, mais j'irois aussi jusqu'à considérer dans ces bienfaits ma patrie entière, et je ferois ensorte que toute ma conduite fut l'expression de ma reconnoissance.

2° J'aurois un courage prudent et rassis ; point du tout de prétentions, je cederois des que je pourrois descendre avec décence ; je voilerois même mes forces ; et je serois plus touché d'obtenir les suffrages que de les contraindre.

3° J'aimerois mieux être un homme estimé qu'un homme aimable: un officier de nom qu'un joli cavalier, et je prendrois, si je pouvois, en talens la part de mérite que les François cherchent trop souvent en agremens et en amabilité.

4º Je fuirois les passions. Je les crois au moins une trêve à nos devoirs ; cependant, comme il seroit peu raisonnable d'aller sur ce point jusqu'au précepte, je ferois ensorte de n'avoir dans mes gouts que des objets respectables ; c'est le seul moyen de restituer par un côté ce que l'amour fait perdre de l'autre à l'exacte vertu.

J'allois 5º, M. C. F., mais la crainte de faire un sermon m'arrête ; et puis je me persuade qu'il faut de courtes leçons aux grands courages. C'est ainsi que mon âme se plait à parler à la vôtre, et j'entre à merveille, comme vous voyez dans l'éducation que vous avez reçue.

Il faut pourtant que j'ajoute a mes avis le pouvoir de l'exemple. Je suis assés heureuse pour le trouver dans nôtre propre sang ; de tels exemples sont, comme vous le savés, des commandemens absolus. Je ne sais si c'est cette raison seule qui me détermine a vous les transcrire ici ; mais quand j'y melerois un peu d'orgueil, c'est peut-être là toute la gloire de nôtre sexe, la vôtre consiste a les imiter.

De Bary, nôtre grand oncle, gouverneur de Leucate en Languedoc, sous le règne de Henry IV, les Ligueurs l'ayant fait prisonnier, le conduisirent dans la ville de Narbonne qu'ils avoient en leur pouvoir. Là, on le menaça de la mort la plus rigoureuse s'il ne livroit la place. Sa réponse fut qu'il étoit prêt à mourir. Bary avoit une épouse jeune, qui s'était renfermée dans Leucate. Les Ligueurs la crurent plus facile à vaincre : ils l'avertirent du danger de son mari, et lui promirent sa vie si elle livroit la ville.

La réponse de la femme de de Bary fut que l'honneur de son mari lui étoit encore plus cher que ses jours. La grandeur d'âme fût égale de part et d'autre. Bary souffrit la mort ; et la femme, après avoir défendu la place avec succès, alla ensevelir sa douleur et sa jeunesse, dans un couvent de Beziers ou elle mourut.

Le fils de ce généreux Bary succéda au Gouvernement

de son pere en 1637, Serbelloni, après avoir investi cette place, tenta de le corrompre, et lui promit des avantages considérables s'il embrassait le parti des Espagnols. L'histoire de son pere fut la seule reponse que le général espagnol en reçut.

Voila, M. C. F., deux Bary qui n'ont point eu d'École militaire pour Berceau, et qui ont été pourtant bien grands l'un et l'autre. Souvenez vous d'eux ; je vous conjure, toute vôtre vie : Souvenez vous en le jour d'une bataille, et dans toutes les occasions ou il s'agira de faire bien. et si ce n'est pas assés, de faire mieux que les autres, car il faut porter jusque là son ambition ; dites vous sans cesse, je suis devant les yeux de mes ancêtres, ils me voient : et ne soyez pas après cela digne d'eux si vous le pouvés ? ma main tremble en vous écrivant ceci, mais c'est moins de crainte que de courage. Entrez donc, M. C. F., de l'école dans la carrière militaire. Portez les armes que vos peres ont portées, et que ce soit avec honneur comme eux.

Que je vous trouve heureux d'avoir tant d'obligations a devenir un sujet distingué ; et de devoir au Roi vôtre vie et vos services, au double titre de vôtre maitre et de vôtre bienfaiteur. Vous porterez toute votre vie, sur vôtre personne, les signes glorieux de sa bonté ; Mais je suis sure qu'on les connoîtra encore mieux à toutes vos actions ; Je suis certaine encore que vous ne perdrez jamais le souvenir de ce que vous devez à ceux qui vous ont dirigé dans l'école que vous quitterés, Et principalement à ce citoyen vertueux, que ses grands talens ont pour ainsi dire, conduit à l'œuvre immortelle de ce Régne. Je vous aimerois alors de tendresse et de fierté ; et tandis que confinée dans un château, je partagerai ma vie entre les soins de mon sexe et des amusemens littéraires, je vous perdrai de vue dans le chemin de la gloire ; Vous cueillerés des lauriers, et vôtre sœur disputera aux jeux floreaux leur couronne : Elle sélevera peu à peu a un stile plus noble; et si vous devenés jamais un grand guerrier, vous lui apprendrés à vous chanter, et et vous aurés de sa part un poëme. Je meurs d'envie d'avoir un jour ce talent ; et vous sentez par ce désir, ce que mon ambition vous demande. A dieu M. C. F., pardonnez a ma jeunesse ces réflexions; Mais sachez en gré a mon amitié. Jai voulu vous Écrire dans l'époque la plus importante de votre vie, et mon cœur a volé pour cela jusqu'à vous. C'est lui qui ma dicté tout ce que cette lettre contient; Il vous aime trop pour avoir pu se tromper. Je suis avec toute l'amitié possible, M. C. F. votre sœur. Signé Bary de Cerès.

PIÈCE N° XIV.

COLONIES. — M. LE COMTE DU BARRY, COLONEL D'INFANTERIE. — 3000. — 2950. — BREVET D'UNE PENSION DE 3000 £.

(Expédié le 1er juillet 1779 et adressé à lui-même le 14 dudit à Toulouse.)

M. Guilhaume, comte Dubarry, chevalier de l'Ordre Royal et Militaire de Saint-Louis, colonel a la suite de l'infanterie de France, né le 17 juin 1732 à Levignac près Toulouse, Chaussée de l'Isle Jourdain, généralité d'Auch, baptisé le 22 susdit mois dans la paroisse de Levignac à présent à Toulouse, rue du Senechal où il demeure.

Est entré sous-lieutenant au régiment des Cantabres à la fin de 1746.

Passé en qualité de lieutenant à Saint-Domingue en 1750. Capitaine d'une compagnie de troupes détachée de la marine en 1758.

Chevalier de Saint-Louis, avec brevet de colonel et pension de 3,000 sur le fonds des Colonies, en 1771.

Il n'a point été expédié de brevet de la pension et certifié véritable à Toulon le 1ᵉʳ mars 1779.

Le comte GUILHAUME DU BARRY.

(Note de M. Boggiano, banquier à Paris, place des Victoires, adressée à M. Santerre. Le comte du Barry, né le juin 1732 et mort le 18 janvier.)

PIECE Nº XV.

DU BARRY-CONTY, COMTE D'HARGICOURT.

(Jean-Baptiste-Guillaume-Nicolas, né le 21 juillet 1742.)

Élève de l'École militaire, le 3 mai 1754.
Lieutenant réformé au régiment de Beauce (infanterie), le 1ᵉʳ avril 1759.
Lieutenant, le 15 août 1760.
Sous-aide-major, le 1ᵉʳ février 1763.
Capitaine de dragons dans la Légion corse, le 1ᵉʳ septembre 1769.
Rang de colonel, le 4 août 1770.
Mestre de camp du régiment de la reine (cavalerie), le 13 mars 1771.
Mestre de camp du régiment de Royal Champagne, (cavalerie), le 15 juin 1776.
Brigadier de cavalerie, le 5 décembre 1781.
Maréchal de camp, le 9 mars 1788.
Emigré, en 1792.

Campagnes :

1759, 1760, 1761, en Allemagne ; 1762, en Espagne.

Décorations :

Chevalier de Saint-Louis, le 17 mars 1773.

Services en émigration :

A fait la campagne de 1792, à l'armée des Princes. A cessé de servir le 31 décembre 1792.

PIÈCE Nº XVI.

DU BARRY (JEAN-BAPTISTE, VICOMTE)

Fils de Jean et de Catherine-Ursule Dalmas, né le 17 septembre 1749, à Levignac en Guyenne.

Page de la Chambre du roi, (sans date).
Second lieutenant dans le régiment du Roi (infanterie), le 13 octobre 1765.
Cornette surnuméraire des chevau-légers de la Garde du Roi, le 11 décembre 1769.
Rang de mestre de camp de cavalerie, le 9 novembre 1772.
Ne figure pas sur le tableau de réorganisation des chevau-légers de la Garde du Roi, en date du 19 janvier 1776.

PIÈCE Nº XVII.

M. BILLARD DUMOUCEAU.

Je vais vous rapporter une petite aventure dont je crois que l'on pourroit faire une pièce pour le Théâtre anglois. L'acteur principal est très connu ; mais il n'est pas nécessaire que je vous le désigne autrement que par Lettres initiales.

M. B. étoit à dîner à sa petite maison de campagne

avec une nombreuse compagnie. Au dessert, un laquais lui vient annoncer une vieille dame qui vouloit absolument lui parler. « Dis que je n'y suis pas. — Mais, Monsieur,..... Quoi ! elle a avec elle une fille charmante. Oui ! fais entrer. » Aussitôt le valet introduit une femme en deuil, suivie d'une jeune demoiselle modestement vêtue. Sa gorge étoit couverte d'un fichu de batiste assez mal joint : elle avait les yeux baissés, mais pour peu qu'elle les ouvrit, il en sortoit des éclairs qui frappoient M. B. La vieille dit : « Pardon, Messieurs, Mesdames ; que la Compagnie ne se dérange point, mais c'est que c'est une affaire qui m'intéresse beaucoup et j'ai besoin de la protection de Monsieur. » Elle enfile le détail d'un procès où personne ne comprenoit rien, parce que tous les regards étaient fixés sur la jeune personne, et par la même raison, M. B. trouve la cause très juste. La vieille le pria de passer dans son cabinet pour lui parler en particulier. Quand ils y furent, la bonne lui dit : « Monsieur, mon procès n'est qu'une fable ; mais la jeune personne que j'ai avec moi est une réalité. J'ai remarqué l'impression qu'elle a faite sur vous, si vous voulez lui faire un sort, vous pouvez disposer de mon élève. M. B. lui dit : Serez-vous satisfaite de 4,000 francs de rente ? C'en est assez, réplique la matrone ; demain, vous donnerez votre signature, après demain, nous vous demanderons à souper et vous serez le sultan favori. » Elle rentre dans la chambre où elle avoit laissé sa fille ; elle lui déclare l'arrangement qu'elle avait fait avec M. A. La fille étoit sage, elle est fort surprise du discours que lui tient sa mère, car elle la croyait telle ; elle lui fait un des reproches très vifs sur une pareille démarche : « Ma mère, lui dit-elle, vous m'avez toujours donné des principes honnêtes, ah ! pourquoi avez-vous tout d'un coup changé de caractère ! le respect que j'avois pour vous était une sensation délicieuse ! Ce que vous me dites est assurément une feinte pour m'éprouver ; vous ne voudriez pas me priver du bonheur que je sens à vous éprouver. La bonne ne savoit que répondre ; elle tranche net : « Apprenez que je ne suis pas votre mère : je vous ai achetée de celle qui vous a donné le jour. Vous savez que je n'ai rien épargné pour votre éducation : il est temps que je recueille le fruit de mes dépenses et des soins que j'ai pris de vous. Allez, Mademoiselle, allez vous coucher et disposez-vous à remplir mes volontés. » La pauvre enfant ne pût pas fermer l'œil de toute la nuit. « Quel affreux passage ! Quels sont donc mes parents ?

Elle prend une résolution, se lève avant le jour, trompe ses surveillants et va se jeter aux pieds du lieutenant de police, en lui déclarant sa situation. Ce juge équitable la rassure : « Ma pauvre petite, ne faites semblant de rien, suivez votre prétendue mère chez M. B..., et soyez sûre qu'il ne vous arrivera rien de fâcheux ; je vous en donne ma parole. » Dans cette confiance, elle retourne chez la matrone, qui n'était pas encore levée et ne se doutait de rien. Elles vont ensemble au rendez-vous... On se met à table, la conversation s'anime... On voit entrer un exempt. « Monsieur, dit-il à M. B..., vous ne connaissez point cette dame et cette fille que vous avez à votre table. J'ai ordre de les arrêter. Je vais conduire madame à l'hôpital et mademoiselle dans le couvent qu'elle choisira... Mais avant que je sorte d'ici, il faut que cette g..... (montrant la vieille) déclare à l'instant qu'elle est la véritable mère de la jeune personne qu'elle a voulu vous prostituer. » La vieille, étonnée, dit en balbutiant que la véritable mère était mademoiselle Frédéric. A ce mot, M. B... porte ses regards sur cette jeune enfant, en répétant : « Frédéric, Frédéric ! Je la vois ; elle n'eût qu'un enfant, c'était une fille ; ah ! c'est toi, c'est toi. Je te reconnais... » Il se précipita dans les bras de la jeune personne...

M. B... a gagné au change : au lieu d'une maîtresse, il trouve une fille tendre, sage et vertueuse, qui servira d'un exemple à sa famille.

Cette histoire, empruntée littéralement aux *Mémoires de Favart*, qui n'en avait peut-être pas l'étrenne, a été reproduite dans les *Anecdotes* de Pidansat de Mayrobert, qui ne sont bien souvent, comme on le voit, que de vieux anas réchauffés.

PIÈCE N° XVIII.

PRÉFECTURE DU DÉPARTEMENT DE LA SEINE

VILLE DE PARIS

Extrait du Registre des actes de mariage de l'an 1768, paroisse Saint-Laurent.

Le premier septembre 1768, après la publication de trois bancs sans empêchement à cette Eglise et en celle de St-Eustache, les 24, 25 et 31 juillet dernier, vu la procuration donnée par la mère de l'époux à M. Jean Gruel, négociant à Paris, rue du Roule, auquel elle donne pouvoir de, pour elle et en son nom, consentir au présent mariage, vu pareillement la procuration du beau père et mère de l'épouse donnée à Messire Jean-Baptiste Gomard, prêtre aumonier du Roi, auquel ils donnent pouvoir de les représenter lors de la célébration de ce mariage, les fiançailles célébrées hier ; Ont été par nous mariés, et après que nous avons pris leur consentement mutuel ont reçu de nous la bénédiction nuptiale, Messire Guillaume, comte Dubarry, âgé de 36 ans, capitaine dans les troupes détachées de la marine, fils majeur du défunt Antoine Dubarry, ancien capitaine dans le régiment de l'Ile de France, chevalier de l'Ordre royal et militaire de Saint-Louis et de dame Catherine Martine Cécile Thérèse de Lacaze et demoiselle Jeanne Gomard de Vaubernier, âgée de 22 ans, demeurant de droit et de fait, depuis plus de un an, rue du Ponceau, de cette paroisse, fille du défunt J.-Jacques de Vaubernier intéressé dans les affaires du Roi et dame Becu dite Cantini, les deux époux assistés des témoins ci-après nommés qui nous ont assuré de la liberté, catholicité et domicile des susdites parties, savoir M. Jean Gruel négociant, chargé de procuration, présent et consentant, Baptiste Guillaume Nicolas Dubarry son frère, chevalier, demeurant rue Neuve des Petits champs, passage Saint-Roch et Adrien François Denis, ami, B. D. P.[1], demeurant rue du Roule, passage Saint-Germain l'Auxerrois. Du côté de l'épouse, Jean Louis Lesparat, ami, B. D. P., demeurant rue du Roule, Nicolas Peinchet bourgeois de Rouen, paroisse Saint-Godard, de présens à Paris, et messire J. B. Gomard, chargé de procuration, présent et consentant, lesquels ont signé : Dubarry, Gomard, Denis Gomard Dubarry, jeune, Gruel, Le Chevalier Dubarry, Lesparat Peinchet, Lesparat, de la paroisse Saint-Eustache.

PIÈCE N° XIX.

PREMIER FRAGMENT DES MÉMOIRES INÉDITS DU DUC DE CHOISEUL.

DU BARRY

Facit indignatio versum.

Ce 12 janvier 1771.

Je veux, dans la première chaleur de l'événement, écrire l'anecdote de mon exil; car, comme je suis assez naturellement indifférent sur les faits qui n'affectent pas

---

1. Bourgeois de Paris.

mon sentiment, je suis persuadé que dans un mois j'aurai oublié une grande partie des détails de ma disgrâce ; d'ailleurs, soit par mépris des personnages dont j'ai à me plaindre, soit par dégoût de m'appesantir sur le mal, même sur celui que l'on me fait, si j'attendois plus longtems à écrire les portraits des acteurs de cette scène, les couleurs qui me la représentent seroient fort affaiblies.

En 1768, il parut une femme dans un équipage brillant qui attira d'autant plus l'attention du public, que les courtisans et les ministres découvrirent dabord que cette femme étoit à Compiègne pour les plaisirs du Roi ; je ne sais par quel hasard je vins à Compiègne cette année plus tard que je n'y venois ordinairement, le Roi y étoit depuis huit jours : j'appris par M. de Saint-Florentin à mon arrivée les spéculations que l'on fesoit à la Cour sur la dame du Barri (c'étoit le nom de cette Dame) ainsi que l'amour que l'on pretendoit que le Roi avoit pris pour elle ; il est vrai qu'elle alloit coucher tous les jours chez le Roi. On la voyoit sortir des cabinets le matin pour aller s'habiller à son auberge et revenir chez le Roi après dîner.

En 1768, quelque temps avant que la Cour allât à Compiègne, un de mes amis m'écrivit qu'il me prioit de recevoir une femme qui interessoit plusieurs personnes de ma connaissance et que cette femme avoit une grâce à me demander. J'étois à Paris ; je mandai qu'elle pouvoit venir le lendemain ; elle vint en effet, elle me parut médiocrement jolie. Sa contenance gênée, sa mauvaise grâce me firent croire qu'elle étoit une femme de province. L'affaire qu'elle sollicitoit ne me désabusa pas. Elle me dit qu'ayant confié toute sa fortune, peu considérable, à un nommé Nallet précédemment entrepreneur des vivres pour les 7 bataillons qui étoient en Corse, elle me prioit de conserver au dit Nallet un intérêt dans la régie des Vivres qui devoit fournir les 18 bataillons que l'on y envoyoit. Je lui représentai avec douceur qu'il n'étoit pas possible de changer en sa faveur un arrangement général; que Nallet avoit bien fourni 7 bataillons qui n'étoient pas dans le cas de se mouvoir, mais que je ne le croyois pas assez fort pour une entreprise plus considérable qui pouvoit encore augmenter. (Effectivement, il y a eu en Corse plus de 40 bataillons en 1769). D'ailleurs je lui dis qu'on m'avoit démontré que l'augmentation du prix de l'entreprise à la régie étoit d'un tiers plus fort ; de sorte que dans la régie je trouvois la sureté et l'économie ; deux motifs trop puissans pour qu'ils ne fissent pas ma loi. Comme elle insistoit toujours avec autant de disgrâce que de bêtise, pour me débarrasser d'elle, je lui dis que je lui conseillois de s'adresser à M. Foulon, chargé de ce détail, et que si l'on me proposoit un moyen qui ne fut pas onéreux au Service du Roi, de placer son Nallet et son intérêt dans la régie, j'y acquiescerois très volontiers. Au nom de Foulon, cette femme marqua du déplaisir : Je l'assurai qu'elle avoit tort de craindre Foulon, que s'il pouvoit, il chercheroit à la servir. Je la congédiai assez honnêtement.

Peu de jours après, je reçus une Lettre de la même femme, signée Vauvernier, qui me demandoit un nouveau rendez-vous et qui me mandoit qu'elle croyoit ne pas s'être bien expliquée dans sa première conversation ; je lui fis répondre de venir le lendemain me voir à Paris : elle vint. Je ne lui trouvai pas l'air modeste et embarrassé de la première visite ; elle me parla assez succinctement et assez mal de son affaire ; ensuite, elle me fit d'une manière diffuse une histoire. Elle me dit qu'elle devoit se marier avec un homme contre le nom duquel j'avois des préventions ; je l'assurai que cette prévention prétendue me paraissoit difficile ; je la questionnoi sur le nom de son futur mari, contre lequel elle prétendoit que j'étois prévenu. Elle se défendit de me le nommer, puis elle me dit que c'était M. du Barri. Je ne me rappelai pas d'abord ce nom, et lui répétai qu'elle ne pouvoit pas craindre ma prévention, car je ne le connoissois pas. Elle me répéta plusieurs fois que j'en avois entendu parler et que je ne l'aimois point ; alors je m'écriai que c'étoit sans doute ce fripon, l'âme damnée de M. de Richelieu qui avoit ruiné plusieurs jeunes gens et entre autres le marquis de Duras, et qui tenoit un mauvais lieu chez lui ; j'observai à cette fille que je croyois du Barri marié, car j'avois entendu parler d'un fils qu'il avoit dans le Régiment du Roi. — Sur mon objection assez sensible, elle me barbouilla entre ses dents une réponse que je n'entendis pas : Je finis par lui dire qu'au surplus c'étoit à elle à juger si elle fesoit bien ou mal ; que pour moi je croyois que dans tout cela, il n'y auroit qu'un ménage de gâté et que je lui promettois que ma prévention ne feroit tort ni à lui ni à elle. — Nous nous séparâmes ainsi, et je vis clairement que cette femme étoit une fille qui vouloit tirer de l'argent de moi par l'instigation de du Barri. Je ne la trouvai point du tout à mon gré ; d'ailleurs les craintes assez naturelles sur sa santé m'empêchèrent de songer à remplir l'objet de sa visite.

Quelques jours après, j'appris par une histoire que conta un jeune homme avec qui je soupois que mademoiselle Vauvernier s'appeloit l'Ange de son sobriquet de fille ; qu'elle étoit entretenue par ce du Barri, surnommé le *Roué* depuis plusieurs années ; que tous les jeunes gens la connaissoient et alloient chez elle ; que M. de Fitz-James l'avoit eue, ainsi que M. de Sainte-Foye ; enfin que c'étoit ce qu'appellent les filles entr'elles une fille du monde, c'est-à-dire une fille publique ; je me sus bon gré, d'après ces notions, d'avoir soutenu avec réserve ma (*sic*) galanterie ; et j'oubliai et mademoiselle Vauvernier, dite l'Ange et M. du Barri le Roué, et toute cette histoire.

La Cour fut à Compiègne un mois ou six semaines

après ; le hasard fit que je n'arrivai pas les premiers jours. Le lendemain de mon arrivée, M. de Saint-Florentin vint me raconter qu'il y avoit à Compiègne une madame du Barri que le Roi voyoit, avec laquelle il passoit la nuit, dont on disoit que S. M. étoit fort amoureux. Il m'ajouta que cette madame du Barri étoit une fille à qui du Barri le Roué avoit fait prendre son nom, un équipage brillant, des laquais galonnés, et qu'il disoit qu'elle avoit épousé un de ses frères qu'on ne voyoit pas, et qui étoit destiné à prêter son nom et à jouer un personnage muet dans cette comédie. M. de Saint-Florentin me dit aussi que cette fille s'appeloit l'Ange à Paris ; qu'elle étoit bâtarde d'une servante et d'un Picpus ; qu'elle avoit été raccrocheuse dans les rues et livrée à tous les perruquiers et les valets avant que d'être entretenue par du Barri le Roué chez lequel elle avoit eu beaucoup de monde ; que Le Bel, valet de chambre du Roi avoit voulu l'avoir ; qu'il l'avoit fait venir souper chez lui, où le Roi l'avoit vu (sic) par une porte vitrée ; que depuis ce moment le Roi en avoit eu le plus grand désir et que malgré les représentations de Le Bel il l'avoit fait venir à Versailles et à Compiègne, et qu'elle passoit ses journées et ses nuits avec le Roi. Je racontai à M. de Saint-Florentin ce que je savois de L'Ange depuis Dame du Barri ; je lui dis qu'elle m'avoit parlé elle-même de son mariage, qui avoit été fait ou supposé parce que du Barri le Roué vouloit tirer parti pour lui et sa famille de la Catin qu'il livroit au Roi ; et esperoit sans doute qu'une femme supposée mariée donneroit plus de consistance à cette intrigue ; que, d'ailleurs cette fille portant le nom de du Barri, la famille se ressentiroit naturellement des bienfaits du Roi. Il faut remarquer qu'effectivement, malgré le nom de du Barri qu'elle portoit, malgré le carosse, les armes et la livrée qu'elle promenoit dans Compiègne, il est de fait, qu'elle ne s'est mariée qu'au retour de ce voyage, avant que d'aller à Fontainebleau. Nous déplorâmes M. de Saint-Florentin et moi, la crapule à laquelle le Roi se livroit, crapule si méprisable et si contraire à son âge, à son état et à sa santé; mais d'ailleurs nous ne pensâmes point qu'une intrigue aussi basse pût avoir d'autres suites que celles de la fantaisie du moment; nous souhaitâmes entre nous que le Roi s'en portât bien, et que ce fut le dernier trait de son goût, dont nous fussions témoins pour la mauvaise compagnie.

L'on parla beaucoup pendant ce voyage de cette nouvelle intrigue, elle se traitoit avec impudence de la part de la Dame du Barri qui se montroit dans les lieux publics avec l'assurance d'une fille entretenue par un homme puissant. Mais personne n'imagina alors que cette vilenie dut avoir une suite, encore bien moins aucune influence, soit dans les affaires, soit même relativement aux personnes qui entouroient le Roi. L'on croyoit que le sort de cette fille seroit comme celui de vingt autres plus honnêtes que l'on avoit renfermées au Parc-aux-Cerfs à Versailles, lesquelles étoient destinées à employer leurs soins aux plaisirs que cherchoit le Roi et qu'il trouvoit difficilement.

Depuis le voyage de Compiègne jusqu'à celui de Fontainebleau, l'on n'entendit peu parler de cette femme: elle vint à Fontainebleau; elle étoit logée à la ville et passoit sa journée dans un coin des cabinets. Cette continuité fit sensation; la mort subite de Le Bel à Compiègne que l'on savoit s'être opposé à l'ensorcellement du Roi pour cette fille avoit fait tenir quelques propos, selon moi assez bien fondés; mais l'arrivée du Roi de Danemarck, l'occupation où l'on fut de Lui, le peu d'importance que l'on doit mettre en général aux actions qui tombent sur un personnage aussi vil que la dame du Barri, fit que l'on s'occupa peu d'elle. Les jeunes gens qui la connoissoient lui parloient comme ils avoient coutume de lui parler, et dans toute cette aventure, on ne voyoit d'extraordinaire que ce qui fesoit pitié, le Roi de France, successeur auprès d'une fille du roué du Barri. Plusieurs personnes et nommément des ambassadeurs me parlèrent à Fontainebleau de cette intrigue avec crainte : Comme la dame du Barri, selon son premier état, avoit beaucoup de connaissances parmi les filles, le peuple et la valetaille, les ambassadeurs avoient des avis de ce qui se passoit dans l'intérieur de cette femme par leurs espions particuliers. Ils me disoient les propos qui leur revenoient ; j'éloignois autant que je pouvois des conversations embarrassantes pour le ministre d'un Roi de 60 ans ; plus je sentois que le maître que je servois manquoit à sa dignité et à la décence, plus je répugnois à recevoir des confidences qui constatoient le mauvais effet de sa conduite.

De bonne foi je pensois que le Roi avoit la fantaisie d'entretenir une fille, que celle-là avoit su lui plaire plus qu'une autre par son expérience sur les recherches dont le Roi avoit besoin, j'étois persuadé qu'il se blâseroit sur les recherches et qu'il ne resteroit de tout cela qu'une anecdote pitoyable pour ce Roi et d'un très mauvais exemple pour ses enfans et pour la jeunesse de la Cour.

En entrant dans le Ministère, je m'appliquai à connaître le Roi que les circonstances m'obligeoient d'approcher intimement et de servir. J'avais entendu dire que personne ne l'avoit bien connu. Madame de Pompadour qui l'avoit étudié avec réflexion, m'avoit dit plusieurs fois que ce Prince étoit inconcevable, et je me souviens que les derniers jours de sa vie, elle me répéta à plusieurs fois qu'il étoit indéfinissable et que je le verrois après sa mort ; qu'il étoit capable de se porter aux extrémités les plus extravagantes en tout genre, j'avoue que je n'ai jamais trouvé le Roi inconcevable, pas plus que je ne trouve inconcevable qu'un morceau de terre entre les mains d'un sculpteur représente ou un héros ou un cochon ; ce qu'il y a d'étonnant c'est que cet amas de boue ait assez d'élasticité pour quitter la main du sculpteur qui le tient et se jeter dans une autre ; je ne l'en jugeois plus capable et je croyois les vices de son caractère, dont le premier est d'aimer le mal pour le mal, assez affaibli par l'inertie totale de son âme, pour penser qu'avec des précautions et des ménagemens sur sa vanité, il feroit du mal par son existence, mais que l'on pourroit parer aux grands inconvénients. Je sentois parfaitement et le disois chaque jour, que ce qu'il y avoit de plus affligeant pour son ministre, étoit de ne pouvoir plus acquérir de gloire auprès d'un tel souverain, mais j'avois le projet, si le Roi s'affaiblissoit encore de profiter de mon ascendant sur son esprit pour arranger les affaires intérieures de son royaume, le rendre florissant et les peuples heureux et tranquilles, en proportion du crédit que je devois acquérir, et qu'il étoit en moi de n'employer qu'aux vues bienfaisantes du bonheur et de la tranquillité de l'État. En réussissant dans ce projet très possible, j'assurois le repos de la vieillesse du Roi ; je lui donnois une réputation de bonté, qui est celle qui me paroit la plus flatteuse pour un prince et qui étoit sûrement la seule que le prince pût acquérir ; enfin, en mon particulier, je satisfaisois mon amour et mon ambition pour le bien et je partageois la reconnaissance de la réputation de bonté qu'auroit méritée le Roi ; si au contraire je ne réussissois pas dans ce projet, j'étois déterminé de quitter le ministère et d'abandonner un homme à qui l'on ne pouvoit inspirer ni gloire, ni honneur, ni bonté.

Après une étude suivie dont rien ne m'a jamais distrait, je voyois le Roi un homme sans âme et sans esprit, aimant le mal comme les enfants aiment à faire souffrir les animaux, ayant tous les défauts de l'âme la plus vile et la moins éclairée, mais manquant de force, à l'âge où il étoit, pour faire éclater ses vices aussi souvent que la nature l'auroit porté à les montrer : par exemple, il aurait, comme Néron, été enchanté de voir brûler Paris, de Bellevue ; mais il n'aurait pas eu le courage d'en donner l'ordre. Le spectacle qui lui feroit le plus de plaisir, seroit celui de voir les exécutions de la grève ; mais il n'a pas le courage d'y aller. Si on vouloit lui faire le plaisir de rouer quelqu'un dans la petite cour de marbre de Versailles, je suis bien sûr qu'il quitteroit le lit de sa maîtresse, dans les moments où il paroit lui être le plus attaché, pour aller dans un coin de la fenêtre être témoin avec détail de l'exécution. Il se dédommage autant qu'il peut de ces spectacles si conformes à son goût, en regardant avidement tous les enterremens qu'il peut rencontrer ; il a vu passer celui de Madame de Pompadour ; il parle continuellement d'enterremens de maladies, d'opérations de chirurgie ; il marque de la satisfaction de la mort de tous ceux qu'il connoit, et quand on ne meurt pas, il prédit que l'on mourra : je suis persuadé que ce qui l'attache le plus à la chasse, c'est la destruction. Avec ce naturel, il est étonnant qu'il n'ait pas aimé la guerre ; mais la frayeur pusillanime de la guerre, qu'il marque d'une façon dégoutante au plus petit accident qui lui arrive est encore plus forte en lui, que son goût pour la souffrance et la mort des autres. Une partie du mauvais naturel que je viens de décrire vient du peu d'idées de ce prince, de la nullité de son âme, qui ne peut être remuée que par des spectacles ou des faits qui font horreur nécessairement à la nature ; mais son goût pour le mal tient aussi à sa méchanceté naturelle qui le porte à faire souffrir quand il en trouve l'occasion, et qui ne le porte jamais à faire du bien quelque occasion qu'il en trouve. Je ne crois pas que personne le lui ait vu depuis sa naissance un mouvement de sentiment pour le bien : Il n'est point avare comme on le croit ; si, étant dénué de sentimens, il peut avoir une vertu, c'est celle d'être assez noble sur l'argent ; il n'en donne pas par lui-même, parce que ce seroit faire du bien, et qu'il lui est impossible d'avoir les sentimens de l'obligeance ; l'on croit assez communément qu'il est bon père ; rien n'est moins juste que cette opinion : il ne pouvoit pas souffrir son fils, qui le lui rendoit bien et qui marquoit trop ouvertement le mépris qu'il avoit de son père ; mais le Roi m'a dit pendant la dernière maladie du Dauphin, son fils, et m'a écrit qu'il étoit fâché de sa mort, parce que le Royaume et les parlemens en particulier craignoient son fils et par conséquent désiroient sa conservation à lui, Roi ; et il n'a jamais eu d'autres motifs, pour être fâché de tels ou tels événemens, que lorsqu'il les croit relatifs ou à sa conservation ou au bien des autres. Il ne se soucie point du tout de ses petits enfants : il aimeroit mieux le Dauphin que les autres, parce qu'il est plus maussade et que tout ce qu'il désire c'est que son successeur ne soit pas l'espérance de la nation : ce n'est pas un sentiment de gloire, c'est la peur qu'on ne se défasse de lui.

Il avoit un grand désir d'avoir de petits-enfans par la crainte que, s'il n'avoit pas de successeur, sa vieillesse ne fût troublée par différens partis et qu'il ne fût méprisé des deux côtés.

Il a une vanité inconcevable, la vanité des valets poussée aussi loin qu'il est possible ; mais il n'a pas la force de la faire valoir, car il a le mérite de sentir qu'il n'est capable de rien, et il convient intérieurement que son caractère malheureux est audessous de tous les caractères de la nature. Je lui ai entendu dire qu'il était l'inconséquence même et qu'il ne seroit pas étonné d'être fou ; certainement il est inconséquent ; car, étant par la plus sotte vanité, jaloux de son autorité, il n'a pas de volonté et est abandonné par faiblesse à celle des différents ministres qui travaillent avec lui ; il leur marque l'indifférence la plus dégoutante pour toute espèce d'affaires, comme pour toute espèce de personnes ; sa vanité lui fait croire qu'il suffit, pour conserver son autorité, qu'il renvoie de tems à autre les ministres auxquels il a marqué de la confiance, car il leur en marque à tous infiniment, puisqu'il fait tout ce qu'ils veulent; mais je ne crois pas qu'il ait dit à aucun, qu'il le conserveroit auprès de lui toute sa vie; il n'a paru avoir de la tenue que pour M. de Saint-Florentin, parce qu'il se croit audessus de lui par les talens; qu'il sait les friponeries (sic) continuelles qu'il fait, les méchancetés dont il est capable, et la crapule où il vit. Il faut convenir que les mauvais sujets ont un accès marqué à sa bienveillance; il sent qu'il a tous leurs défauts et il espère qu'ils lui serviront d'excuse; il est comme ces femmes galantes qui désirent et soupirent tant qu'elles peuvent à la perdition des jeunes femmes, croyant couvrir, ou du moins faire oublier les anciennes histoires de galanterie par les nouvelles.

Il croit que l'éclat qu'il met dans ses amours est une preuve de son autorité et la bassesse qui en résulte une marque de soumission : il regarde la résistance contre l'objet de sa fantaisie, comme un manque de respect pour la personne Royale; il ne connaît à cet égard ni décence, ni rang, ni considération, ni honnêteté : il croit que tout doit plier devant sa maîtresse, parce qu'il l'honore de son intimité; il est hardi dans le genre de manquer à toutes les bienséances; il ne l'est que dans celui-là. Alors il croit avoir montré son pouvoir et avoir montré à sa Cour, à ses peuples, à l'Europe, qu'il est véritablement un monarque respectable. Quelquefois la crainte lui donne apparence des remords (sic) : on le voit embarrassé de sa turpitude, comme il le seroit, s'il pouvoit avoir une âme susceptible de remords; mais il sort de cet embarras par de la fureur intérieure; il prend en avertion ceux en petit nombre qui paraissent le désapprouver, et il arrive très fréquemment que la désapprobation de son infamie l'engage à l'augmenter et à lui donner plus de publicité et de consistance. C'est ce qui est arrivé pour cette Dame Du Barry ; il la vit comme une fille qui alloit souper chez Le Bel ; il eut envie de l'avoir ; Le Bel s'y opposa par la crainte qu'une fille publique ne le rendit malade ; l'opposition de son valet de chambre augmenta son désir, il maltraita Le Bel et eut cette fille. Il la fit venir, comme je l'ai dit, aux voyages de Compiègne et de Fontainebleau, à la fin du dernier, on apprit que le Roi avoit écrit au comte de Noailles que la chair étoit faible (il auroit pu ajouter l'esprit et le cœur) et qu'il donnoit l'appartement de Le Bel à madame la comtesse du Barry. Cette volonté du Roi dès qu'elle fut connue produisit les bruits qu'incessamment cette Dame Dubarry seroit présentée.

Personne ne pût croire, dans le premier moment, un éclat aussi infâme, parce que personne jusqu'alors n'avoit jugé le Roi. La foiblesse de son âme, son air timide, qui tient beaucoup à sa bêtise, sa belle figure qui a le caractère de la décence, son âge, l'exemple qu'il devroit donner à des enfans aussi jeunes que les siens, le mariage prochain de son petit-fils, tout concouroit pour faire rejeter le bruit d'une action aussi méprisable que celle de la présentation d'une fille supposée mariée, contre toutes bonnes mœurs à l'infâme frère d'un homme de rien qui tenoit école publique d'escroquerie et de prostitution dans Paris ; je crois effectivement, quelque mauvaise opinion que j'aie du Roi, qu'il n'auroit pas osé se porter à une action aussi indécente, s'il n'y avoit été encouragé par le maréchal de Richelieu qui, par malheur pour la Cour et pour la France, se trouvoit être le premier gentilhomme d'année en service ; je crois même que la du Barri n'auroit pas osé porter ses vues jusque là sans les conseils de M. de Richelieu qui eut la malheureuse facilité, par son ancienne connoissance avec la du Barri, de pouvoir dans cette occasion faire triompher son goût pour l'intrigue et pour le vice.

M. de Richelieu, né, à ce que l'on dit, avec une figure agréable que je n'ai jamais vue, a été dans sa jeunesse le héros de la galanterie; il lui en restoit quand je l'ai connu, des grâces un peu trop chargées de mines et quelques contes assez agréables; il auroit pu passer pour un vieux débauché encore aimable dans la société, si son caractère avoit été assez sage pour le contenir dans le seul cadre qui lui convenoit; mais l'esprit trop léger de M. de Richelieu, son imagination décousue qui le porte toujours jusques à la chimère..., le cœur le plus pervers que la nature lui a donné. Son esprit, si on lui ôte quelques grâces, est très médiocre. Comme sa vie a eu quelques scènes de roman, il s'est abandonné à son imagination qui lui a présenté des objets fantastiques d'ambition; il a cru qu'il pouvoit les remplir; il a pensé que tous les moyens étoient bons pour parvenir à son but et son caractère sans principes ne lui a présenté que ceux qui sont contraires à l'honnêteté et à la probité.

M. de Richelieu a mal fait une ambassade à Vienne; il s'est cru un grand politique. Il a du courage et a bien commandé des armées; il a cru (sic) qu'il nuisoit à la réputation d'un grand général: il a commandé dans des provinces à la honte du ministère qui a souffert les indignités que ces provinces lui reprochent; il s'est cru propre à l'administration intérieure. Il a été élevé à la Cour, a eu par intrigue une charge, et a pensé que l'intrigue seule le feroit parvenir au premier ministère, sans se connoître lui-même, ignorant les bornes très étroites de son talent et de son esprit; il s'est cru propre à tout, et lorsqu'il n'est pas arrivé à ce qu'il désiroit, il a toujours soupçonné que les ministres s'y opposoient par jalousie. Il m'a cru jaloux de lui et je ne lui ai pas fait l'honneur de l'être. Je ne le crois propre qu'à être moqué dans tous les emplois qu'il remplira, soit dans celui d'intrigant et de commode du Roi actuel, sans que cependant il en tire aucun avantage que celui de tracasser, intriguer, fonder des espérances chimériques sur un degré de pouvoir qui mettroit encore plus en évidence les vices honteux et déshonorans de son cœur, ainsi que son ineptie pour l'administration. M. de Richelieu est le héros de la bassesse à qui la France doit l'élévation indécente et le pouvoir extraordinaire de faire du mal où est parvenue la Dame du Barri : le malheureux caractère du Roi n'auroit pas eu la force qui longtems fera gémir le royaume, s'il n'avoit été soutenu et ménagé par le vice lui-même personifié dans M. de Richelieu.

Un accident retarda de quelques jours la présentation de madame du Barry ; le Roi tomba de cheval à la chasse et se fit mal au bras, parce qu'il tomba dessus ; la crainte de la chute qu'il avoit faite sur le bras lui ôta la force de se mettre sur ses pieds : il se passa dans la forêt une scène de foiblesse qui seroit dégoutante pour une petite fille de dix ans ; le Roi qui sentoit la honte de sa pusillanimité soutenoit qu'il avoit le bras cassé ; il ne l'avoit point, mais on le traita comme il vouloit l'être ; et ce qui auroit été un accident, dans un village, pour un petit garçon, fut, par les pleurs du Roi, un accident qui l'a estropié : la crainte du mal l'a empêché longtemps de mouvoir son bras, de manière qu'il a perdu une grande partie de l'usage qu'il devroit en avoir. Je crois que le Roi est le premier exemple d'un homme estropié par peur, et cet exemple dépeint parfaitement la consistance de son âme.

Cet accident retarda donc la présentation, mais ne l'empêcha pas, car, je le répète, le courage ne manque au Roi que pour bien faire. M. de Richelieu toujours d'année continua à présenter la facilité de cette présentation comme un acte nécessaire à la puissance et à la satisfaction de son maître, il assura que l'on s'y attendoit et que toute la Cour non seulement seroit contente, mais même seroit aux pieds de madame du Barri. Le Roi ne doutoit pas de la bassesse de ses sujets, car il m'a écrit en propres termes : « Elle est jolie, elle me plaît, cela suffit ; dès que je le voudrai tout le monde sera à ses pieds[1]. » Le Roi craignoit sans doute que mesdames ses filles, à qui il falloit aussi que madame du Barri fût présentée, ne fussent pas aussi contentes de l'apparition et de la fréquentation de sa maîtresse que ses autres sujets devoient l'être : il eut de l'embarras de leur faire confidence de ses amours et de ses projets. M. de Richelieu, fertile en bons expédiens, en trouva un fort décent, ce fut d'envoyer le gouverneur des enfans de France, de la part du Roi, prévenir mesdames ses filles que leur père étoit dans l'intention de leur présenter et de mettre dans la société de la Cour la fille publique des rues de Paris qu'il avoit élevée au rang de sa maîtresse. Le duc de la Vauguion ressemble bien à l'annonce d'un vice et d'une vilaine action ; aussi, au mépris de toute décence pour lui et pour la place qu'il occupoit, se chargea-t-il de la commission. Mesdames prouvèrent par leur conduite qu'elles ne valoient pas la peine d'une précaution même aussi indécente, et madame du Barri au grand étonnement d'un peuple innombrable qui s'assembla dans les galeries et dans les appartemens, fut présentée au Roi et à la famille royale par une madame de Béarn que M. de Richelieu avoit séduite pour une fonction aussi humiliante.

Je fus plus affligé de cet événement pour le Roi que pour moi, quoique je sentisse bien toutes les suites que la faveur d'une fille mise sur le trône par M. de Richelieu

---

1. Nous avons reproduit la lettre de Louis XV. La citation du duc de Choiseul n'est pas exacte. L'original de la lettre porte :
« Ce déchainement contre elle a été affreux, pour la plupart à tort ; on a serait à ses pieds si... »
Louis XV n'a pas achevé sa pensée. Qu'a-t-il voulu dire ?

qui connaissoit le mépris que j'avois pour lui, et qui, selon son caractère, devoit rallier autour de la protégée du Barri tous les intrigans, les espèces, suivant la Cour et mes ennemis.

Je comprends aisément que, pour obtenir les faveurs d'une femme, une tête échauffée se permette de faire quelques sottises et de manquer aux principes les plus reçus, mais, quand on a une fille publique en sa possession, il est extraordinaire qu'un Roi ne préfère pas d'en jouir dans son intérieur plutôt que de la mettre en évidence vis-à-vis de l'Europe avec éclat et avec déshonneur. La présentation faite, des amis supposés de madame du Barri songèrent à lui former une Cour. M. d'Aiguillon fut admis dans son intimité par son cousin M. de Richelieu? Les deux Laval, de Villeroi, ne restèrent pas en arrière pour la bassesse, et M. de Soubise, qui se croyoit l'ami du Roi, auroit eu mauvaise grâce, ainsi que M. de la Vallière de répugner à vivre avec une fille, eux qui étoient habitués à la plus mauvaise compagnie par leur genre de vie habituel. Le point le plus difficile dans ce début étoit de former une société de femmes ; l'on ne pouvoit espérer que madame de Béarn, qui avoit aussi par trop le maintien d'une tante d'emprunt, pour être introduite dans la société du Roi y suffiroit. On imagina d'engager le Roi à faire un grand voyage à Marly.

On étoit dans le doute, lorsque les parlemens chassoient par leurs arrêts la société des Jésuites de France, sur le sentiment du Roi à l'égard de ces moines. Les jésuites et leurs partisans cherchoient à persuader que le Roi les aimoit et qu'il connaissoit en eux les vrais défenseurs de la religion ; il est vrai que je lui ai entendu répéter dans ce temps que les jésuites avoient toujours combattu l'hérésie, et que l'on les disoit nécessaires au bien de la Religion. . . . .

M. de Choiseul a pris soin de nous avertir en tête de ce morceau qu'il a écrit le lendemain de sa disgrâce, pour montrer le calme de sa belle âme impassible, inaccessible aux ressentiments de la vulgaire humanité.

Il ne pouvoit mieux s'y prendre pour faire voir à quel point il étoit vindicatif, haineux, grossier, malgré tous ses airs de grand seigneur. Que Louis XV fût d'un caractère dur, peu enclin à l'indulgence et mélancolique, personne ne l'ignore; mais le comparer à Néron, chantant en face de l'incendie de Rome, ou au marquis de Sade, cherchant la volupté dans les supplices, c'en est trop, et les termes ignobles (bête, cochon), en parlant de son bienfaiteur, achèvent de soulever le dégoût[1]. M. de Choiseul conteste au maréchal de Richelieu même les agrémens de la figure, et lui impute, bien à tort, nous croyons, d'avoir causé l'élévation de madame du Barry. Quant à cette dernière, il n'a qu'une flétrissure, qu'il répète à satiété, sans preuve, au point de faire douter de la vérité de ses paroles, par l'excès de l'invective. Tel est au reste le résultat de ces violences de langage, c'est de se retourner contre leurs auteurs et de les couvrir de la fange qu'ils ont voulu jeter sur leurs adversaires.

PIÈCE N° XX.

FAIT CONCERNANT DORÉ, CI-DEVVANT PROCUREUR AU PARLEMENT
(PARTIE DU QUATRIÈME FAIT DE LA PLAINTE)

Un des faits portés par les informations de Bretagne, et qui fait partie du quatrième fait de la plainte de M. le

---

[1]. Ceci n'est qu'une conjecture de M. de Choiseul. Elle est démentie par un fait que madame du Hausset rapporte en ces termes : « Beaucoup de per-

procureur général, est qu'on avoit promis à un procureur la place de syndic de la ville de Rennes, s'il vouloit agraver sa déposition contre M. de la Chalotais ; que n'aïant pas voulu déposer contre le témoignage de sa conscience, la place avoit été donnée à un autre. Que quelques jours après sa déposition, il avoit vu M. de Flesselles, qui ne lui avoit pas fait si bonne mine qu'à l'ordinaire, et qui lui dit : « — Eh bien ! vous avés fait cette déposition ; est-ce là cette grave déposition que m'avoit annoncé (*sic*) Audouart, » et ajouta quelques paroles qui lui firent perdre tout espoir de réussir.

Ce procureur, qui se nomme Doré, et qui avoit été entendu au parlement de Bretagne, devant M. Guéry, les 5 et 6 mars 1766, avoit déposé n'avoir jamais eu aucunes sollicitations de rien dire contre la vérité et qu'il ne se le rappelait pas. Entendu à la Cour, il a plus étendu sa déposition, et a déclaré qu'il n'avoit jamais été sollicité par qui que ce soit à rien dire contre la vérité ; qu'il étoit si peu vraisemblable que M. de Flesselles eut pu lui faire la mine de sa déposition qu'il avoit faite dans l'affaire de M. de la Chalotais, que lorsqu'il eut reçu copie de l'assignation, il fut trouver M. de Flesselles, ne connaissant pas M. de Calonne, qui faisoit les fonctions de procureur général de la commission ; qu'il représenta à M. de Flesselles toute la peine que lui causoit et lui causeroit cette assignation, et le tort qu'elle lui feroit dans l'esprit de M. de la Chalotais, avec lequel il avoit toujours bien vécu ; que d'ailleurs, n'ayant rien à dire contre lui, il étoit inutile que son nom parut dans cette procédure ; que M. de Flesselles, touché de ses représentations, lui avoit dit de se

---

sonnes et des femmes, ont eu la barbare curiosité d'assister à l'exécution de Damiens, entre autres madame de P..., femme d'un fermier général et très belle. Elle avoit loué, une croisée ou deux, douze louis, et l'on jouoit dans la chambre en attendant. Cela fut raconté au roi, et il mit les deux mains sur ses yeux, en disant : « *Fi ! la vilaine !* » (P. 165.)

trouver à trois heures chez M. le premier président de la commission, où ils dinoient tous; que là il lui feroit parler à M. de Calonne; que s'y étant rendu et aïant fait avertir M. de Flesselles, M. de Flesselles vint le trouver dans une salle, accompagné de M. de Calonne, auquel, lui déposant, répéta la même sollicitation qu'à M. de Flesselles, en le priant de vouloir bien retirer par grâce son assignation; que M. de Flesselles eut la bonté de dire à M. de Calonne qu'il ne falloit pas refuser d'obliger un honnête citoïen; mais que M. de Calonne s'y étoit refusé, en disant que l'assignation tiendroit, et que si lui, Doré, n'avoit rien à dire, il ne diroit rien; que, par conséquent, il n'étoit pas possible de soupçonner après cette démarche pleine de bonté de la part de M. de Flesselles, que M. de Flesselles eut pu lui faire la mine de la foiblesse de sa déposition; qu'il étoit bien vrai que quelque temps après la déposition de lui, Doré, en aïant reçu dans le public différens reproches, il fut voir M. de Flesselles, auquel il lui en fit part; que M. de Flesselles lui avoit répondu qu'il étoit bon de s'affecter de la sorte; que sa déposition ne disoit rien qui put faire tort à M. de la Chalotais; qu'il ne pourroit lui en savoir mauvais gré; qu'au surplus, aïant dit toute la vérité, c'étoit tout ce qui pouvoit occuper un honnête homme.

Ce Doré ajoute que jamais Audouart ne lui fait aucune proposition, sous prétextes de charges, places ou autres grâces; qu'il étoit bien vrai qu'informé que le Roy devoit nommer à la place d'un procureur du Roy, syndic de la ville, il avoit employé tous ses amis auprès de M. de Flesselles pour obtenir sa protection à ce sujet; et quelque tems « *après* sa déposition, » Audouart vint le trouver, un soir, et lui annoncer qu'il étoit procureur du Roy, syndic de la ville; que le lendemain, il fut détrompé; ce qui lui fit croire qu'Audouard avoit voulu se joüer de lui, pourquoi il cessa de le voir pendant très longtemps; qu'il a appris, dans la suite, qu'Audouard avoit été trompé lui même, puisque la place avoit été donnée quelque tems après à un autre.

Telle est la teneur de la déposition la plus grave recueillie contre M. d'Aiguillon. Nous ne l'avons pas choisie, c'est M. le procureur général Joly de Fleury qui l'avait mise à part dans ses papiers, dont la collection existe au cabinet des manuscrits. (Bibl. nat., 1770. I, 2080.)

Ceux de nos lecteurs qui ne voudront pas nous en croire sur parole pourront lire les soixante-douze autres dépositions conservées à la Bibliothèque de l'Arsenal (*Papiers de M. de Fontette. — Affaire de Bretagne*).

La déclaration de Doré est substantielle, claire et concluante. Le surplus des témoignages sont creux, inintelligibles, ridicules, ou plutôt ce sont de véritables bavardages de commères, indignes de figurer dans une affaire sérieuse. Le nom de M. d'Aiguillon n'y est même pas prononcé. Tout se réduit à des griefs plus ou moins imaginaires contre Audouart. C'est ce que M. le duc de la Rochefoucaud appelle les horreurs d'un procès criminel, et que nous appellerons, nous, les horreurs de la justice des parlements, ou, si l'on veut, de la calomnie de tous les temps.

La pièce ci-dessus en est la preuve. Si l'on veut la multiplier, on peut le faire facilement en se reportant aux sources que nous avons indiquées.

FIN DES PIÈCES JUSTIFICATIVES.

TABLE DES MATIÈRES

DU TOME PREMIER

Préface..	I
Introduction...	XIII
Chap. I. Naissance de madame du Barry. — Son enfance, sa famille (1743-1750)............................	1
II. Le couvent de Sainte-Aure (1750-1759)..........	19
III. Jeanne Bécu et le coiffeur Lametz (1758-1759)....	31
IV. Jeanne Bécu et la famille de la Garde (1759-1760).	41
V. Le magasin de Labille (1760-1761)..............	48
VI. Jeanne Bécu a-t-elle été fille publique? — A-t-elle été dans une maison de prostitution? — Spécialement, a-t-elle été pensionnaire de la Gourdan? (1760-1763)..	52
VII. Mademoiselle Beauvernier ou Beauvarnier (1761-1763)...	61
VIII. Jean du Barry et mademoiselle Beauvarnier, puis de Vaubernier (1763-1768).......................	65
IX. Amitiés connues de mademoiselle Beauvarnier. — La soi-disant comtesse la Rena. — Lord March, duc de Queens-Berry. — Mademoiselle Legrand (1763-1768)...	86
X. Personnages dans la société desquels Jeanne Vaubernier vécut : Collé, Crébillon le jeune, Guibert, du Mourier, Favier, etc., etc.........	94

XI. Vie intérieure de Jeanne Vaubernier et du Roué.   99
XII. Origine de la liaison entre Louis XV et Jeanne Bécu (1768)....................   110
XIII. Installation de madame du Barry (1769).......   154
XIV. Présentation de madame du Barry à la cour (22 avril 1769)......................   168
XV. Voyages de la cour pendant l'été. — Représenta-théâtrales. — Alix et Alexis (1769)............   213
XVI. Le chevalier de la Morlière et madame du Barry. — *Le fatalisme.* — Dédicace...........   221
XVII. Le droit de grâce. — Condamnation à mort d'Appoline Grégeois. — Appel au parlement de Paris et confirmation. — Recours en grâce. — Commutation. — Lettre attribuée à madame du Barry (juin 1769)..........................   233
XVIII. Suite. — Affaire du Pé de Louesme. — Double condamnation à mort. — Extrême danger des condamnés. — Madame du Barry intervient et obtient leur grâce (juillet 1769)..............   241
XIX. La cour à Compiègne. — Don viager à madame du Barry du château de Louveciennes. — Historique......................   254
XX. Le salon de septembre 1769. — Portrait de Drouais. — Portrait de madame du Barry *en habit de chasse.* — Portrait *à la Guirlande* gravé par Gaucher.........................   279
XXI. Voyage à Fontainebleau......................   290
XXII. Condamnation à mort d'un déserteur. — Madame du Barry chargée de demander sa grâce. — Elle l'obtient (décembre 1769)...............   299
XXIII. Les loges de Nantes. — Don viager qu'en fait Louis XV à madame du Barry. — Madame de Mirepoix. — Appartement de madame du Barry en 1770..................................   308

TABLE DES MATIÈRES.

XXIV. Mariage du dauphin de France avec Marie-Antoinette de Lorraine, archiduchesse d'Autriche. — 16 mai 1770. — Traitement de madame du Barry par Marie-Antoinette. — Attitude de la favorite envers la dauphine.................. 333
XXV. M. le duc d'Aiguillon 360
XXVI. Madame du Barry et M. le duc d'Aiguillon....... 390
XXVII. Cause véritable de la chute de M. de Choiseul. — Épisode des îles Malouines (décembre 1770)... 430
PIÈCES JUSTIFICATIVES................................. 453

FIN DE LA TABLE DU PREMIER VOLUME.

Paris. — Imp. E. CAPIOMONT et V. RENAULT, rue des Poitevins, 6.

www.ingramcontent.com/pod-product-compliance
Lightning Source LLC
Chambersburg PA
CBHW050422240426
43661CB00055B/2239